唐代北方问题与国际秩序

石见清裕 著
胡鸿 译

日本学者古代中国研究丛刊
复旦大学历史学系 编
徐冲 主编

复旦大学 出版社

目 录

中文版序 …………………………………………………… 1

导言 ………………………………………………………… 1
 一、隋唐史研究中的视点 ……………………………… 2
 二、由此视点生发的诸问题 …………………………… 4
 三、本书的构想 ………………………………………… 7

第一部　唐的建国与北方问题

第一章　唐的建国与匈奴费也头 …………………… 13
 引言 ……………………………………………………… 14
 一、太原起兵与三子的河西封建 ……………………… 15
 二、《新唐书》窦氏世系表批判 ……………………… 18
 三、太穆皇后与匈奴费也头 …………………………… 29
 四、李渊入关与鄂尔多斯的匈奴费也头 ……………… 41
 结语 ……………………………………………………… 45

第二章　玄武门之变前夜的突厥问题 ……………… 47
 引言 ……………………………………………………… 48
 一、关于玄武门之变的先学诸说 ……………………… 48
 二、史料批判呈现的突厥问题 ………………………… 51
 三、武德九年六月政变的意义 ………………………… 57

结语 ………………………………………………………… 61

第三章　突厥拥立杨正道与第一汗国的解体 ………………… 65
　　引言 ………………………………………………………… 66
　　一、突厥拥立杨正道 ……………………………………… 66
　　二、定襄流亡政府的开置与突厥的意图 ………………… 72
　　三、义城公主的强行路线与突利、郁射设的离叛 ……… 76
　　四、余波 …………………………………………………… 80
　　结语 ………………………………………………………… 81

第四章　唐对突厥遗民的处置 ………………………………… 83
　　引言 ………………………………………………………… 84
　　一、定襄、云中两都督府的设置年代与六州问题 ……… 85
　　二、突厥降户与开元户部格残卷 ………………………… 96
　　三、降户与蕃户 ………………………………………… 106
　　结语 ……………………………………………………… 111

第五章　唐代有关内附异民族的规定 ……………………… 113
　　引言 ……………………………………………………… 114
　　一、内地羁縻州与赋役负担 …………………………… 115
　　二、唐令以异民族为对象的相关规定的解释 ………… 124
　　结语 ……………………………………………………… 136

第二部　新出土史料所见唐代突厥人的存在形态

第一章　开元十一年的《阿史那施墓志》 ………………… 141
　　引言 ……………………………………………………… 142
　　一、志文译注 …………………………………………… 143
　　二、阿史那氏的谱系与墓主的位置 …………………… 151
　　三、关于志文所引《大唐实录》 ……………………… 152

结语 ……………………………………………………………… 158

第二章　天宝三载的《九姓突厥契苾李中郎墓志》………… 161
　　引言 ……………………………………………………………… 162
　　一、志文译注 …………………………………………………… 163
　　二、"九姓突厥"与契苾部 ……………………………………… 169
　　三、关于墓主——代结语 ……………………………………… 172

第三章　开元十二年的《阿史那毗伽特勤墓志》…………… 177
　　引言 ……………………………………………………………… 178
　　一、释文 ………………………………………………………… 180
　　二、标点 ………………………………………………………… 183
　　三、语释 ………………………………………………………… 184
　　结语：墓主与羁縻政策、关于撰者 …………………………… 212

第三部　唐的朝贡规定与国际秩序

第一章　朝贡使节在边境州县的待遇 ………………………… 219
　　引言 ……………………………………………………………… 220
　　一、边境待遇规定拾遗 ………………………………………… 220
　　二、从日本遣唐使归朝报告看使团在边境的待遇 …………… 225
　　三、圆仁记述的遣唐使在扬州的待遇 ………………………… 241
　　四、代结语——附参考史料 …………………………………… 251

第二章　禁止交杂——朝贡使节入京途中的有关规定 ……… 257
　　引言 ……………………………………………………………… 258
　　一、驿传、通关、程粮——据《新唐书·百官志》的记载 … 259
　　二、交杂——旅途中禁止的行为 ……………………………… 267
　　三、禁止交杂的背景——代结语 ……………………………… 270

第三章　鸿胪寺与迎宾馆 ……273
引言 ……274
一、鸿胪客馆的地理位置 ……274
二、宾礼中所见的鸿胪客馆 ……277
三、鸿胪寺典客署和客馆管理 ……281
四、蕃客接待的诸规定 ……283
五、礼宾院 ……288
结语 ……293

第四章　蕃望 ……295
引言 ……296
一、蕃望规定的基础史料 ……297
二、《新志》鸿胪寺条的记载与蕃客的席次 ……299
三、蕃望的机能及其发端 ……306
四、《新志》礼部主客郎中条的记载与食料问题 ……312
结语 ……316

第五章　外国使节谒见皇帝仪式复原 ……319
引言 ……320
一、"蕃主奉见"仪式注释 ……322
二、蕃使的谒见 ……338
三、宫悬的位置 ……344
结语：国书与贡物 ……348

第六章　外国使节的宴会礼 ……355
引言 ……356
一、宴会礼注释 ……357
二、解释上的问题点 ……371
三、宴会的背后——酒食与赐物（代结语）……378

附章　唐代外国贸易、侨居外国人的相关问题……383
　　引言……384
　　一、朝贡使节与唐的贸易管理……385
　　二、唐的法令与侨居外国人的诸形态……395
　　三、魏晋至隋唐时期的北边地带（代结语）……405

结论……411

后记……429

译后记……435

编者后记……439

中文版序

本书得以在敬爱的中国出版，对我而言是最高的荣誉，也是无上的荣幸。我忍不住这样去想。

我从20世纪70年代开始学习中国史，那时丝绸之路在日本广受关注。日本人是想要知道本国古代文化所受影响的根源吧。特别是唐代国际色彩浓郁的文化让人人都为之着迷，我在不知不觉中也对唐代文化产生了兴趣。然而，当我试着去读唐代史相关的专业研究论文时，得到的印象是，它们几乎全都集中于社会经济史领域，当时日本学界中唐代中国史与亚洲交流史尚未很好地融合。

进入大学院，与指导教授古贺登先生谈话时，我得到了这样的建议："既然如此，唐这一国家是怎么形成的问题，就不得不重新加以思考了吧。"于是，对于记载隋末大乱与唐的建国过程、玄武门之变与太宗李世民的臣下群体以及唐与突厥的关系等的史料，我四处搜寻并阅读。不管怎样，以陈寅恪先生的高论为首，大量的研究成果已经存在。为了从与前人不同的视点来考察研究，我绞尽脑汁，备尝辛苦。像这样完成的成果，便是本书。

年轻时写作的论文中，也许存在着略过于强调自己的观点的倾向。然而，当时决定就这样未做订正地原样出版了。

承蒙将本书译成中文的胡鸿先生、办理出版手续的徐冲先生等的努力，本书就要在中国刊行了。在此我想表达衷心的感谢。

本书若能在本家本元的中国被很多人阅读，进而若能从读者那里收到一些指教，对我来说就是无上的欣喜了。

石见清裕

2018年正月于日本东京

导　言

一、隋唐史研究中的视点

在历史研究中，考察某时代之某地域时，旨在揭示其与其他时代、其他地域共通之普遍性的视点，是必要的。不然，则不能立足大局为研究对象在历史长河中定位。另一方面，旨在探寻各时代各地域固有之原貌的视点，也同样必要，不然则无法明了该时代、该地域在整体历史中扮演了怎样的角色。近年来，在中国史研究的领域，不仅有探求普遍性的研究，也持续存在着意在探究各时代、各地域的固有样态的研究。

那么隋唐史研究中固有的着眼点，所要探究的是什么呢？正如秦汉与隋唐常常并称一样，隋唐王朝常常被人们与秦汉王朝相比较。之所以如此，是因为秦汉、隋唐同为长时期分裂后出现的统一王朝，具有共通性，两个时代的比较，在中国史研究中确实是必要的思路。然而虽说如此，秦汉王朝与隋唐王朝的特质还是明显不同的。

秦汉的统一，是新石器时代的黄河文明，经过殷周的青铜文明，铁器的急速发达，春秋战国的分裂和混乱，从中产生出一个统一的"中国"。汉民族不是单一的民族，其源头不能于某一地求得。随着春秋时代若干邑制国家间萌生出称为"诸夏"的华夏意识，汉民族开始形成，逐渐地此华夏意识在居住于"中原"之地的人们中间扩大起来。若按傅斯年的"夷夏东西说"，进行这一"中原逐鹿"争夺的是夏与夷[1]。在这一过程中，体现为诸子百家的诸文化被创造出来，又逐渐在秦汉时代被统合为华夏的文化。换言之，秦汉对前代的继承方式，带有将原本来源各异的民族与其诸种文化整合为汉民族、中国文化的特质，从而统一就意味着"中国"的形成。这样说来，秦汉史研究的视角，就落在秦汉是中国史上最初的统一王朝时代这一点上，并提出汉民族的

---

1. 傅斯年：《夷夏东西说》，收入《庆祝蔡元培先生六十五岁论文集》下册，中央研究院历史语言研究所，1935年。

认同（Identity）如何形成的问题。

那么隋唐的统一又怎样呢？正如桑原骘藏氏早就在《歴史上より見たる南北支那》一文中指出的[1]，秦汉虽说是统一王朝，当时的编户分布比率，即便是汉代强盛时也是华北占十分之九弱而江南占十分之一强，秦汉仍然是以黄河流域为中心的国家。与之相对，盛唐时南北户口比已十分接近，到宋代终于逆转南方人口超过北方。这一事实，意味着魏晋南北朝隋唐时代汉民族向南方移动、发展了。不仅如此，唐代还将直辖统治区域扩大至西边的帕米尔高原。汉代也曾对中亚发动过远征，但肯定不是直辖统治。因而唐代疆域成为了现代中国版图的基础。

虽说秦汉与隋唐同为结束分裂时代而实现了统一，魏晋南北朝毕竟与春秋战国特质迥异。魏晋南北朝的混乱以黄巾之乱为开端而发生，它与春秋战国相比决定性的不同之处，在于由北方民族的涌入而推进了分裂这一点上。北方五胡的君主们各自称王称帝，北朝呼南朝为"岛夷"，南朝呼北朝为"索虏"，互相蔑视。在此时代，南北各自民族意识高涨并对等竞争。于是在鲜卑拓跋氏建立的北魏东西分裂的过程中，隋唐诞生了。实际上，隋唐两王朝的创建者，都继承了北方民族的血脉。如此说来，隋唐对前代的继承之处，是汉民族向南方扩张，同时从北方新来的诸民族不断涌入，他们作为原动力造就了新的时代。

如上所述的隋唐时代的到来，宫崎市定在《東洋における素朴主義の民族と文明主義の社会》一文中表述为"（借由唐的成立）汉末以来文明化而堕落的中原社会面目为之一新"，使之成为可能的能量，当于未受此前中国文化熏染的民族带来的朴素性中寻求[2]。隋唐通过将其他民族的血脉融入汉民族而给中国赋予了活力，使中国脱胎换骨重获新生。虽说如此，但隋唐王朝并不是依靠周边"未开化"民族之力形成的。

---

1. 桑原骘藏：《歴史上より見たる南北支那》，收入《白鳥庫吉博士還暦記念東洋史論文集》，岩波书店，1926年；又收入同氏著《東洋文明史論叢》，弘文堂，1934年。
2. 宫崎市定：《東洋における素朴主義の民族と文明主義の社会》，富山房，1940年。又收入同氏著《アジア史論考》（上），朝日新闻社，1976年；以及《宫崎市定全集》（二），岩波书店，1992年。

那种活力，并非仅仅来自"未开化"民族的朴素性，他们带到中原来的还有承载着西方久远历史的高度发达的异文化，活力也在与这种异文化的接触中产生出来。这样，在隋唐时代，与秦汉面目迥异的新文化、新文明诞生了。这些文化、文明，有接受波斯文化形成的希腊风伊朗文化——所谓Sino-Iranica文化（B.劳费尔）[1]，还有接受印度文化形成的中国佛教文化，以及道教文化。在统一了魏晋以来长达数百年的分裂混乱，带来久违的和平与繁荣的唐代，继承由六朝文化而来的贵族文化，与向达在《唐代长安与西域文明》[2]中描绘的西域文化统合起来，产生出绚烂豪华的国际文化。可以说，隋唐时代是以秦汉的中国文明和伊朗、印度文明为父母，生发出新的"远东文明"（A.J.汤因比）的时代[3]。

按上述看法，隋唐统一中国，同时也意味着吸收了异民族、异文化的新"中国人"及新文明的形成，不得不说这是仅用秦汉史的自我发展已无法加以解释的特质。那么，唐代史研究，尤其是唐朝形成史研究的基本视角，在"隋末反乱—群雄割据、抗争—唐的统一"这样的思考模式之外，还应该探求隋唐这一时代所具有的"国际性"，并关注唐王朝拥有的"国际帝国"特质。

二、由此视点生发的诸问题

以上述视角来重新认识隋唐史尤其是唐朝形成史，哪些问题会浮现出来呢？

第一，隋唐的皇族是继承鲜卑游牧民之血脉的人，隋杨氏曾被称为胡姓普六茹氏，唐李氏曾被称大野氏。他们都出身于北魏北边所置六镇之一的武川镇。武川镇位于今内蒙古自治区呼和浩特市的北边。

---

1. Berthold Laufer, *Sino-Iranica: Chinese Contributions to the History of Civilization in Ancient Iran with Special Reference to the History of Cultivated Plants and Products*, Field Museum of Natural History, Chicago, 1919. 本书调查中国栽培植物的起源，论述了其中有许多植物起源于伊朗。
2. 向达：《唐代长安与西域文明》，生活·读书·新知三联书店，1957年。
3. 汤因比曾将中国文明分为秦汉为止的母文明与隋唐以后的子文明两代文明，将后者称为"远东文明"。之后又撤回此说，大概是认为这种看法不妥当。关于汤因比的文明世代论，参看山本新《トインビーと文明論の争点》第五章，劲草书房，1969年。

六镇是北魏初期为了防卫北方柔然、高车等民族的入侵而设置的军镇,其武将肩负国防重任,也被给予相应的待遇。然而,当孝文帝迁都洛阳,施行禁止鲜卑固有习惯等汉化政策之后,北边六镇兵将的待遇就急速地恶化了。因此,他们的不满爆发出来,就是523年开始的六镇之乱。在这次反乱之时,隋唐的皇族初次在历史中出现了。

在漠北,551年,曾为柔然属部的突厥兴起,取代柔然统治了蒙古高原,并建成了跨越准格尔盆地、哈萨克斯坦草原的阿尔泰-突厥(Altay-Turkic)帝国。恰好此时的中国,在六镇之乱的混乱后分裂为西魏、东魏。六镇的防备崩坏,突厥向北方人手不足的华北施加强大的压力,便是自然之势了。事实上,当时的突厥他钵可汗曾发出这样的豪语:"但使我在南两个儿孝顺,何忧无物邪。"(《周书·突厥传》)此后,隋至唐初,突厥仍然经常是北方的威胁。唐通过攻灭突厥并将势力扩张到蒙古高原,才得以成为国际性的国家。这样的话,从因对北魏孝文帝迁都洛阳及汉化政策不满引起的六镇之乱开始,到突厥灭亡和大唐帝国形成为止的华北的动向,全都应该看成是一连串的连锁反应。唐的建国,也可以说是此连锁反应的一部分。那么,在从六镇之乱到唐的建国、突厥灭亡为止时代的中国北部,曾展开过超出想象的鲜明的民族对立,便成为一个非常深刻的问题。

成为五胡十六国导火索的是南匈奴的反乱,因为匈奴民族的主要部分向西方迁徙了,之后残存在东方的匈奴,便不那么受人注目。然而事实上,如后文所述,唐王朝建国与这些匈奴有很深的关系。进而在北方,如前所述突厥已坐拥极大的势力。如果不能消解突厥的威胁,唐这一国家就无法确立。唐克服了这一系列问题并完成了中国的统一,从某种程度上说,它的存在形态构建了现在多民族国家中国的原型。如此说来,从六镇之乱到突厥灭亡的时期,特别是唐的建国时期,各个民族被政治性地统合到一起的这一形态,便成为不得不考察的问题。

第二,像这样被统合起来的其他民族,在唐王朝内以何种样态生存?他们已经不是中国的异民族,而已成为唐人了。这让我想起虽是粟特人和突厥人混血的杂胡,却兼任平卢、范阳、河东三节度使,此后发动大反乱的安禄山;以及从日本渡海来唐,科举中第,并在官界不断晋升至安南节度使的阿倍仲麻吕（朝衡）等。像这些异民族出身者也得到接纳，是唐这　国家的应有状态。

其中，突厥人的存在形态尤其重要。阿尔泰-突厥国，如松田壽男氏在《砂漠の文化》中叙述的那样[1]，是掌握东西方贸易而立国的游牧国家。建国前夜的突厥，在西魏派来的使节到访之时，欣喜地说："今大国使至，我国将兴也。"（《周书·突厥传》）这大概是如实的记录。后来他们分裂为东、西两突厥，西突厥将牙帐移到今乌兹别克斯坦的托克马克，并向拜占庭派遣了使节。可是不久，留在漠北的东突厥便被唐朝瓦解了，大量突厥人进入了唐王朝之内。

如今中华人民共和国的官方报告中，中国的少数民族有55个。不过，南北朝活跃的鲜卑，参与唐朝建国的匈奴，南北朝以来带来威胁、唐朝将之打倒得以实际建国的突厥等民族，在其中都没见到。要问为何在其中看不到，是因为唐代同化了它们，并借此形成了新的汉民族。这构成了今日汉族的基础。那么，对于在这样的唐朝之中，曾与唐激烈对立的突厥人被吸纳的政治过程、社会过程，我们不得不进行追问。总之，我们有必要将目光投向在唐王朝内那些北方系民族出身者具体以何种状态生活，即其存在形态。

第三，若隋唐在其国际性上与秦汉特质不同，以这两个时代的中国为中心的东亚国际关系，当然也是不同的。汉代，周边诸国臣服于汉的权威而向中国派遣使者。于是汉授予周边诸国王号。

秦汉时代的国际关系，如栗原朋信通过印玺的研究所表明的那样，是以汉为中心，形成"遵从汉的法、德、礼的内臣—遵从德与礼的外臣—只遵从礼的客臣"的架构[2]。西嶋定生将之进一步发展为如下的东亚国际关系论：（1）周边国君长被中国授予王号；（2）其结果，两者间产生君臣关系，受封方对中国开始负有朝贡等义务；（3）东亚诸国，通过与中

---

1. 松田壽男：《砂漠の文化》，中央公論社中公新書，1966年；收入《松田壽男著作集》（1），六興出版，1986年，岩波書店同時代Library，1994年。
2. 栗原朋信：《文献にあらわれた秦漢璽印の研究》，吉川弘文館，1960年；《漢帝国と周辺諸民族》，《岩波講座世界歷史》古代4，1970年。

国缔结此类关系才能保持本国的地位[1]。这就是所谓的"册封体制论"。

然而，从唐代的日本来看，并非一定要从唐获得王号的授予，也不负担朝贡义务，更不靠唐的权威保持本国的地位。日本的遣唐使和遣唐僧所追求的，是唐的文化。这里所说的唐文化，是先前介绍过的国际文化，日本吸收它而带来了天平文化的繁荣。换言之，唐代的外国使节，与汉代周边诸国派遣的使节相比，面对中国其所期待之物已经不同了。正因为唐的文化是国际文化，周边诸国才积极热情地派遣使节，而唐朝方面也很容易接受他们。如此说来，对于抱有这种目的而入唐的外国使节，唐王朝给予怎样的待遇呢？其真实状态也不得不弄清楚。

三、本书的构想

（1）唐建国前后政治过程的解明

如前所述，隋的杨氏、唐的李氏是北方武川镇出身、趁着六镇之乱进入关中的一族。虽然六镇无疑拥有相当的军事力量，但他们大多数的移动方向，是东方的河北、山东方面，进入西方长安周边的关中地区的是极少的一部分。那么，势力并非多么强大，又缺少国家根基的这群人，是如何缔造了隋唐帝国的呢？

其原因之一，在于吸收关中地方的本地豪右统率的乡兵集团。这一点，谷霁光在《府兵制度考释》中已经指出[2]，大体可以说是妥当的见解。尽管如此，为何本地豪右们要拥戴只不过是流寓者的杨氏、李氏？这一疑问尚未得到充分的说明。在这点上，陈寅恪提倡的"关陇集团"说也一样。所谓"关陇集团"，是以关中为根基的汉人豪右，与北周宇文氏、隋朝杨氏、唐朝李氏这些政权统治者为中心的北方民族系武将共同组成的胡汉融合集团。陈寅恪想以此集团逐渐支配自身势力基础

---

1. 西嶋定生：《六—八世紀の東アジア》，《岩波講座日本歴史》古代2，1962年；《中国古代国家と東アジア世界》，东京大学出版会，1983年；《日本歴史の国際環境》，东京大学出版会，1985年；《邪馬台国と倭国——古代日本と東アジア——》，吉川弘文馆，1994年。
2. 谷霁光：《府兵制度考释》，上海人民出版社，1962年。

关中以外地域的过程，来把握北朝末期至唐前半期的政治史[1]。

包括"关陇集团"说在内，过去的研究未能十分清楚地说明隋唐形成问题的原因之一，在于将隋唐的历史当作秦汉以来的中国的自我发展来对待。但事实上，唐建国时曾得到五胡民族之一的南匈奴的援助。另外，唐初北方民族中突厥强盛，当时突厥庇护着隋室残存的亡命政权，在突厥威胁下唐朝廷内甚至提出过迁都方案。因此我认为，从五胡到唐初的时代，可以说是蒙古高原南部与中国北部在联动中不断变化的时代，在克服由此产生的种种问题之后，唐的新时代大幕才被拉开。于是我将目光转向唐建国期存在的这种与北方的对立关系，以及唐用何种方式来克服它的问题，对它们重新进行讨论。

（2）内附于唐的异民族的存在形态

拥有如此广大领土的唐，在其国内生息着大量的异民族。那个时候的新的汉民族是现在汉族的原型，而未加入其中的人们，或者说后世纳入到唐所整合的领土的人们，形成今日中国少数民族的基础。那么，这样一些作为唐人居住于中国的北方系出身者，在唐王朝内以怎样的方式生存？必须紧紧围绕具体的事例来重新考虑其存在形态。

1989年，我有幸在中国西安市的陕西省博物馆，亲眼见到那里收藏的未公开的墓志拓本数种，并得到在日本公开发表的许可。这些是在唐土去世的突厥人的墓志，传达了今天已无法窥见的这类人的生存样态，是极为珍贵的史料。墓志刻有墓主生前的事迹并埋于墓室之物，这种文化始于晋代，到唐代达到最盛期。近年陆续刊行了新发现墓志的史料集，其数量达到了五千种。我所见到的这几方墓志，此后也大部分被收录到《隋唐五代墓志汇编》陕西卷第一册（天津古籍出版社，1991年）。不过其中仅揭载了墓志拓本的缩小照片，并未做墓志文的释读。于是我在亲眼所见的几种拓本之中，选取作为唐代内附的典型性事例的《阿史那施墓志》《九姓突厥契苾李中郎墓志》《阿史那毗伽特勤墓志》三种，对其墓志文加以译注，想借此让他们在唐土的具体生存样态浮现出来。

---

1. 陈寅恪：《唐代政治史述论稿》，商务印书馆，1947年；生活·读书·新知三联书店，1956年。

（3）唐对外国使节的接待方式

在唐代，周边的诸民族、诸国家积极地向中国派遣朝贡使节。因为突厥被唐消灭了，突厥掌握的东西贸易的既有权利落入唐朝手中，当然人们就循着贸易路线来到大唐了。不仅如此，唐太宗被北方民族奉上"天可汗"的王号，兼任了外地民族的王。正因为唐是这样的国际性国家，唐代才会出现前述的安禄山、阿倍仲麻吕等人物。的确，当时亚洲的全部道路都通向长安，清楚细致地记述了此交通路况的，只有贾耽的《古今郡国道县四夷述》(《新唐书·地理志》末尾附载）。

那么唐是怎样接待外国使节的呢？这当然有相应的制度规章，从这些规章之中，也应该能窥见唐企图建立的国际秩序之一斑。中国的外交规章是根据"礼制"制订的，唐的外交礼仪的具体场所及其运作方法，被记载于《大唐开元礼》之中。若作为外交使节来唐，在那里使节如何行动，如何完成任务，读《开元礼》应该可以明了。因此我主要根据《开元礼》，尝试按使节入唐以来的时间顺序追寻其具体行动场面。明了这些，就能够阐明唐代朝贡体系的礼仪世界及其秩序。

以下试对这些问题逐一探求。

第一部 唐的建国与北方问题

第一章

唐的建国与匈奴费也头

引言

唐王朝由趁隋末大乱从太原起兵占领长安的李渊创建。关于李渊的建国过程,因其被认为直接影响了后来唐王朝的特性,很早就已有专论。首先,小笠原正治认为,李渊的势力是"官僚性集团",唐朝成立于从豪族性集团向官僚性集团的转变过程中[1]。然而铃木俊以为,李渊的势力是以李氏为首的豪族集团,从君临门阀、豪族之上而建国这一点,能看出唐政权与六朝的豪族联合政权的差异[2]。与此相对,布目潮渢的结论是,李渊的势力是不具有地缘性、血缘性特征的隋朝官僚集团,因而隋、唐的统治阶层没有本质性的差异[3]。布目氏的结论是将陈寅恪所提出的"关陇集团"说[4]进一步强化的产物。此后,唐王朝建立的诸问题,或多或少到了离开"关陇集团"概念就无法表述的程度[5]。不过,在三百年统一王朝唐的建国进程中,此前在北魏末年引起了六镇之乱,又经六镇之乱而进一步复杂化的异民族问题,也大有关注的必要。

从太原出发之前,李渊将其三子建成、世民、元吉分别封建到陇西、敦煌、姑臧这样遥远的西部之地。李渊此时尚未称帝,而且其势力未及于西部,从这些情况来看,上述封建是难以理解的。然而这次封建的实行背后一定有着某种意图,因此这次封建也能为了解唐王朝创建过程提供一个启示。本章即先以西部三地的封建为线索,从一个与前

---

1. 小笠原正治:《隋朝末期の動亂における官僚群》,《史潮》第43号,1950年。
2. 鈴木俊:《隋末の亂と唐朝の成立》,《史淵》第53辑,1952年。
3. 布目潮渢:《李淵集團の構造》(《立命館文學》第243号,1956年;后修改题目收入氏著:《隋唐史研究——唐朝政權の形成——》上篇第三章,東洋史研究会,1968年),同氏:《唐朝創業期の一考察》(《東洋史研究》第25卷第1号,1966年。前揭书下篇第一章以另一题目再次收录)。
4. 陈寅恪:《唐代政治史述论稿》(北京三联书店,1956年)上篇《统治阶级之氏族及其升降》。
5. 氣賀澤保規从隋唐两朝对关中、山东两地的政策差异出发,揭示唐朝从"关陇集团"开始的蜕变,饶富意味。(氣賀澤保規:《竇建德集團と河北——隋唐帝國の性格をめぐって——》,《東洋史研究》第31卷第4号,1973年。同氏:《隋代鄉里制に關する一考察》,《史林》第58卷第4号,1975年)

人不尽相同的视角,来探讨李唐建国背景之一面。

一、太原起兵与三子的河西封建

关于此处要讨论的封建,《新唐书》卷一《高祖本纪》写道:

> (大业一三年)六月己卯,(高祖)传檄诸郡,称义兵,开大将军府,置三军。以子建成为陇西公、左领军大都督,左军隶焉;世民为燉煌公、右领军大都督,右军隶焉;元吉为姑臧公,中军隶焉。

根据《大唐创业起居注》以及《资治通鉴》,这次封建施行于六月癸巳(十四日),这是李渊确定入关决策之后四天、太原出发之前二十天。《创业起居注》《通鉴》以及《旧唐书·高祖本纪》均未记载元吉的姑臧封建,但在《旧唐书·高祖本纪》中,李渊入长安拥立炀帝之孙杨侑之后的一条写道:

> 以陇西公建成为唐国世子;太宗为京兆尹,改封秦公;姑臧公元吉为齐公。

同书卷六四《元吉传》也作:

> 义师起,授太原郡守,封姑臧郡公。寻进封齐国公。

由此,元吉被封建于姑臧这一点是明确的。《新唐书》的编者把这件事的日期记为与建成的陇西封建、世民的敦煌封建同时。然《册府元龟》卷七《帝王部·创业三》云:

> 七月壬子(四日),以公子元吉为姑臧公、太原留守,高祖以兵西围关中。

据此则这一封建是在李渊任元吉为太原防卫的负责者,自己向长安进发的时候进行的。《新唐书》和《册府元龟》之间有20天的时间差,但可以确认的是,元吉的姑臧封建完成于李渊进入长安之前。

从太原窥伺着长安的李渊,将三子封建在陇西、敦煌、姑臧,究竟抱有怎样的目的呢?说起李渊和这三地的联系,人们首先想到李氏的谱系。因为唐朝李氏自认是陇西李氏,而且自称是建国敦煌的西凉李氏的后裔,《新唐书》卷七〇《宗室世系表》所记为数众多的李氏房中也包含姑臧房[1]。但是,唐王室原本不是陇西李氏,上接西凉武昭王暠的谱系也是后世捏造的,这点学界已有很多讨论[2]。唐朝李氏开始自称陇西李氏的时期,根据陈寅恪的说法,是在西魏明帝时期,那时实行了将跟随宇文泰入关的诸姓郡望迁移到关中的政策[3]。但是像《宗室世系表》那样整理好的谱系,是进入唐代以后才有的。这是因为,西凉武昭王暠之孙重耳因西凉灭亡而逃到北魏,将他的子孙与唐王室联系起来的史料,在唐初编纂的《晋书》(卷八七《凉武昭王传》)和《北史》(卷一〇〇《序传》)中才首次出现。而且,重耳之子熙与孙天赐(被定为李虎之父)正式获得庙号并改葬于皇陵更要晚至高宗咸亨五年(674年)[4]。因而唐王室谱系的整理是伴随着太宗、高宗两朝持续的氏族政策完成的。西部三地的李氏嫡裔和太原起兵时的李渊尚未建立联系,所以李

---

1. 西凉武昭王暠第六子翻有孙三人,其中名丞者成为姑臧房的始祖。
2. 陈寅恪:《李唐氏族之推测》(《历史语言研究所集刊》第三本第二分,1931年)、《李唐氏族之推测后记》(同上第三本第四分,1933年)、《三论李唐氏族问题》(同上第五本第二分,1935年),或参看其《唐代政治史述论稿》上篇。刘盼遂:《李唐为蕃姓考》(《女师大学术季刊》第1卷第4期,1930年)、《李唐为蕃姓考(续)》(同上第2卷第1期,1931年)、《李唐为蕃姓三考》(《燕京学报》第15期,1934年)。刘氏遵从陈说,公开表示想要把论文题目改为《唐宋人眼中李唐为蕃姓考》(《李唐为蕃姓三考》附说)。王桐龄:《杨隋李唐先世系统考》(《女师大学术季刊》第2卷第2期,1931年)。金井之忠:《李唐源流出于夷狄考》(《文化》第2卷第6号,1935年)。与此相对的有朱希祖:《驳李唐为胡姓说》(《东方杂志》第33卷第15号,1936年)、《再驳李唐氏族出于李初古拔及赵郡说》(同上第34卷第9号,1937年)。
3. 陈寅恪:《唐代政治史述论稿》,第11—12页。
4. 《唐会要》卷一"帝号"上。此二帝的建初陵、启运陵皆在赵州昭庆县,另外河北省隆平县现存刻有唐室先祖的光业寺碑文(开元十三年)有"维王桑梓"之语,这两点都被陈寅恪作为了解唐室系谱的有力资料举出。(《李唐氏族之推测后记》,以及《唐代政治史述论稿》第6—8页)

渊对三子的封建不能从唐朝李氏的谱系得到说明。

这次封建，是在攻破西河郡（太原西南约八十公里）、预计可以南下并确定入关战略之后实行的，而且在成功进入长安后23天便匆匆改封了。因此，这明显是为占领长安而进行的战略布局。对隋末战乱中的李渊来说，从太原出发直到进入长安的四个月行军期最为凶险。事实上，到达霍邑（山西省霍县）时情况不利，李渊一度打算退回太原从头再来[1]；而一旦成功进入长安，他便说"吾大事济矣"[2]。李渊为三子选择的封地敦煌、姑臧、陇西，无疑是从河西走廊到长安的主要通道上的要地，这些地点的选择透露出控制河西走廊的意图。这是因为李渊将要从太原出发的时候，举兵于金城郡（兰州）的薛举欲率羌族侵入河西[3]，河西正处在防备薛举攻击的紧张状态下[4]。李渊举兵时，如果西部唯一的豪杰势力薛举将河西走廊纳入手中，必将成为更强大的势力而压迫长安，这一点显而易见。故封建三子的具体目的是应对薛举。

话虽如此，由于实际上三子无法前往封地，这种封建终归只是名义性的。由这种名分维系的关系发挥实际作用的事例，在史料中极难发现。不过，安史之乱中就有一例，稍一观察就会发现，逃离长安的肃宗把目的地定在灵武，除了灵武是收复长安的最佳地点这一原因之外，还存在着下述的事实：肃宗曾任治所在灵武的朔方节度使府的大使，虽只是遥领，他实际上没有去灵武，可朔方节度使的将吏们向其所仕的肃宗四时致问不曾怠慢，甚至连肃宗的儿子都知道他们的姓名。正是仰仗着他们，肃宗才向灵武进发[5]，灵武方面也隆重奉迎了长安来的一行[6]，收复长安的基础由此奠定。就算是名义上的封建，相互间的影响也应该很大。可是上文已言明，太原的李渊与陇西、敦煌、姑臧的李氏

---

1. 《旧唐书》卷一《高祖本纪》、卷二《太宗本纪》，以及《新唐书》卷二《太宗本纪》。
2. 《旧唐书》卷五三《李密传》。
3. 《旧唐书》卷五五；《新唐书》卷八六《薛举传》。
4. 《旧唐书》卷五五；《新唐书》卷八六《李轨传》。因为薛举的进攻，李轨为保河西之地而举兵。
5. 《通鉴》卷二一八至德元载六月条："建宁王倓曰：'殿下昔尝为朔方节度大使，将吏岁时致启，倓略识其姓名。……朔方道近，士马全盛，裴冕冠名族，必无贰心。贼入长安方虏掠，未暇徇地，乘此速往就之，徐图大举，此上策也。'众皆曰：'善！'"
6. 《旧唐书》卷一〇八《杜鸿渐传》、卷一一五《魏少游传》、卷一二六《李涵传》等。

之间并无联系,将他与三地联系起来的必须到别处去找。那么,《新唐书·宰相世系表》中"窦氏"一条便值得注意了。

二、《新唐书》窦氏世系表批判

《新唐书》卷七一下《宰相世系表一下》(以下略称《世系表》)中,记载了李渊之妻太穆皇后窦氏一族的血统。不用说窦氏还存在其他支系,为了避免混淆,以下所说的窦氏仅限于太穆皇后窦氏一族[1]。为了整理的方便,我将《世系表》窦氏条全文分段、转录如下:

(A)窦氏出自姒姓。夏后氏帝相失国,其妃有仍氏女方娠,逃出自窦,奔归有仍氏,生子曰少康。少康二子:曰杼,曰龙,留居有仍,遂为窦氏。龙六十九世孙鸣犊,为晋大夫,葬常山。及六卿分晋,窦氏遂居平阳。鸣犊生仲,仲生临,临生亶,亶生阳,阳生庚,庚生诵。二子:世、扈。

(B)世生婴,汉丞相魏其侯也。扈二子:经、充。经,秦大将军,生甫,汉孝文皇后之兄也。充,避秦之难,徙居清河,汉赠安成侯,葬观津。二子:长君、广国。广国字少君,章武景侯。二子:定、谊。谊生赏,袭章武侯,宣帝时,以吏二千石徙扶风平陵。二子:寿、邕。寿,护羌校尉,燉煌南窦祖也。邕,南阳太守,生猛,定安太守。二子:秀、敷。秀二子:丕、林。林,后汉武威太守、太中大夫,避难徙居武威,为武威窦祖。敷三子:平年、友、融。融字周公,大司马、安丰戴侯。生穆,城门校尉、驸马都尉,袭安丰侯。五子:勋、宣、褒、霸、嘉。宣生尚,以家难随母徙陇右,为陇右窦祖。嘉,少府兼侍中、安丰侯。三子:潜、奉、万全。奉子武,特进槐里侯,晋赠文嘉贞侯。万全袭安丰侯。二子:会宗、章。会宗子孙居武功扶风。章,大鸿胪卿。三子:陶、唐、统。

---

[1] 例如隋末的群雄之一窦建德,陈寅恪说他出身于这一窦氏,但没给出证据。(陈寅恪:《论隋末唐初所谓"山东豪杰"》,《岭南学报》第12卷第1期,1952年)

第一章　唐的建国与匈奴费也头

（C）统字敬道，雁门太守，以窦武之难，亡入鲜卑拓拔部，使居南境代郡平城，以间窥中国，号没鹿回部落大人。后得匈奴旧境，又徙居之。生宾，字力延，袭部落大人。二子：异、他。他字建侯，亦袭部落大人，为后魏神元皇帝所杀，并其部落。他生勤，字羽德，穆帝复使领旧部落，命为纥豆陵氏。晋册穆帝为代王，亦封勤忠义侯，徙居五原。

（D）生子真，字玄道，率众入魏，为征西大将军。生朗，字明远，复领父众。二子：滔、祐。祐，辽东公，亦领部落。三子：提、拓、岩。自拓不领部落，为魏侍中、辽东宣王。岩，安西大将军、辽东穆公，从孝武（"文"之误）徙洛阳，自是遂为河南洛阳人。三子：那、敦、略。略字六头，征北大将军、建昌孝公。孝文帝之世，复为窦氏。

（E）五子：兴、拔、岳、善、炽。岳，后周清河广平二郡太守、神武郡公，与善、炽，子孙号为"三祖"。岳二子：魁、毅。

《世系表》中此后的窦氏世系用表格展示，李渊太穆皇后正是上文最末毅的女儿。图1是我根据这段文字制作的世系图（见下页）。

《世系表》的记述大致可以分为A—E五个段落。现将每段摘要如下：（A）是从禹开始直至秦汉时代，可以说是传说性的谱系；（B）是荣显于汉代的窦氏一族的谱系；（C）讲述的是从这一族之中避党锢之祸逃亡到北方者成为了游牧民的部落大人，直到其后代被命为纥豆陵氏为止的谱系；（D）记述了（纥豆陵氏）仕于北魏，开始担任政府高官，直到孝文帝之世再次改姓为窦氏的谱系；（E）为直到太穆皇后之父毅为止的北魏末至隋代的谱系。这里以此五个段落为基础，暂且将（A）的传说性谱系去除，试将（B）至（E）与正史所见的窦氏做一对照。

首先，对应于（B）所记的汉代窦氏的谱系，我以《史记》《汉书》《后汉书》中搜集的材料作图，如图2所示。其明确可以追溯的世系，是在窦世以后。世的儿子是婴，婴被封为魏其侯，这件事见于《史记》卷一〇七《魏其武安侯列传》《汉书》卷五二《窦婴传》，同书卷九七《外

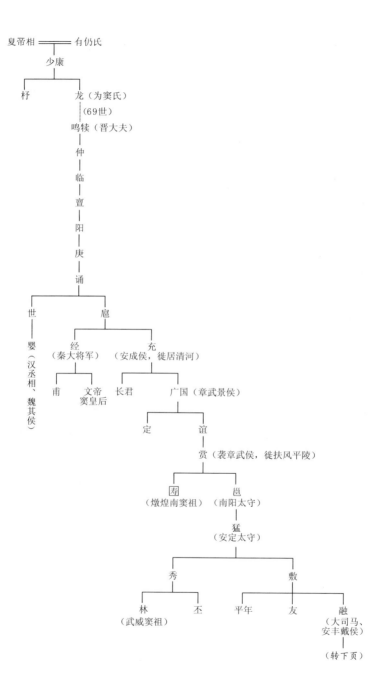

第一章　唐的建国与匈奴费也头　　21

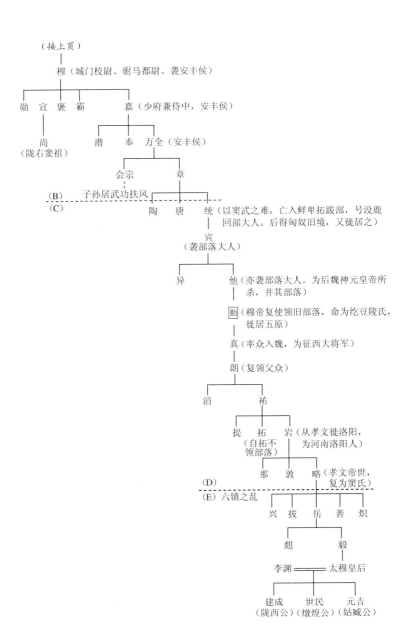

图1　《新唐书·宰相世系表》的窦氏谱系图

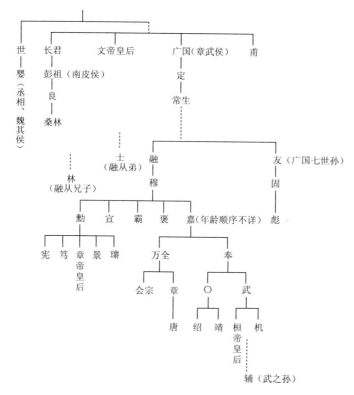

图2 汉代窦氏谱系图

主要来源:《史记》卷十九《惠景间侯者年表》、卷四九《外戚世家》、卷一〇七《魏其武安侯列传》、卷九六《张丞相列传》;《汉书》卷一八《外戚恩泽侯表》、卷四〇《周勃传》、卷五二《窦婴传》、卷九七上《外戚传》;《后汉书》卷二《明帝纪》、卷一〇上下《皇后纪》、卷二三《窦融传》、卷四三《乐恢传》、卷四六《陈宠传》、卷六九《窦武传》。

戚传上》,与《世系表》是一致的。但是《窦婴传》中,婴是文帝(皇后)的"从兄子",在《外戚传》中记为"从昆弟子",这一点《世系表》有误,另外有关文帝皇后的兄弟和父亲,《世系表》也是混乱的[1]。又,窦氏徙居清河的时代,《世系表》置于婴的从兄弟充的时期,但是《元和姓纂》

---

[1]《元和姓纂》卷九载:"汉章武侯窦广德女为文帝皇后,生景德。兄子彭祖南皮侯,兄子彭婴魏其侯。"根据岑仲勉《元和姓纂四校记》(中央研究院历史语言研究所,1948年),"窦广德女"应为"窦广国女兄"之讹,"生景德"应为"生景帝"之讹,"兄子彭婴"的"彭"字当为衍文。不过这样的话,"兄子婴"必须看作是"从兄子婴"。

第一章　唐的建国与匈奴费也头

记为"窦婴之先，本居清河观津"，证之以《史记·魏其侯列传》《汉书·窦婴传》，当以《元和姓纂》为是[1]。也就是说，虽然《世系表》以经为秦的大将军，以充为避秦乱徙居清河的人物，却将吴楚七国之乱以后封魏其侯、游士宾客争相归之的窦婴[2]与二人置于相同的时代。由于窦婴是文帝皇后的从兄子，《世系表》的谱系中若不将他下移二代（或者至少也是一代）的话，与《史记》《汉书》所载的谱系是不符的。还有，窦经或者窦充这样的人物，不见于《史记》《汉书》和《后汉书》。从文帝皇后到后汉的窦融，虽然融的七世祖是皇后之弟广国一事可见于《后汉书》卷二三《窦融传》[3]，但他们之间的系谱是不明确的。唯《汉书》卷一八《外戚恩泽侯表》中，广国之子定以及孙常生被记作他的后嗣。

窦融孙五人，其名皆可见于《后汉书》[4]。从那时起，窦氏渐渐成为后汉朝廷中的大势力[5]。众所周知，这一外戚窦氏由于党锢之祸而没落，其谱系在窦唐或窦辅以后也无可追寻。《世系表》（C）开头的"窦武之难"，明显是指党锢之祸。可是《世系表》虽然追溯到党锢之祸为止的窦氏，却完全没有触及章帝皇后、桓帝皇后，或者窦宪、窦固这些人物。不得不说，在系谱中遗漏如此重要的人物是不可能的。那么，《世系表》都记载了什么内容来代替这些呢？它特意追溯另外的支脉，举出了陇右窦氏之祖尚的名字。不仅这个叫窦尚的人物不见于正史，而且《世系表》中作为其父的窦宣，也只在《后汉书·窦融传》所载"（窦）穆坐赂遗小吏，郡捕系，与子宣俱死平陵狱"一条中出现过。如果来看作为敦煌与武威两地窦氏之祖的人物，敦煌南的窦氏之祖窦寿仍然不见于正史，《世系表》将其先世追溯到窦广国，但系于《汉书·外戚

---

1. 《史记》卷一〇七《魏其侯列传》言："魏其侯窦婴者，孝文后从兄子也。父世，观津人。"《汉书》卷五二《窦婴传》也说："父世，观津人也。"
2. 《汉书·窦婴传》："七国破，封为魏其侯，游士宾客争归之。"
3. 《后汉书》卷二三《窦融传》："窦融，字周公，扶风平陵人也。七世祖广国，孝文皇后之弟。"
4. 《后汉书》卷一〇上《皇后纪》："章德窦皇后，讳某，扶风平陵人。大司徒融之曾孙也。祖穆，父勋，坐事死。"同书卷二三《窦融传》："（章德皇后的）叔父霸为城门校尉，霸弟褒将作大匠，褒弟嘉少府。"同卷："（永平）十四年，封勋弟嘉为安丰侯。"同卷："穆，与子宣俱死平陵狱。"不过，他们的年龄长幼不详。
5. 关于后汉的外戚窦氏，参看東晋次：《班固と竇氏——後漢外戚政治成立の一斷面——》(《名古屋大学東洋史研究報告》第6号，1980年）。

恩泽侯表》所记窦广国子孙之外的支脉。被当作武威窦氏之祖的窦林，作为窦融的从兄子、护羌校尉，其名出现于《后汉书·明帝纪》《窦融传》《西羌传》中，详细事迹不明，在《世系表》中同样在与主流有别的支脉中出现。总之，《世系表》假托正史中不见名字的人物，或者出现名字而事迹不详的人物，编造了敦煌、武威、陇右的窦氏之祖。

《世系表》中汉代窦氏的血统，到了（C）的开头，向着北方游牧民延续下去。但是，逃避党锢之祸的窦氏一族的某位人物，成为游牧民的部落大人领导其民众，这样的事按常识无法理解。汉人亡命于北方游牧民中，与某个部落共同生活，如果被认为很强壮，就会像李陵例子中所见的一样娶到该部落的女子。于是这个亡命者在血缘上站在所娶之女民族的姻族立场，不可能成为此氏族的首领。而且姻族一方迎入那位亡命者并让他成为氏族长，这作为现实问题也是极有疑问的。顺便说一下，《元和姓纂》记载"魏晋以后，窦氏史传无闻"，则魏晋以后的系谱，是以"状称"即窦氏的家状[1]为基础才开始书写的，我怀疑是它将谱系与汉代窦氏联系起来的。当时的鲜卑尚处于檀石槐的时代，记载汉代窦氏逃亡到鲜卑拓跋部且成为部落大人的《世系表》的系谱，更加不能相信了。也就是说，《世系表》所记汉代窦氏的系谱中，可以确认的编造处有：

（1）虽叙述从魏其侯窦婴到党锢之祸为止的历史，但在其中追述了与正史所见系谱有别的支脉；

（2）趁此时假造出敦煌、武威、陇右的窦氏之祖；

（3）接着，将因党锢之祸而没落的窦氏与北方游牧民联结起来。

所以，窦氏世系在（B）至（C）相联结的地方断裂了。

其次，若试着思考《世系表》的（C）部分，我们很容易注意到《魏书》卷一《序纪》始祖神元皇帝以下这段记载：

> 始祖神元皇帝讳力微立。生而英睿。元年，岁在庚子。先是，

---

[1]《通志》卷二五《氏族略序》："凡百官族姓之有家状者，则上之官为考定详实，藏于秘阁，副在左户。"

> 西部内侵，国民离散，依于没鹿回部大人窦宾。始祖有雄杰之度，时人莫测。后与宾攻西部，军败，失马步走，始祖使人以所乘骏马给之。宾归，令其部内求与马之人，当加重赏，始祖隐而不言。久之，宾乃知，大惊，将分国之半，以奉始祖，始祖不受，乃进其爱女。宾犹思报恩，固问所欲。始祖请率所部北居长川，宾乃敬从。积十数岁，德化大洽，诸旧部民，咸来归附。二十九年，宾临终，戒其二子使谨奉始祖。其子不从，乃阴谋为逆。始祖召杀之，尽并其众，诸部大人，悉皆款服，控弦上马二十余万。

讲述了身为一介部落民的拓跋力微被没鹿回部大人窦宾赏识，成为拓跋部首领并逐渐扩张势力的拓跋勃兴传说。《世系表》认为此处登场的窦宾，就是逃避党锢之祸而北徙的窦统之子。但是，后汉末的亡命者的儿子，在约350年后北齐时代的魏收撰写的《魏书》的开头，作为游牧民的英雄而登场，这也太过于前后一致了。这种程度的前后一致，不得不认为是由后世的编造而造成的。由此窦氏世系在（B）到（C）之间的断裂可以再次得到确认。

此窦宾的二子是被拓跋力微杀害的，其中原委，也见于《北史》卷一三《后妃传上》：

> 魏神元皇后窦氏，没鹿回部大人宾之女也。宾临终，诫其二子速侯、回题，令善事帝。及宾卒，速侯等欲因帝会丧为变。语泄，帝闻之……因执杀之。

这里的"速侯、回题"在《世系表》中记作"他、异"，"他"的字"建侯"可以认为是"速侯"之误[1]。但是，《北史·后妃传》《魏书·皇后传》（据《北史·后妃传》补）都没有提及速侯、回题的子孙。那么《世系表》中"他—勤—真"相延续的谱系还可以相信吗？据《北史·后妃传》，

---

1. 姚薇元：《北朝胡姓考》，科学出版社，1958年，第177页，注二。

速侯、回题（他、异）图谋趁拓跋力微会丧为变，计划泄漏后反被力微所害，因此他们的死必定与其父宾在同一年，也就是北魏神元皇帝二十九年。神元皇帝元年是庚子年（220）[1]，所以二十九年相当于公元248年。可是，《世系表》（C）的末尾又提到了北魏穆帝被册立为代王之事。穆帝拓跋猗卢被晋怀帝封为代公之年，《魏书·序纪》记为穆帝三年，《宋书·索虏传》作永嘉三年（309），《晋书》帝纪作永嘉六年（312）[2]；猗卢被晋愍帝进封为代王的年份，《魏书·序纪》作穆帝八年，《宋书·索虏传》记为愍帝（313—316年在位）初，《晋书》帝纪作建兴二年（314）。《魏书·序纪》穆帝元年条有：

刘渊僭帝号，自称大汉。

而《晋书》卷一〇一《刘元海载记》言：

永嘉二年（308），元海僭即皇帝位。

故而穆帝元年相当于公元308年。穆帝在位九年而平文帝继之，《序纪》言平文帝元年"岁在丁丑（317）"，与上面对穆帝元年的推断一致。所以，穆帝拓跋猗卢在309—312年间被晋朝封为代公，313—315年间再被进封为代王。《世系表》既然提及了猗卢进封代王之事，根据《序纪》来看，《世系表》中的窦勤在其父他被力微杀害67年后被封为忠义侯，并迁往五原。作为系谱，这在年份上很难成立。

---

1. 这一年份是据曹魏从后汉受禅之年而定的，这一点王鸣盛（《十七史商榷》卷六六"追尊二十八帝"条）、钱大昕（《二十二史考异》卷二八《魏书一》）提到，志田不动麿（《代王世系批判》上，《史学雜誌》第四八编第二号，1937年）、田村実造（《北魏開国伝説の背景》，《東方學論集》第二，1954年）等诸氏皆同此说。不过内田吟風认为只是偶然的巧合（《魏書序紀特にその世系記事に就て——志田不動麿学士『代王世系批判』を読む——》，《史林》第22卷第3号，1937年。收入同氏著：《北アジア史研究——鮮卑柔然突厥篇——》，同朋舎，1979年）。
2. 志田氏以《晋书》为是（《代王世系批判》上），内田氏以《魏书》《宋书》为是（《魏書序紀特にその世系記事に就て——志田不動麿学士『代王世系批判』を読む——》），田村氏同内田氏（田村実造：《代国時代のタクバツ政権》，《東方學》第109辑，1955年）。

第一章　唐的建国与匈奴费也头

接下来《世系表》（D）的部分，在正史中找不到可以印证的史料。但是，《魏书·官氏志》所记太祖道武帝时期成为编民的四方诸姓中，南方有"纥豆陵氏，后改为窦氏"[1]。放到《世系表》中来看，这只能相当于"率众入魏"的窦真。如前所述，拓跋猗卢被册立为代王在315年（《魏书·序纪》），那时相当于真之父勤的时代。但是根据《世系表》，窦真在此71年后的道武帝登国元年（386）率众降魏。总之，窦勤、真两代共延续了138年。而从登国元年到六镇之乱爆发（523）同样是138年，《世系表》在其间置入"朗—祐—严—略"共四代。两相比较，就可以理解"他—勤—真"相续的系谱在年数上多么勉强。总而言之，《世系表》的窦氏谱系在（C）至（D）过渡处再度出现了断裂。

另外，（D）的时期中，还存在明元帝的"保母"、后来成为世祖太武帝妃的窦皇后[2]，《魏书》在卷四六和卷八八分别为窦瑾、窦瑗这样的人物立传，不过他们与本节所述窦氏的关系都不明确。

至于《世系表》（E）的部分，图3是根据《周书》《隋书》《旧唐书》《新唐书》画出的谱系图，与（E）没有明显的矛盾。窦氏从岳、善、炽兄弟一代开始担任政府高官。他们的父亲窦略在北魏任平远将军，其他的少保、柱国大将军、建昌公诸头衔都不过是由于窦炽的卓著功勋而获得死后追赠的[3]，而窦略以前的谱系更是不明。质言之，窦氏是六镇之乱以后兴起的门族。

有史料明确显示，这一时代的窦氏即纥豆陵氏。《周书》卷三〇《窦炽传》：

> （炽第二子恭）从高祖（北周武帝）平齐，封赞国公……以罪赐死。

---

1. 《魏书》卷一一三《官氏志》："次南有纥豆陵氏，后改为窦氏。……凡此四方诸部，岁时朝贡。登国初，太祖散诸部落，始同为编民。"
2. 译者按：据《魏书》，窦太后是在明元帝时期担任太武帝的保母，太武帝即位后尊为保太后、皇太后。
3. 《周书》卷三〇《窦炽传》："父略，平远将军。以炽著勋，赠少保、柱国大将军、建昌公。"

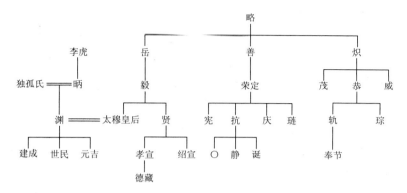

图 3　北周、隋、唐初窦氏谱系

主要来源：《周书》卷三〇《窦炽传》；《隋书》卷三〇《窦荣定传》；《旧唐书》卷六一《窦威传》；《新唐书》卷九五《窦威传》。

关于这里的窦恭，《隋书》卷六九《王邵传》云：

> 周武帝时（560—578），望气者云亳州有天子气，于是杀亳州刺史纥豆陵恭。

又《周书·窦炽传》云：

> 炽兄子毅。……父岳早卒……孝闵帝践阼，进爵神武郡公。

这里提到的太穆皇后之父窦毅，按《隋书》卷四二《李德林传》：

> （周）武帝尝于云阳宫作鲜卑语谓群臣云……神武公纥豆陵毅答曰……

则记作"纥豆陵毅"。同样地，《世系表》将毅兄魁之子洪景记作"隋骠骑大将军、西河郡公"，而《隋书》卷六五《吐万绪传》则有：

> （文帝）潜有吞陈之志。……以绪领行军总管，与西河公

纥豆陵洪景屯兵江北。

换言之，太穆皇后窦氏一族的姓，本来是纥豆陵氏。他们随着北魏孝文帝的分定四姓改姓为窦氏，后来由于西魏北周的恢复虏姓政策，留下了窦氏与纥豆陵氏混同使用的史料[1]。

如上所述，考察《世系表》所记窦氏系谱可以发现如下几点：

（1）这一系谱在（B）至（C），以及（C）至（D）相联结的两处有断裂。

（2）这断裂的两处，分别位于《魏书·序纪》始祖神元帝条所记没鹿回部大人窦宾父子事迹的前后。

（3）所谓窦氏，在孝文帝分定四姓以前称为纥豆陵氏，是在六镇之乱后兴起的势力。

（4）这一族后来攀附汉代窦氏为祖先，利用《魏书·序纪》，伪造了联结自家与汉代窦氏的谱系。（B）至（C）、（C）至（D）之间留下疑问，正缘于此。

（5）趁此时机，假造了敦煌、武威（姑臧）、陇右（陇西）的窦氏之祖。

（6）于是《世系表》的谱系中，（C）的异、他兄弟以前的部分是利用既有史料进行伪造，年数上不合理；勤以后则是与太穆皇后相联系的谱系。由此，关于目前所知最早的窦氏祖先窦勤，《世系表》记载了他成为纥豆陵氏、迁往五原居住之事。

可是，五原的纥豆陵氏又是什么人呢？

三、太穆皇后与匈奴费也头

（1）纥豆陵氏与河西

纥豆陵氏属何系民族，史料没有明记。北魏末六镇之乱造成华北

---

1. 关于西魏、北周的恢复虏姓，参看内田吟风的《北朝政局に於ける鮮卑及諸北族系貴族の地位》(《東洋史研究》第1卷第3号，1936年。收入同氏：《北アジア史研究——匈奴篇——》，同朋舍，1975年)，以及浜口重国的《西魏に於ける虏姓再行の事情》(《東洋学報》第25卷第3号，1938年。收入同氏：《秦漢隋唐史の研究》下卷，东京大学出版会，1966年)、宇和川哲也的《西魏·北周の胡姓賜与》(《人文論究》第34卷第3号，1984年)。

的混乱状态后，纥豆陵氏之名始散见于史书。《北史》卷六《齐本纪上》记北魏孝庄帝永安三年（530）之事云：

> （尔朱兆）杀（孝庄）帝而与尔朱世隆等立长广王晔，改元建明，封神武（高欢）为平阳郡公。及费也头纥豆陵步蕃入秀容（山西省忻县），逼晋阳（山西省太原市），兆征神武。

暗杀了尔朱荣的孝庄帝害怕尔朱氏一党谋逆，联手北方的纥豆陵步蕃令其进攻尔朱氏的根据地秀容，此时孝庄帝被尔朱荣从子兆杀害，步蕃也被忌惮其势力扩大的高欢所消灭[1]。这是建明元年（530）十二月的事情，《魏书》卷一〇《孝庄帝纪》云：

> 是月，河西人纥豆陵步蕃、破落韩常大败尔朱兆于秀容。

在此三四年后，《北史·齐本纪上》载：

> 河西费也头虏纥豆陵伊利居苦池河，恃险拥众，神武遣长史侯景屡招不从。天平元年正月壬辰，神武西伐费也头虏纥豆陵伊利于河西，灭之，迁其部落于河东。

《魏书》卷一一《出帝平阳王纪》亦载：

> （永熙）三年春正月壬辰，齐献武王讨费也头于河西苦洓河，大破之，获其帅纥豆陵伊利，迁其部落于内地。

又《魏书》卷七五《尔朱天光传》载：

---

1. 关于此时期北朝的形势，参看浜口重国：《高姓出自考——高欢の制霸と河北豪族高乾兄弟の活跃——》下（《史学雑誌》第49编第8号，1938年。又收入同氏：《秦漢隋唐史の研究》下卷）。

第一章 唐的建国与匈奴费也头

> 时费也头帅纥豆陵伊利、万俟受洛干等据有河西,未有所附。天光以齐献武王起兵信都,内怀忧恐,不复北事伊利等,但微遣备之而已。

综上,纥豆陵原是河西的部族,常被记为费也头纥豆陵。

那么,所谓河西究竟指何处呢?关于530年登场的纥豆陵步蕃,《通鉴》卷一五四《梁纪》中大通二年十二月条写道:

> 尔朱荣之死也,敬宗(孝庄帝)诏河西贼帅纥豆陵步蕃,使袭秀容。

胡三省附注曰:

> 步蕃居北河之西。

这与《世系表》云窦勤"徙居五原"是一致的。北河即今乌加河[1],五原在唐的中受降城附近[2]。那么纥豆陵是活动于从鄂尔多斯北部东流黄河流域到狼山东南部一带的部族。

这一地区曾经是刘卫辰、赫连勃勃父子作为根据地的地区,肇始于苻坚为对抗拓跋部而令卫辰屯于此地,《魏书》卷九五《刘卫辰传》云:

> 昭成末,卫辰导苻坚来寇南境,王师败绩。坚遂分国民为二部,自河以西属之卫辰,自河以东属之刘库仁。……坚后以卫辰为西单于,督摄河西杂类,屯代来城。

---

1. 《水经注》卷三《河水》:
   经:(又北过朔方临戎县西)屈从县北东流。
   注:河水又屈而东流为北河。汉武帝元朔二年,大将军卫青绝梓岭、梁北河是也。
   经:至河目县西。
   注:北河又南合南河,南河上承西河,东迳临戎县故城北,又东迳临河县南。
2. 《元和郡县图志》卷四"关内道丰州"条:"中受降城,本秦九原郡地。汉武帝元朔二年,更名五原。"

关于这里的代来城，胡三省在《通鉴》卷一〇四《晋纪》太元元年十一月条下注曰：

> 代来城在北河西。盖秦筑以居卫辰，言自代来者居此城也。

又《元和郡县图志》卷四"关内道丰州"条言：

> 汉武帝元朔二年，使卫青逐去匈奴，开置朔方。……在今丰州西一百里。……永嘉后，匈奴卫辰父子，新居其地。

据此则刘卫辰以汉代朔方郡、唐代的丰州附近为根据地[1]。若如《世系表》窦氏相关记载所言，窦勤时代已经徙居五原，纥豆陵作为"河西杂类"也应受刘卫辰"督摄"。这种状况在卫辰死后，由赫连勃勃被后秦姚兴封为五原公一事来看[2]，也没有什么变化。

卫辰置为根据地、纥豆陵活动的汉代朔方、五原地区并非一个大

---

1. 志田氏也比定为大致相当的位置（《代王世系批判》上），内田氏亦遵从其说（《魏书序纪特に其世系记事に就て》）。但是前田正名将代来城的位置释为无定河上游，距离统万城（夏州）不是非常远的地方（《北魏平城时代のオルドス砂漠南缘路》，《東洋史研究》第31卷第2号，1972年。后收入氏著：《平城の歷史地理学の研究》，风间书房，1979年）。《魏书》卷九五《刘卫辰传》载：

   太祖（拓跋珪）乃以车为方营，并战并前，大破之（直力鞮）于铁岐山南，直力鞮单骑而走，获牛羊二十余万。乘胜追之，自五原金津南渡，迳入其国。居民骇乱，部落奔溃，遂至卫辰所居悦跋城（代来城的别名）。

   前田氏将此处拓跋珪的进军路线解释为，在破铁岐山南的直力鞮之后，由五原的金津（据《通鉴》卷一〇七太元十六年十一月条胡注，在宜梁、九原二县之间）南渡黄河南下鄂尔多斯，到达代来城。但是，其进军路线在南渡金津之后，实际上沿着黄河向西至代来城，"迳入其国"应读为"取捷径直接地"进入刘卫辰之国。如果不是这样的话，接在引文之后的北魏元虔"南至白盐池，虏卫辰家属"一句就无法得到说明了。按《元和郡县图志》卷四，白盐池在盐州，盐州在无定河上游、统万城之西。而前田氏所举《魏书》卷二八《刘洁传》的记述，言刘洁至白盐池，敕勒新民恐被杀害欲逃往凉州，洁为防备他们逃亡，命左仆射安原屯于代来城北。若以代来城在统万城附近，则为了防止敕勒新民逃往凉州，却在白盐池以东的地方分兵驻屯，岂不可笑。刘洁其实是从北方控制去往凉州的逃亡之路，代来城比定为胡注或《元和郡县图志》所言的位置是妥当的。

2. 《魏书》卷九五《刘屈孑传》；《晋书》卷一三〇《赫连勃勃载记》。

平原，从北方到西方阴山、狼山森林地带地域广阔，是最适宜游牧的地方[1]。这从《魏书》卷一一〇《食货志》的记载中也可以得知：

> 登国六年破卫辰，收其珍宝、畜产、名马三十余万，牛羊四百余万，渐增国用。

今天的五原、临河地区虽然多被改造为灌溉农地，畜牧仍是那里的主要副业[2]，即便在内蒙古自治区西南部、宁夏回族自治区东部、陕西省北部广大地域内，畜产统计数据也很高[3]。《元和郡县图志》"丰州九原县"条云：

> 周隋间，俗谓之甘草城。

这也显示出此地作为牧场的价值之高。

如前文已经提到的，六镇之乱后的纥豆陵，拥有着不容北魏王室、尔朱氏、高欢等忽视的势力，这是以上述河西之地的经济环境为背景才成为可能的。可是，史书中提到纥豆陵的时候，总是与"河西"一起提及的"费也头"又是什么呢？

（2）纥豆陵氏与匈奴费也头

《周书》卷一四《贺拔岳传》载：

> 率众趣平凉西界，布营数十里，托以牧马于原州，为自安之计。先是，费也头万俟受洛干、铁勒斛律沙门、解（斛）拔弥俄突、纥豆陵伊利等，并拥众自守，至是皆款附。

《北史·齐本纪上》载：

---

1. 吉田順一：《ハンガイと陰山》，《史観》第一〇二册，1980年。
2. 西北研究所：《後套（五原及臨河）事情》，《満鉄調査月報》，昭和十四年五月号。
3. 中国社会科学院地理研究所编辑：《黄河中游西部地区经济地理》，科学出版社，1956年。

> 三年正月甲子，神武帅厍狄干等万骑袭西魏夏州。身不
> 火食，四日而至，缚稍为梯，夜入其城，擒其刺史费也头斛
> 拔俄弥突，因而用之。

这里出现了两位纥豆陵氏以外冠以"费也头"一词的人物。第一位"万俟受洛干"在前引《魏书·尔朱天光传》里也出现过，第二位"斛拔俄弥突"从前后关系来看明显与《周书·贺拔岳传》的"解拔弥俄突"是同一人[1]。关于"费也头"，姚薇元解为表示"牧子"之意的胡语。姚氏的理由是，《魏书》卷九《肃宗纪》所记斛律洛阳反乱一事曰：

> 西部敕勒斛律洛阳反于桑乾，西与河西牧子通连。别将
> 尔朱荣击破之。

同一事件在同书卷七四《尔朱荣传》中记作：

> 敕勒斛律洛阳作逆桑乾西，与费也头牧子迭相掎角，荣
> 率骑破洛阳于深井（山西省朔县西北），逐牧子于河西。

姚氏据此认为"费也头"是胡语"牧子"之意[2]。但是细读这两段文字，《肃宗纪》"河西牧子"中的"河西"与《尔朱荣传》"费也头牧子"中的"费也头"相对应，而绝非"费也头"和"牧子"相对应。若按姚氏的说法，则《尔朱荣传》中将同义的胡语和汉语连用，这是很奇怪的。另外，在"费也头"一语出现时，若以为史书写下的是"牧子纥豆陵伊利""牧民万俟受洛干"或"牧民……"也是难以理解的。"费也头"，到底还应是个专有名词，至少也应该理解为，六镇之乱后史书中出现的"费也头"

---

1. 斛拔俄弥突这一人物名的表记，诸史料、诸版本多有异同，详见中华书局排印本《周书》卷一校勘记（九），《北齐书》卷二校勘记（一〇）。本章依百衲本。
2. 姚薇元：《北朝胡姓考》，第247页。另外唐长孺：《拓跋国家的建立及其封建化》（收入同氏著：《魏晋南北朝史论丛》，北京三联书店，1955年），以及川本芳昭：《北魏太祖の部落解散と高祖の部族解散——所謂部族解散の理解をめぐって——》（《佐賀大学教養部研究紀要》第14卷，1982年）也将费也头解释为多部族混合的牧子。

第一章　唐的建国与匈奴费也头

一语,已经专有名词化了。而费也头中明确可知有纥豆陵氏、万俟氏、斛拔氏,是一个氏族的集合体,所以它必定是一个部族。那么《魏书·肃宗纪》之文实指"河西之地的游牧民",而《尔朱荣传》之文意为"费也头部族的游牧民"。从这里也可以知道费也头是生活在河西的。

关于费也头万俟受洛干,《北齐书》卷二七《万俟普传》云:

> 万俟普,字普拔,太平人,其先匈奴之别种也。……子洛,字受洛干。

《北史》卷五三同此。故而万俟氏是匈奴系的,但姚薇元却断定其为鲜卑。他的论证是:(1)虽然《北齐书·万俟普传》言其血统为匈奴别种,《元和姓纂》《新唐书·宰相世系表》长孙氏条以及《通志·氏族略》都言其为北魏献帝的兄弟之后裔,也就是鲜卑系。(2)又《周书·贺拔岳传》以万俟氏为费也头,而费也头是"牧子"之胡语,由此可知万俟氏是匈奴役属的牧民,然而其血统不可得知。(3)另外,《续高僧传》卷二《那连提黎耶舍传》中记有名为"萬天懿"的僧人,并说明"懿元鲜卑,姓萬俟氏"。因为存在"萬"写作"万"的例子,这里的萬俟氏就是万俟氏,也就是说万俟氏为鲜卑[1]。

然而如姚氏也提到的,《魏书·官氏志》里找不到献帝的兄弟而成为万俟氏者,《元和姓纂》也说"万俟氏中间失谱",因此较之后代编纂的资料,更应该相信《北齐书》或《北史》吧。清人万光泰也有过同样的考虑[2]。

与万俟受洛干一起被冠以"费也头"的还有一位斛拔俄弥突,对于这一人物,姚薇元根据前引《周书·贺拔岳传》中"铁勒斛律沙门、斛(解)拔弥俄突"并称,得出斛拔弥俄突为铁勒的结论[3]。但是,《贺拔岳传》的这段文字,如同同传述及岳与高欢间折冲往复的那部分说

---

1. 姚薇元:《北朝胡姓考》,第246—248页。
2. 万光泰《魏氏补证》卷二:"按万俟《北齐书》以为匈奴别种。《唐书》及《氏族略》俱以为献帝兄弟之后。二说,《北齐书》为长。"
3. 姚薇元:《北朝胡姓考》,第117页。

"语在《太祖本纪》"一样，是以《周书·文帝纪》为基础的。而依《文帝纪》，贺拔岳是据宇文泰的提案而采取这一行动的，宇文泰的献策中称斛拔俄弥突（《文帝纪》作解拔弥俄突）为"夏州刺史"、纥豆陵伊利为"河西流民"，为他们各自附上这样的说明[1]。与之相对的是，万俟受洛干与斛律沙门在《文帝纪》中没有出场，在《贺拔岳传》中才首次见到他们的姓名，因而在同传中附上"费也头"或"铁勒"来说明其出处，如此看来斛拔弥俄突不应该是铁勒人。如果不这样理解的话，与之并称的纥豆陵伊利出于同理也必须是铁勒，这与姚氏自己以纥豆陵氏为鲜卑的结论自相矛盾[2]。

又《新唐书·宰相世系表》宇文氏条记有三房，其最后一房：

> 又有费也头氏，臣属鲜卑俟豆归，后从其主，亦称宇文氏。

而《通志·氏族略五》代北三字姓条也说：

> 费也头氏，与费野头同。

则亦有以费也头为姓氏者[3]。隋代知名的宇文述、宇文化及，就属于本姓费也头后改姓宇文的一房。《隋书》卷六一《宇文述传》载：

---

1. 《周书》卷一《文帝纪上》：
   太祖还谓岳曰："……今费也头控弦之骑不下一万，夏州刺史斛拔俄突胜兵之士三千余人，及灵州刺史曹泥，并恃其僻远，常怀异望。河西流民纥豆陵伊利等，户口富实，未奉朝风。今若移军近陇，扼其要害，示之以威，服之以德，即可收其士马，以实吾军。西辑氐羌，北抚沙塞，还军长安，匡辅魏室，此桓文举也。"
2. 姚薇元：《北朝胡姓考》，第178页。姚氏以纥豆陵为鲜卑的结论其证据不明，似乎是《世系表》中"亡入鲜卑拓跋部"一语受到了重视。姚氏以为，《魏书·太祖纪》及《高车传》所见的纥突邻部与纥豆陵音极近似，据《官氏志》，纥豆陵氏成为编民不在神元皇帝时而在太祖时，因而在意辛山及阴馆被魏军讨破的纥突邻就是纥豆陵。但是，内田氏以为意辛山"相当于现在东洋河上游北方"（《北アジア史研究——鲜卑柔然突厥篇——》，第309页，注9、10），而阴馆位于山西省代县北方，所以与《世系表》所记五原之地不符，说纥突邻是鲜卑还需要进一步的证明。
3. 《通鉴》卷一七四《陈纪》宣帝太建十二年（580）七月，可见东楚州刺史"费也利进"这一人名，胡三省注曰："费也，虏复姓。盖即费也头种。"胡三省以费也头为部族名，不得不说是正确的。

第一章　唐的建国与匈奴费也头　　　　　　　　　　　　　　　　37

> 宇文述字伯通，代郡武川人也。本姓破野头，役属鲜卑俟豆归，后从其主为宇文氏。

由此可知"费也头""破也头""费野头"都是同音异译[1]。又《北史》卷六〇《李密传》载，隋末群雄李密责难暗杀炀帝的宇文化及时说：

> 卿本匈奴皂隶破野头耳。

所以，费也头是匈奴系的部族[2]，其血统为隋末人所明确认识。所谓匈奴的部族，根据内田吟风的研究，就是一系列晋史中出现的"种"[3]，因此《北齐书·万俟普传》以万俟氏为"匈奴之别种"，不得不说是妥当的。从而，我们得出了李渊太穆皇后出身于匈奴系费也头种纥豆陵氏的结论。姚薇元不以费也头为族名，故而得出纥豆陵氏、万俟氏为鲜卑，斛拔氏为铁勒的结论；周一良虽认为宇文氏为匈奴，但没有分析费也头，所以对于斛拔氏，他说"斛拔氏未详所出。……疑是斛律或斛斯之误也"，得出其为高车的结论[4]。

让我们再次来看这一问题：《世系表》为了将纥豆陵氏与汉代窦氏联系起来，记述了逃避党锢之祸的窦氏"入鲜卑拓跋部"，个中原因何在？《唐会要》卷三六《氏族》中记载武德元年窦威对李渊说：

> 臣家昔在汉朝，再为外戚。至于后魏，三处外家。今陛下龙兴，复出皇后。

---

1. 《册府元龟》卷六《帝王部·创业二》"后周太祖"条还可见作"费也投"的例子。
2. 周一良《论宇文周之种族》（《历史语言研究所集刊》第7本第4分，1939年。又收入同氏著：《魏晋南北朝史论集》，中华书局，1963年）也认为宇文氏是匈奴。周氏认为，《世系表》的"佚豆归"与《隋书·宇文述传》的"俟豆归"，在《周书·文帝纪》作"侯豆归"，《北史》卷九八《匈奴宇文莫槐传》作"逸豆归"，《周书》《北史》未言其为鲜卑，《隋书》误以其为鲜卑，《世系表》不过是遵从了《隋书》而已。
3. 内田吟风：《北アジア史研究——匈奴篇——》，第278—280页，以及第286—288页。
4. 周一良：《论宇文周之种族》。另外，唐长孺认为斛拔氏乃贺拔之误，属于鲜卑（《拓跋国家的建立及其封建化》）。

他已经自称汉代窦氏为祖先。但是，如《周书》卷三〇《窦炽传》所采录的：

> 窦炽字光成，扶风平陵人也。汉大鸿胪章十一世孙。章子统，灵帝时，为雁门太守，避窦武之难，亡奔匈奴，遂为部落大人。

这一时期的窦氏家谱，是将汉代窦氏与自家匈奴血统直接联结来加以伪造的。伴随着唐代一系列的氏族志编纂政策而兴盛的制作家谱风潮到来以后[1]，产生了进一步完善谱系的需求。这时，一方面利用《魏书·序纪》所见的没鹿回部大人窦宾作为合适的作料；另一方面，将后汉末业已确立大人世袭制的匈奴[2]与汉代窦氏直接联结存在矛盾，故而令其亡命进入尚未确立大人世袭制的鲜卑[3]，再用"得匈奴旧境"这样的说法进行弥缝。尽管当时鲜卑还处于檀石槐的时代，《世系表》却出现了拓跋部之名，这正是由于它利用《魏书·序纪》而造成的现象。要之，他们不过像南匈奴刘氏一样，攀附名门窦氏的名分而已[4]。为此，《世系表》在造作谱系之际利用了《魏书·序纪》所记的拓跋部的传说。追夏后氏为远祖，如所周知是匈奴民族的传统[5]，直到赫连勃勃也没有什么变化[6]。

匈奴的费也头之名首次出现于史书，管见所及是在《魏书》卷七上《高祖纪上》延兴二年（472）八月条：

---

1. 例如窦氏，《新唐书》卷五八《艺文志二》可见《窦氏家谱一卷（懿宗时，国子博士窦澄之）》。
2. 内田吟风：《北アジア史研究——匈奴篇——》，第238页。
3. 《后汉书》卷九〇《鲜卑传》言："自檀石槐后，诸大人遂世相传袭。"《三国志》卷三〇《魏志·鲜卑传》引《魏书》也说："自檀石槐死后，诸大人遂世相袭也。"檀石槐之死在光和年间（178—184），按船木胜马的研究在181—182年（《后汉后期の鮮卑——檀石槐時代を中心として——》，《東洋大学文学部紀要》第19集，1965年）。窦武败于宦官在168年。另可参看内田吟風：《北アジア史研究——匈奴篇——》，第345—346页。
4. 因为后汉的窦宪曾经讨伐北匈奴，与北匈奴对立的南匈奴有人以窦氏为贵姓而冒为己姓是可以考虑的。前述《魏书》卷四六的窦瑾"自云汉司空融之后"，同书卷八八的窦瑗也"自言本扶风平陵人"，此二人也可能是类似的例子。
5. 《史记》卷一一〇《匈奴列传》；《汉书》卷九四上《匈奴传上》。
6. 《晋书》卷一三〇《赫连勃勃载记》。

第一章　唐的建国与匈奴费也头

> 河西费也头反。薄骨律镇将击走之。

这里的河西仍然是指鄂尔多斯西北部。从这条史料也可知道，镇压的军队不是来自夏州治所统万镇，而是来自灵武的薄骨律镇。灵武是从北河地区前往长安途中的要冲，唐代丰州一度归属灵州也是出于这一原因[1]，可以认为鄂尔多斯西北部也在北魏薄骨律镇的管辖之下。费也头在赫连夏国灭亡后，没有完全被部族解散[2]，依旧在河西地区过着游牧生活，由此看来，不如说是以领民酋长的形式进入了北魏统治领域的基层[3]。以有利的经济环境为背景，在北魏关注点南移的孝文帝时期，他们拥有了足以发动叛乱的势力。当北魏因六镇之乱而统治力变弱时，他们与桑乾一带造反的斛律洛阳相联络而东进[4]，在高欢与宇文泰的对峙时期作为独立势力分布在辽阔的鄂尔多斯。由于东西两魏围绕着他们争夺鄂尔多斯要地，纥豆陵伊利、万俟受洛干、斛拔俄弥突等统帅们的名字才出现在史书中。另外，他们的势力还进一步发展到河西走廊。从到那时为止的游牧民的动向来说，进入鄂尔多斯的势力若无对抗势力阻挡，必然进入河西走廊。汉代的匈奴如此，五胡时代的匈奴也在凉州建立了政权。反之，控制了河西走廊的吐蕃仍向着灵州方向发展。在北魏东西分裂时期，企图归附东魏高欢一方的灵州刺史曹泥，也与其婿凉州刺史刘丰相联通[5]。还有，如果来看隋代陇西、河西走廊的状况

---

1. 《元和郡县图志》卷四"关内道丰州"条："贞观四年，突厥降附，又权于此置丰州都督府，不领县，唯领蕃户，以史大奈为都督。十一年，大奈死，复开府，以地属灵州。二十三年，又分置丰州。"
2. 北魏部族解散没有造成游牧民的完全定居化，关于这点，可参看古贺登：《北魏の俸禄制施行について》，《東洋史研究》第24卷第2号，1965年；古贺昭岑：《北魏の部族解散について》，《早稲田大学大学院文学研究科紀要》别册第20集，哲学史学编，1994年。
3. 关于领民酋长，参看周一良：《领民酋长与六州都督》，《历史语言研究所集刊》第20本上册，1948年（后收入氏著：《魏晋南北朝史论集》）；佐久间吉也：《北朝の領民酋長制に就いて》，《福岛大学学芸学部論集》第一辑，1950年。
4. 郭沫若主编：《中国史稿地图集》上册（地图出版社，1979年）的《北魏末年各族人民起义》图（第69—70页）中，将《魏书·尔朱荣传》的"费也头牧子"起义地点置于鄂尔多斯东北部、浦水河畔。虽然有足够理由认为费也头的势力在当时达到该地区，但该图将起义地点定在那里的依据，管见所及尚不可得知。
5. 《北史》卷六《齐纪上》天平三年（536）正月。

的话,开皇初文帝敕令陇西饱受异民族寇掠的村落筑堡营田,积蓄谷物,以备不虞。面对这道敕令,时任凉州总管的贺娄子干答曰:

> 陇西、河右,土旷民稀,边境未宁,不可广为田种。比见屯田之所,获少费多,虚役人功,卒逢践暴。屯田疏远者,请皆废省。但陇右之民以畜牧为事,若更屯聚,弥不获安。只可严谨斥候,岂容集人聚畜。(《隋书》卷五三《贺娄子干传》)

又《文馆词林》卷四五九载李百药撰《洺州都督窦轨碑铭》中有:

> 秦陇形胜,控驭遐远。虽地接京畿,而人多异类。

如上所述,陇西、河西之地存在着许多不见于史料的游牧民[1]。至于他们的存在形式、进入唐代以后的状况,可以参考日野开三郎通过分析敦煌差科簿所见的"子弟",以及《唐大诏令集》卷一三〇《命吕休璟等北伐制》所见"大家子弟"等语所表示的见解。日野氏的论述以为,所谓"大家"指氏族部落长及其一族,"子弟"是"大家"的自治性、私兵性集团,唐对于形成氏族部落制的民族,认可其固有的生活,只在紧急时令他们援助唐朝[2]。这的确是富有启发性的考察。

如此,灵州方面既与凉州、河西走廊有着经常性的联系,那里也存在着史料中所未记载的游牧民。特别在隋代后半期,朝野的目光都转向了高句丽,对河西的政策变得粗疏敷衍,由此进入河西走廊变得容易了。六镇乱后分布在鄂尔多斯的匈奴费也头,也从交通要冲灵州方面出发,进一步向着更优越的牧场陇西、河西走廊、祁连山麓进取。《世系表》之所以伪造了敦煌、姑臧、陇西的窦氏之祖,是因为这三地都有费也头存在。

综上所述,以下几点看法应当不至大错:

---

1. 菊池英夫:《隋·唐王朝支配期の河西と敦煌》,收入"讲座·敦煌"第二卷《敦煌の歴史》,大东出版社,1980年。
2. 日野开三郎:《唐代租調庸の研究Ⅲ 課輸篇下》,自家版,1977年,第168—187页。

第一章　唐的建国与匈奴费也头

（1）李渊太穆皇后一族，是属于匈奴费也头种的纥豆陵氏。

（2）他们在赫连夏国灭亡后，仍在五原、北河以西之地游牧。在北魏孝文帝时期，拥有着发动反乱的势力。

（3）六镇乱后华北进入混乱状态，他们分布在广大的鄂尔多斯，成为东西魏两方无法忽视的存在。

（4）其中一部分进一步向着河西走廊发展。

（5）以此状况为背景，进入唐代后，利用拓跋部始祖传说并将汉代名门与自家联结起来的谱系被伪造出来，在此过程中捏造出敦煌、姑臧、陇西三地也存在汉代窦氏祖先的说法。

四、李渊入关与鄂尔多斯的匈奴费也头

在华北的战略地理位置上，围绕长安，最重要的地方之一是太原，另一个是灵州。从灵州不仅可以南下一气到达长安，而且东通太原，西通河西走廊，北可经北河地方到达蒙古高原，进而通过漠南路通向东北方向，真正是四通八达之地[1]，后来成为"参天可汗道"的要冲。因此史书中屡屡可见围绕着太原、灵州和长安的战略部署。例如，李渊即位后的武德三年，经鄂尔多斯北部的群雄之一梁师都劝告，突厥处罗可汗意图攻击长安，于是制订了分兵三路的计划：主力由太原，梁师都由延州，另有一军从灵州方面经原州侵入[2]。又如安史之乱中也可见到同样的动向，到达太原的叛军将领高邈，献策说应该拉拢朔方节度使（治灵州）郭子仪的部将李光弼，安禄山没有采纳；与之相对，唐军方面郭子仪、李光弼迅速地控制了太原，在肃宗从灵州向长安进发时李光弼仍固守着太原，这一点决定了两军的成败。另外，当时作为求援使者派遣往回纥的，是章怀太子贤的孙子李承寀，不得不注意的是，

---

1. 参看松田壽男：《漠南路》，《歷史》第19卷第1号，1944年；同作者：《東西交通史における居延についての考》，《東方學論集》第一，1954年；長澤和俊：《唐末・五代・宋初の霊州について》，《安田學園研究纪要》第2号，1958年（收入同氏著：《シルク・ロード史研究》，国书刊行会，1979年）。
2. 《旧唐书》卷五六，及《新唐书》卷八七《梁师都传》。不过该计划因处罗之死而中止。

肃宗封他为敦煌王然后才命他出发[1]。承寀出发后，唐军听从李泌的劝告，在彭原等待回纥军，打算在扶风（实际上在凤翔）与之会合[2]，因此回纥的援军必定从凤翔以西到来，大概就是经由河西走廊而到达的。承寀封在敦煌，也是出于这一原因。肃宗为规取长安而控制了灵州、太原、河西走廊三地。如上所述，灵州、太原、长安这样的地方，是任何描画华北战略地理形势的人都必须留意的。此三地中存在这样的关系，已取得二地者即获得将剩下一地收入手中的战略性优势，而河西走廊具有增强此种优势的意义。

正由于此，高欢为了与长安的宇文泰对峙，将根据地置于太原而非首都邺城，又不远千里去争夺灵州。双方在鄂尔多斯地区展开激烈的争夺，彼时争夺的对象在许多情况下正是作为独立势力的费也头。首先，仅据有关中的宇文泰曾向贺拔岳进言劝他拉拢费也头[3]，针对于此，高欢一方进讨纥豆陵伊利并迁其部落于河东[4]。此后，高欢讨伐了夏州的斛拔俄弥突并将他收入麾下[5]，还迎接了主动归顺的万俟普、洛（受洛干）父子[6]，又成功地使灵州的曹泥内属[7]。由于曹泥与高欢相通，西魏一方即产生了讨伐灵州的必要性，那时西魏军的将领是李渊的祖父李虎[8]。而且耐人寻味的是，李虎是与费也头联手攻克灵州的，此事的详情，《册府元龟》卷一《帝王部·帝系》记曰：

> 遇灵州刺史曹泥拥兵作乱，太祖（李虎）率兵击之。时

---

1. 《旧唐书》卷一〇《肃宗本纪》、卷一二一《仆固怀恩传》；《通鉴》卷二一八至德元载九月条等。
2. 《通鉴》卷二一八至德元载九月条：
   李泌劝上："且幸彭原，俟西北兵将至，进幸扶风以应之。……"上从之，戊辰，发灵武。
3. 《周书》卷一《文帝纪上》、卷一四《贺拔岳传》；《魏书》卷八〇《贺拔岳传》；《北史》卷九《周本纪上》。
4. 《魏书》卷一一《出帝平阳王纪》；《北史》卷六《齐本纪上》。
5. 《北史》卷六《齐本纪上》。
6. 《北齐书》卷二七，以及《北史》卷五三《万俟普传》。
7. 《周书》卷一《文帝纪上》；《北史》卷六《齐本纪上》。
8. 西魏的灵州远征，《周书·文帝纪》系于534年，《北史·齐本纪》系于536年。《通鉴》两存之，但将李虎的远征系于534年。关于李虎讨伐曹泥一事，《周书》卷二七《赫连达传》也可见"（达）从仪同李虎破曹泥"。

第一章　唐的建国与匈奴费也头

有破野头贼，屯聚塞下。太祖遣使喻之，皆来降服。遂征其众，并力攻泥，四旬而克。灵州平。

《通鉴》卷一五七《梁纪》大同元年（535）正月条记曰：

魏骁骑大将军、仪同三司李虎等招谕费也头之众，与之共攻灵州，凡四旬，曹泥请降。

这里费也头即破野头也再次得到确认，且费也头与李氏间的关系可上溯到李虎一代。李虎是与费也头纥豆陵氏首见于史书的窦岳、善、炽兄弟同时代的人，而两家的孙辈李渊和太穆皇后在后来结婚了。

仍在从太原规取长安途中且其祖父曾有过上述事迹的李渊，当然不会对灵州极高的战略地位视而不见。若带着以上的分析来读隋末唐初的史料，就会发现《旧唐书》卷六一《窦抗传》以下所记富有深意了：

（窦）抗与高祖（李渊）少相亲狎，及杨玄感作乱，高祖统兵陇右，抗言于高祖曰："玄感抑为发踪耳！李氏有名图箓，可乘其便，天之所启也。"高祖曰："无为祸始，何言之妄也。"大业末，抗于灵武巡长城以伺盗贼，及闻高祖定京城，抗对众而忻曰："此吾家妹婿也，豁达有大度，真拨乱之主矣。"因归长安。高祖见之大悦，握手引坐曰："李氏竟能成事，何如？"

《通鉴》在翌年（618）三月条记窦抗"帅灵武、盐川等数郡来降"（卷一八五），可知窦氏在隋末时也在鄂尔多斯地区拥有统率力。虽然恰如史书中写下的那样，李渊占领长安以后，窦氏由于婚姻关系而来归附，但是应该认为在鄂尔多斯长期保持势力的窦氏与李渊之间，当然存在着事前的联络。太原与灵州间可以短时间内完成情报传递，所以李氏与窦氏如果没有事先互通消息的话，太原的不稳定动向就会被窦抗迅速报告给隋政府。李渊的长安占领计划会议中也有窦氏的参与，其人即从高句丽远征亡命到李渊麾下的窦琮。《旧唐书》卷六一载：

及将义举，（窦）琮协赞大谋。

那时窦琮的头脑中，理当在描绘着自家故地与华北的战略地理吧。

纥豆陵氏曾经与北周宇文氏缔结婚姻关系。北周庾信《庾子山集》卷一六收录有《周赵国夫人纥豆陵氏墓志铭》，此赵国公夫人之父正是窦炽，而卒于成都的夫君赵国公是益州总管赵僭王招（宇文泰第七子）。此外窦毅还娶了宇文泰第五个女儿并生下太穆皇后，史书中记下如下一幕：隋文帝受北周之禅时，太穆皇后自投于床悔恨哭泣曰："恨我不为男，以救舅氏之难。"其父窦毅闻此急掩皇后之口曰："汝勿妄言，灭吾族矣。"（《旧唐书》卷五一《后妃传上》）窦炽在百官皆向隋文帝劝进之际，采取了"不肯署笺""赞拜不名"的态度（《周书·窦炽传》）。此外，尉迟迥对隋文帝发动叛乱时，有名为纥豆陵惠的人物应之，此事见于《通鉴》卷一七四。他们一族一有机会就想对隋举起反旗。窦抗对李渊所说的话，也是这种感情的表现吧。

关于李渊起兵与异民族之间的关系，以往的关注点都指向突厥[1]。但是，全面地依赖于突厥的不利之处，李渊一定十分清楚，想依靠突厥的力量进入长安这类事情是不可能的。突厥是过于强大的潜意识中的敌国，事实上，李渊将要从龙门（山西省河津县西）渡河时，赶到的突厥援军共带来兵士五百人、马二千匹，史书记载彼时李渊为突厥兵少和迟到感到欣喜[2]。这是因为接受的恩义分量越重，以后突厥带来的不利就越多。李渊经略长安，最大的威胁正是突厥。突厥从太原方面与灵州方面进寇。因此李渊在太原留驻一支军队，在灵州与窦抗相结以牵制突厥。仅次于匈奴的威胁是西部的薛举。因此李渊让敦煌、姑臧、陇西的窦氏牵制薛举，对三子的封建也出于这一原因。河西走廊的战略意义重大，又与灵州相联系，安史之乱时肃宗收复长安之际也力图控制此地。李渊也与窦氏相联结，为包围长安而安排好入关的体

---

1. 陈寅恪：《唐代政治史述论稿》下篇《外族盛衰之连环性及外患与内政之关系》；同氏：《论唐高祖称臣于突厥事》，《岭南学报》第11卷第2期，1951年。李树桐：《唐高祖称臣于突厥考辨》，收入《唐史考辨》，台湾中华书局，1965年等。
2. 《大唐创业起居注》卷二。

制，最终成功进入了长安城。作为入主长安的战略性布局的那次封建，在入城的同时被改封，正是因为它已经达到了目的。"唐主举一州之兵，定三辅之地"[1]所说的李渊的壮举，背后存在着匈奴的援助。

结语

以上论述可以概括为以下几条：

（1）北魏孝文帝时期，在北河地区，匈奴系费也头种过着游牧生活。

（2）他们起初属赫连夏国，在夏灭亡后，以北河地区的高度经济效益为背景，发展成为一大势力。

（3）六镇之乱爆发、北魏的统治力削弱以后，费也头分布于鄂尔多斯地区，其中一支还发展到了河西走廊。

（4）他们的独立性，以及其领地的战略地位，让高欢和宇文泰围绕着费也头互相争斗。鄂尔多斯地区费也头的统率力，直到隋末也很强大。

（5）北周时纥豆陵氏与皇室宇文氏有婚姻关系，太穆皇后是纥豆陵毅与宇文泰第五女所生之女，他们对从宇文氏手中篡夺皇位的隋室抱有反感。

（6）意图从太原出发占领长安的李渊，与和自己有婚姻关系的费也头相联结，控制华北战略要地，实现了攻入长安和建立唐朝的目的。

（7）进入唐代以后，将太穆皇后的血统与汉代窦氏相联结的谱系被伪造出来，敦煌、姑臧、陇西三地的窦氏也被建立起与汉代窦氏的联结。

匈奴在赫连夏国灭亡后，看上去好像融合同化于内地，在历史上消失了。可是根据上文的论述来看，其中一部依然作为强大的游牧势力而残存，北魏的压力一旦减弱便再度分布于故地，从而在唐建国进程中发挥了决定性的作用。唐代窦氏之显贵，如《旧唐书·窦抗传》所言：

1.《旧唐书》卷五五《刘武周传》。

> 时抗群从内三品七人,四品、五品十余人,尚主三人,妃数人,冠冕之盛,当朝无比。

又如同书《窦诞传》言:

> 窦氏自武德至今,再为外戚,一品三人,三品已上三十余人,尚主者八人,女为王妃六人,唐世贵盛,莫与为比。

不过,窦氏得以成为这样的名门,不仅因为他们是外戚,还因为他们是建国的功臣。

第二章

玄武门之变前夜的突厥问题

引言

唐高祖李渊在位的最后一年,即武德九年(626)六月四日清晨,在长安城的北门,高祖的次子秦王世民,伏击并杀害了其兄皇太子建成和其弟齐王元吉。世民从而掌握了实权,事变两个月后即位称帝。他就是唐太宗,这场事变史称"玄武门之变"。

一般认为,玄武门之变,是从太原起兵到占领长安以及此后的群雄讨伐中功绩最大的李世民,被力图除掉自己的建成和元吉一方置于危机之中,不得已而诉诸实力发动的政变。但是,这场政变是否存在某种背景?如果存在,又是怎样的背景?对于这些问题,研究者尚无一致意见。

众所周知,玄武门之变以后出现的是著名的"贞观之治",这被传诵为中国历史上最好的治世。所以,对事变的解释,不仅关系到太宗本人的形象,也关系到对唐王朝特性的界定,具有重大意义。因此我愿附先学之骥尾,从玄武门之变入手,探索此事变性质的另一面。

一、关于玄武门之变的先学诸说

围绕玄武门之变,①章太炎[1]、②陈寅恪[2]、③傅乐成[3]、④吴泽与袁英光[4]、⑤李树桐[5]、⑥布目潮渢[6]、⑦北京二七机车车辆工厂工人理论组与北

---

1. 章太炎:《书唐隐太子传后》,《制言半月刊》第33期,1937年。
2. 陈寅恪:《唐代政治史述论稿》,重庆:商务印书馆,1943年;生活·读书·新知三联书店,1956年;香港中华书局,1974年。
3. 傅乐成:《玄武门事变之酝酿》,《台湾大学文史哲学报》第八期,1958年;又收入同氏著:《汉唐史论集》,台北:联经出版事业公司,1977年。
4. 吴泽、袁英光:《唐初政权与政争的性质问题——唐初武德、贞观年间的阶级斗争与统治阶级内部斗争》,《历史研究》1964年第2期。
5. 李树桐:《唐史考辨》,台湾中华书局,1965年;《再辨唐高祖称臣于突厥事》《唐太宗的模仿高祖及其对唐帝国的影响》,俱收入《唐史新论》,台湾中华书局,1972年;《补两唐书李大恩传并序》,收入《唐史研究》,台湾中华书局,1979年。
6. 布目潮渢:《玄武門の変》(《大阪大学教養部研究集録》第16辑,人文·社会科学,1986年。又收入同氏著:《隋唐史研究——唐朝政権の形成——》,京都大学东洋史研究会,1986年。同书所收的其他论文也可参照。

京大学历史系大批判组（以下简称"北京两组"）[1]、⑧季扬[2]、⑨牛致功[3]等，已经发表过各自的见解[4]。这些见解可以大体概括为四种倾向：

第一是将着力点放在考察这一历史如何被取得政权后的李世民所伪造，强调这一点的有①章太炎和⑤李树桐。尤其是李树桐的《唐史考辨》，收录了他自1935年起在《大陆杂志》和《师大学报》发表的十篇论文，指出诸如太原起义由世民主谋、高祖才能凡庸、建成没有大功绩等，都是太宗治下捏造出来的，不可相信。不过他没有论及玄武门之变的背景。

第二是与所谓"关陇集团"说相关联的讨论，②陈寅恪与⑥布目潮渢属于这一类。陈寅恪认为隋与唐初的掌权者们同属西魏八柱国十二大将军系统，构成以关中为根基的同质集团，他将其命名为"关陇集团"，并认为该集团经过武周革命而崩溃。由此，依据关陇集团说，玄武门之变被描述为同一集团内部的权力斗争，在陈氏的考察中，玄武门之变主要被定位为此后唐朝政府内部抗争解决形式之一的滥觞。

与此相对的第三种观点，是将玄武门之变的背景看作是"世族地主"与"庶族地主"的对立。④吴泽与袁英光、⑦北京两组和⑧季扬持这种看法。吴泽与袁英光的观点是，隋以及唐贞观以降都是靠新兴庶族地主的支持来维持政权，但武德年间旧有的世族地主阶层的势力复活并与新兴庶族地主阶层对立，这构成玄武门之变的背景。代表新

---

1. 北京二七机车车辆工厂工人理论组、北京大学历史系大批判组：《隋末农民起义与唐初的法家路线》，《北京大学学报（哲学社会科学版）》1974年第6期。
2. 季扬：《隋末农民起义与唐的统一》，《光明日报》1975年2月15日。
3. 牛致功：《"玄武门之变"与唐高祖让位析》，《人文杂志》1980年第6期，又收入同氏著：《李渊建唐史略》，陕西人民出版社，1983年。
4. 这里所举仅限专门论文，此外概说性涉及玄武门之变的著作，还有如下这些：清家莹三郎：《唐の太宗》，康文社，1934年；万钧：《唐太宗》，学习生活出版社，1955年；吕思勉：《隋唐五代史》上，中华书局上海编辑所，1959年，太平书局，1980年；韩国磐：《隋唐五代史纲》，三联书店，1961年，人民出版社，1979年；李唐：《唐太宗》，香港宏业书局，1963年；同氏：《隋唐五代史》，香港宏业书局，1974年；谷川道雄：《唐の太宗》，人物往来社，1967年；布目潮渢：《隋の炀帝と唐の太宗》，清水书院，1975年；汪籛：《唐太宗》，《北京大学学报》1979年第2期（收入同氏著：《汪籛隋唐史论稿》，中国社会科学出版社，1981年；又收入汪籛：《唐太宗与贞观之治》，求实出版社，1981年；及历史研究编辑部编：《唐太宗与贞观之治论集》，陕西人民出版社，1982年）。

兴地主阶层利益的李世民获得了胜利，决定了唐王朝特质的演变方向。针对于此，齐陈骏[1]、梁森泰[2]、砺波護[3]等学者，就地主阶级与隋唐政权的关系，从各自的见解出发分别作了驳斥。布目氏的问题意识也在于政权与地主阶级间的关系，他分析了武德年间的中央政府高官以及建成、世民、元吉各自臣下群体的家世与任官履历，发现其中并无本质性的差异，从而反驳了吴、袁两位的观点，将玄武门之变看成如史书中所记一样的围绕皇位继承的斗争，支持了关陇集团说。但是，进入"四人帮"时代，中国史学界在"世族即儒家""庶族即法家"的模式下评价李世民，于是吴、袁的观点再次被⑦北京两组和⑧季扬所主张[4]。

另一方面，与以上三种观点都不同的，尚有③傅乐成和⑨牛致功的论说。傅氏认为，高祖于武德七年使世民移居宫城外西面的宏义宫，确定了让建成继位的决心，这是促使世民发起政变的直接原因。而牛致功的看法正好相反，他认为想让世民代替建成继承皇位是高祖的基本态度，玄武门之变爆发以前已经得到了高祖的承认。如上所述，玄武门之变至今已经得到了多重角度的研究。

玄武门之变是由权力斗争引起的武装政变，这应该没有问题。但是，武装政变不是任何时候、随便谁都能发动的。它发动的背景、成功的要因，一定以某种形式存在。具体到玄武门之变，这些背景和要因是什么呢？

将玄武门之变的背景看作不同地主阶层间对立的吴、袁两氏，使用了"世族地主官僚集团""庶族地主官僚集团"这样的词语，因此至少这里所谓的地主阶级，是担任官职、在中央政府官界有势力的阶层[5]，可以将这种对立看作是中央政界内的对立。但是，如布目氏所详尽论

---

1. 齐陈骏：《试论隋和唐初的政权——与吴泽、袁英光两同志商榷》，《历史研究》1965年第1期。
2. 梁森泰：《关于唐初政权性质的几个问题》，《历史研究》1965年第6期。
3. 砺波護：《隋の貌閲と唐初の食实封》，《東方学報》（京都）第73号，1966年。
4. 关于"四人帮"时代以及他们倒台后中国历史学界对隋末唐初诸问题的研究动向，参看氣賀澤保規：《最近の農民戦争史研究の動向——隋末唐初を中心にして—》（收入唐代史研究会编：《中国歷史学界の新動向》，刀水书房，1982年）。
5. 砺波護在前引论文中也认为，所谓"世族地主"，相当于日本通常使用的、门阀贵族与官僚贵族合并而称的"贵族"。

第二章　玄武门之变前夜的突厥问题　　　　　　　　　　　　　　　　51

证的，这场政变不能说是由官僚地主的阶层对立引起的。

另一方面，陈寅恪在将此政变看作关陇集团内部斗争的同时，也注意到隋末唐初史料中出现的"山东豪杰"一语[1]，氣賀澤保規也言及此政变的背后存在着山东与关中的对立[2]。不过，陈寅恪所称的"山东豪杰"是指北魏营户的后裔、以胡族为中心的战斗集团，世民为了实现野心而利用了这一势力，陈氏、氣賀澤氏都没有将山东势力描述为引起玄武门之变的积极因素。

既然如此，玄武门之变是在什么样的背景下，出现怎样的契机时发动的呢？关于玄武门之变的学术意见分歧如此之大，造成分歧的原因当然是由于各家分别依据不同的史料，又对史料作出了不同的解释。因此，本章想再度回到基本史料，重新思考这一问题。

二、史料批判呈现的突厥问题

记载玄武门之变的基本史料，是两《唐书》的《建成传》《元吉传》，再加上与事变相关的各人物的列传，以及《册府元龟》《资治通鉴》等。如果来看这些材料，以下几点值得注意。

首先可以看出，各史料的共通点是，玄武门之变是建成、元吉首先行动，世民不得已应对从而发生的。翻看《通鉴考异》，即可知这是在太宗治下编纂的实录中已经记录下来的内容，可以认为是为了使太宗的政权篡夺正当化而写下的。后世的史书遵从了这一叙述。以资料选择严密著称的司马光，也为了维护因《贞观政要》而成为名君代表的太宗的形象，采用了实录的记述，意在为李世民的行为辩护。这一点，由《通鉴》卷一九一武德九年六月条的"臣光曰"所表述的意见可以得到明确：

---

1. 陈寅恪：《论隋末唐初所谓"山东豪杰"》，《岭南学报》第12卷第1期，1952年；收入同氏著：《金明馆丛稿初编》，上海古籍出版社，1980年。
2. 氣賀澤保規：《竇建德集団と河北——隋唐帝国の性格をめぐって——》，《東洋史研究》第31卷第4号，1973年。

> 太宗始欲俟其先发，然后应之。如此，则事非获已，犹为愈也。

其次值得注意的是，《旧唐书》和《新唐书》的叙述不同。首先是对建成、元吉人格攻击的程度，在这点上《新唐书》表现出更强的倾向。《新唐书》的《建成传》《元吉传》中，出现了七条内容不见于《旧唐书》的记述，大体上都是对二人人格之恶劣的记述。这是不是《新唐书》的创作呢？实际上并不是。例如，《新唐书·建成传》载：

> （建成）资简弛，不治常检，荒色嗜酒，畋猎无度，所从皆博徒大侠。

应当依据的是《通鉴考异》卷九武德五年"十一月，帝待世民浸疏，建成、元吉日亲"条所引《高祖实录》：

> 建成幼不拘细行，荒色嗜酒，好畋猎，常与博徒游。故时人称为任侠。

又《新唐书·元吉传》所载：

> 元吉乃多匿亡命壮士，厚赐之，使为用。元吉记室参军荣九思为诗刺之曰："丹青饰成庆，玉帛礼专诸。"元吉见之，弗悟也……

明显是依据《考异》卷九武德七年"六月，齐王元吉欲杀秦王世民，太子建成擅募兵"条所引《实录》：

> 元吉因令速发，遂与建成各募壮士，多匿罪人，赏赐之，图行不轨。其记室荣九思为诗以刺之曰"丹青饰成庆，玉帛擅专诸"，而弗悟也……

第二章　玄武门之变前夜的突厥问题

这两条《旧唐书》所未采的《实录》记事，都被《新唐书》采用了[1]。

《旧唐书》所无，只见于《新唐书》记述的第二点是《新唐书·建成传》的如下记载：

> 突厥入寇，帝（高祖）议迁都，秦王（世民）苦谏，止。建成见帝曰："秦王欲外御寇，沮迁都议，以久其兵，而谋篡夺。"帝寖不悦。

此事是说在长安因突厥入寇而陷入危机时，针对高唱主战论的世民，建成向高祖陈诉世民有篡权的野心。可在《旧唐书》的《建成传》和《元吉传》中，都没有采用这条记录。不过，玄武门之变与突厥之间的关系，各史料并非没有触及。两《唐书》之《建成传》《元吉传》以及《通鉴》等，都记载了武德九年突厥入寇之际，建成一方使世民麾下的兵将受元吉统领出讨，再图谋暗杀实力被削弱的世民，这时世民得知其谋而决定发动政变，布目氏也是从这里寻求玄武门之变的直接动机的。但是司马光却按"事之虚实皆未可知，所谓疑以传疑也"（《考异》卷九武德九年六月条）的判断，虽然采录了此条，却又云"此说殆同儿戏"（同上），对于该记事是否实际发生心存疑问。不得不注意的是，上举《新唐书》的记述，与《旧唐书》和其他以替世民辩护的形式来记述突厥问题的史料不同，透露出围绕着突厥问题建成与世民间存在根本性的意见对立。对于这点，先学未曾有人注意。现在，本

---

1. 《新唐书》的《建成传》《元吉传》中《旧唐书》所不载的内容，余下的五条如下：
   （1）（建成）尝循行北边，遇贼四出降，悉戮其耳纵之。（《建成传》）
   （2）突厥入寇，帝议迁都，秦王苦谏，止。建成见帝曰："秦王欲外御寇，沮迁都议，以久其兵，而谋篡夺。"帝寖不悦。（《建成传》）
   （3）又令左虞候率可达志，募幽州突厥兵三百，内宫中，将攻西宫。或告于帝，帝召建成责谓，乃流志嶲州。（《建成传》）
   （4）宇文颖者，代人。自李密所来降，为农圃监，封化政郡公。性贪昏，与元吉厚善，故豫（杨）文干谋。事败，帝责曰："朕以文干叛，故遣卿，乃同逆邪？"颖无以对，斩之。（《建成传》）
   （5）初，元吉生，太穆皇后恶其貌，不举。侍媪陈善意私乳之。及长，猜鸷好兵，居边久，益骄侈。常令奴客诸妾数百人被甲习战，相击刺，死伤甚众。后元吉中创，善意止之。元吉恚，命壮士拉死，私谥慈训夫人。（《元吉传》）

节试从《新唐书》的这一记述入手展开论证。

如上所述，面对突厥入寇是否应当迁都的议论，《旧唐书》在与建成和元吉相关的部分没有提到。那么《旧唐书》中没有记载这件事吗？不是这样的，它是在《太宗本纪》中他以另一种笔法写了下来：

> （武德）七年秋，突厥颉利、突利二可汗自原州入寇，侵扰关中。有说高祖云："……若烧却长安而不都，则胡寇自止。"……（高祖）即欲移都。萧瑀等皆以为非，然终不敢犯颜正谏。太宗独曰："……幸乞听臣一申微效，取彼颉利。若一两年间不系其颈，徐建移都之策，臣当不敢复言。"高祖怒，仍遣太宗将三十余骑行划。还曰，固奏必不可移都，高祖遂止。

由此看来，在《旧唐书》中，围绕突厥问题高祖与世民间的意见分歧被再三强调，建成则未卷入进去。而此处高祖命世民率三十余骑迎战突厥一事，完全让人把高祖看成个卑浅之人，这是不合理的。根据各史料，当时从原州（宁夏固原县）入寇而来的颉利、突利二可汗所率突厥军，与世民率领的唐军，正在豳州（陕西省邠县）对峙。元吉也在军队之中，当然应该还是世民在率领着大军。根据《通典》卷一九七《边防典》突厥条、两《唐书·突厥传》《册府元龟》卷一九《帝王部·功业门一》，其时世民率"百骑"，而根据《唐会要》卷九四"北突厥"条、《通鉴》卷一九一武德七年八月条，世民"帅骑"，行于敌阵，离间了颉利、突利二可汗，不但不战而退突厥之兵，还与突利可汗结为兄弟之盟，为日后突厥的分裂埋下了伏笔，这样大的成果正是在此时取得的。《旧唐书·太宗本纪》的"将三十余骑行划"也指的是这件事，因为《旧唐书》不谨慎地压缩文句，造成了前述不自然的记述，这样理解应该是稳妥的。此前的部分"突厥颉利二可汗"也明显是"突厥颉利、突利二可汗"之误，从中也可见《旧唐书》文字上的粗略。但是《新唐书》中根本没有这一记述，而用完全不同的视角在《建成传》中采录了迁都之议。

那么《通鉴》又是怎样记述的呢？卷一九一武德七年七月条：

第二章　玄武门之变前夜的突厥问题

> 或说上曰："……若焚长安而不都，则胡寇自息矣。"上以为然……将徙都之。太子建成、齐王元吉、裴寂皆赞成其策，萧瑀等虽知其不可而不敢谏。秦王世民谏曰："……愿假数年之期，请系颉利之颈，致之阙下。若其不效，迁都未晚。"上曰："善。"建成曰："昔樊哙欲以十万众横行匈奴中。秦王之言得无似之！"世民曰："形势各异，用兵不同。樊哙小竖，何足道乎！不出十年，必定漠北。非虚言也！"上乃止。建成与妃嫔因共谮世民曰："突厥虽屡为边患，得赂即退。秦王外托御寇之名，内欲总兵权，成其篡夺之谋耳。"

《新唐书》的视角，经由《通鉴》被更加明确地提出了。

然则在此二书之前的《册府元龟》又是怎样记述的呢？卷一九《帝王部·功业门》曰：

> 或说高祖曰："……若焚烧长安而不都，则胡寇自止。"高祖惑之……将徙都焉。隐太子（建成）、巢刺王（元吉）及裴寂并赞成此计。帝（世民）谏曰："……幸乞听臣一申微效，取彼颉利，以谢中州。不数年间，必系单于之颈。……"高祖大笑曰："吾家千里，信不虚也。"于是遂止。

卷五七《帝王部·英断门》所记也大致相同。这里不仅呈现了一个与《旧唐书》所述完全不同的豪放的高祖形象，更将建成、元吉与此事关联起来。

经过以上的梳理可知，关于应对突厥策略中的迁都方案，（1）《旧唐书》中高祖为赞成派，世民为反对派，建成、元吉与此无关；（2）《册府元龟》中建成、元吉是赞成派，世民为反对派，高祖支持世民的态度；（3）《新唐书》中世民为反对派，高祖听从了世民的建议，建成提出世民有篡夺皇位的危险性；（4）《通鉴》进一步强化了《新唐书》的观点。前文指出了仅见于《新唐书》建成传、元吉传的记事并非《新唐书》的独创，而可以找到有《实录》出典的例子。现在所举的与迁都之议相关的一系列记事,可以认为也以某种形式存在于《实录》乃至《实录》所依据的资料中,不妨称之为史料X。从史料X中,《旧唐书》抽出了对抗突厥的世民的功绩载入《太宗本纪》;《新唐书》抽出建成与世民在对突厥策略上的意见分歧载入《建成传》;《通鉴》进一步强调了《新唐书》的视角;《册府元龟》也同样将建成与世民的意见分歧记述下来。这样整理下来,可知宋代的史书都认识到,导致玄武门之变的建成方与世民方不和的背景之一,是对突厥策略上的意见对立。

按照以上的分析,则《册府元龟》中还有一件记事有必要注意。《册府元龟·帝王部·功业门一》记述前文提到的武德七年豳州之事,在叙述到世民率百骑进至突厥阵营之前写道:

> 帝（世民）谓元吉曰:"……岂宜安坐示之（突厥）以怯。吾当自率精锐以张国威,尔可同行也。"元吉大惧,对曰:"突厥兵势若此之强。轻脱取败,决无出理。"太宗曰:"汝不敢去,宜旁观得失。吾当往为汝出奇。"

这条史料为何值得注目？因为它在以《旧唐书》为首的包括《唐会要》《通典》等唐五代编纂的史书中从未见到,却被宋代的《通鉴》所采用[1]。这也说明对于世民与元吉,宋人转而去关注他们作为应对突厥的领导者是否合格这一问题上。

既然如此,理应来看看新旧两《唐书》在突厥列传中记述的差异。果然,《新唐书·突厥传》就有下面这条为《旧唐书·突厥传》所无的记述:

> 太子建成议废丰州,并割榆中地。于是处罗子郁射设以所部万帐入处河南,以灵州为塞。

由于建成对突厥问题的不关心,唐失去了鄂尔多斯西北部,《新唐书》

---

[1]《通鉴》卷一九一武德七年八月条:"世民谓元吉曰:'今虏骑凭陵,不可示之以怯,当与之一战。汝能与我俱乎？'元吉惧曰:'虏形势如此,奈何轻出。万一失利,悔可及乎！'世民曰:'汝不敢出,吾当独往。汝留此观之。'"

第二章　玄武门之变前夜的突厥问题

用充满非难的语气记下了这件事。

为何两《唐书》在资料选择上会出现差异呢？原因之一是，五代人和宋人对异民族的反应不同。《旧唐书》是在突厥系民族的后晋朝政权下编纂的。当时的史家，与华夷思想、国粹主义强化的宋代史家，对异民族的看法自然存在差异。在记述导致玄武门之变的两阵营的对立时，受到异民族压迫的宋代史家，对于用策略征服突厥并君临异族的唐太宗的言论和行动反应敏感，且认为建成、元吉作为政策指导者不合格，在这样的道德名义下进行资料选择，因而采用了《旧唐书》所不用的记载。这样的时代面貌差异，造成了两《唐书》在资料选择上的不同，因此，作为建成一方与世民一方对立的背景，突厥问题在《旧唐书》中未见，却在《新唐书》中出现，就是十分自然了，不能因为在较早成书的《旧唐书》中未见就认为其不可信。

三、武德九年六月政变的意义

如前所述，政变并非任何时候都适合发动的，存在一个发动并取得成功的契机和时间。玄武门之变发生在武德九年六月四日。既然我们认为突厥问题是这场政变发动的背景之一，那么就与突厥的关系而言，武德九年六月四日这一天具有什么样意义，就成为有必要检讨的问题。

将武德年间突厥入寇的记录从《通鉴》摘出，按照年月顺序整理其入寇地点，结果如表1所示。不能说《通鉴》网罗了每一次入寇，而且一支突厥军队入寇第二、第三个地点的情况也是有的，所以不能一概地仅以入寇地和入寇次数立论，然而其大致情形可从中得知。

表1　《资治通鉴》武德年间突厥入寇地点表

	正月	二月	三月	四月	五月	六月	七月	八月	九月	十月	十一月	十二月	闰月
元年													

续表

	正月	二月	三月	四月	五月	六月	七月	八月	九月	十月	十一月	十二月	闰月
二年				黄蛇岭*				延州*					二月
三年							入寇*	凉州*					
四年			入寇 石州	雁门 并州	寇边				并州 原州		恒、定、幽、易州*		十月
五年	夏州	雁门*	新城*	忻州	定州* 山东*			大震关 廉州 原州 并州 雁门		五原			
六年				幽州*	马邑* 匡州*	朔州 原州 马邑	渭州 原州 真州 马邑		幽州* 幽州[1]	马邑		定州	
七年			原州		朔州	代州	并州* 阴盘 陇州 原州 朔州*	幽州 绥州 并州 忻州 原州	绥州	甘州			七月 朔州*
八年			凉州*		灵州		相州 新城	朔州 韩州 沁州 潞州 灵州 并州	并州 幽州 兰州	鄜州	彭州		
九年	原州	灵州 凉州	西会州 灵州 泾州 原州 朔州	兰州 秦州	渭州 陇州 乌城		泾州 武功 高陵 泾阳 渭水						

说明：（1）标*处指群雄引突厥入寇的记载。[1]
（2）地名不明确的记载，照录"入寇""寇边"等。
（3）八年七月的"相州"，胡注以为当作"恒州"。

---

[1] 译者注：原书如此。大概带星号的是群雄引入寇，同年又有突厥自行入寇幽州，故两出。

第二章　玄武门之变前夜的突厥问题

首先按年别来看表1，突厥的入寇频率有逐年增加的趋势。其原因之一是，随着其他群雄的灭亡，唐的领土不断扩大，唐与突厥间冲突的机会必然增多。但是，不仅如此，突厥的入寇还逐年深入，从前山西方面只有太原一地，鄂尔多斯方面只有原州一地遭到入侵，但武德七年入寇豳州，八年破太原直到沁州（今山西省沁源县[1]）、潞州（今山西省长治县）、韩州（今山西省襄垣县），九年玄武门之变以前，泾州（今甘肃省泾川县）、秦州（今甘肃省天水县）已经遭到突厥入侵。唐与突厥之间关系的紧张度逐年升高。

《唐会要》卷九四"北突厥"条载：

> （武德）九年秋七月，颉利寇边。先是，与突厥书用敌国礼，帝欲改用诏敕。突厥遂寇灵、相、潞、沁、韩、朔等州，张瑾全军没，温彦博为虏所执。

此处虽说是武德九年，但据《旧唐书·突厥传》，张瑾与突厥战而全军覆没是在武德八年，据同书《高祖纪》温彦博为突厥所执也发生在八年八月，上引文中的"先是"所述乃是上年之事，因而其中的"帝"也指的是高祖。也就是说，武德八年高祖曾将与突厥书从敌国礼改为诏敕，结果招来突厥的大举进攻且唐朝大败，所以此处九年为八年之误。另一种说法是世民成为皇太子全面掌握政权后，武德九年七月的突厥寇边也因上一年高祖政策的影响所致。哪个才是《唐会要》所记的真意？武德八年的这次大败，据说唐军仅有李靖一军得以保全[2]。是年八月高祖派遣民部尚书皇甫无逸前往太原祭奠战死者[3]。紧接着迎来了武德九年突厥的大举入侵当然是可以预见的。事实上，是年正月高祖命令州县修缮城隍以备突厥[4]，从表1可见该年突厥比往年更早地开始了侵略。换言

---

1. 译者注：本书中出现的今地，均以日文版原书出版的时间即1998年为准。
2. 《旧唐书》卷六七《李靖传》："（武德）八年，突厥寇太原。……时诸军不利，靖众独全。"
3. 《册府元龟》卷一三五《帝王部·闵征役门》："（武德）八年八月，令民部尚书皇甫无逸于并州（太原）设祭战亡将士。"
4. 《旧唐书》卷一《高祖本纪》："（武德）九年春正月丙寅，命州县修城隍，备突厥。"《册府元龟》卷九九〇《外臣部·备御门三》："（武德）九月（年之误）正月辛亥，突厥声言入寇，敕州县修城堡，谨烽候。"

之，玄武门之变发生的武德九年，正是唐与突厥间关系紧张度达到最高点的一年。

其次，六月又是怎样的月份呢？按照月别来看表1，可以发现突厥入侵呈现出六月至九月间较多，而在八月迎来最高峰的趋势。这无疑与北方游牧民的生业有关。蒙古高原游牧民的根据地是冬营地，他们和家畜在那里度过漫长的严冬。牧草要到五六月以后开始繁盛起来，从夏末到秋季是家畜的体力最旺盛的时候。因此，突厥也在这一时期较多地入侵塞内。这一点，从《通典》卷一五六《兵典九》"称降及和因懈败之"条所记"颉利不肯朝觐，谋待草青马肥，将逾沙碛"，也可以得到确认。从唐朝一方来看，作为后来应对回鹘的对策，《李卫公会昌一品集》卷一三《请于太原添兵备状》言"只如一年防秋，无所损费"。像这样的依照季节进行的北方游牧民族的行动，在《通鉴》所记的突厥入寇中如实地体现出来。

武德九年是唐与突厥关系最紧张的一年，六月四日即将迎来真正的突厥入寇。在这个时候，唐内部突然爆发了武装政变。究竟为什么要在这个时候发动呢？

政变常常利用国际关系紧张时发动。唐在武德四年五月平定洛阳的王世充、河北的窦建德，六年正月镇压了在河北东山再起的刘黑闼，完成了华北的统一。在此期间，江南的势力也相继解体，留下的问题只有突厥，以及借突厥威势生存的夏州梁师都、朔州苑君璋的势力。总之，武德后半期唐所面对的问题，从国内向国际转移，而且一年比一年严重。在这种情况下，迁都之议被提出，世民的离间计和高祖的强硬政策得到执行，武德八年唐遭遇大败，就这样迎来了武德九年。世民认为，如果不用自己提出的路线，即以计谋制造突厥内部分裂来应对突厥问题的话，就将再度陷入隋末大乱的状态。这种强烈的危机感，应该是促使他决心发动政变的原因之一。

另外，政变的善后也是个问题，政变之后国家进入战斗状态对政变发动者是有利的。必须团结一致对抗的对手存在，具有让事变后的混乱变得容易理清的效力，而且如果对敌作战取得胜利，就证明了自己路线的正当性。假设政变是冬季发动的，其后的数月时间没有突厥

第二章　玄武门之变前夜的突厥问题　　　　　　　　　　　　　　　　　61

威胁的话，对世民路线抱有疑问的分子当然会跳出来。但是，如在七月或八月已经进入真正的战斗状态时发动政变，就过于迟了。

武德九年六月四日的意义之一，正可以从这点来认识。玄武门之变是建成与世民间围绕皇位继承的斗争，这是没错的。但引发斗争，乃至导致政变爆发的导火线，正是当时迫在眉睫的突厥问题。

结语

以上论述可归纳如下：

（1）关于玄武门之变，太宗统治时期编纂的《实录》，强调建成、元吉的暴戾无道，将政变作为世民的正当防卫记述下来，后世的史书也继承了这一立场。

（2）两《唐书》相比较，《新唐书》中记述了建成与世民间围绕对突厥策略的意见分歧，为《旧唐书》所不载。这应当是《新唐书》采用了《实录》甚至是更原始的材料，而《旧唐书》没有采用罢了。

（3）五代与宋代史家在史料选择上的这种差异，缘于两个时代对异民族的意识的差异。不能因为《旧唐书》不载而否定《新唐书》的记述。

（4）武德九年六月四日这一时点，唐与突厥间关系最为紧张。作为世民在此时期发动政变的背景之一，宋代史家采录的史料中所展现的突厥问题不容忽视。

（5）从前对玄武门之变仅从国内问题的视角进行考察，通过以上的论述可知，仅仅如此分析不够全面。作为政变背景的要素之一，亦由政变得到反映的突厥问题，也必须加以重新认识。

【附记】

本章原是1983年《史观》第108册上发表的论文，发表时未见的论文以及此后发表的主要相关论文有如下这些：

① 胡如雷：《"玄武门之变"有关史事考辨》，《中国古代史论丛》

1982年第1辑。

② 宋家钰:《李渊、李世民与"玄武门之变"》,《学习与研究》1982年第10辑。

③ 胡戟、胡乐:《试析玄武门事变的背景内幕》,《唐史学会论文集》,陕西人民出版社,1986年。

④ 砺波護:《法琳の事蹟にみる唐初の仏教と国家》,收入吉川忠夫编:《中国古道教史研究》,同朋舍,1992年。

⑤ Andrew Eisenberg, Kingship, Power and the Hsüan-wu Men Incident of the T'ang, *T'oung Pao*, Vol. LXXX, 1994.

①文从太原起兵由世民计划以及高祖意欲立世民为皇太子这两件事的真伪问题入手,认为两点是贞观时期的捏造,且认为玄武门之变是世民一方的阴谋。可以归入本章第一节所归纳的第一类观点。②文论证了事变是世民一方篡夺政权的行动,唐的基础是在武德年间由李渊奠定的,贞观之治不过是继承其路线。作者基本也是强调世民的臣下捏造了相关记述。③文认为玄武门之变无论如何应看作朝廷内两阵营间的对立,细致地探寻了从太原起兵到政变期间高祖、世民、建成和元吉四人立场的变迁,包括心理层面的变化,同时也触及了突厥问题和史书书写的曲笔等。突厥问题在该论文中虽占据了相当的篇幅,但只是提出玄武门之变前后的突厥入侵是否果真是偶然的问题,仅止于引起研究者的注意。④文指出政变的背景中存在当时佛教、道教两教团间主导权之争,具体来说,废佛论者道士傅奕,与得到太子建成支持的护法论者僧人法琳之间的对立,充当了玄武门之变的导火索。这是全新的见解。⑤文着眼于北朝至唐代的太上皇,从其存在形式论述了皇室与政治的关联,并在这个意义上讨论了玄武门之变。在文中作者Eisenberg先生也提到了拙稿,指出拙稿"特别地从促使政变成功的时机立论,在论据上有一定程度上的正当性,但是过于夸大了因突厥压力造成朝廷内朋党对立的可能性(pp. 253-254)"。然而,若是敢于使用"假如"这样的说法,假如突厥的压力不存在,"迁都"这样的大问题一定不会出现;假如唐迁都南退,突厥没有被灭而是继续长振雄风,"大唐帝国"一定不能存在。但是,历史研究中不能假设,那么

第二章 玄武门之变前夜的突厥问题

世民"为何"做出杀害兄弟的行为？一定是有不杀害兄弟则无法解决的问题存在。本章不是从王朝史，而是从唐代政治史上玄武门之变该如何定位的观点出发，论述了唐初的政争与当时日渐紧迫的突厥问题之间的相互关联。

第三章

突厥拥立杨正道与第一汗国的解体

引言

有关隋末之乱的研究，对造成此番动乱的隋代社会的分析以及使唐王朝统一得以实现的官僚群的动向这些主要问题，已经可以举出许多成果[1]。不过也要认识到，隋末大乱的特征之一，是在华北军事局势里突厥屡屡出场，以至后来发展到唐与突厥的全面战争。如前章所见，唐高祖武德九年六月四日发生的玄武门之变，其导火索之一就是当时逐年加剧的唐与突厥间的紧张关系。

突厥为何纠缠不休地深入侵略唐的领土？那样自矜强盛的突厥第一汗国，为何又由于唐的离间策略简单地解体了？这些都是需要思考的问题。本章即就这些问题陈述浅见，以求教正于方家。

一、突厥拥立杨正道

《隋书》卷八四《突厥传》在末尾处述及隋末中国与突厥的关系：

> 隋末乱离，中国人归之者无数，遂大强盛，势陵中夏。迎萧皇后，置于定襄。薛举、窦建德、王世充、刘武周、梁师都、李轨、高开道之徒，虽僭尊号，皆北面称臣，受其可汗之号。使者往来，相望于道也。

文中薛举以下所列出的人名，都是隋末在华北割据一方的群雄，他们全都依存于突厥，以至于他们派往突厥的使者可以在路上相遇。

其中，突厥迎萧皇后置于定襄一事，我们必须予以关注。关于萧皇后，《隋书》卷三六《后妃传》云：

---

[1] 隋末之乱相关的诸论著，请参看谷川道雄、森正夫编《中国民衆叛乱史I》（平凡社东洋文库，1978年）所收氣賀澤保規《隋末唐初の諸叛乱》末尾（第285—286页）所附参考文献。

第三章　突厥拥立杨正道与第一汗国的解体

> 炀帝萧皇后，梁明帝岿之女也。……及宇文氏之乱，随军至聊城（今山东省聊城市）。化及败，没于窦建德。突厥处罗可汗遣使迎后于洺州（今河北省永年县），建德不敢留，遂入于虏庭。大唐贞观四年，破灭突厥，乃以礼致之，归于京师。

据此，她是后梁明帝萧岿之女，嫁给隋炀帝，隋末在扬州遭遇宇文化及弑逆杀死其夫，经化及、窦建德而亡命至突厥处罗可汗处，突厥第一汗国灭亡后回到长安，是一位经历了波澜起伏生涯的女性。另一方面，《北史》卷一四《后妃传下》云：

> 炀帝愍皇后萧氏，梁明帝岿之女也。……及宇文化及之乱，随军至聊城。化及败，没于窦建德。建德妻曹氏妒悍，炀帝妃嫔美人并使出家，并后置于武强县（今河北省武邑县）。是时突厥处罗可汗方盛，其可贺敦即隋义城公主也，遣使迎后。建德不敢留，遂携其孙正道及诸女入于虏庭。大唐贞观四年，破突厥，皆以礼致之，归于京师，赐宅于兴道里。

这里记载迎入萧皇后的不是突厥处罗可汗，而是其可贺敦义城公主，与上一条史料存在细微差别，另外还说皇后在那时携其孙正道进入了突厥。不见于《隋书》而见于《北史》的这两条记述，值得注意。义城公主，是继大义公主（北周千金公主改称）、安义公主之后，于开皇十九年（599）嫁给突厥启民可汗的隋宗室之女[1]。启民死后，她遵从北族习俗收继婚制，相继嫁始毕、处罗、颉利三可汗，成为突厥第一汗国末期四位可汗的可贺敦。杨正道与祖母萧皇后一同进入突厥一事，《隋书》卷五九《齐王𬀩传》、《通典》卷一九七《边防典·突厥上》、两《唐书》的《突厥传》以及正道之孙杨慎矜的列传、《通鉴》卷一八八武德三年二月条等也有记载，不会有差错。但是，这些史料全部都记成处

---

[1] 关于义城公主的家谱，仅仅从《新唐书·突厥传》知道其父名谐、其弟名善经，而关于此二人的一切都是不明的。

罗可汗迎杨正道。与此相对，《北史·后妃传》则记述了这件事中义城公主发挥了作用。究竟哪一种记载是正确的呢？

《北史》是由李大师、延寿父子撰成的。李大师将南朝、北朝都看作正统王朝，李延寿继承其父的志向，以正史为基础改写成通史，在唐高宗时期完成了《北史》。因而一般认为《北史》的史料价值与《隋书》相比较低。但是，按《旧唐书》卷七三《李延寿传》所记：

> 李延寿者，本陇西著姓，世居相州。

大师、延寿所属李氏一族，世世代代居住在相州（今河南省安阳县）。该地在隋末处于窦建德的统治下，事实上，《北史》卷一〇〇《序传》中的《李大师传》载：

> 及窦建德据有山东，被召为尚书礼部侍郎。

则李大师在隋末大乱中曾出仕于窦建德。因此，前引《北史·后妃传》的记述中不见于《隋书·后妃传》的部分，是李大师、延寿父子在现场亲历之事，遂能将之插入《北史·后妃传》中，应该是可信的。还可以补充一点，《旧唐书》卷五四《窦建德传》写道：

> （建德）追谥隋炀帝为闵帝，封齐王暕子政（正）道为郧公。然犹依倚突厥。隋义城公主先嫁突厥，及是遣使迎萧皇后，建德勒兵千余骑送之入蕃，又传化及首以献公主。

《旧唐书·窦建德传》的编者，也选取了义城公主迎萧皇后的说法（《新唐书》卷八五《窦建德传》内容亦同），这可以作为《北史》所言属实的旁证。

至于处罗可汗迎接萧皇后与杨正道的时期，《通典·边防典·突厥上》记作武德三年（620）春，《旧唐书·突厥传》与《通鉴》定在武德三年二月，但上文所举《窦建德传》的记事将其置于武德二年九月之前。

第三章　突厥拥立杨正道与第一汗国的解体

对此或许可以解释为，武德二年九月以前的某个时期，义城公主向窦建德传达了想要迎萧皇后入突厥的意向，武德三年二月皇后携正道抵达处罗的牙帐。如果是武德二年的话，则在李大师被俘归属于唐之前，也就是其仍仕于窦建德的时期。因而，《北史》关于迎接萧皇后的是义城公主、皇后带着正道流亡到突厥的记事，足以凭信。据《隋书》卷三《炀帝纪上》大业三年（607）八月条，炀帝访问启民可汗牙帐之际，"（萧）皇后亦幸义城公主帐"。

此时公主与皇后已有过接触。隋灭亡时，义城公主意图迎接萧皇后、皇后仰赖公主而进入突厥等事件，使上述从前的关系成为了伏笔。

那么，本章要研究的杨正道其人，在隋王室中处于什么位置呢？图4所示，是根据《隋书》等所知的隋室谱系图。据此，文帝与独孤皇后共有五个儿子，炀帝在扬州被宇文化及暗杀时，这五人都死亡了。炀帝有三子，长子元德太子昭死于大业二年（606），次子齐王暕以及与嫔妃所生的赵王杲二人在炀帝遇弑时也在扬州被杀害了。剩下的只有炀帝的孙子了。长子昭的三子中，在长安的侑、在洛阳的侗被李渊和王世充分别拥立为隋第三代天子，但随即被李渊和王世充篡位，侑和侗在武德二年（619）的五月和六月相继死亡。昭的另一子燕王倓，也在扬州被杀害了。只有炀帝次子暕的儿子正道幸存，并与萧皇后一起逃亡到了突厥。到武德二年六月时，正道是文帝、炀帝的子与孙中唯一一位幸存下来的直系王子。义城公主迎接萧皇后与正道，大概是因为流着隋室血液的义城公主感到了隋室血统断绝的危机，使她的意向更加坚定的，是听到了长安的杨侑和洛阳的杨侗相继死去的消息，这样推断当无大错。又《隋书·齐王暕传》曰：

> 有遗腹子政道，与萧后同入突厥。

遗腹子是指父亲死后出生的儿子，因为其父暕是在义宁二年（武德元年，618）与炀帝一同被杀害的，可知流亡到突厥时的正道还是二到三岁的幼儿。

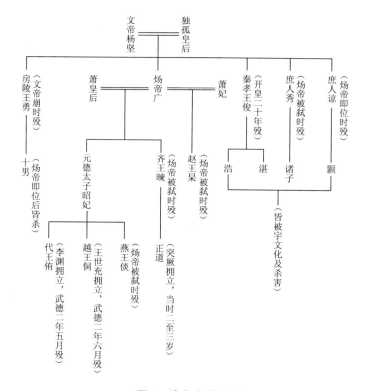

图4　隋皇室谱系图

这样,炀帝仅存的孙子正道被迎入突厥,《旧唐书·突厥传》云:

> (武德)三年二月,处罗迎之,至于牙所,立政道为隋王。隋末中国人在虏庭者,悉隶于政道,行隋正朔,置百官,居于定襄城,有徒一万。

又《新唐书·突厥传》云:

> 处罗迎隋萧皇后及齐王暕之子正道于窦建德所,因立正道为隋王,奉隋后,隋人没者隶之,行其正朔,置百官,居定襄,众万人。

第三章　突厥拥立杨正道与第一汗国的解体

突厥拥立正道为隋王，将亡命到突厥的中国人都配属给他。此处的"行隋正朔"和"奉隋后"，是中国的"二王之后"制的说法。所谓"二王之后"，指中国各王朝对前代帝王的子孙，规定他们使用原有的正朔、服色并行用天子的礼乐的制度。三国魏以下将"二王之后"视为"宾"加以礼遇，这一制度至少到唐代一直延续下来，这些已由先学的研究加以阐明[1]。

可是，"二王之后"是篡夺了前政权的王朝为了论证自身为正统王朝而实行的制度，突厥没理由行用中国的这一制度。进而，关于两《唐书》所说的"置百官"，《大唐创业起居注》的记载值得注意。该书卷一言当时尚在太原的李渊，发往突厥的文书不用"书"而必须用"启"，其原因是：

> 自顷离乱，亡命甚多，走胡奔越，书生不少。中国之礼，并在诸夷。

也就是说，流亡到突厥的中国人中包括很多知识分子和官僚。这些流亡官僚被任命为百官，其下配以一般的流亡者，安置于定襄。对这个奉杨正道为首的隋朝流亡人集团，《隋书·齐王暕传》写道：

> 处罗可汗号为隋王，中国人没入北蕃者，悉配之以为部落，以定襄城处之。

使用"部落"一词来加以描述。毋宁说这样的说法更近乎实态，而两《唐书·突厥传》的"二王之后"一类的记述，是后世史家站在"中国"一方立场上进行粉饰的结果。事实上，隋朝流亡政权在定襄被拥立起来了，虽然规模还很小[2]。

---

1. 冈安勇：《中国古代における『二王之後』の礼遇について》，《早稻田大学大学院文学研究科纪要》别册第7集，1980年。
2. 与杨正道入突厥非常相似的例子，是北齐灭亡时文宣帝的第三子高绍义逃奔突厥，突厥以流亡齐人悉隶之，遂即皇帝位。(《北史》卷五二《齐宗室诸王传下》)

二、定襄流亡政府的开置与突厥的意图

杨正道流亡政府所在的定襄是哪里呢？

据《元和郡县图志》，唐代的定襄属河东道忻州（今山西省忻县），武德四年（621）分秀容县的一部分，以汉阳曲城为定襄县。所以突厥拥立杨正道之时，还没有这个定襄。不过唐初另有一地被称为定襄。如《元和郡县图志》卷一四"河东道云州"条所言：

> 贞观十四年，自朔州北界定襄城，移云州及定襄县于此。

此即朔州北界的定襄[1]。这是隋设置定襄郡的地方，文帝以之为启民可汗的居住地且嫁义成公主于此[2]，也是后来唐太宗安置归顺的阿史那思摩的地方[3]。古来称为定襄者，即指这一定襄，它是西汉的定襄郡、北魏的盛乐。这样的话，应该认为突厥安置杨正道的定襄，从隋末群雄割据的情况来看，不是忻州的定襄，而是此地。从而《通鉴》卷一八八武德三年二月条下胡三省就拥立杨正道的定襄所注"此盖隋之定襄郡也，治大利城"，是正确的。

这一定襄是漠南屈指可数的优良牧地[4]，也是交通上的一大要冲。古时围绕此地汉与匈奴之间屡屡冲突，而拓跋部最初定都于此，都是出于这一原因。尤其它与马邑间的关系十分重要，武德年间后半期高祖问边防策之时，时任并州总管的刘世让答曰：

> 突厥南寇，徒以马邑为其中路耳。如臣所计，请于崞城置一智勇之将，多储金帛，有来降者厚赏赐之，数出奇兵略

---

1. 这一点也可从《通鉴》胡注《史记正义》所引《括地志》所见的数例得到印证。（贺次君：《括地志辑校》，中华书局，1980年，第70—71页）
2. 《隋书·突厥传》。岑仲勉《突厥集史》上册，中华书局，1958年，第73—75页。
3. 《太平御览》卷九〇四《兽部》一六"狗上"条所引《唐书》；《新唐书·突厥传》。
4. 《新唐书·突厥传》："其地（定襄）南大河，北白道，畜牧广衍，龙荒之最壤。"

第三章　突厥拥立杨正道与第一汗国的解体

其城下，芟践禾稼，败其生业。不出岁余，彼当无食，马邑不足图也。

由此可知，突厥确实是经过马邑而南侵中国的，而且同时从马邑获得了食物和饲料。

从武德三年当时华北的情况看，与突厥在定襄拥立杨正道一事有利益上关系的，是群雄中的刘武周。刘武周以家乡马邑为根据地举起反隋大旗，攻下定襄、雁门、娄烦等地后，依靠突厥为后盾成为当时该地区的一大势力。李渊从太原向长安出发之际向突厥请求援军，也是因为担心刘武周引突厥南下[1]。而突厥拥立杨正道的武德三年二月，正是刘武周与唐军在太原方面反复激战的时期。虽然此前突厥已立刘武周为定杨可汗加以维护[2]，但在这次战斗中，处罗可汗却派遣其弟步利设率二千骑援助唐军[3]。这意味着到了武德三年，突厥与刘武周之间的利害关系发生了急剧的逆转。其中的原因，虽也有唐朝方面外交手段的妙用以及突厥方面对经济性回报的期待等[4]，但是突厥突然地抛弃刘武周，从时间上看，也与拥立杨正道不无关系。战败的刘武周，同年四月试图再度据有马邑而被突厥杀害[5]。

如此，处罗可汗消灭了刘武周势力，将马邑纳入手中并打开了这条粮草更加丰盛的道路，于是计划在同年之内进攻长安。据《旧唐书》卷五六《梁师都传》，这一计划是：处罗可汗自己从太原、其弟莫贺咄设（后来的颉利可汗）从原州、泥步设与梁师都从延州、始毕之子小可汗突利率奚与契丹等自幽州入，窦建德军同时由滏口越太行山与处罗的主力合流。这的确是围攻长安的一大计划。不过，这一计划因为

---

1. 《大唐创业起居注》卷一："帝（李渊）私诫之（刘文静）曰：'……突厥多来，民无存理。数百之外，无所用之。所防之者，恐（刘）武周引为边患。……'"
2. 《旧唐书》卷五五、《新唐书》卷八六《刘武周传》。
3. 两《唐书·突厥传》。另可参看本书第二部第一章"开元十一年的《阿史那施墓志》"。
4. 林恩显：《突厥对隋唐两代的分化政策研究》，台北《政治大学民族社会学报》第17期，1979年。
5. 两《唐书·刘武周传》。

处罗的暴卒没有实行。处罗之死，应在武德三年二月[1]。

然《新唐书·突厥传》有如下记载：

> 明年，（处罗）谋取并州置杨正道，卜之，不吉，左右谏止，处罗曰："我先人失国，赖隋以存，今忘之，不祥。卜不吉，神讵无知乎？我自决之。"会天雨血三日，国中犬夜群号，求之不见，遂有疾，（义城）公主饵以五石，俄疽发死。

必须注意的是，此处与处罗之死相关的事件，不是先前攻击长安的计划，而是置杨正道于太原的计划。但是，与此内容相同的记事，不见于《旧唐书》《通典》和《唐会要》。另一方面，前述唐与刘武周会战之际，处罗援助唐朝的回报，各史料一致记为处罗来到太原并劫掠了城中的妇女。岑仲勉认为，处罗计划将正道置于太原正是此时之事，因占卜不吉才掠妇女而去，攻击长安的计划是在此以后的事，《新唐书·突厥传》误把这两件事合为一件[2]。《新唐书》在记述处罗谋取并州置杨正道一事的开头有"明年"二字，将同一年内发生的事件分在两年，这个错误是可以确认的，也许岑氏的解释是正确的。但是，《太平御览》卷七四三《疾病部六》"疽"条可见如下记述：

> 《唐书》曰：处罗可汗欲分兵大掠中国，群下多谏。处罗曰："我父失国，赖隋得立，恩不可忘。"时处罗久疾痹，隋义城公主有五石，饵之，俄而处罗发疽死。

也就是说，此处"欲分兵大掠中国"之事，考虑到处罗可汗在位（619—620年）仅仅一年多时间，明显是指前述的对唐大举进攻计划。不过《御览》所引《唐书》记述其因处罗的暴卒而未能实行，与前引《新唐书·突厥传》有微妙的差异，而此计划的出师之名，仍是向隋朝报恩。又

---

1. 《唐会要》卷九四《北突厥》虽记处罗之死在武德"二年十月"，实为"三年十一月"之误。（岑仲勉前引书上册，第126页）
2. 岑仲勉：《新唐书突厥传拟注（突厥集史之一节）》，《辅仁学志》第6卷第1—2合期，1937年。

第三章　突厥拥立杨正道与第一汗国的解体

《通鉴》卷一八八武德三年二月条在叙述处罗进攻长安的计划后接着写道：

> 处罗又欲取并州以居杨政道。其群臣多谏，处罗曰："我父失国，赖隋得立，此恩不可忘。"将出师而卒。

此处处罗所说的话与《御览》引《唐书》所载几乎完全相同，但是司马光与《新唐书》的观点一致，将处罗之死与谋置杨正道于太原一事关联起来。《新唐书》和《通鉴》的共同点尚不止于此，前述处罗掠妇女从太原归去时，《新唐书·突厥传》作"俱俭特勒"，而《通鉴》武德三年六月条作"伦特勒"，虽有点差异，但两者都记下了处罗留下特勒（特勤）在太原的事情。这不是两书的创作，因为《太平御览》卷三二六《兵部五十七》"擒获"条载：

> （《唐书》）又曰：刘世让检校并州总管。时突厥可汗遣俱俭特勤，以所部千人居我并州，甚为民患。

可知先行史书已经有此记载。所以与岑仲勉的意见不同，我想可以这样考虑：处罗到太原一定是以索取援助唐军之回报为目的，那时他留下特勒（特勤）在太原进行准备工作，后来制订进攻长安计划时，终于决定让自己的主力军带着杨正道一起，并将他安置于太原。司马光的记述角度明显与此相近。如果是这样的话，突厥处罗可汗在唐与刘武周的战斗中一改既往政策而向唐派遣援军，一度赴太原并留特勤在那里屯驻，其后又规划进攻长安，这一切都是带着一以贯之的计划而实行的。那么，在处罗的计划考虑中，流亡而来的杨正道的存在是十分重大的因素，这样推想应不致大谬。

然而，目前还没有能够判定事实究竟如何的史料。但如我们已经看到的那样，突厥抛弃在马邑周边拥有势力的刘武周，大概与拥立杨正道不无关系，而且那时突厥指向中原侵寇的各种动作，也是为拥立正道创造一个契机。突厥拥立杨正道，不单只是保护隋室遗孤，也是利用此事来增强在中国的影响力,继续维持突厥对隋末群雄的优势。不得不认为突厥存在这样的意图:如果进展顺利占领了长安,就要在其保护下让隋朝复兴。

三、义城公主的强行路线与突利、郁射设的离叛

如前所述,由于处罗在武德三年中暴卒,实际上多次入寇中国的是继任的颉利可汗。处罗侵寇中国高举向隋报恩的名义,而如《唐会要》卷九四《北突厥》所云:

> 王世充使说之(颉利)曰:"昔启民奔隋,赖文帝力,有此土宇,子孙享之。宜奉杨政道代唐,以报文帝之德。"颉利然之。

颉利也是一样。只是《唐会要》所记的,是占据洛阳的王世充为了对抗长安的唐,向突厥派遣的使者所说的话,因而不能当即断定这就是突厥入寇的名义。《通典》和《旧唐书》虽未载此事,但《新唐书·突厥传》和《通鉴》武德四年三月条却采录了。《新唐书·突厥传》记作:

> 颉利又妻义成……义成,杨谐女也,其弟善经亦依突厥,与王世充使者王文素共说颉利曰:"往启民兄弟争国,赖隋得复位,子孙有国。今天子非文帝后,宜立正道以报隋厚德。"颉利然之,故岁入寇。

故事有所不同。《通鉴》称善经为义城公主的"从弟",除此之外与《新唐书》内容相同。《新唐书》《通鉴》明记王世充的使者之名为"王文素",就凭这一点,便不能认为该记述是两书的创作。可以认为是宋祁与司马光等看过《唐会要》所使用的原始史料,从中抽出了颉利入寇事中有隋杨氏一族的存在这一信息。如果是那样,处罗打出的拥立杨正道、向隋报恩的名义,在颉利时代被更进一步演变为复兴隋朝的图谋。

第三章　突厥拥立杨正道与第一汗国的解体

然而问题尚不止于此。问题是，颉利乃处罗之弟，他成为可汗的经过，如《旧唐书·突厥传》所言：

> 俄而处罗卒。义成公主以其子奥射设丑弱，废不立之。遂立处罗之弟咄苾，是为颉利可汗。

颉利继位，仰赖义城公主的意图而实现。

一般在游牧社会中，可汗死后可贺敦拥有很大的权力。《贞观政要·征伐篇》云：

> 突厥风俗，多由内政。

这里的"内政"，从家庭的妥善料理之意派生出妻子或者主妇的含义。又《旧唐书》卷六三《萧瑀传》载，大业十一年（615）炀帝在雁门被突厥包围时，萧瑀主张依靠义城公主将其解救出来，他说：

> 北蕃夷俗，可贺敦知兵马事。

此后，处罗可汗死亡之际的义城公主，已经拥有了决定突厥内部由谁继承可汗这种程度的权力[1]。她独断拥立颉利可汗的意图，当然是要强行实施隋室复兴路线。

正在此时，因为丑弱而被废不得立的奥射设这一人物登场了。这与史书中记为"郁射设"的人物是同一人[2]。于是唐朝盯住这位郁射设，实施了离间计。《旧唐书》卷六九《刘兰传》载：

---

1. 义城公主独断专行的程度，如与隋开皇年间突厥从摄图、步离、大逻便、菴罗四位可汗候补者中选出继任可汗，"国中相与议曰：'四可汗之子，摄图最贤。'因迎立之"（《隋书·突厥传》）一事相比较，就更加明确了。
2. 護雅夫：《東突厥官稱号考（一）——"突厥第一帝国"における Šad——》（《史学雜誌》第70编第1号，1961年。修改题名收入同氏著：《古代トルコ民族史研究I》，山川出版社，1967年）。又，郁射设是后文第二部第一章讨论的《阿史那施墓志》墓主的父亲。

> 时突厥携离,有郁射设阿史那摸末率其部落入居河南。(刘)兰纵反间以离其部落,颉利果疑摸末,摸末惧,而颉利又遣兵追之,兰率众逆击,败之。

使用反间计而使敌离叛的策略,不用说是用于敌国内部人际关系脆弱的环节。所以唐朝一方利用义城公主的独断专行和郁射设的反感,是十分自然的。此处出场的刘兰,如《旧唐书》卷五六《梁师都传》所载:

> 颉利政乱……遣夏州长史刘旻、司马刘兰经略之(梁师都)。有得其生口者,辄纵遣令为反间,离其君臣之计。

为了对付鄂尔多斯地区的割据势力梁师都和其背后的突厥,刘兰之前就在鄂尔多斯进行过类似的离间活动。

进而,武德七年八月,颉利与其甥东部小可汗突利一起,举国入寇豳州时,太宗对突利使用了反间计。如《旧唐书·突厥传》所记:

> 太宗因纵反间于突利,突利悦而归心焉,遂不欲战。其叔侄内离,颉利欲战不可……突利因自托于太宗,愿结为兄弟。

这一策略以完美成功收场[1],此次叔侄的内离为后来突厥分裂埋下了伏笔。《通鉴》中,此时太宗用反间"说突利以利害",按本章已经揭示的信息来看,所谓的"利害"中,至少有一点是是否支持义城公主计划的隋室复兴——即与唐全面战争的路线。

就这样,颉利被孤立了,对武德末、贞观初铁勒诸部的反乱逐渐不能压制。直到最后他仍与突厥内的隋室保持密切关系,此事可由《御览》卷三一六《兵部四七》"掩袭"下条所引《唐书》得知:

---

1. 同《旧唐书·突厥传》"突利可汗"条也说:"突利初自武德时深自结于太宗,太宗亦以恩义抚之,结为兄弟,与盟而去。"

第三章 突厥拥立杨正道与第一汗国的解体

> (《唐书》)又曰：贞观初，突厥颉利可汗牙于定襄。时诸部离散，代州道行军总管李靖选骁骑三千，径赴恶阳岭，出其不意击之。

又《旧唐书》卷六七《李靖传》亦载：

> 四年，靖进击定襄，破之，获隋齐王暕之子杨正道及炀帝萧后，送于京师，可汗仅以身遁。……自破定襄后，颉利可汗大惧，退保铁山。

由此可知贞观初颉利的牙帐设置在定襄[1]，李靖攻击的也是定襄[2]。

当时义城公主的牙帐位于西邻定襄的汉代云中城。《新唐书·突厥传》在记述高宗时期将设置在古云中城的云中都护府改为单于大都护府的经过时，提到：

> 云中者，义成公主所居也。

可以看出《新唐书》对她的地位给予了多么高的评估。李靖攻破定襄后，追击与颉利一起逃往阴山的义城公主，遂将她杀害[3]。唐朝不仅礼遇了俘获的杨正道和萧后，也礼遇了颉利可汗，唯有义城公主一人被杀害了。唐朝对抱有兴复隋室野心的公主必杀之而后快的心态，由这件事如实地反映出来。

---

1. 据两《唐书·突厥传》等，莫贺咄设时代颉利的牙帐设在五原以北。
2. 关于当时唐捕获萧皇后与杨正道的经过，《通典·边防典·突厥上》、两《唐书·突厥传》、《旧唐书》卷一○五《杨慎矜传》等，都记述了胡酋康苏密引二人来降之事。与此相关，突厥内部粟特人的存在及其发挥的作用值得注目，羽田亨、護雅夫两位已经触及这一问题。(羽田亨：《漠北の地と康国人》，《支那学》第3卷第5号，1923年，后收入同氏著《羽田博士史学論文集》上卷历史篇，京都大学东洋史研究会，1957年。護雅夫：《東突厥国家内部の胡人》，《古代学》第12卷第1号，1965年，又修改题名收入同氏著前引书)。另外，关于杨正道，宋陈思撰《宝刻丛编》卷七"长安县"条目下可见"唐尚衣奉御杨正道碑，神龙三年(《京兆金石录》)"，可知有墓碑存在，但是《京兆金石录》据说很早就散佚了。
3. 《旧唐书》卷六七、《新唐书》卷九三《李靖传》。

四、余波

杨正道在此以后命运如何呢？《隋书·齐王暕传》言：

> 及突厥灭,（正道）归于大唐,授员外散骑侍郎。

又《北史》卷七一《隋宗室诸王·齐王暕传》言：

> 及突厥灭,乃获之（正道）。贞观中,位至尚衣奉御。永徽初,卒。

根据这些材料,他在回到大唐后,被唐朝授予员外散骑侍郎（隋、唐初从五品下）、尚衣奉御（从五品上）的中等官职,于高宗永徽年之初死亡（永徽元年为650年）。换言之,杨正道作为其父齐王暕在扬州被杀后留下的遗腹子活了下来,婴儿时与祖母萧皇后一起辗转于宇文化及、窦建德之间,2—3岁时进入突厥,12—13岁为止在突厥过着当隋王的日子,此后在长安被授予中层官僚的身份,32—33岁去世。的确可说是被时代作弄的一生。

在正道死后,《册府元龟》卷四一《帝王部·宽恕》条仍有如下记事：

> 高宗永徽五年,雍州参军薛景宣……上封事言:"……又杨正道,有隋之孽,流窜北蕃,随突厥归化,便即诈死,今日犹存。有人隐藏,犹未彰露。"帝大惊,遂令推究正道死日,既知景宣诈妄。

虽然正道尚存只是薛景宣的虚言,仍可由此看出即使到了高宗朝,正道的生死仍是朝廷关心的重大事情。

另外,在太宗、高宗朝作为鸿胪卿、单于都护府长史负责调整对突厥关系的萧嗣业,与萧皇后有血缘关系。《旧唐书》卷六三本传云：

第三章　突厥拥立杨正道与第一汗国的解体

> 少随祖姑隋炀帝后入于突厥。贞观九年归朝，以深识蕃情，充使统领突厥之众。

还有作为玄宗朝的监察官、财政官而知名的杨慎矜，是杨正道的孙子。他被卷入与李林甫的政争，因为谗言而被赐死。那谗言，根据《旧唐书》卷一〇五本传，是说"慎矜是隋家子孙，心规克复隋室"。将此事小说化的传奇，见于《太平广记》卷一四三所引《明皇杂录》。

以上都是突厥拥立杨正道一事的余波。

结语

概括以上论述，要点如下：

（1）武德三年，突厥拥立隋炀帝之孙杨正道为隋王，安置于定襄。虽然史书记述此事如"二王之后"一般，实际上它带有流亡政权的性质。

（2）这次拥立，成为隋末之乱向唐与突厥全面战争发展的契机之一。

（3）突厥的此种动向背后，从隋嫁来的义城公主维持隋室存续和恢复隋朝的意图发挥了作用。

（4）处罗之后，颉利继可汗位而郁射设被废不立，是由义城公主的强行路线造成的。其后果之一是唐太宗李世民窥伺到这种突厥内部人际关系的分裂，从而实行了离间策略。

【附记】

本章是以1983年11月13日在东京大学举办的第81回史学会大学东洋史部会上发表的《突厥の楊正道擁立と第一帝国の解体》为基础写成的。当日发表后，日野开三郎氏赐示了珍贵的意见，即突厥拥立杨正道并将流亡汉人集中在定襄，可能也有让他们从事农耕以取得收获这经济性的一面。

这篇小文又曾发表于《早稻田大学大学院文学研究科纪要》别册第10集哲学史学编（1984年）。刊出后，関尾史郎氏（新潟大学人文学部）通过私信发来数条批评意见。本章执笔之际，有些地方根据他的意见部分进行了修改。関尾氏也指出，义城公主、杨正道的存在，与突厥的恒常性的威胁以及突厥的解体之间，关联性是很小的。对于这点，我想再度强调游牧国家里可贺敦权力的强大。

最后向上述两位先生顺致谢意。

第四章

唐对突厥遗民的处置

引言

唐太宗贞观四年（630）正月，突厥第一汗国在李靖率领的唐军阵前瓦解，同年三月颉利可汗最终成为唐的俘虏。失去国家的突厥遗民，虽也有人逃往北方的薛延陀或西方的西突厥，大多数仍归降于唐朝。其人数，连同突厥以外的来降异族和归国的流亡中国人一起，据记载一共有120万人[1]。唐将这些突厥遗民在自己领土内安置的同时，还对来到长安的首领层授予官品，列名五品以上者就有百余人[2]。这成为赞颂唐朝的国际性特质的理由之一。

关于唐对待这些来降突厥遗民和北蕃的羁縻政策以及后来的突厥复兴，已经有岩佐精一郎的精细研究[3]。岩佐氏主要从突厥史研究的立场出发，追踪了进入唐统治之下的突厥遗民直到第二汗国突厥复兴为止的沿革之迹。

另一方面，唐对前来内附的异民族如何处置的问题，对于考察唐朝的国际性特质而言极为重要，因而很多论著已经发表出来。不仅有一些个别民族事例的研究，也有从唐的制度或法律等方面出发的研究[4]。

---

1. 《旧唐书》卷二《太宗本纪上》贞观三年最末条等。
2. 《旧唐书》卷一九四上《突厥传上》等。
3. 岩佐精一郎：《突厥の復興に就いて》，收入《岩佐精一郎遺稿》，岩佐传一刊，1936年。
4. 这里仅能列出一部分：中田薰：《唐代法に於ける外国人の地位》（《筧教授還暦祝賀論文集》，有斐阁，1934年；又收入同氏《法制史論集》第三卷，岩波书店，1943年）；玉井是博：《唐代の外国奴——特に新羅奴に於ける——》（《小田先生頌寿記念朝鮮論集》，大阪屋号书店，1934年；又收入同氏著：《支那社会経済史研究》，岩波书店，1942年）；那波利貞：《唐代の燉煌地方に於ける朝鮮人の流寓に就きて（上）（中）（下）》（《文化史学》第8、9、10号，1954、1955、1956年）；内藤雋輔：《唐代中国に於ける朝鮮人の活動について》（《岡山史学》第1号，1955年）；日野開三郎：《高句麗遺民反唐分子の処置——小高句麗国の研究二——》（《史淵》第64辑，1955年；又收入同氏著：《日野開三郎東洋史学論集》第八卷"小高句麗国の研究"，三一书房，1984年）；伊瀬仙太郎：《塞外系内徙民と漢人との接触交流について——特に唐代を中心として——》（《東京学芸大学研究報告》第16集第10分册，1964年）；池田温：《八世紀中葉における敦煌のソグド人聚落》（《ユーラシア文化研究》第1号，1965年）《唐朝处遇外族官制略考》（唐代史研究会编：《隋唐帝国と東アジア世界》，(转下页)

第四章　唐对突厥遗民的处置

不过，唐将突厥遗民置于本国领土的北部边疆，实际上也是朝廷内部激烈争论之后采取的措施，而且由此留下了许多问题。因此本章拟选取唐对待突厥遗民的处置措施，从唐的立场来探察这一问题。

一、定襄、云中两都督府的设置年代与六州问题

（一）六州问题

围绕降附于唐的突厥遗民如何处置的议论，《通典·边防典》"突厥"条、两《唐书·突厥传》《贞观政要》"安边"条《唐会要》"安北都护府"条、《资治通鉴》贞观四年四月条等都有详细的记述。为避免对这些史料逐一引用的繁琐，此处述其大要如下：

（1）徙遗民于河南兖、徐之地，或江南，使其成为编户民从事农耕。（大多数朝士）

（2）令其返回故地，使用某种方法对酋首进行羁縻、监督。（颜师古、窦静、杜楚客、李百药、魏徵）

（3）采纳遗民的意向，置他们于塞下以填满空虚之地。（温彦博）

其中尤其围绕安置遗民的地点，（2）的魏徵与（3）的温彦博之间意见对立，而得到朝士赞同的是温彦博的方案，结果太宗也采纳了他的意见。

根据此方案而实行的政策，见于《旧唐书》卷一九四上《突厥传上》的记载：

> 太宗遂用其计，于朔方之地，自幽州至灵州置顺、祐、化、长四州都督府，又分颉利之地六州，左置定襄都督府，右置云中都督府，以统其部众。

（接上页）汲古书院，1979年）；冯承钧：《唐代华化蕃胡考》（《东方杂志》第27卷第17期，1930年；又收入同氏撰《西域南海史地考证论著汇辑》，香港中华书局，1976年）；章群：《唐代降胡安置考》（《新亚学报》第1卷第1期，1955年）；谢海平：《唐代留华外国人生活考述》（台湾商务印书馆，1978年）等。另外，从游牧民族史的立场出发研究突厥遗民的农耕化问题的论著有林俊雄：《掠奪、農耕、交易から観た遊牧国家の発展——突厥の場合——》（《東洋史研究》第44卷第1号，1985年）。

《旧唐书》的这一记述，基本沿袭了《通典》卷一九七《边防典·突厥上》的文字，相同内容的记述也被其他史书所采用，但实际上这一段简短的史料中包含了许多问题。即，《通鉴》将这条记述与前述围绕对突厥移民政策的论争一起，系于贞观四年四月条下，而同年五月、六月条又记：

(a) 五月辛未，以突利为顺州都督，使帅部落之官。

(b)（五月）壬申……颉利之亡也，诸部落酋长皆弃颉利来降。独（阿史那）思摩随之，竟与颉利俱擒，上嘉其志，拜右武侯大将军，寻以为北开州都督，使统颉利旧众。

(c) 六月丁酉，以阿史那苏尼失为北宁州都督，以中郎将史善应为北抚州都督。

(d)（六月）壬寅，以右骁卫将军康苏密为北安州都督。

《旧唐书·突厥传》所记顺、祐、化、长四州中，顺州可见于(a)，祐、化、长州不见于此，反而(b)的北开州，(c)的北宁州、北抚州，(d)的北安州都不见于《旧唐书》。质言之，两书所记羁縻州名不一致。关于《旧唐书》的顺、祐、化、长四州与《通鉴》的北开、北宁、北抚、北安州间的关系，《新唐书》卷四三下《地理志七下》羁縻州河北道顺州顺义郡条注云：

贞观四年平突厥，以其部落置顺、祐、化、长四州都督府于幽、灵之境；又置北开、北宁、北抚、北安等四州都督府。六年顺州侨治营州南之五柳戍。

据此似乎这些州是同时并存的一样。但是，《旧唐书》卷三八《地理志一》关内道夏州德静县条载：

贞观七年，属北开州。八年，改北开州为化州。

第四章　唐对突厥遗民的处置

同卷夏州长泽县条载：

> 贞观七年，置长州都督府。十三年，废长州，县还夏州。

则长州与化州的设置分别在贞观七年与八年，而北开州是化州的前身。如上所述，关于第一汗国灭亡之后不久，唐对待突厥遗民的处置措施中的州或都督府，各史料间有显著的混乱。这里所说的"六州问题"，就是由此派生出来的。

那么《旧唐书·突厥传》的顺、祐等州，与《通鉴》的北开、北宁等州，以及《旧唐书》所言分颉利之地设置的六州和定襄、云中两都督府，它们之间的相互关系实际究竟如何？

关于这个问题，目前有两种说法。一种发自岩佐精一郎[1]，另一种来自章群[2]。首先介绍章氏的学说，章说认为：①《突厥传》的顺、祐、化、长四州之中，化州就是北开州，顺州位于营州地区，不可与其他三州同列视之。②所以剩下的就是祐、化（即北开）、长、北宁、北抚、北安六州，正是《突厥传》所说的六州。③从而两《唐书·地理志》言定襄、云中两都督府侨治于夏州，这与化、长州位于夏州地区的记载在地理上是一致的，故可认为这些羁縻州府主要设置在夏州地区。

胡三省在《通鉴》卷一九三贞观四年四月条下注云：

> 定襄都督府侨治宁朔，云中都督府侨治朔方之境。按，宁朔县亦属朔方郡。《旧书·温彦博传》曰："帝从彦博议，处降人于朔方之地。"则二都督府侨治朔方明矣。

章氏对于定襄、云中两都督府位置的比定，是遵从胡注而来，但此处有明显的误解。诚然两《唐书·地理志》中明确记载定襄、云中两都督府位于夏州境内，但如《旧志》的序中所言"今举天宝十一载地理"，

---

1. 岩佐精一郎：《突厥の復興に就いて》。
2. 章群：《唐代降胡安置考》。

志中所述的是玄宗朝的状况，即原本设置在呼和浩特地区的两府，因为突厥复兴而无法维持，后退到了夏州地区。因此，章氏之说将分颉利之地的六州或幽州至灵州设置的四州，根据两《唐书·地理志》比定在夏州地区，是难以令人赞同的。当初设置两都督府的所谓"朔方之地"，模糊地指北方之地，与作为郡名的"朔方（郡）"是完全不同的用法，胡三省、章群两氏不过是将这两者混淆了。

其次，再看岩佐氏的学说。岩佐氏首先认为①定襄、云中两府位于呼和浩特地区；又指出《旧唐书》《通鉴》两书所见的顺州，应该是指《旧唐书》卷三九《地理志二》河东道代州条"（贞观六年）又督顺州"中提到的顺州，《新志》言在营州南的顺州，应视为名称相同而产生的混淆[1]。在此基础上，岩佐氏认为②最初为了统御突厥降众设置的，是顺、北开、北宁、北抚、北安五州府，《旧唐书·突厥传》四州中的化、长、祐三州是他们的别称。③既然贞观四年五月在颉利旧众的"住地"所置的州是北开州，《旧唐书·突厥传》言同时分颉利之地为六州并置定襄、云中两都督的记述，最终难以成立。以《旧唐书》为首的各史料将两都督府的设置时期定为贞观四年，是遵从了《唐会要》卷七三安北都护府条的如下记载：

> 贞观四年三月三日，分颉利之地为六州，左置定襄都督，右置云中都督，以统降虏。

而《唐会要》是将两都督府的设置系于突厥降酋的最初入朝日。④那么，若问两都督府的设置时期究竟是何时，可以认为是这两府再次出现于史料中的时期，即《唐会要》安北都护府条载：

> （贞观）二十三年十月三日，诸突厥归化，以舍利吐利部

---

1. 岑仲勉氏也表示过同样的意见（岑仲勉：《突厥集史》上册，北京中华书局，1958年，第198页）。此外，关于祐州的位置，岩佐氏推测位于代州、夏州的中间（《突厥の復興に就いて》，第83页），榎一雄以为《旧唐书·地理志》关内道、银州开光县条所见的"柘州"是祐州之误，支持了岩佐氏的说法（榎一雄：《岩佐精一郎遺稿》，《歷史學研究》第7卷第3号，1937年，第96页）。

第四章 唐对突厥遗民的处置

> 置舍利州……并隶云中都督府,以苏农部落置苏农州。……
> 并隶定襄都督府。

也就是贞观二十三年。

综合各史书的记载,可以知道贞观年间突厥遗民有过几次大的变动。即①贞观十三年在九成宫内宿卫的突厥部将结社率发动叛乱,宫廷中再度议论起将突厥遗民置于塞内的危险性,同年八月遂令其回归故地。②然而当时被立为可汗的阿史那思摩不能统治,至十七年他们被再次置于胜、夏二州间。③但是此后高宗朝、则天武后朝史料中出现的突厥,是指定襄、云中两府下的突厥、单于大都护府下的突厥,那时他们生活在呼和浩特地区。

由此岩佐氏认为,贞观十七年来到鄂尔多斯的遗民,贞观二十三年再度回到了故地,定襄、云中两府正是在那时设置的。岩佐氏想要通过将定襄、云中两都督府的设置时期推后到贞观二十三年,来解决《旧唐书·突厥传》中的六州问题。然而,事实果真是这样吗?

(2)定襄、云中两都督府的设置年代

首先必须讨论的,是岩佐氏的六州(或定襄、云中两府)与四州(特别是化州即北开州)同时并存有矛盾的说法。前面已经介绍过岩佐氏的逻辑是,既然贞观四年五月设置于颉利"住地"的是北开州,又说同时在颉利之地存在六州和两都督府,便难以令人同意[1]。然而再一次来看史料的话,《通鉴》贞观四年五月壬申条云:

> 上嘉其(阿史那思摩)忠,拜右武候大将军,寻以为北
> 开州都督,使统颉利旧众。

另一方面,《旧唐书·突厥传》载:

---

[1] 译者按:岩佐氏原文说的不是"颉利之地"而是"颉利旧众之地",上一节相关译文已据改。岩佐氏的主要逻辑并非两者不能并存,而是五月份才设置北开州,此前的三月三日无法为他们(旧众)设立云中、定襄两府。石见先生此处恐怕误解了岩佐氏的意思。

> 又分颉利之地六州，左置定襄都督府，右置云中都督府，以统其部众。

前者作"颉利旧众"，后者作"颉利之地"。"众"与"地"，明显意义不同。尤其现在是以因降唐而迁徙的游牧遗民为问题对象，分别用"众"与"地"记下的两则史料一定不是互相排斥的。何况岩佐氏自己也承认，前者以颉利旧众所置的北开州，不在后者的颉利之地，而存在于夏州州界内。因此，六州与四州，不论在史料上还是在地理位置上都不互相矛盾，应该看作是完全不同的两组州。

然而，《旧唐书·突厥传》中在设置定襄、云中两府的记述之后接着写"以统其部众"，又该如何理解呢？

突厥虽说来降附了，并不是组成这一大游牧帝国的民众一个不剩地迁徙而来了，能够占据有利牧地的人当然还留在当地，毋宁说这样的人实际上是很多的。应该这样来理解，《突厥传》所谓的"部众"指的是留下的这些民众，而《通鉴》所说的"颉利旧众"，是指随颉利、思摩一起来降的原可汗身边的酋首与部落民。

如前所述，对突厥遗民的处置，在激烈的议论之后采用了温彦博的方案。其详细经过，《旧唐书·温彦博传》当然也有记录：

> （彦博）与魏徵等争论，数年不决。

也就是说，对遗民政策的讨论一定没有在贞观四年得出结论，而是经过了为期数年的意见斗争后，好不容易才决定了最终的方针。于是叙述其最终方针的前引《旧唐书·突厥传》的记载，就不是贞观四年的状况了。那么它记述的是什么时期的状况呢？其实正是前引《旧唐书·地理志》所述置长州都督府于夏州、改北开州为化州的贞观七年、八年左右的事情[1]。这些州以外，唐分颉利之地为六州，使之分属于定襄、云中

---

1. 两《唐书·突厥传》以及《册府元龟》卷九六四《外臣部·册封二》中，有似乎贞观四年时阿史那思摩已成为化州都督的记载，这被认为是史官用后来的称谓记述的简略写法。（转下页）

第四章 唐对突厥遗民的处置

两都督府。因此,将这两个都督府的设置年代非要推后至贞观二十三年的解释,其必要性无论如何也不存在了。

定襄(今和林格尔附近)地区自古以来就是大多数漠南游牧民族积蓄势力之地。特别是在唐代初期,不仅突厥可汗牙帐在此,还有隋末避乱逃亡而来的中国人被集结于炀帝之孙杨正道之下,在定襄由突厥拥立为隋朝流亡政权[1]。因此,对唐来说定襄具有极其重大的意义,李靖率领的唐军的攻击目标当然也是定襄。贞观二十三年之前,唐对此地采取了何种处置措施,已经难以考证了。据《唐会要》"安北都护府"条,唐于贞观二十一年正月,以蒙古高原的铁勒、回纥等十三部设置了六个都督府、七个州。如果认为贞观二十三年定襄、云中两都督府的史料叙述的是两府初置的情况,那么唐在定襄附近地区竟比蒙古高原更晚设置都督府和羁縻州[2]。不仅如此,岩佐氏所举的《唐会要》的记述如下:

> (贞观)二十三年十月三日,诸突厥归化,以舍利吐利部置舍利州,阿史那部置阿史那州,绰部置绰州,贺鲁部置贺鲁州,葛逻禄、㤭恒二部置葛逻州,并隶云中都督府;以苏农部落置苏农州、阿史德部置阿史德州、执失部置执失州、卑失部置卑失州、郁射部置郁射州、多地艺失部置艺失州,并隶定襄都督府。

共计有十一州,与分颉利之地六州的史料所记的州数也不一致。

那么,应该如何考虑两都督府何时设置的问题呢?《新唐书》卷

(接上页)(岩佐精一郎:《突厥の复兴に就いて》,第81—82页;岑仲勉:《突厥集史》上册,第194页)又,《旧唐书·突厥传》有"(贞观)四年……以其(突利)下兵众,置顺、祐等州,帅部落还蕃"一句,此处的祐州是省去了沿革的简略写法,抑或是祐州与顺州同样于贞观四年已经被设置,既无其他史料可供参考,情况不详。另外,岩佐氏还提示了长州是北宁州的后身的可能性(《突厥の复兴に就いて》,第138页,注一三)。

1. 参照本书第一部第三章"突厥拥立杨政道与第一汗国的解体"。
2. 对于这一问题,岩佐氏的解释是,定襄、云中两府是漠北建立州府以后,受其影响而为失去可汗(阿史那思摩)的突厥设立的(《突厥の复兴に就いて》,第87页)。

二一五上《突厥传上》云：

> 云中（古云中城）者，义成公主所居也。颉利灭，李靖
> 徙突厥羸破数百帐居之，以阿史德为之长。

此处所见的义成公主，就是从隋室降嫁突厥启民可汗的义城公主，即拥立前述隋朝亡命政权的主谋者[1]。换言之，唐在贞观四年正月与二月打败颉利之后，对古云中城等重要地点实行了上述处置。这里以阿史德氏为长一事，与《册府元龟》卷九八六《外臣部·征讨五》所载阿史德氏作为定襄都督登场的史料也相符合[2]：

> （显庆五年）五月，以定襄都督阿史德枢宾、左武侯将军延陀梯真、居延州都督李合珠并为冷岍道行军总管，各领本蕃兵，以讨叛奚。

因此，唐在远早于贞观二十三年的时期，已经对定襄、云中之地采取了某种措施。不过，也很难认为紧接着颉利讨伐之后直接出现两都护府下辖六州的制度，《新唐书·突厥传》的记述到底还应理解为战后的暂时性处置。这样的话，很可能是在对遗民政策的讨论得出结论的贞

---

1. 参照本书第一部第三章"突厥拥立杨政道与第一汗国的解体"。
2. 不过，若以《新唐书·突厥传》的古云中城为汉代的云中郡，则其与定襄在位置上有些差异。但是《新唐书》的这一记述放在对单于大都护府设置的叙述中，此云中也可解释为北魏的盛乐、隋的定襄。关于单于都护府的位置，参看岩佐精一郎的《突厥の復興に就いて》（第98—100页）以及岑仲勉的《突厥集史》（上册，第203页）等。据国家文物管理局主编《中国名胜词典：河北、内蒙古分册》（上海辞书出版社，1982年，第60页），单于都护府被比定为和林格尔以北、呼和浩特以南四十公里处，汉、北魏盛乐城址北方的遗址。又，《册府元龟》的"定襄都督阿史德枢宾"亦可见于《新唐书》卷三《高宗本纪》，同书卷二一九《北狄·奚传》、《通鉴》卷二〇〇显庆五年五月条，编纂史料中作为定襄都督出场的人名只有阿史德枢宾。但在贺梓城介绍的显庆三年刻《唐故长乐府果毅执失奉节墓志铭》中有："父左骁卫大将军、定襄都督、驸马都尉、上柱国，袭爵安国公"（贺梓城：《唐王朝与边疆民族和邻国友好关系——唐墓志札记之一》，《文博》创刊号，1984年）。这位执失奉节的父亲就是执失思力。即便从史料中追索思力的生涯，也很难确定他何时担任过定襄都督。这里要指出的只是定襄都督并非仅由阿史德氏世系担任的可能性是存在的。

第四章　唐对突厥遗民的处置

观七年、八年左右，两都督府辖六州的制度被整理出来。《唐会要》"安北都护府"条将两都督府的设置时期记为贞观四年三月三日，恐怕记述的是当初的暂时处置。而《通鉴》将此系于同年四月条，或是出于以下原因：有关遗民政策论争的记述，可能在《太宗实录》《武德贞观二朝国史》《唐史》等编纂过程中被集中于一处[1]，对于这些材料，《通鉴》没有将各种意见的上奏按时期分割记载，而是一并采录系于事件开始的时期。像这样考虑，才能够得出与各史料不相矛盾的解释。

（3）再论六州问题

那样的话，章群列入六州范围的、见于《通鉴》的羁縻州北开、北宁等州的问题，又该如何考虑呢？如果以上所论不致大谬，这数州应该看作是贞观七年、八年遗民处置方案最终决定之前，也就是说还在进行讨论之时所采取的权宜处置。那么它们是在怎样的状况下得以实行的呢？关于这点，《旧唐书》卷六一《窦静传》在记述窦静上遗民对策之后，接着写道：

> 于时务在怀辑，虽未从之，太宗深嘉其志。制曰："北方之务，悉以相委，以卿为宁朔大使，抚镇华戎，朕无北顾之忧矣。"

这条史料可以回答上面的疑问。贞观年间的户口统计极其不完备[2]，尤其在那时的鄂尔多斯地区，由于隋末之乱的影响和突厥遗民的内徙而蕃汉杂居，远远达不到施行郡县制的状态。这种情形下鄂尔多斯的统治权，被完全委托给窦静这一人物，于是他以宁朔大使的官职进行管理[3]。此窦

---

1. 关于唐代的修史事业，参看福井重雅：《『旧唐书』——その祖本の研究序说——》，早稻田大学文学部东洋史研究室编《中国正史の基础的研究》，早稻田大学出版部，1984年。
2. 日野開三郎：《唐・贞观十三年の户口统计の地域的考察》，《东洋史学》第二四号，1961年；后收入同氏著《日野開三郎东洋史学论集》第一一卷《户口問題と耀買法》，三一书房，1988年。
3. 宁朔大使，如《旧唐书》卷三《太宗本纪下》所载"（贞观十四年）三月戊午，置宁朔大使，以护突厥"，也设置于贞观十四年，可以认为其与突厥遗民的北徙有关。另外，为统治内徙异民族而设置大使尚有他例，如为吐谷浑数千帐而设的安置大使等（《旧唐书》卷一九八《西戎・吐谷浑传》）。

静是与高祖李渊的太穆皇后窦氏有血缘关系的人物,这一族的前身是匈奴系费也头种的纥豆陵氏,北魏末六镇之乱后在广大的鄂尔多斯地区势力兴盛,后作为李渊的外戚在唐建国中也发挥了决定性作用[1]。窦静是李渊入关之际从灵州统率着鄂尔多斯的窦抗之子。太宗即位后窦静成为夏州都督,关于他在鄂尔多斯的功劳,《旧唐书·窦静传》记曰:

> 太宗即位……寻转夏州都督。值突厥携贰,诸将出征,多诣其所。静知虏中虚实,潜令人间其部落,郁射设所部郁孤尼等九俟斤并率众归款,太宗称善,赐马百匹、羊千口。

《册府元龟》卷一二八《帝王部·明赏二》曰:

> 窦靖(窦静)……素知虏中虚实,具言方略,诸将因之,每致克捷。帝称善,赐物五百段。

因此,这样一位人物是突厥灭亡后委任去统治遗民的当然之选。这种状况到了贞观七年、八年左右,一方面从幽州到灵州,即松田寿男所提出的漠南路[2]的要冲上,成立了顺、祐、化、长四州都督府;另一方面,突厥故地被分为六州并置定襄、云中两都督府分辖之,可谓是双管齐下地对制度进行了调整。贞观七年、八年,正是随着政治体制的确立和社会混乱的平定,朝廷的目光逐渐转向全国的时期。特别是在贞观八年正月,唐向全国各地派遣了黜陟大使,令其巡视天下。据《唐会要》卷七七《诸使上》"观风俗使"条,黜陟大使中也可见到前述窦静的名字。以此时代状况为背景,可以认为对突厥遗民的处置也大体是同时期确立下来的。

---

1. 参照本书第一部第一章"唐的建国与匈奴费也头"。
2. 松田壽男:《漠南路——いわゆる蒙疆の歷史性について——》,《歷史》第一九卷第一号,1944年;后收入同氏著:《松田壽男著作集》第四卷《東西文化の交流Ⅱ》,六兴出版,1987年;同作者:《東西交通史における居延についての考》,《東方学論集》第一,1954年;后收入同上著作中。

第四章　唐对突厥遗民的处置

然而，实际上这一体制也没有延续太久。如前所述，因为贞观十三年九成宫内宿卫的突厥遗民发动叛乱，此外大概也为了应对此时势力逐渐强大的漠北薛延陀部[1]，唐立阿史那思摩为可汗并将塞下的遗民徙往定襄方面。《旧唐书·地理志》"关内道夏州都督府"条所载"（贞观）十三年，废化州及长州"一事，当然与此次遗民北徙密切相关，以后这两州再也没有被重新设置。

关于北徙遗民在当地的状况，《新唐书·突厥传》云：

> 思摩帅众十余万、胜兵四万、马九万匹始度河，牙于故定襄城，其地南大河，北白道，畜牧广衍，龙荒之最壤，故突厥争利之。

又《太平御览》卷九〇四《兽部十六》"狗上"条引《唐书》云：

> 贞观中，弥泥孰可汗李思摩部落济河，于故定襄城为牙帐。户三万，胜兵四万，马九万匹。思摩之初建也，诏锡其土南至大河，北有白道川。而白道收田处龙荒之最，突厥咸竞其利。

也就是说，他们主要在白道一带引起了牧草地的争夺[2]。无法收拾这种混乱局面的阿史那思摩，在贞观十七年再度获准内徙至胜州、夏州之间，这时跟随他的部众都是牧草地争夺中的失败者，那些占据有利牧场的人当然仍留在原地。面对由此产生的突厥故地的新状况，据《册府元龟》卷三七《帝王部·颂德》载：

---

1. 《唐会要》卷九四"沙陀突厥"条云："贞观十二年九月，上以薛延陀强盛，恐后难制，分其二子皆为小可汗，各赐鼓纛。外示优崇，实分其势。"又，突厥遗民北徙之际，太宗向薛延陀送去了要求其与突厥各守境域的玺书（《旧唐书·突厥传》等）。
2. 林俊雄认为，《御览》所载"白道收田"一事，暗示了在白道川进行农耕的可能性。（林俊雄：《掠奪、農耕、交易から観た遊牧国家の発展——突厥の場合——》，第121—122页）

> （贞观）二十二年四月,碛外蕃人争牧马土界。帝亲临断决,然后咸服。

唐太宗实行了这样的应对策略。贞观二十三年,定襄、云中都督府下辖十一州的制度被重新实施起来。这样的话,如岩佐氏提出的全部突厥遗民两次在呼和浩特方面和鄂尔多斯方面往复移动的解释,便没有必要了。

换言之,可以这样认为:

(1)唐在突厥灭亡后,在突厥的原据地以军队进行战后处置,对内附的遗民暂时设置了北开、北宁等州,命宁朔大使窦静进行监督。

(2)贞观七年、八年间,最终的遗民处置政策决定下来,(1)的状况被调整为塞外的定襄、云中两都督府下辖六州,与塞内的顺、祐等四州的制度。

(3)然而贞观十三年,因为塞内的遗民被徙往故地,这一制度崩坏了。

(4)从而贞观二十三年重新形成的制度,是定襄、云中两府下辖十一州。

二、突厥降户与开元户部格残卷

到了唐高宗时期,如六都护府的设置所表明的,唐的羁縻政策迎来最鼎盛期,与之相伴随,唐的北部边地似乎也暂时过上了平稳的日子。因此,几乎见不到记载这一时期突厥遗民动向的史料。但是,高宗朝末期的调露元年(679)定襄都督府的首领发起了反乱,永淳元年(682)阿史那骨咄禄自立为可汗,唐的北边的情势骤然恶化,到了后来的玄宗朝,突厥遗民才再次以此姿态出现于史料中。那时他们是被屡屡记为"降户"而登场的。

降户并非是仅限于突厥遗民的称呼。《旧唐书》卷三九《地理志二》"河北道安东都护府"条在列记安东都护府所隶十四羁縻州府之后写道:

第四章　唐对突厥遗民的处置

> 凡此十四州，并无城池。是高丽降户散此诸军镇，以其酋渠为都督、刺史羁縻之。

由此可见高丽（高句丽）称降户的例子。根据这段材料，高句丽降户是以立其酋渠为都督、刺史而隶属于都护府的[1]。而《旧唐书·地理志二》在此之下又云：

> 自燕以下十七州，皆东北蕃降胡散诸处幽州、营州界内，以州名羁縻之，无所役属。

也就是说，在唐的东北边，既有立其酋渠为都督、刺史而隶于都护府的异民族，也存在着仅附以州名而没有役属机关的异民族。其中后者被记为"降胡"，而称为"降户"的高句丽人应属于前者。

那么突厥降户是什么情况呢？

关于突厥降户，没有像高句丽降户那样有明确记载的史料，他们的存在仅仅散见于史书中[2]。不过幸运的是，敦煌发现的斯坦因1344号文书中，可以看到与突厥降户相关的敕文。下面先来看这条材料。

这件文书残卷列记了十八条敕文，各条的开头均冠以"敕"字，末尾附有从咸亨四年（674）到开元元年（713）的年月日。这件文书曾被仁井田陞推定为"开元户部格断简"[3]，此后又经唐长孺[4]、崔瑞德[5]的

---

1. 关于高句丽羁縻州的详情，参看日野開三郎：《唐の高句麗討滅と安東都護府——小高句麗国の研究——》，《史淵》第63辑，1954年；后收入《日野開三郎東洋史学論集》第八卷。
2. 史料中的"突厥降户"在年代上最早出现者，即《旧唐书·地理志一》"关内道原州萧关县条"载："贞观六年，置银州，领突厥降户。"但是，根据《新唐书·地理志一》《太平寰宇记》卷三三《关西道九》，这里的"银州"应作"缘州"（参看中华书局标点本《旧唐书》第1460页校勘记四〇）。
3. 仁井田陞：《唐の律令および格の新資料——スタイン敦煌文献——》，《東洋文化研究所紀要》第一三册，1957年；再收入同氏著：《中国法制史研究——法と慣習・法と道徳——》，东京大学出版会，1964年。
4. 唐长孺：《敦煌所出唐代法律文书两种跋》，《中华文史论丛》第五辑，1964年。唐氏将此件文书解释为，将属于各职司的敕文作为法律的补充编辑而成的文件。
5. D. C. Twitchett, "A Note on the Tunhuang Fragments of the T'ang Regulations (ko)", *Bulletin of the School of Oriental and African Studies*, Vol. XXX Part 2, 1967.

研究，到1980年由山本達郎、池田温、岡野誠三位学者公布了图版和正确的释文[1]，被一般研究者简便地称为"户部格残卷"。

该文书的第24—26行写道：

勒，左厢桑乾、定襄两都督府管内八州降户及党项等，
至春听向夏州南界营田，秋收后勒还。

景龙二年六月九日

这里可见"左厢桑乾、定襄两都督府管内八州降户及党项等"一句。与定襄都督府并记在一起的桑乾都督府，据《新唐书·地理志七下》"羁縻州·关内道"条，是龙朔三年（663）从定襄都督府分置的都督府。《通典》卷一七九《州郡典九》"云中郡"条所言"东至桑乾郡督屯一百五十里"，也应指此都督府。唐代没有桑乾郡，将这里的"桑乾郡督"看作"桑乾都督"之误，应该没有问题[2]。那么由此可知它在云中郡即云州（今大同市）以东一百五十里处。但是，桑乾府在记载天宝十一载地理的《旧唐书·地理志》中属夏州。另外与桑乾府一样，从云中都督府分置的还有呼延都督府，岩佐氏根据它的名称将其位置比定为呼延谷附近（今包头一带）[3]，而它在《旧志》中也属夏州。呼延都督的实例，《唐会要》卷九八"霅殟国"条记有霅殟的李含珠兄弟："显庆五年（660），以其首领李含珠为居延（呼延）都督。含珠死。以其弟厥都为居延（呼延）都督"。

户部格残卷的景龙二年（708）敕中，桑乾、定襄两都督之上记有"左厢"两字。这个"左厢"指什么呢？《旧唐书·突厥传》云：

骨咄禄者，颉利之疏属，亦姓阿史那氏。其祖父本是单
于右云中都督舍利元英下首领，世袭吐屯啜。

---

1. Tatsuro Yamamoto, On Ikeda, Makoto Okano, *Tunhuang and Turfan Documents Concerning Social and Economic History I, Legal Texts (A) (B)*, The Toyo Bunko, 1980. 本章的释文即依据此书。
2. 岑仲勉：《突厥集史》下册，第1076页。
3. 岩佐精一郎：《突厥の復興に就いて》，第90页。另外，呼延都督府，《新唐书·地理志七下》注为贞观二十年设置，然其所管州中的贺鲁州与葛逻州在贞观二十三年时隶属于云中都督府（前引《唐会要》"安北都护府"条），因此呼延府设于贞观二十年一事尚有存疑的余地。

第四章 唐对突厥遗民的处置

这里所说的"单于"毫无疑问是指单于大都护府，根据这一记载，单于大都护府之"右"有云中都督，骨咄禄的祖、父的时代担任都督者为舍利氏。这与前节所见的分颉利之地为定襄、云中两都督府，右置云中都督府，且贞观二十三年时舍利州隶于云中府的记载是一致的。上引《突厥传》的记事在《通典·边防典》"突厥中"条记为：

> 骨咄禄者，颉利之疏属，其父本是单于右厢云中都督舍利元英下首领，代袭吐屯啜。

由此可知"右"即为"右厢"的略语。

与其他的塞外诸族一样，东突厥也采用东西分统制，在第二汗国时期其东西二区名被称为Tölis、Harduš。鄂尔浑碑铭中所见的Tölis相当于汉文史料的左厢，Harduš相当于右厢，这点小野川秀美已有考论[1]。那么我们可以知道，唐利用了突厥原有的行政区划将其统治地域分为左右两厢，左厢令定襄、桑乾两都督府统辖，右厢令云中、呼延两都督府统辖，再在其上设置最高统督机关单于大都护府（参看图5）。景龙二年敕中的左厢，指的就是这个行政区划。

这种左右厢的分割统治，其能确定的存续到何时为止呢？《册府元龟》卷九九二《外臣部·备御五》载开元九年（721）一份诏书曰：

> 诸军战士应须酬录功勋，及却投来吐浑、党项、左右厢降户、杂蕃、并胡残部落，或善恶未分，或久长取稳，若须厘革，一事以上，并委王晙叙录，处置讫奏闻。

---

1. 小野川秀美：《鉄勒の一考察》，《東洋史研究》第二卷第二号，1940年；同氏著：《突厥碑文訳注》，《満蒙史論叢》第四，1943年，第350页注61，以及第359页注87。另外也可参看王静如：《突厥文回纥英武威远毗伽可汗碑译释》，《辅仁学志》第七卷第一、二合期，1938年，第1—55页；護雅夫：《古代トルコ民族史研究Ⅰ》第一编第一章"突厥の國家構造"；片山章雄：《Toquz Oγuzと『九姓』の諸問題について》，《史学雑誌》第九〇编第一二号，1981年，第46—47页，以及第54页注76；同氏著：《突厥第二可汗国末期の一考察》，《史朋》第一七号，1984年，第38页注28；等等。

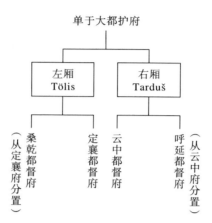

图5　单于大都护府的构成

该年四月，在设于灵、夏州南境的兰池州，发生了以康待宾、安慕容、何黑奴、石神奴、康铁头等西域系胡人为首谋者的叛乱[1]，朝廷将应对之策委托给朔方道行军大总管王晙，上引材料是此委任诏书之一节。这次叛乱，《通鉴》于开元九年四月条之前记载：

> 兰池州胡康待宾，诱诸降户同反。

则降户中也有参加反乱者。《册府元龟》所录诏书文中有"却投来"一语，意即将那些随从叛军来投降唐朝的吐谷浑、党项、左右厢降户、杂蕃的处置委任给王晙叙录。从而可以确认，到开元九年为止，突厥降户仍被区划为左右厢，而且他们与吐谷浑、党项等被明确地区别开来加以统治。总而言之，左右厢区划的存在，在①《旧唐书·突厥传》的骨咄禄的祖、父（据《通典》则仅有父）的时代、②户部格残卷的景龙二年（708）、③《册府元龟》的开元九年（721）三个时间点，可以得到史料的确认。另一方面，根据《唐会要》卷七三"单于都护府"条，单于都护府设置于麟德元年（664）至垂拱二年（686），后来复置于开

---

1. 关于这次叛乱，参看小野川秀美：《河曲六州胡の沿革》，《東亜人文学報》第一卷第四号，1942年；张泽咸编：《唐五代农民战争史料汇编》上册"五五·兰池胡康待宾"，中华书局，1979年等。

第四章　唐对突厥遗民的处置

元二年（714）到天宝四载（745）[1]。那么，左右厢有关的史料中，①和③的时期中存在着单于都护府，但②的景龙二年单于都护府是不存在的，因此无论有无单于都护府的设置，左右厢的区划都是存在的。

根据景龙二年敕，可以知道突厥降户的左右分割统治在未置单于都护府的时期也存续着，那么具体地说用左右厢的区划分开的羁縻州是哪些呢？关于安置突厥遗民的羁縻州名，①《旧唐书》卷三八《地理志一》"关内道·夏州"条（《新志》州名略同）、②《唐会要》卷七三"安北都护府"条、③同书卷七二"诸蕃马印"条有集中的记载。①所记为天宝十一载（752）的状况，②为前节已见的贞观二十三年（649）的状况。而③是关于定襄、云中两都督府所管的诸蕃马的种与印的记录，其年代经岩佐氏推定为永徽三年（652）以前[2]，详情不明。不过目前还是将③作为参考，试着将这些信息整理为表2。

表2　左右厢所管羁縻州名

右厢			左厢		
呼延都督府（党项部落）	云中都督府（党项部落）		定襄都督府	桑乾都督府	①《旧唐书·地理志》
□跌州 那吉州 贺鲁州[3]	白登州 绰部州 州璧 阿史那 舍利州 思璧州		拔延州 苏农州 执失州 阿德州	叱略州 毕失州 执失州 郁射州[4][5]	
云中都督府			定襄都督府		
葛罗州 贺鲁州 绰州 阿史那 舍利州			苏农州 执失州 阿史德州 卑失州 艺失州 郁射州		②《唐会要》"安北都护府"条

---

1. 关于唐代的都护府的沿革，参看邝平樟：《唐代都护府之设置及其变迁》，《禹贡半月刊》第五卷第一〇期，1936年。
2. 岩佐精一郎：《突厥の復興に就いて》，第89—90页。
3. 《新唐书·地理志七下》作"葛罗州"。
4. 《新唐书·地理志七下》作"艺失州"。
5. 《新唐书·地理志七下》作"卑失州"。

云中都督府	定襄都督府	③《唐会要》"诸蕃马印"条
舍利叱利等马　阿史那马　绰马　贺鲁马　葛罗枝牙马	斛薛马　奴剌马　热马　囚阿史德马　拔延阿史德马　苏农马	

这个表中值得注意的有以下几点。第一，左右厢管辖的州名在各史料间几乎是一致的。不过，例外的可能性是存在的。《唐会要》"诸蕃马印"条关于定襄都督府的奴剌马写道：

奴剌马，与碛南马相类，今曰登州。

此处的"曰登州"为"白登州"之误，根据《册府元龟》卷一七〇《帝王部》"来远"条中出现的"白登州刺史奴赖孝"，大致可以确认。白登州在《旧志》中乃云中都督府所管，因此可以认为左右厢划分的羁縻州是有过变动的。尽管如此，类似这样的例子仅此一见，而正如贞观二十三年隶属于云中府的羁縻州到天宝十一载仍属云中府（或从云中府分置的呼延府）之例所示，左右厢的区划从贞观年间以来一直得到了大体严密的恪守，即使单于都护府废止后四都督府侨治于夏州，唐仍根据这一区划来统治降户。

第二，《旧志》中桑乾、定襄两府所管的州合计有八个，这与户部格残卷景龙二年敕中"桑乾、定襄两都督府管内八州降户"所言的州数是一致的。开元格有前格、后格、二十五年格，斯坦因1344号文书是其中哪一种格的残卷或许是无法确定的，但是所谓的格，如《大唐六典》卷六"刑部郎中员外郎"条所言：

凡格二十有四篇
以尚书省诸曹为之目，共为七卷。其曹之常务但留本司者，别为留司格一卷。盖编录当时制敕，永为法则，以为故事。

第四章　唐对突厥遗民的处置

其原则是仅收录能够"永为法则、以为故事"的制敕[1]。那么，①这件文书如果是开元户部格，则可以认为景龙二年敕到开元年间的某个时期一直行用。②它是对夏州南界的降户的营田做出规定的敕。③再从州数一致等点来看，《旧志》所见的夏州所属的桑乾、定襄两府辖八州的体制，景龙二年的时候已然出现了。

第三，《旧志》在云中、呼延两府下记有"党项部落"。根据先学的研究[2]，我们知道，在此以前已经有相当数量的党项人迁徙到鄂尔多斯地区，前文所引的景龙二年敕和《册府元龟》的开元九年诏等都提到党项人，也与此相一致。其中，受到吐蕃的挤压从西方来到灵、夏州间的党项，在天宝十一载时混入了突厥的右厢，云中、呼延两府管理的不再仅是突厥降户，一定也统督了党项部落。鄂尔多斯地区的主角渐渐向党项转移的时代趋势，在《旧志》中显现出来。

如上所见，突厥的"降户"在史料中出现，主要是突厥复兴以后的事情。那么在此以前单于都护府下生活的突厥遗民，也可以称为降户吗？先说结论吧：单于府下的遗民也同样是降户。理由何在？由《旧唐书·突厥传》的如下记载可知：

> 时有阿史德元珍，在单于检校降户部落，尝坐事为单于长史王本立所拘系，会骨咄禄入寇，元珍请依旧检校部落，本立许之，因而便投骨咄禄。

这里所见的阿史德元珍，即暾欲谷（Tunyuquq）[3]，他与骨咄禄合流以前在单于都护府检校降户部落。与前述安东都护府下的高句丽降户一样，单于大都护府下的突厥遗民也是被当作降户对待的。

以上是原隶属单于大都护府、单于府废止后又归入夏州管辖下的

---

1. 仁井田陞：《唐の律令および格の新資料——スタイン敦煌文献——》。
2. 岡崎精郎：《タングート古代史研究》，东洋史研究会，1972年，第一篇第一章"唐代におけるトングートの発展"；山本澄子：《唐代に於ける党項の移住に就いて》，《史観》第二六、二七册，1941年；小野川秀美：《河曲六州胡の沿革》；汤开建：《隋唐时期党项部落迁徙考》，《暨南学报》1994年第1期。
3. 護雅夫：《阿史德元珍とTunyuquq》，《山本博士還暦記念東洋史論叢》，山川出版社，1972年。

四都督府的降户的例子。但是，突厥人来降者显然在此范围之外也存在着。特别是如《旧唐书》卷九二《王晙传》所言：

> 明年，突厥默啜为九姓所杀，其下酋长多款塞投降，置之河曲之内。

主要集中在默啜可汗之死导致突厥国内混乱的时期，而他们也被安置在鄂尔多斯地区。《王晙传》的这条记载之前记有开元二年（714）之事，故其开头的"明年"指的就是开元三年，但这是错误的，默啜之死是开元四年的事情[1]。那么，像这样的新投降者被置于何种机关的统督之下呢？

《旧唐书·王晙传》在前引记事之后接着载录了王晙的上表文，其中说道：

> 今有降者部落，不受军州进止，辄动兵马，屡有伤杀。询问胜州左侧，被损五百余人。私置烽铺，潜为抗拒，公私行李，颇实危惧。北虏如或南牧，降户必与连衡。

也就是说，王晙主张，突厥降户因为不服从军、州的指挥，在突厥南下之际有与之联合的危险性。这里描述的是胜州降户的无秩序状态，而在对待开元四年来降突厥人的措施中，被委以胜州方面之任的人物是杨执一。《张燕公集》卷一九所载《赠户部尚书河东公杨君神道碑》，就是张说为杨执一写作的神道碑。其中一节云：

> 复授凉州都督，改右卫将军，使悉如故。寻移许州刺史，未到，以单于款关，授右卫将军、检校胜州都督、兼处置降户使。怀柔以德，种落宜之。

杨执一在开元三年（715）四月时任凉州都督一事，可在《册府元龟》

---

1. 岑仲勉：《突厥集史》上册，第400页。

第四章 唐对突厥遗民的处置

卷一一九《帝王部·选将一》得到确认,而碑文中有"以单于款关"一句,因此他作为胜州都督处置的降户就是开元四年前后来降的突厥人[1]。那么,派遣杨执一是为了处置王晙上表文所见的胜州附近无秩序的降户,或者是相反地,尽管经过他的处置,胜州的降户仍不受军、州的指挥,两种情况都有可能。这样的话,如前所述,开元四年单于都护府已经被复置了,可以认为它不再发挥以前的职能,来降的突厥部落被置于地方诸州的统督之下。

那么,从前以单于都护府辖四都督府的制度统治突厥遗民的唐朝,在单于府废除以后,何时开始将统治遗民之任委派给在地诸州的?

开元户部格残卷所在的前引斯坦因1344号文书中,第31—34行可见如下内容:

> 敕,诸蕃部落见在诸州者,宜取州司进止。首领等如(衍)
> 如有灼然要事须奏者,委州司录状奏闻。非有别
> 敕追入朝,不得辄发遣。
>
> 垂拱元年九月十五日

这个规定当然不是仅以突厥降户为对象的。但是,垂拱元年(685),距突厥骨咄禄自立为可汗才两年多,是他攻陷丰州的翌年,也是唐终于废除单于都护府的前一年。考虑到这些情况,对于逃避北边的混乱而内徙的遗民,这道敕文当然可以适用。换言之,在北边变乱、单于都护府日渐难以维持的时期,唐将遗民的统辖之责以部落为单位委派给所在的州。因而,前文的《杨执一碑》和王晙上表文中提到的开元四年的突厥人,也一定是由胜州处置的[2]。

---

1. 岑仲勉:《突厥集史》上册,第349页。
2. 此外,《旧唐书·突厥传》载"初,咸亨中(670—674),突厥诸部落来降附者,多处之丰、胜、灵、夏、朔、代等六州,谓之降户",即云咸亨年间突厥降户被安置在这六个州。然而,降户是像这样隶属于六个州,还是隶于单于都护府下的四都督府,尚无法确定。而对于其原因,小野川秀美认为单于都护府下的突厥诸部落存在着动摇和不稳定的状况(小野川秀美:《河曲六州胡的沿革》;同氏著:《蒙古史中世》,《支那周边史》上卷,白杨社,1943年,第378页),林俊雄则猜测"咸亨中"三字大概是误插入到这里的(林俊雄:《掠奪、農耕、交易から観た遊牧国家の発展——突厥の場合——》,第118页)。

总结以上所论，可以得出如下几点：

（1）唐朝采取的突厥遗民统治制度，利用了突厥固有的行政区划，以左厢置定襄、桑乾两都督府，以右厢置云中、呼延两都督府，再让这些都督府接受单于大都护府的监督。

（2）这种左右厢的统治区划从贞观年间以来一直持续存在，单于都护府被废除、四都督府侨治夏州以后仍然得到了恪守和延续。但实际上，天宝年间右厢已经有党项人进入了。

（3）到唐逐渐无法维持单于都护府的时候，遗民的管理被置于当地诸州的统督之下。天宝十一载左厢的状况在景龙二年时已经出现了。

（4）以这种形式被统治的突厥遗民，被唐朝称为"（突厥）降户"。

三、降户与蕃户

如上所论，突厥降户尚未被作为编贯的州县民一样管理。但是，与这一理解相矛盾的史料是存在的。《新唐书》卷五一《食货志一》有一条记载：

> 四夷降户，附以宽乡，给复十年。[1]

据此则降户也被编贯和课税，即使他们得到复除，其复除期限不过十年，似乎可以理解为他们受到与州县民同等的对待。然而，《新志》的这条记载的依据是什么呢？《白氏六帖事类集》卷一〇"使绝域"条下注云：

> 没蕃得还及化外归朝者，所在州镇给衣食，具状送省奏闻。化外人，于宽乡附贯安置；落蕃人，依旧贯，无旧贯任于近亲附贯也。（仁井田陞：复原唐《户令》第一九条）

又《通典》卷六《食货典六·赋税下》载：

---

[1] 此条材料也被《文献通考》卷一三《职役考二》"复除"条采用。

第四章 唐对突厥遗民的处置

诸没落外蕃得还者，一年以上复三年，二年以上复四年，三年以上复五年。外蕃之人投化者，复十年。[1]（复原唐《赋役令》第一六条）

这里可以看到各类附贯和复除的规定。将它们与前面《新唐书·食货志》的记载相比较，可以发现：

①《新唐书·食货志》：
（a）四夷降户，（b）附以宽乡，（c）给复十年。
②《白氏六帖》"使绝域"：
没蕃得还及（a）化外归朝者，所在州镇给衣食，具状送省奏闻。（a）化外人，（b）于宽乡附贯安置。
③《通典·赋税下》：
（a）外蕃之人投化者，（c）复十年。

也就是说，《新志》的此条记事，（b）的附贯规定采自②的《户令》，（c）的复除规定采自《赋役令》，是将它们糅合调配在一起形成的文字。那么，要讨论的《新志》（a）的"四夷降户"的部分，原来在《户令》中是"化外人"（化外归朝者）、在《赋役令》中则为"外蕃之人投化者"的部分。此处所谓"化外人"或"外蕃之人"所指为何？《唐律疏议》卷六《名例律》有云：

诸化外人同类自相犯者，各依本俗法；异类相犯者，以法律论。
疏议曰：化外人，谓蕃夷之国别立君长者。

同书卷八《卫禁律》载：

---

[1]. 这一复除规定，也见于《唐律疏议》卷四《名例律》"会赦应改正征收"条："疏议曰：……诈复除者，谓课役俱免。即如太原元从，给复终身；没落外蕃、投化，给复十年；放贱为良，给复三年之类。"

> 诸越度缘边关塞者,徒二年。共化外人私相交易若取与者,一尺徒二年半,三匹加一等,十五匹加役流。
>
> 疏议曰:……若共化外蕃人私相交易,谓市买博易,或取蕃人之物,及将物与蕃人。计赃一尺徒二年半,三匹加一等,十五匹加役流。

"化外人""化外蕃人""蕃人",意指唐人以外的人,即广义的"外国人"。在这些之外,唐代法律中还有与外国人相关的婚姻、间谍活动、机密泄露等的规定[1],这些规定中也普遍使用了"化外人""蕃人""蕃国"等词语。若问所谓"蕃"具体指哪些地域,《白氏六帖》卷一六"和戎"条注云:

> 杂令……东至高丽,南至真腊(獦)[2],西至波斯、吐蕃及坚昆都督,北至突厥、契丹、靺鞨,并为入蕃,余为绝域。(复原唐《杂令》第一四条)

即前面《户令》和《赋役令》所见"化外归朝者""外蕃之人投化者",指的是这些地域的外国人的归朝和投化者,这被《新唐书》称为"四夷降户"。

《大唐六典》卷三"户部郎中员外郎"条载:

> 凡诸国蕃胡内附者,亦定为九等,四等已上为上户,七等已上为次户,八等已下为下户。上户丁税银钱十文,次户五文,下户免之。附贯经二年已上者,上户丁输羊二口,次户一口,下户三户共一口。
>
> 无羊之处,准白羊估折纳轻货。若有征行,令自备鞍马,

---

1. 中田薰:《唐代法に於ける外国人の地位》;布目潮渢:《機密漏洩罪を通じて見た中国律令制の展開》,唐代史研究会编:《中国律令制の展開とその国家・社会との関係——周辺諸地域の場合を含めて——》,刀水书房,1984年等。
2. 仁井田陞:《唐令拾遗》,东方文化学院,1933年;东京大学出版会,1964年,第852页。

第四章 唐对突厥遗民的处置

过三十日已上者,免当年输羊。凡内附后所生子,即同百姓,不得为蕃户也。(复原唐《赋役令》第六条)

诸国蕃胡内附者被分为上、中、下三等而征收税钱。这是开元七年《赋役令》的逸文,但在《通典》卷六《赋税下》的武德二年制以及《旧唐书》卷四八《食货志上》的武德七年令中,可以见到几乎相同内容的缩略文,故而此令是继承武德令而来的[1]。然而在《通典》以及《旧志》中,"丁税银钱"的"银"字、"附贯经二年已上"的"贯"字以及"无羊之处"以下的注文是没有的。根据《六典》的注,内附于唐以后出生的孩子视同百姓对待,不得再当"蕃户"了。从注文的文脉来看,此"蕃户"即指令文中内附且已附贯并被分为三等户的蕃胡。针对内附异民族的赋税规定,仅此一见。若根据《新唐书·食货志》,此"蕃户"也就成为与"降户"相同的概念了[2]。

既然如此,那么单于都护府废止后,归入在地诸州统督之下的突厥降户,实际上受到了怎样的对待呢?

1984年,贺梓城在陕西省博物馆刊《文博》创刊号中,介绍了几方那时尚不为一般人所知的突厥人墓志。其中之一就是开元十二年(724)所刻《唐阿史那毗伽特勤墓志铭》[3]。据此墓志文,这位阿史那毗伽特勤出身于突厥可汗阿史那氏一族,且是传送默啜可汗之首到长安的人物。志文接着写道:

---

1. 铃木俊:《唐令の上から見た均田租庸調制の関係について》,《中央大学文学部紀要》第六号,1956年;日野開三郎:《唐代租調庸の研究Ⅰ色額篇》,一《租調庸の制定と令文》(自家版,1974年);同氏著:《唐の賦役令の嶺南税戶米に就いて》,《律令制の諸問題——瀧川政次郎博士米寿記念論集——》,汲古書院,1984年(后收入《日野開三郎東洋史学論集》第一二卷《行政と財政》,三一書房,1989年);中村裕一:《隋唐賦役令の継承関係に就いて》,《史学研究室報告》Vol.1,武庫川女子大学文学部教育学科史学研究室,1983年。
2. 关于"蕃户",《元和郡县图志》卷四关内道四"丰州"条云:"贞观四年,突厥降附,又权于此置丰州都督府,不领县,唯领蕃户。"这条也被《旧唐书·地理志》采录,但本章所说的蕃户仅限于律令用语。
3. 贺梓城:《唐王朝与边疆民族和邻国友好关系——唐墓志札记之一》。另参看本书第二部第三章"开元十二年的《阿史那毗伽特勤墓志》"。

> （开元）五年，改封左贤王，兼检校新旧降户。假牙帐及六纛，富有夷众，贵为蕃王。……七年，入朝特留宿卫。逾年，又充陇右、朔方二军游奕使。

如此则突厥的降户受在地诸州统督的同时，以首领维持氏族的内部秩序的原有氏族集团得到了保持和延续。他们从唐朝获得对其固有生活的承认，从事着游奕或者前引景龙二年敕所说的营田等生计活动。

日野开三郎通过分析敦煌差科簿所见"子弟"以及《唐大诏令集》卷一三〇《蕃夷·讨伐》载《命吕休璟等北伐制》所见"大家子弟"等词语，提出了以下见解：所谓"大家"表示部族族长或其一族，所谓"子弟"是"大家"的自治性、私兵性质的集团，唐对于形成部族制的民族，承认其固有的生活，作为补偿则在有事之时命令他们从军[1]。大概突厥降户也以这种"大家子弟"式的形态被置于州的掌握下，担负着唐国防的一部分职责[2]。

蕃户在附贯以后，或者内附后出生的孩子，即被作为百姓对待。那么便不能将突厥降户解释为蕃户。将两者看成似乎同质的想法，是由于前引《新唐书·食货志》将原令文中的"化外归朝者""外蕃之人投化者"改写成"四夷降户"而引起的错觉。不过，突厥遗民自然不会全都是降户，但其中当然也有被当作蕃户者。《新唐书》卷二《太宗本纪》贞观十八年二月丁巳条云：

> 丁巳，给复突厥、高昌部人隶诸州者二年。

这应该就是其中一例吧。不过，他们和由于突厥汗国灭亡的历史性事件而原样保持了部族来降附的降户相比，性质自然是不同的。

---

1. 日野開三郎：《唐代租調庸の研究Ⅲ　課輸篇下》，自家版，1977年，第168—187页。
2. 记载鄂尔多斯地区存在大家子弟的史料，有《唐丞相曲江张先生文集》卷八所收《敕河西节度使牛仙客书》，其中有关开元元年间的突骑施远征写道："朔方军、西受降城、定远城及灵州，兼取大家子弟，并丰安、新泉等军，共征二万。"

第四章　唐对突厥遗民的处置　　　　　　　　　　　　　　　　　　　111

结语

以上围绕唐对突厥遗民的处置措施，提出了若干问题，并试着做出了解释。简单总结如下：

（1）突厥第一汗国灭亡后，唐对内附的突厥遗民采取了设置羁縻州等权宜之计，贞观七年、八年左右对遗民政策的论争得出结论，遗民被整合进塞内的顺、祐等四州与塞外的定襄、云中两都督府辖六州的制度中。但是，作为贞观十三年将塞内遗民北徙的结果，北方产生了新的问题，贞观二十三年定襄、云中两府之下被再编成十一州。

（2）这一统治制度，乃是利用突厥固有的分治将统治区划分为左右厢，左厢置定襄、桑乾两都督府，右厢置云中、呼延两都督府，再于它们之上设单于大都护府以监临之。这种左右厢的统治区划，在单于都护府被废止、四都督府侨治于夏州以后仍然继续存在。

（3）唐在单于都护府变得无法维持时，将遗民置于在地诸州的统督之下。天宝十一载侨治夏州的左厢的状况，早已于景龙二年时出现了。

（4）以这种形式统治的突厥遗民，被唐称为降户，而突厥降户保持固有的氏部族制得到了唐朝的认可。若据《新唐书·食货志》，会被误导以为这些降户就是律令中的蕃户，这是由于《新志》将原令文的一部分篡改了，不可信。

第五章

唐代有关内附异民族的规定

引言

汉民族通过与其他民族接触、交流而受到异文化的刺激，或者通过吸收异文化而创造出新的文化，进而民族本身产生融合，汉民族自身得以重构再生，像这样的文化、民族融合的场面在中国历史上始终存在着。因此，中国各王朝如何将异民族吸收进自己内部，在考察任何时代时都是重要的问题。尤其是唐朝，中国王朝的支配版图扩大，大量的外国人在中国内部居住，通常被称为"羁縻统治"的独特的统治方法得以施展，因此唐对异民族的政策更加成为研究中重要的课题。

关于唐的羁縻统治，从前在突厥系民族史、中亚史研究，或者南诏等西南方、南方的民族及历史研究中屡屡被个别化地处理。作为站在唐朝立场的研究，在日本，普遍的思考方式是，设定一个将所谓羁縻形式置于唐与外国、异民族间关系之中的"内地化—羁縻—册封"图式，根据与唐关系的强弱进行定位，以此来把握唐王朝乃至东亚世界的构造[1]。另一方面，在中国，20世纪80年代以后数篇相关的专论发表，产生了若干重要的成果[2]。

统观国内外诸研究，不得不说在对唐羁縻政策的研究上，现在仍

---

1. 堀敏一：《近代以前の東アジア世界》，《歴史学研究》第二八一号，1963年；菊池英夫：《総説—研究史の回顾と展望》，唐代史研究会编《隋唐帝国と東アジア世界》，汲古书院，1979年；栗原益男：《七、八世纪の東アジア世界》，同上。另外，概述性的唐的边境统治的研究，参看池田温：《唐代の辺境経営》，《国語展望》别册二七，1979年；关于唐初的异民族统治制度，参看冈田宏二：《唐代の羁縻政策——特に羁縻府州体制を中心として——》，台北《政治大学边政研究所年报》第十七期，1986年（后收入同氏著：《中国华南民族社会史研究》，汲古书院，1993年）；研究史的整理，参看片山章雄：《羁縻州》，藤家禮之助编《アジアの历史》，南云堂，1992年。
2. 唐启淮：《试论唐代的羁縻府州》，《湘潭大学社会科学学报》1982年第4期；程志：《唐代羁縻府州简论》，《东北师大学报》1984年第1期；林超民：《羁縻府州与唐代民族关系》，《思想战线》1985年第5期；同氏著：《唐前期云南羁縻州县述略》，《云南社会科学》1986年第4期；孙玉良：《唐朝在东北民族地区设置的府州》，《社会科学战线》1986年第3期；王可：《律和羁縻术是唐代调节民族关系的工具》，《中央民族学院学报（哲学社会科学版）》1990年第1期；谭其骧：《唐代羁縻州述论》，《纪念顾颉刚学术论文集》下，巴蜀书店，1990年。

第五章　唐代有关内附异民族的规定　115

然残留着一些重大的问题点。其中之一是,即使一概称为"羁縻州""羁縻统治"等,设置于中国内地边境地带者与设置于遥远的蒙古高原和中亚者,是否可以等量齐观？另外一点是,从前的研究一定程度上明确地认为（或者在一定程度上默认为）,对于羁縻州民,唐的律令规定可以适用,但是现存唐的法律规定中究竟哪些是以羁縻州民为对象的,现有研究并未涉及。因此,本章特从这两点出发,尝试重新梳理出唐以内附异民族为对象的相关规定,并加以解释。

一、内地羁縻州与赋役负担

首先来看唐代的羁縻州分布于哪一地域。对此翻看地理志类文献即可得知,但是,《元和郡县图志》因为其编纂时代的关系,关于北方地区的羁縻州,可以说是完全没有涉及。又,众所周知,《新唐书·地理志七下》设了羁縻州专卷,但因其欲将设置年代不同的羁縻州全数网罗,叙述羁縻州设置的时期及经过的注记又非常简略,有时注记了其他史书所见的记述的一部分,有时仅仅罗列州名,这使它成为极其难以利用的史料。因此本节现以《旧唐书·地理志》为基础,检出唐代的羁縻州并加以整理,结果如表3所示。在此表中,左起第二列的"州"表示羁縻州管辖州（管辖领域内有羁縻州的州）,"县数"表示该羁縻州内进一步设置县（也可能是小州）的情况下县的数目。

表3　《旧唐书·地理志》所载羁縻州一览表

道	州	羁縻州	县数	种族	户口
关内道	原州	（萧关县）	1	突厥降户	
	庆州	芳池州都督府	小州10	党项	
		安定州都督府	小州7		
		安化州都督府	小州7		
	夏州	云中都督府	小州5	突厥、党项	户1430,口5681
		呼延州都督府	小州3	突厥、党项	户155,口605
		桑乾都督府	小州4	突厥	户274,口1323

续表

道	州	羁縻州	县数	种族	户口
关内道		定襄都督府	小州4	突厥	户460，口1463
		达浑都督府	小州5	延陀	户124，口495
		安化州都督府			户483，口2054
		宁朔州都督府			户374，口2027
		仆固州都督府			户122，口673
	灵州	燕然州		突厥九姓	户190，口978
		鸡虎州		突厥九姓	户132，口556
		鸡田州		突厥九姓	户104，口469
		东皋兰州		九姓	户1342，口5182
		燕山州		九姓	户430，口2176
		烛龙州		九姓	户117，口353
	宥州	宥州	3	六胡州[1]	户7083，口32652
	安北都护府		1		户2006，口7498
河东道	单于都护府		1		户2100，口13000
河北道	顺州	归顺州	1	契丹	户1037，口4469
	幽州、营州界内，无所役属	威州	1	契丹	户611，口1869
		慎州	1	涑沫靺鞨	户250，口984
		玄州	1	契丹	户618，口1333
		崇州	1	奚	户200，口716
		夷宾州	1	靺鞨	户130，口648
		师州	1	契丹、室韦	户314，口3215
		鲜州	1	奚	户107，口367
		带州	1	契丹	户569，口1990
		黎州	1	浮渝靺鞨	户569，口1991
		沃州	1	契丹	户159，口619
		昌州	1	契丹	户281，口1088

---

1. 译者注：原文如此，疑为"六州胡"。

续表

道	州	羁縻州	县数	种族	户口
河北道		归义州	1	新罗	户195，口624
		瑞州	1	突厥	户195，口624
		信州	1	契丹	户414，口1600
		青山州	1		户622，3215
		凛州	1	降胡	户648，口2187
	燕州		1	粟皆（末）靺鞨	户500
	安东都护府	新城州都督府等，计14州	1	高丽降户	户5718，口18156
江南西道	黔州	充、明、劳州等，50州			
陇右道	洮州	（密恭县）	1	党项	
		吐浑部落	无县	吐浑、契苾、思结等部	共有户5048，口17212
		兴昔部落			
		阁门府			
		皋兰府			
		卢山府			
		金水州			
		蹄林州			
		贺兰州			
	北庭府界内	盐治州都督府、盐禄州都督府等，计16州		杂戎胡部落	无州县户口，随地治畜牧
	安西都护（四镇）	龟兹都督府	蕃州9	龟兹国	胜兵数千
		毗沙都督府	蕃州5	于阗国	胜兵数千
		疏勒都督府		疏勒国	胜兵2000
		焉耆都督府	无蕃州	焉耆国	
	安西都护	月氏都督府	州24	吐火罗国	
		太汗都督府	州15	嚈哒部落	
		条枝都督府	州8	诃达罗支国	

续表

道	州	羁縻州	县数	种族	户口
陇右道	西域十六都督州府	大马都督府	州3	解苏国	
		高附都督府	州3	骨咄施国	
		修鲜都督府	州11	罽宾国	
		写凤都督府	州4	失苑延国	
		悦般都督府		石汗那国	
		奇沙州	州2	护特健国	
		和默州		怛没国	
		挓撒州		乌拉喝国	
		昆墟州		护密多国	
		至拔州		俱密国	
		鸟飞州		护密多国	
		王庭州		久越得犍国	
		波斯都护府		波斯国	
剑南道	雅州	寿梁州等19州		生羌、生獠	
	黎州	罗岩州等54州		徼外生獠	
	茂州	羁縻州10州（其中翼、维、涂、炎、彻、向、冉、穹、笮9州后变为正州）			
	泸州	纳州	8	夷獠	无户口、道里羁縻州
		薛州	3		
		晏州	7		
		巩州	4		
		顺州	5		
		泰州	3		
		思峨州	2		
		能州	4		
		淯州	4		
		浙州	4		

续表

道	州	羁縻州	县数	种族	户口
剑南道	戎州	协州	3	羌戎	户329
		曲州	2	羌戎	户1094
		郎州	7	羌戎	户6942
		昆州	4	羌戎	户1267
		盘州	3	羌戎	户1960
		黎州	2	羌戎	户1000
		匡州	2	羌戎	户4800
		髳州	4	羌戎	户1390
		尹州	5	羌戎	户1700
		曾州	5	羌戎	户1207
		钩州	2	羌戎	户1000
		靡州	2	羌戎	户1200
		裒州	2	羌戎	户1470
		宗州	3	羌戎	户1930
		微州	2	羌戎	户1150
		姚州	2	羌戎	户3700
	松州	"据天宝十二载簿，松州都督府，一百四州，其二十五州有额户口，但多羁縻逃散，余七十九州皆生羌部落，或臣或否，无州县户口，但羁縻统之"（以下实际记载的是24州）			
		崌州	2	党项	户155
		懿州	2	党项	无户口
		阔州	2	党项	无户口
		麟州	7	生羌	无户口
		雅州	3	生羌	无户口
		丛州	3	羌	无户口
		可州	3	党项	无户口
		远州	2	羌	无户口
		奉州	3	羌	无户口
		岩州	3		无户口

续表

道	州	羁縻州	县数	种族	户口
剑南道		诺州	3	羌	无户口
		峨州	2	羌	无户口
		彭州	4	党项	无户口
		轨州都督府	4	党项	无户口
		盍州	4	羌	户220，无口
		直州	2	羌	户100，无口
		肆州	4	羌	无户口
		位州	2	羌	户100，无口
		玉州	2	羌	户215，无口
		嶂州	4	羌	户200，无口
		祐州	2	羌	无户口
		台州	无	党项	
		桥州	无	羌	
		序州	无	党项	
岭南道	邕州	"西南至羁縻左州，五百里"			
	严州		3	獠	户1859，口7051
	福禄州		2	獠	无户口
	林州	（林邑县）		林邑	无户口
	笼州		7	蛮	户3667

关于表3，有几点是必须指出的。首先，①关内道的北方地域本来是以单于都护府为最高管辖机关的，由于突厥的复兴，单于都护府无法维持，北方羁縻州归入所在州的管辖之下[1]，《地理志》中所记的是在此以后的状况。②羁縻州县在以后升格为正州、正县的情况也是存在的。表3剑南道茂州管辖的羁縻州中可见这样的例子，而且，不为表3所录的被视为正州的州中，也有从沿革来看其前身曾是羁縻州的例子。③特别是在江南西道、剑南道、岭南道，存在着尽管明确地被记为针

---

1. 参照本书第一部第四章"唐对突厥遗民的处置"。

第五章 唐代有关内附异民族的规定

对异民族而设置，但被当作正县对待的县。这样的县在表3中未被采录。④在岭南道，这种被视为正州、正县对待的倾向尤其显著，哪些应被看作羁縻州难以判断。岭南道异民族的部落长被授予正州待遇的刺史，施行所谓的复合统治，这点已经由先学的研究指出[1]。表3的岭南道部分，仅采录了《地理志》记载中明确记述了以异民族为对象设置的州。⑤反之，虽然明确地作为羁縻州对待，但却记载了户口的例子并非罕见。这让我们得以窥测，某种义务负担也扩及一部分的羁縻州民身上。

记载唐玄宗时期羁縻州管辖州之分布的史料，除了《旧唐书·地理志》以外，还有一种。这就是《大唐六典》卷三"户部郎中员外郎"条。现将有关部分摘录如下：

（a）其原、庆、灵、夏、延，又管诸蕃落降者，为羁縻州。
远夷则控北蕃突厥之朝贡焉。（关内道）
（b）远夷则控海东新罗、日本之朝贡焉。（河南道）
（c）其幽、营、安东，各营（管）羁縻州。
远夷则控契丹、奚、靺鞨、室韦之贡献焉。（河北道）
（d）其秦、凉、鄯、洮、北庭、安西、甘、岷，又管羁縻州。
远夷则控西域胡戎之贡献焉。（陇右道）
（e）黔中又管羁縻州。
远夷则控五溪之蛮。（江南道）
（f）其黎、戎、泸、茂、松、巂、姚，又管羁縻州。静、柘、翼、悉、维五州，并管羌夷。
远夷则控西河（洱）河群蛮之贡献焉。（剑南道）
（g）其五府（广、桂、容、邕、安南府），又管羁縻州。
其远夷则控百越及林邑、扶南之贡献焉。（岭南道）

这里除了（b）以外的六条都列出了羁縻州管辖州。首先，若将它

---

1. 中村裕一：《文館詞林卷次未詳殘簡『勅』考証》，《史学雜誌》第82编第6号；后收入同氏著：《唐代制勅研究》，汲古书院，1991年。

们与前面表3相比较，除了岭南道因为前面提到的理由可以不论外，其他的道在大多情况下所记管辖州都是互相符合的。这说明，在将羁縻州与为异民族设置但作为正州、正县对待的州相区别这一点上，《六典》与《旧唐书·地理志》是有共通性的。

其次，应注意到《六典》户部的材料中，还记载了与羁縻州管辖州相区别的远夷的朝贡（贡献）。这一点也让人想起《六典》卷一八"鸿胪寺典客令"条提到的"归化在蕃者"：

  典客令，掌二王之后介公、酅公之版籍，及东夷、西戎、南蛮、北狄归化在蕃者之名数。

这条鸿胪寺典客令的记述，也见于《旧唐书·职官志》《新唐书·百官志》，都是沿用了《六典》的记载并加以删略。《通典》卷二六《职官典八》则改用了这样的说法：

  大唐为典客署，置令、丞各一人。掌二王后、蕃客辞见、宴接、送迎及在国夷狄。

这里所谓的"归化在蕃者"或者"在国夷狄"，从其字面意义以及他们受到鸿胪寺典客署管辖这点来看，很难认为是指在中国内地居住的异民族。《六典》的"在蕃"，应解释为唐杂令所见的"蕃域"者之意。蕃域与唐的关系，尽管也有羁縻统治，然而基本上是朝贡与回赐的关系。这正是相当于前引《六典》户部的七条记述中所见的"远夷之朝贡（贡献）"。也就是说，虽然《六典》将表示管辖受纳贡物之意的朝贡记述置于户部之下，但是，管辖与唐有朝贡关系的民族、国家之名位礼数的部门，基本上是鸿胪寺典客署。既然如此，虽然都称为"羁縻州""羁縻州民"，仍必须要将设置于内地者与设置于境外者区别开来，在律令法规定的适用性上也一定是有差别的。那么，唐的境内沿边地区居住的异民族，实际上有哪些规定涉及它们呢？

《新唐书》卷四三下《地理志七下》记安南都护府所管羁縻州之中

第五章 唐代有关内附异民族的规定

可以见到"武陆州",而《唐会要》卷七三"安南都护府条"记载了此羁縻州的设置经过:

> 开成三年,安南都护府马植奏:"……今,诸首领愿纳赋税。其武陆县请升为州,以首领为刺史。"从之。

又,《旧唐书》卷一〇二《徐坚传》载,睿宗之世姚州的西洱河蛮降附时,时任监察御史李知古建议筑城并对他们课税,徐坚对此表示反对:

> (徐)坚以蛮夷生梗,可以羁縻属之,未得同华夏之制。

徐坚的这一上奏,容易令人想到唐《赋役令》第十二条的规定:

> 诸边远诸州有夷獠杂类之所,应输课役者,随事酌量,不必同之华夏。

在鄂尔多斯地区,开元九年(721)兰池州胡(前面表3中关内道宥州的前身)叛乱的原因,《旧唐书》卷九三《王晙传》记为:

> (开元)九年,兰池州胡苦于赋役,诱降虏余烬,攻夏州反叛。

此外,北周时代,《周书》卷二九《达奚寔传》记载达奚寔对西南氐族的善政曰:

> 先是,山氐生犷,不供赋役,历世羁縻,莫能制御。寔导之以政,氐人感悦,并从赋税。

再看岭南道，广为人知的唐《赋役令》第七条"岭南税户米"条规定[1]：

> 诸岭南诸州，税米上户一石二斗，次户八斗，下户六斗。若夷獠之户，皆从半输。

而《资治通鉴》卷二〇四垂拱三年（687）七月条可见如下记事：

> 岭南俚户，旧输半课。交趾都护刘延祐使之全输，俚户不从。

可见《赋役令》第七条被实际运用了。

以上列举了数条史书中仅存的少量但足以说明问题的记述，仅从这些也可了解，在唐边境居住的异民族仍承担着某种赋役负担。那么，现存唐令之中，哪些条文是以这些异民族为对象的规定呢？

二、唐令以异民族为对象的相关规定的解释

1. "宽乡附贯，复十年"的对象

仁井田陞复原的唐《户令》第十九条有：

> 没蕃得还，及化外归朝者，所在州镇给衣食，具状送省奏闻。化外人，于宽乡附贯安置。落蕃人，依旧贯，无旧贯任于近亲附贯也。

这里可见化外人与落蕃人的附贯规定。其复原的唐《赋役令》第十六条有：

> 诸没落外蕃得还者，一年以上复三年，二年以上复四年，

---

1. 日野開三郎：《唐の賦役令の嶺南税戶米》，《滝川博士米寿記念論集・律令制の諸問題》，汲古書院，1984年；后收入同氏著：《日野開三郎東洋史学論集》第一二卷，三一书房，1989年。

第五章　唐代有关内附异民族的规定

三年以上复五年。外蕃之人投化者，复十年。

规定了附贯后的课税免除期限。《户令》的"化外归朝者""化外人"与《赋役令》的"外蕃之人投化者"，两者都与"落蕃人"形成固定的组合，因而可以认为其对象是相同的。这些人根据《户令》附贯于宽乡，根据《赋役令》被免除十年的租税。

此归朝化外人"复十年"的规定，又见于《唐律疏议·名例律》"会赦改正征收"条的"疏议"中：

疏议曰：……诈复除者，谓课役俱免。即如太原元从给复终身，没落外蕃投化给复十年，放贱为良给复三年之类。

"给复十年"即指此（这里"没落"二字为衍文）。落蕃人的给复又见于大谷1417号文书题为"落蕃人张孝感请处分牒"的片断[1]：

（前欠）
　　　□出请给复□
　　□□准式者落蕃人张孝感□
　　□牒所由准式者牒至准状□
　　囲元廿九年十月廿三日□
　　　　　　　佐

由此可见这一规定在实际中得到运用的情况。

那么，《户令》规定附贯于宽乡、《赋役令》规定给复十年的化外人，如果看作是羁縻州民是否正确呢？这两条规定在《新唐书》卷五一《食货志》中被缩略为：

---

[1]. 小笠原宣秀：《唐代役制关系文书考》，《西域文化研究》第三卷，法藏馆，1960年，第154—155页，图版第一七。龙谷大学佛教文化研究所：《大谷文书集成》壹，法藏馆，1984年，图版九六，释文第56页。

> 四夷降户，附以宽乡，给复十年。

而所谓"降户"，在史料中主要是作为北方游牧民系统的羁縻州民的用语出现的。所以，若据《新志》来解释上述两项规定，它们必定是以北方羁縻州民为对象的。但是，上述《赋役令》的规定也可见于日本《养老赋役令》"边远国"条，作为对它的解释，《令集解》引《古记》云：

> 《古记》云：问：化外人投化复十年，复讫之后，课役同杂类以不？答：不同也，华夏百姓一种也。

据此，该法令的对象的复除期限不过十年，十年以后就要像一般百姓一样承担课役。《新志》将原文的对象改写为"降户"，若根据《新志》而将本规定解释为以羁縻州民为对象的规定，是不妥当的。《白氏六帖》卷二二《迁徙》"户部格"条载如下格逸文：

> 格云：非缘边州及侧户千里内军府百姓，欲于缘边州府附户居住，并听。与本管计会，具申所由司，准丁授田，给复十年。

这是反过来以从内地向缘边州移居的人们为对象的规定。值得注意的是，这种情况下也"给复十年"。换言之，唐代对于在内地与边境间大范围移居者"给复十年"的理念是发挥了作用的。因此，前揭《户令》《赋役令》的对象，并非那些维持着固有的生活而降附唐朝的人，总的来说，应该解释为那些以个体性的、因而大多情况下是以少数人的形式来降附并被允许居住于内地的"外国人"[1]。这一点，下文还想进一步确认。

2. "招慰，复三年"的对象

仁井田陞复原的唐《赋役令》第十七条有：

---

1. 参见本书第一部第四章。在日本古代律令制中，归化人虽有十年的给复期，但从附于籍帐的时刻起即被视为具有了公民身份。参看田中史生：《律令制下における『帰化人』と『復』》，《國學院大學院紀要—文學研究科》第26辑，1995年。

第五章 唐代有关内附异民族的规定

> 夷狄新招慰附户贯者，复三年。(《令集解·赋役令》"没落外蕃"条）

这一规定仅见于《令集解》，唐朝方面的史料中完全没见到相对应的规定。不过，若将此条与前揭《赋役令》第十六条相比较，其复除期限存在着明显的差异，不得不认为两条规定的对象是不同的。首先来看"复三年"这一租税免除期限。

早在北周时代，《周书·武帝纪下》建德四年（575）六月条云：

> 六月，诏东南道四总管内，自去年以来新附之户，给复三年。

北周对因伐北齐而新并入其统治范围的地域，发出了"复三年"的诏书。又，武则天天授二年（691）七月九日《置鸿宜鼎稷等州制》(《文苑英华》卷四六四）言：

> 其雍州旧管及同、太等州，土狭人稠，营种辛苦。有情愿向神都编贯者，宜听，仍给复三年。

这是将长安周边耕地不足的农民向洛阳周边移徙之际的措施。所谓"复三年"，进一步使人想起复原唐《赋役令》第十八条的规定：

> 诸部曲、奴婢，放附户贯，复三年。

以及大历元年（766）十一月制（《册府元龟》卷四八七）中的措施：

> 其逃户复业者，宜给复三年。

换言之，从北周到唐代，在将其他政权的领土收入本政权之下时，或者是在较短距离的户口迁移的情况下，抑或是在户籍上的身份或所属形态发生变化等场合，"复三年"的理念便发挥了作用。因而可以推测，《赋役令》第十七条可能也是基于与此相同的理念做出的复除规定吧。

其次，本规定中值得注意的是"招慰"这一用语。如在史料中检索这一用语，例如《旧唐书》卷五八《殷峤传》可见如下记载：

> 时关中群盗往往聚结，众无适从，令峤招慰之，所至皆下。

又《册府元龟》卷四二六《将帅部·招降》记述武德年间唐向南方的发展时提到：

> 唐河间王孝恭为南山道招慰大使，自金州出于巴蜀，招抚以礼，降附者三十余州。

又《旧唐书》卷一八七上《忠义上·夏侯端传》亦述武德年间之事云：

> 关东之地，未有所属。端固请往招谕之，乃加大将军，持节为河南道招慰使。

如上面几条所见，所谓"招慰"，意为招诱某一地域、集团、组织等而使之靠近，将其编入自己的统治之下。在史料中当然主要是在隋末唐初的混乱时期这一词语屡屡出现。具体地实施招慰这一行为时，遵循斯坦因1344号《开元户部格残卷》[1]所载的规定（长安元年［701］以后）：

> 敕：化外人及贼，须招慰者，并委当州及所管都督府，审堪当奏闻。不得辄即招慰，及擅发文牒。所在官司，亦不得辄相承受。

---

1. Tatsuro Yamamoto, On Ikeda, Makoto Okano, *Tun-huang and Turfan Documents Concerning Social and Economic History I, Legal texts (A)(B)*, The Toyo Bunko, 1980.

第五章　唐代有关内附异民族的规定

如因此浪用官物者,并依监主自盗法。若别敕令招慰,得降附者,挟名奏听处分。

长安元年十二月廿日

也就是说,招慰是作为国家的政策而施行的行为,其对象是"贼"和"化外人"。

《唐大诏令集》卷一一八"招谕"条所载《招谕蔡州诏》云:

> 敕:朕嗣膺宝位,于兹十年,每推至诚,以御方夏。庶以仁化,臻于太和,宵衣旰食,意属于此。今淮西一道,未达朝经,擅自继袭,肆行寇掠。将士等迫于受制,非是本心,遂令此军,若坠渊谷。朕每念此,为之兴怀,思去三面之罗,庶遵两限之义。故择慈惠之长,授之邻封,俾申朝旨,敷我大信。山南东道节度管内支度营田观察处置等使、金紫光禄大夫、检校、司空、使持节、襄州诸军事、兼襄州刺史、御史大夫、上柱国、郑国公、食邑三千户<u>严绶</u>,信能及物,宽以服人,道融谦光,志尚柔克。一登揆务,三命齐坛,戎机吏术,靡不更练,必能招怀不类,敷我国恩。宜授兼<u>申、光、蔡</u>等州招抚使,仍与邻道将帅等,即同纠率,共申晓谕。其淮西将士官吏等,如有归国,仰量其高下,便授职任,仍具闻奏。即超授官爵,纵旧有罪犯,一无所问。吴元济如束身归朝,亦当弃瑕录用。其百姓有归投者,仰便给粮食,仍与田宅,务加存恤,使其安堵。待事平之后,淮西将士,宜共赐钱二百万贯,<u>百姓给复三年</u>。诏书所不该者,委严绶量其所宜,条件闻奏。庶尽绥怀之义,以申生育之恩。若尚敢执迷,不能迁善,至于问罪,自有常刑。宜以诚怀,使其知悉。

淮水中游的申州、光州、蔡州等地区,以吴元济这一人物为中心发动了叛乱,以上所引便是命令担任山南东道节度管内观察使等的严绶进行招谕(平定与处置)的诏书。据《旧唐书》卷一四六《严绶传》,这是元和九年（814）发生的事。诏书文中可见唐朝对前来归投的百姓"给复三年"。对贼进行招谕之际的给复三年既可由此诏书得到确认，招慰对象是"贼"与"化外人"这点又可由"长安元年敕"得知，因此在唐代存在着招慰化外人或贼时实行"给复三年"处置的规定。《令集解》为了解释"没落外蕃"条，在招慰夷狄的情形下，如唐令的取意之文那样引用了上述规定，这样理解当无大错。

现在再从《旧唐书·地理志》中检索"招慰"的用例，结果如表4所示。招慰的用例主要集中在江南道、剑南道方面，这是值得注意的。

表4 《旧唐书·地理志》中的"招慰"用例

道	州	管辖县、羁縻州	记载
江南西道	夷州	绥阳县	隋朝招慰置绥阳县，古徼外夷也
	思州	务川县	隋朝招慰置务川县。武德四年，招慰使冉安昌……请置务州
	费州	涪川县	周宣政元年，信州总管、龙门公裕，招慰生獠……
		城乐县	武德四年，山南道大使赵郡王孝恭招慰生獠……
陇右道	成州	上禄县	晋朝招慰，乃置仇池郡
剑南道	戎州	羁縻州16州	武德、贞观后招慰羌戎开置也
		昆州	武德初，招慰置
	松州	崏州	贞观元年，招慰党项置州处也
		羁縻州25州	贞观中，招慰党项羌，渐置
	维州	小封县	咸亨二年，刺史董弄招慰生羌置也
岭南道	福禄州	—	龙朔三年，智州刺史谢法成招慰生獠昆明、北楼等七千余落
	笼州	—	贞观十二年，清平公李弘节遣龚州大同县人龚固兴招慰生蛮，置笼州

根据以上所论，《赋役令》第十七条的规定，主要是以西南或南方的异民族为对象的，这些异民族自身大概没有迁徙而照原来一样生活着，这条规定适用于其地域或部落进入唐的统治下之时，抑或是这样设置的羁縻州后来升格为正州之时，这样去解释应不致大谬。

第五章 唐代有关内附异民族的规定

3.丁税银钱与输羊规定

在唐代，内附异民族实际上承担多少赋税呢？对此问题学者通常会引用《六典》卷三"户部郎中员外郎"条的如下规定。仁井田陞将其复原为唐《赋役令》第六条，今为方便起见分段揭载如下：

(a) 凡诸国蕃胡内附者，亦定为九等，四等以上为上户，七等以上为次户，八等以下为下户。(b) 上户丁税银钱十文，次户五文，下户免之。(c) 附贯经二年已上者，上户丁输羊二口，次户一口，下户三户共一口。

(d) 无羊之处，准白羊估折纳轻货。若有征行，令自备鞍马，过三十日已上者，免当年输羊。(e) 凡内附所生子，即同百姓，不得为蕃户也。

这段材料的内容可以整理为表5。这一纳税规定，因为附贯二年后纳税征收物发生变化，所以与前引《赋役令》第十六条的"复十年"或第十七条的"复三年"都互不相容，这是一眼就能发觉的。

表5 《大唐六典》户部规定摘要

附贯		附贯后两年内	第三年以后
1等至4等	上户	银钱10文	羊2口
5等至7等	次户	银钱5文	羊1口
8等至9等	下户	免除	3户羊1口

虽然这是具体记载内附异民族的税额的珍贵史料，但是一看此条规定，就会对其基本的部分产生疑问。其中之一是，内附后两年缴纳银钱的人，为何第三年以后必须要以羊为纳税单位呢？另外一点，第三年以后的所谓"输羊"，究竟是将纳税征收物从银钱替换为羊，还是在银钱之外附加上羊？

近年，对解答这一疑问颇为有力的材料被提供给了学界，这就是大津透、榎本淳一两位复原和介绍的一系列大谷文书，大津透推定为仪凤年间的"度支奏抄·金部旨符"的抄本[1]，其中可见如下条文：

> 一雍州诸县及诸州投化胡家，富者丁别
> 每年请税银钱拾文，次者丁别伍文，全
> 贫者请免。其所税银钱，每年九月一
> 日以后十月卅日以前，各请于大州
> 输纳。

将这一条文与前引《六典》户部的规定相比较，对于唐代内附异民族的规定我们有可能抓住新的问题点。这些新问题是：①既然认为《赋役令》第六条规定的本来税征收物是羊，银钱不过是仅在附贯后两年内实行的便宜性措施，那么银钱在作为次年度国家预算案的《度支奏抄》里出现岂非不自然吗？②既然银钱规定仅适用于最初两年的规定，那么"度支奏抄"条文第二行开头的"每年"岂非与此相矛盾？③由于《赋役令》第六条规定的内容，通常有强烈的倾向认为其对象中包含北方游牧羁縻州民，但是从"度支奏抄"条文开头的"雍州诸县"来看，很难认为是以羁縻州民为对象的。④"度支奏抄"条文的对象"雍州诸县及诸州投化胡家"可以认为是粟特商人（或者至少是包括了粟特商人），但是，这样的话按照《赋役令》，粟特商人便要自备鞍马出去远征，多少也有些不自然。⑤"度支奏抄"条文中未见有输羊的规定。

上引条文是"度支奏抄"的一部分，"度支奏抄"后来经过大津透的复原，现在合计有三十六条[2]，其中任何一条都没有见到输羊的规定。那么，如果假定输羊规定存在于此文书现在尚未发现的部分，则银钱规定与输羊规定就是分别的两个规定；如果假定输羊规定在这份文书的任何地方都没有记载，则输羊规定不是中央税的可能性就高了起来。

---

1. 大津透、榎本淳一：《大谷探险队吐鲁番将来アンペラ文书群の复元》，《東洋史苑》第28号，1987年；大津透：《唐律令国家の予算について—仪凤三年度支奏抄·四年金部旨符试释—》，《史学雜誌》第95编第12号，1986年。
2. 大津透：《大谷·吐鲁番文书复元二题》，唐代史研究会编：《東アジア古文书の史的研究》，刀水书房，1990年。

第五章　唐代有关内附异民族的规定　　　　　　　　　　　　　　　　133

不管怎样，银钱规定与输羊规定本来就是分别的两个规定，也就是说，前引《大唐六典》户部的记事，应该解释为是将多条规定混合成似乎同一对象的一系列规定而记载了下来。

再一次来看《六典》的条文，可以作如下分析：在这条记述之中，①（c）与（d）的部分都是以羊为标准的，可看作是面对相同对象的规定；②（b）部分与"度支奏抄"前引条文在内容上是一致的；③（a）涉及（c）（d）和（b）两者；而④（e）的条件句大概和（c）（d）无关，而与（b）或者是第三对象有关。由此可以认为，（c）（d）的对象的最可能候选者是北方系游牧羁縻州民，而（b）的对象是粟特商人。将这些用图表示，即如图6所示。

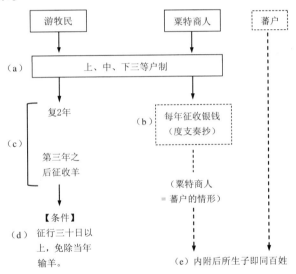

图6　《大唐六典》户部规定的解释示意图

如果可以作以上解释的话，与这里的游牧羁縻州民的输羊相对照，让人想起了"复二年"的理念。复原唐《厩牧令》第五条乙载：

> 诸牧马，每年三月游牝。……牝马一百匹，牝牛、驴各一百头，每年课骡犊各六十。……马从外蕃新来者，课驹四十，第二年五十，第三年同旧课。

又第七条载：

> 诸牧杂畜死耗者，每年率一百头论，驼除七头，骡除六头，马、牛、驴、羖羊除十，白羊除十五。从外蕃新来者，马、牛、驴、羖羊，皆听除二十，第二年除十五；驼除十四，第二年除十，骡除十二，第二年除九，白羊除二十五，第二年除二十。第三年皆与旧同。

唐代国有家畜每年的出生率与死亡率有确定的基准[1]，其中"从外蕃新来"的家畜在最初的两年间被估计为出生率较普通的家畜低，反之死亡率被估计为较高，可以认为所谓"复二年"亦基于与此同样的理念。又，《新唐书·太宗本纪》贞观十八年（644）二月丁巳条载：

> 丁巳，给复突厥高昌部人隶诸州者二年。

这条记述可以视为对内附游牧民的二年复除规定的实际运用，于是具有了新的意义。

既然如此，如上所论的输羊规定适用于哪些人呢？其具体事例，我想举出九姓铁勒出身的契苾何力。如《旧唐书》卷一〇九《契苾何力传》所言：

> 贞观六年，（何力）随其母率众千余家诣沙州，奉表内附，太宗置其部落于甘、凉二州。何力至京，授左领军卫将军。

他于贞观六年降附唐朝，其部落被置于甘州、凉州。何力自身生活在长安，然同传又云：

> 时何力母姑臧夫人、母弟贺兰州都督沙门并在凉府。十六

---

1. 仁井田陞：《唐令拾遗》，东方文化学院，1933年；东京大学出版会，1964年再版，第700—704页。

第五章　唐代有关内附异民族的规定

年，诏许何力觐省其母，兼抚巡部落。

则其母与弟依然在凉州，何力于贞观十六年巡抚了自己的部落。又如列传中所言：

> （贞观）十四年，为葱山道副大总管，讨平高昌。……太宗征辽东，以何力为前军总管。……永徽二年，处月、处密叛，以何力为弓月道大总管，讨平之。

契苾何力屡次参加了太宗、高宗朝的军事远征。那些时候，例如高句丽远征之际，如《册府元龟》卷一一七《帝王部·亲征》所记：

> 行军总管契苾何力率其种落，随机进讨。

他是率领着自己的部落民去远征的。而部落民们在其远征达到三十日以上的情况下，适用于前引《赋役令》第六条（d）的规定，当年的输羊可以得到免除。除此以外的年份不必说自然还须遵守输羊规定。如此征收来的以羊为单位的税收大概不是中央税，《旧唐书》卷四三《职官志二》"刑部比部郎中"条言：

> 羁縻州所补汉官，给以当土之物。

则该税应是充当了当地的必要费用。

作为《赋役令》第六条被采用的前引《六典》户部的记述，如所周知已经见于唐初武德年间的规定中，《通典》卷六《食货六·赋税下》载：

> （武德）二年制……蕃人内附者，上户丁税钱十文，次户五文，下户免之。附经二年者，上户丁输羊二口，次户一口，下户三户共一口。

又《旧唐书》卷四八《食货志上》载：

> 武德七年，始定律令。……蕃胡内附者，上户丁税钱十文，次户五文，下户免之。附经二年者，上户丁输羊二口，次户一口，下三户共一口。

又《册府元龟》卷四八七《邦计部·赋税一》载：

> （武德）七年三月，始定均田赋税。……蕃胡内附者，上户丁税钱十文，次户五文，下户免之。附经二年者，上户丁输羊二口，次户一口，下三户共一口。

这三段史料中，均未记载《六典》户部的（a）所见的九等户。由于唐的九等户制是贞观九年开始的[1]，所以在这些史料中当然不会出现。问题在于，这些史料与《六典》的（b）（c）部分文字可以说是完全相同的，后者继承了前者。所以，前文解释这一规定，是将对粟特系内附者的纳银钱规定与对北方游牧民系内附者的输羊规定两种规定当作一连串规定而书写的产物。即便如此，这些记述也不是将《赋役令》中完全无关的条文缀连合并而成的，将其理解为记载下了本来《赋役令》一个条文适用于多种内附者的规定，更加稳妥。

结语

以上所论可总结如下：

（1）分析唐的内附异民族规定时，首先应该区别考虑置于内地边境的羁縻州与境外设置的羁縻州（本章涉及的是前者），进而应该考虑到以内地的异民族设置的州中既有被作为羁縻州对待的，也存在被作

---

1. 与户等制有关的先行研究，参看船越泰次：《北朝·隋·唐代の戸等制をめぐって》（唐代史研究会编《中国律令制の展開とその国家·社会との関係》，刀水书房，1984年）。

第五章　唐代有关内附异民族的规定

为正州对待的。

（2）唐《户令》第十九条与《赋役令》第十六条所见"宽乡附贯复十年"的对化外人的规定，是以个别地"归化"唐朝的人们为对象的，他们将在相对较短的期限内实现一般百姓化（编户化）。

（3）《赋役令》第十七条"招慰，给复三年"的措施所针对的夷狄，主要是西南方、南方新并入唐领土之地的人，它是适用于在其地设置羁縻州之际，或者羁縻州升格为正州之际的规定。

（4）《赋役令》第六条的"丁税银钱与输羊"规定，应理解为混合了主要以粟特系内附者和北方游牧民系内附者为对象的至少两种规定的内容。

【附记】

本章第二节将《六典》"户部郎中员外郎"的记述分解为（a）至（e）进行解释，针对于此，堀敏一认为，（a）对内附者的规定到（e）仍关联着，整体是一个条文，此条文是涉及归化的个人而与羁縻州民无关的规定（堀敏一：《中華世界》，《魏晋南北朝隋唐時代史の基本問題》，汲古书院，1997年，第50页）。对于推测同一条文中有多个适用对象这点，也存在异议，但如在唐《户令》第十九条、《赋役令》第十六条所见的，这在令规定上是可以存在的。若将（b）与（c）（d）连在一起解释，则无法解释《度支奏抄》。问题在于，是否应该认为（c）（d）的对象不是羁縻州民，而是在州登录了户口并以羊纳税、有事时备鞍马从军的"蕃户"。另外，（e）的部分开头冠以"凡"字，但《唐令拾遗·赋役令》第六条的复原中并未采用，因而条文复原也存在一些问题。这些都有待以后的思考。

第二部 新出土史料所见唐代突厥人的存在形态

第一章

开元十一年的《阿史那施墓志》

引言

中国西安市的陕西省博物馆，以收藏大量的中国历代墓碑墓志而著称。据该馆所编《西安碑林书法艺术》（陕西人民美术出版社，1989年）附《西安碑林藏石细目》，仅墓志就有869方之多。其中唐代的墓志约占半数，有421方，当中不乏珍贵的资料。但令人遗憾的是，这些资料的绝大部分直到最近仍未公开，近年虽然借由《隋唐五代墓志汇编·陕西卷》（天津古籍出版社，1991年）的出版得以首次公布，但即使在该书中也仅刊载了墓志拓片的缩小照片，没有进行释文。本书第二部分探讨的三方墓志都是陕西省博物馆所藏史料，其中本章讨论的《阿史那施墓志》，《隋唐五代墓志汇编》中未收入拓本照片，近年台湾刊行的毛汉光编《唐代墓志铭汇编附考》第十七册（台北中研院历史语言研究所，1994年）中收录其释文，该墓志全文始可得以通览。从志名来看，墓主是突厥人。

本墓志在陕西省文物管理委员会、陕西省博物馆编印的《西安碑林》（1963年）附《藏石简目》以及宫川寅雄、伏见冲敬编《西安碑林書道芸術》（講談社，1979年）附《藏石目录》等书中未见记载。在前引《书法艺术·藏石细目》"墓志之部"中，可见总编号为690、藏石号为9229的《阿史那勿施砖墓志并盖，唐开元十一年》，据此目录，该墓志于1956年在西安西郊土门出土[1]，撰书者不详，书体为楷书（志盖篆书），四方形，尺寸为32.5×32.8厘米。

贺梓城先生曾在论文中提到本墓志，通过该文可以看到志文内容

---

1. 译者注：关于《阿史那施墓志》的出土地，《新中国出土墓志·陕西二》（上册，第82页）著录为1956年西安市东郊沙坡村东南出土；葛承雍《东突厥阿史那摸末墓志考述》（《中国边疆史地研究》2003年第1期，第37页）一文写道："阿史那摸末、阿史那勿施、阿史那哲祖孙三代都葬于长安延兴门外五里的龙首原上，并按汉族习俗形成一个家族墓地。"据此看来，《西安碑林书法艺术》著录的"西安西郊土门出土"恐怕有误。

的一部分[1]。笔者正是通过贺氏论文才初次得知此墓志的存在,此后蒙贺先生厚意,通过私信使我得见志文的全文。更幸运的是,1989年10月我在陕西省博物馆访问之际,得以目睹该墓志的拓片,同时获得在日本学界发表此志文的许可[2]。

趁此机会,我愿就突厥阿史那施的墓志文,及其所蕴含的问题作一些讨论。

一、志文译注

根据拓片,本墓志的志盖用篆书刻有十二字:

大唐故/阿史那/府君墓/志之铭

共分四行,每行三字。志文共有二十二行,每行二十二字,楷书。

下面首先转录墓志的释文,并试作训读[3]。释文文本依笔者亲见的陕西省博物馆所藏该墓志拓本为准。词语注释尽量简洁,为方便起见,包括异体字在内全文都使用常用汉字转录。

【释文】
1 大唐故右屯衛翊府右郎將阿史那勿施墓誌銘并序
2 君諱施字勿施淳維之後夏禹之苗雲中部人也曾祖
3 染干北番單于啟人可汗大業初隨尚義成公主贊拜不
4 名位在諸侯王上　　大唐實錄具載祖奚純單于處羅
5 可汗隨拜左光祿大夫贈婚李夫人正二品屬隨季板蕩
6 鹿走秦郊　　大唐運開　　龍飛晉野　　太上破宋

---

1. 贺梓城:《唐王朝与边疆民族和邻国的友好关系——唐墓志铭札记之一》,《文博》创刊号,1984年。贺先生引用的志文,始于第二行末尾"曾祖",终于第十行末尾"右屯卫大将军"。
2. 承蒙多方提供帮助,笔者才得以阅览本书第二部分所研究的这三方墓志。谨将谢辞置于第二部分文末。
3. 译者注:训读部分中译本改为标点句读,断句遵从训读的理解,以下各章同。

```
 7  金剛處羅可汗遣弟步利設帥師來与官軍會其後處羅
 8  可汗率兵馬助起義至并州留兵助鎮而去父摸末單于
 9  郁射設即處羅可汗嫡子也　　唐初所部萬餘家歸附
10  處部河南之地以靈州為境授右屯衛大將軍　　　太
11  宗敕書慰問曰突厥郁射設可憐公主是朕親舊情同一
12  家隨日初婚之時在我家內成禮朕亦親見追憶此事無
13  時暫忘勿施立節忠誠起家蒙任郎將然君立性驍雄自
14  然特秀心神爽悟識用明遠鴻鵠將飛便懷四海之志驥
15  騄方騁已有千里之心奄歸魂於幽夛以神功元年八月
16  十七日寢疾薨於河南府新安里之官舍春秋六十有二
17  夫人趙氏瓊柯吐秀寶務含姿攸閒女口無遺賢克□以
18  神功二年十月十九日薨於京兆府華原里之官舍鏡前
19  鸞影初暫興悲劍彩蛟分終同赴水即以開元十一年十
20  月十七日合葬於京兆龍首原禮也其喪歟嗣子哲任左
21  驍衛翊府中郎芝蘭發秀共柱階庭永積號咷長□鄂杜
22  寂寂廣宵遙遙大墓何歲何年
```

【标点】

大唐故右屯衛翊府右郎將①阿史那勿施墓誌銘并序

　　君諱施，字勿施，淳維之後，夏禹之苗②，雲中部③人也。曾祖染干，北番單于啟人可汗④。大業初隨尚義成公主⑤，贊拜不名，位在諸侯王上。《大唐實錄》具載："祖奚純單于處羅可汗⑥，隨拜左光祿大夫⑦，贈婚李夫人正二品。屬隨季板蕩⑧，鹿走秦郊，大唐運開，龍飛晉野⑨。太上破宋金剛⑩，處羅可汗遣弟步利設帥師來與官軍會。其後，處羅可汗率兵馬助起義，至并州留兵助鎮而去。父摸末單于郁射設⑪，即處羅可汗嫡子也，唐初所部萬餘家歸附，處部河南之地，以靈州為境，授右屯衛大將軍。"太宗敕書慰問曰："突厥郁射設、可憐公主，是朕親舊，情同一家。隨日初婚之時，在我家內成禮，朕亦親見。追憶此事，無時暫忘。"

　　勿施立節忠誠，起家蒙任郎將。然君立性驍雄，自然特秀，心神爽悟，識用明遠。鴻鵠將飛，便懷四海之志⑫；驥騄方騁，已有千里之心⑬。奄歸魂於幽夜⑭，以神功元年八月十七日⑮寢疾薨於河南府新安里⑯之官舍，春秋六十有二。

夫人趙氏，瓊柯吐秀⑰，寶務含姿，攸聞女□⑱，無遺賢⑲克□。以神功二年⑳十月十九日薨於京兆府華原里㉑之官舍。鏡前鸞影，初暫興悲，劍彩蛟分，終同赴水。即以開元十一年十月十七日，合葬於京兆龍首原，禮也其喪歟。嗣子哲，任左驍衛翊府中郎㉒。

芝蘭發秀㉓，共柱階庭㉔，永積號咷㉕，長□鄠杜㉖。寂寂廣宵㉗，遙遙大墓，何歲何年。

【语释】

① "右屯卫翊府右郎将"。《大唐六典》卷二四"左右威卫"条：

　　左右威卫大将军，各一人，正三品。
　　隋初，置左右领军府。炀帝改为左右屯卫。皇朝因之。至龙朔二年，改为左右威卫，别置左右屯卫，亦有大将军等官。……
　　翊府中郎将，各一人，正四品下。
　　左右郎将，各一人，正五品上。

由此可知，右屯卫翊府右郎将是定员一人的职事官。在唐代，大量的外族首领层就任将军、中郎将、郎将等官职，考虑这一问题时，不能认为唐代的宿卫、警备等军事防卫活动是由他们统帅的，像这样的任官终归只是名义性的。但是，向内附外族授予职事官而非散官的政策，在唐的羁縻政策构造中具有怎样的意义，这一问题尚未明了。

② "淳维之后,夏禹之苗"。《周书》卷五〇《突厥传》以突厥之先祖为"匈奴别种"，且《史记》卷一一〇《匈奴列传》有云："匈奴，其先祖夏后氏之苗裔也。曰淳维。"志文的记述即据此而来。"淳维"，《集解》和《索隐》均引诸书将其解释为匈奴的始祖之名。

③ "云中部"。云中即汉的定襄、北魏的盛乐，今内蒙古和林格尔

北郊。但是，突厥第一帝国灭亡后，唐在突厥故地设置云中、定襄两都督府，而阿史那州处于云中府的管辖之下，此处的"云中部人"，是指"云中都督府下的部落中出身"之意。可参看本书第一部第四章"唐对突厥遗民的处置"。

④"启人可汗"。突厥第一汗国第十代可汗，即意利珍豆启民可汗。"启人"是避唐太宗之讳的写法。本名染干，沙钵略弟处罗侯之子（《隋书·突厥传》误以为"沙钵略之子"，参看中华书局标点本《隋书》第1885页校勘记六）。从他称启民可汗之号的年份开始计算，在位时间是599年至609年（隋开皇十九年至大业五年）。据《隋书》卷五一《长孙晟传》、卷八四《突厥传》，隋文帝开皇年间，突厥内部摄图（沙钵略）、玷厥、阿波、突利设（处罗侯）等势力并立而分裂，最终沙钵略、处罗侯依靠隋朝保住了可汗的地位。以后，第一汗国的可汗由这两位可汗一门独占，处罗侯之子启民从隋室娶了公主，在朔州筑大利城以为根据地，将鄂尔多斯北部夏州、胜州间作为自己的放牧地。大业三年四月，隋炀帝巡幸北边之际，迎接皇帝的也是启民可汗。

⑤"义成公主"。从隋皇室出嫁启民可汗的公主，史料上也记作义城公主。《新唐书》卷二一五上《突厥传上》以为"杨谐之女"，弟名"善经"，其在隋皇室谱系上的地位不明。起初，开皇十七年（597），启民从隋室迎娶安义公主，公主降嫁后不久即死去，故隋室又重新下嫁义成公主。本墓志以为其降嫁在"大业初"，但根据《隋书·长孙晟传》《突厥传》以及《资治通鉴》卷一七八，这是开皇十九年（599）的事。义成公主在启民死后，先后成为始毕、处罗、颉利可汗的可贺敦，也就是共四代可汗的可贺敦，在第一汗国末期的突厥内拥有强大的权力。可参照本书第一部第三章"突厥拥立杨正道与第一汗国的解体"。

⑥"处罗可汗"。第一汗国第十二代可汗，启民的第二子，即位前号俟利弗（勿）设，619年至620年（唐武德二至三年）在位。据《旧唐书》卷一九四上《突厥传上》等，处罗将炀帝之孙杨正道迎入突厥牙庭定襄，立为隋王，将避隋末之乱逃入突厥的中国人悉数配之。处罗在620年为大举进攻唐长安做准备时猝死。

⑦"左光禄大夫"。隋炀帝时期的大夫，是废止上柱国以下的勋官

第一章　开元十一年的《阿史那施墓志》

和将军号后作为替代而设置的。《隋书》卷二八《百官志下》叙述炀帝的官制如下：

> 旧都督巳上，至上柱国，凡十一等，及八郎、八尉、四十三号将军官皆罢之，并省朝议大夫。自一品至九品，置光禄（从一品）、左右光禄（左正二品，右从二品）……朝散（从五品）等九大夫、建节（正六品）……立信（从九品）等八尉，以为散职。

⑧ "板荡"。贬斥乱世的词语，《诗经·大雅》中讽刺厉王无道的《板》《荡》二篇。

⑨ "龙飞晋野"。指唐高祖李渊的太原起兵，时在大业十三年（617）。

⑩ "宋金刚"。隋末群雄之一刘武周的武将，出身于易州上谷（今河北省易县），隋末大乱中成为群盗之一，后投马邑刘武周并成为其得力部将。联合突厥，与武周一起南侵规取太原，但在武德三年（620）被李世民的军队打败。事迹见于《旧唐书》卷五五、《新唐书》卷八六《刘武周传》。

⑪ "郁射设"。本名阿史那摸末，处罗可汗之子。《旧唐书·突厥传》载：

> 俄而处罗卒，义成公主以其子奥射设丑弱，废不立之。遂立处罗之弟咄苾，是为颉利可汗。

可见与奥射设是同一人物（参看護雅夫《古代トルコ民族史研究Ⅰ》，山川出版社，1967年，第326页）。在史料中，首次出现在第一汗国末期的中国西北方，贞观三年（629）十二月，先于颉利可汗率九俟斤降唐。

⑫ "鸿鹄……四海之志"。汉高祖《鸿鹄歌》（《史记》卷五五《留侯世家》）：

> 鸿鹄高飞，一举千里。羽翮已就，横绝四海。横绝四海，当可奈何。虽有矰缴，尚安所施。

⑬ "骥騄……千里之心"。骥騄是名马之名。魏文帝《典论》(《文选》卷五二)有:

> 斯七子者,于学无所遗,于辞无所假。咸以自骋骥騄于千里,仰齐足而并驰。以此相服,亦良难矣。

⑭ "幽穸"。深邃、寂静而黑暗的状态,指墓穴。
⑮ "神功元年八月十七日"。据两《唐书》则天皇后纪,神功年号是697年九月改万岁通天二年之元而得,神功元年即指同年九月至十二月的四个月。因此,这里正确的说法应该是万岁通天二年,不过既然神功年号此时不存在,理解为697年八月十七日当无大谬。
⑯ "河南府新安里"。据《唐两京城坊考》等,唐代洛阳没有新安坊,我想这里指的是河南府新安县(洛阳西,今河南省新安县)。
⑰ "琼柯吐秀"。琼为美玉,柯为枝。吐秀即开花,《论语·子罕篇》:

> 子曰:"苗而不秀者有矣夫,秀而不实者有矣夫。"(《集注》:谷之始生曰苗,吐华曰秀,成谷曰实。)

与"宝务含姿"一起表现女性之美。
⑱ "女口"。女性之言。《汉书》卷二七上《五行志上》:

> 刘向以为齐桓好色,听女口,以妾为妻,嫡庶数更,故致太灾。

⑲ "遗贤""克"下的字不清晰,如果是优待遗贤的话,遗贤指不为人知、不被任用的贤者。《书经·大禹谟》:

> 帝曰:"俞。允若兹,嘉言罔攸伏,野无遗贤,万邦咸宁。"

⑳ "神功二年"。据《旧唐书·则天皇后纪》,神功元年始于697年

九月（参看语释⑮），但翌年正月即改元圣历。所以神功二年十月这样的年月是不存在的，这里当可理解为神功元年的下一年。

㉑ "京兆府华原里"。据《唐两京城坊考》等，唐长安城没有华原坊，这里当指京兆府华原县（今西安北，陕西省耀县）。

㉒ "左骁卫翊府中郎"。《大唐六典》卷二四"左右骁卫"条：

> 左右骁卫大将军，各一人，正三品。……翊府中郎将，各一人，正四品下。

㉓ "芝兰发秀"。"芝兰"是芝草与兰草，同为有芳香的草。美好的交往被喻为"芝兰之交"，美德的感化被喻为"芝兰化"，优秀的子弟被喻为"芝兰玉树"。"发秀"，花开貌。

㉔ "阶庭"。堂前的庭院，借指贵族之家。

㉕ "号咷"。大声哭泣状。《易经·同人》：

> 九五，同人，先号咷，晚而后笑。大师克相遇。

㉖ "鄠杜"。扶风的鄠县与杜阳县。班固《西都赋》（《文选》卷一）：

> 商洛缘其隈，鄠杜浜其足。源泉灌注，陂池交属。（李善注：扶风有鄠县、杜阳县）

此处代指龙首原。

㉗ "广宵"。指墓穴。

【现代语译】（略）

附 《阿史那哲墓志》

陕西省博物馆还藏有阿史那施之子阿史那哲的墓志。该墓志在前引《西安碑林书法艺术》中著录为总编号382（藏石号未记载）的《阿史那哲（字日奴）墓志并盖，唐开元十一年》，据此目录，墓志为"西安近郊出土，具体时地不详"[1]，撰书者无记，书体为楷书，四方形，尺寸为59.5×59厘米。

该墓志与其父阿史那施的墓志为同年刻写，志石比其父所用的更大，据此可以推想开元十一年阿史那哲去世，首先刻了阿史那哲的墓志，同年进行了他父母亲的合葬，其间以阿史那哲墓志的一部分为基础作成其父阿史那施的墓志。本章因为讨论《阿史那施墓志》，以下仅转录《阿史那哲墓志》。墓志文共二十一行，每行二十四字，末尾十八字如同夹注形式刻为小字二行。拓片照片收录于《隋唐五代墓志汇编·陕西卷》第一册，第101页。

1　大唐故□武將軍行左驍衛翊府中郎將阿史那哲墓誌并序
2　君諱白奴字哲淳維之後夏禹之苗雲中郡人也高祖染干北
3　蕃單于啓人可汗大業初隨尚義成公主贊拜不名位在諸侯
4　王上　　大唐實錄具載曾祖奚純單于處羅可汗隨拜左光
5　祿大夫贈婚李夫人正二品屬隨季板蕩鹿走秦郊　　　大□
6　運開　　龍飛晉野　　太上破宋金剛處羅可汗遣弟步利
7　設帥師來與官軍會其後處羅可汗率兵馬助起義至并州留岠
8　兵助鎮而去祖摸末單于郁射設即處羅可汗嫡子也　　　唐
9　初率所部萬餘家歸附處部河南之地以靈州為境授右屯衛
10　大將軍　　太宗敕書慰問曰突厥郁射設可憐公主是朕親
11　舊情同一家隨日初婚之時在我家內成禮朕亦親見追憶此
12　事無時暫忘父勿施立節忠誠起家蒙授郎將然君立性驍雄
13　自然特秀心神爽悟識用明遠鴻鵠將飛便懷四海之志驥騄
14　方騁已有千里之心起家蒙任郎將以君幹略東麾伐罪位居

---

1. 译者注：王原茵《隋唐墓志出土的时地与葬地》写道："阿史那哲墓志，南郊延兴门外出土。"（《碑林集刊》（六）2000年，第192页）葛承雍《东突厥阿史那摸末墓志考述》亦云："阿史那摸末、阿史那勿施、阿史那哲祖孙三代都葬于长安延兴门外五里的龙首原上，并按汉族习俗形成一个家族墓地。"（《中国边疆史地研究》2003年第1期，第37页）

第一章　开元十一年的《阿史那施墓志》

```
15  副將借紫金魚功成勳著蒙除授左驍衛翊府中郎將上柱國
16  仍充幽州北道經略軍副使豈謂一朝奄隨化□□開元十年
17  十月廿六日於河南府當上宿衛終卒春秋六十有九以開元
18  十一年十月十七日葬於京延興門外五里龍首之原其喪歟
19  嗣子大臣次子彥臣次子帝臣次子名臣次子諫臣等悲深陟
20  岵痛結聞雷乃作銘曰珠稱明月玉號夜光虎生自晛蘭秀而
21  芳天道蒼芒川流日夜永畈丘墓長去城間霜□□茸風響幕永泰幽
```
冥永隔無歲無年

二、阿史那氏的谱系与墓主的位置

《阿史那施墓志》的内容可以概括为四个段落：（1）有关阿史那施的祖先的记述（至第13行第3字），（2）有关阿史那施自身的记述（至第16行），（3）对施的夫人与子嗣的记述（至第21行第6字），（4）铭文。也就是说，本墓志文从开头起花了一半以上的篇幅记述墓主的祖先，而关于最重要的墓主人的内容在全部23行中仅仅占了4行不到。其原因之一是，墓主生活于突厥第一汗国崩溃之后的时代，在唐境内平稳无事地度过了一生，相比之下，墓志中他的祖先是作为突厥汗国与隋唐王朝关系史上发挥重要作用的人物而出现的。事实上，墓志文中登场的施的祖先们——隋代的曾祖父启民可汗，唐初期的祖父处罗可汗、父郁射设，的确是这样的人物。总而言之，墓主阿史那施是这样一个人物：比起自身的人生事迹，他的出身世系更值得大书特书。

那么首先试着将墓主施置入突厥阿史那氏的谱系中。根据《周书》《隋书》《通典》以及新旧两《唐书》等相关史料，参考先学的研究[1]，可

---

1. 这些研究有：岑仲勉：《突厥集史》，中华书局，1958年；護雅夫：《古代トルコ民族史研究I》，山川出版社，1967年；同氏著：《古代遊牧帝国》，中央公論社，1976年；山田信夫編：《ペルシアと唐》，平凡社，《东西文明的交流》第二卷，1971年，第五章"トルコ族とソグド商人"；刘义棠：《突厥可汗世系考》，台北《政治大学边政研究所年报》第七期，1976年；同氏著：《周书突厥传（殿本）考注》《隋书突厥传（殿本）考注》《新唐书突厥传（殿本）考注》，俱载《政治大学边政研究所年报》第12期，1981年；林恩显：《突厥文化及其对唐朝之影响》，《食货月刊》复刊第二卷第七期，1972年；同氏著：《隋唐二代对突厥的离间政策研究——特别以长孙晟、裴矩为中心》，《中华民国人文科学研究会人文学报》第四期，1979年；（转下页）

以做出如图7（见下页）所示的谱系图。据此，墓主阿史那施在突厥阿史那氏中的确属于可汗的直系后裔，且郁射设之子施，施子哲以及哲的五个儿子被写进谱系图中，正是这两方墓志的出现才成为可能[1]。

其次，再看墓主施生活的时代。据志文，施于武后神功元年（697）享年六十二岁时去世，由此计算，他应生于太宗贞观十年（636）。将636—697年的时代，放进唐与北边的关系年表中，即如图8所示。也就是说，阿史那施不是与其父郁射设一起降附唐朝的，而是在其父降附七年以后出生在唐地，无疑他没有经历过第一汗国末期的变故。所以，占他人生大半的时期里不存在突厥人自身的国家，在他四十五岁至四十七岁时单于都护府方面发生了突厥人对唐的叛乱，当听说与自己拥有一样血统的骨咄禄复兴了父祖的国家这一消息时，阿史那施已经五十岁左右了。但是，他没有参加那个第二汗国，而是与汉人夫人一起在唐土过完了一生。墓志铭中的"芝兰发秀，共柱阶庭"，也是含有他虽为可汗家出身的一门，却与唐结合而传承名门的家系之意的赞语。

话虽如此，即便墓主想要回归北方，也不能够与夫人相伴而行。因为这将违反《唐会要》卷一○○《杂录》中"贞观二年六月十六日敕：'诸蕃使人所娶汉妇女为妾者，并不得将还蕃'"的规定。这也可能是墓主留在唐土的一个原因。

三、关于志文所引《大唐实录》

本墓志文特别引人注目之处，是引用《大唐实录》来叙述阿史那氏的系谱。墓志刻写于开元十一年（723），距突厥第一汗国灭亡已经过去了93年，第一汗国末期的可汗或郁射设的事迹，已经从人们的记忆中远去了。所以，想要记述墓主祖先事迹的志文撰写者，不得不依

（接上页）同氏著：《突厥对隋唐两代的分化政策研究》，《政治大学民族社会学报》第十七期，1978年；臧嵘：《突厥和隋王朝的关系试探》，《中央民族学院学报》1981年第4期；薛宗正：《突厥初世史探幽》，《新疆社会科学》1982年第4期；等等。

1. 《新唐书》卷二一七下《回鹘传下》"拔悉蜜"条出现的拔悉蜜大酋阿史那施，毋庸置疑与本章所论的墓主不是同一人。

第一章　开元十一年的《阿史那施墓志》　　　　　　　　　　　153

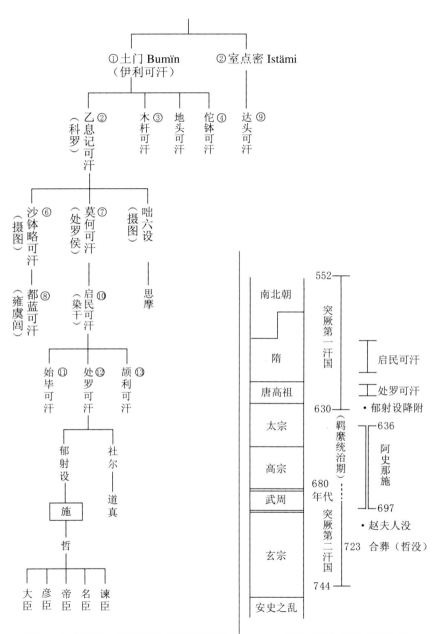

图7　东突厥第一汗国阿史那氏谱系图
（圈号数字为大可汗继承顺序）

图8　阿史那施关系年表

赖某种记录，而且它还是有关唐与周边政权关系的问题。但是当时，不用说《旧唐书》，连《通典》也尚未编纂，也就是说只能参照既有的唐朝国史编纂的已有成果，其中墓志撰者所依据的是《实录》。出于这样的原因，本墓志转录了一部分今天早已佚失的《实录》的内容，在此意义上不得不说它是极珍贵的史料。那么本墓志所引的《大唐实录》具体是什么呢？

唐的国史编纂始于温大雅的《大唐创业起居注》三卷，其次是太宗贞观十七年（643）完成的房玄龄、许敬宗、敬播撰《高祖、太宗实录》各二十卷[1]。如《旧唐书》卷一八九上《儒学上·敬播传》所云：

> （敬播）与给事中许敬宗撰《高祖、太宗实录》。自创业至于贞观十四年，凡四十卷。

该实录是从武德元年（618）到贞观十四年的记录。《高祖实录》暂且不论，《太宗实录》并非完全涵盖了太宗的统治时期。因此太宗统治期剩下的部分，不得不另外再行记录，它的完成见于《唐会要》卷六三"修国史"条：

> 永徽元年闰五月二十三日，史官、太尉（长孙）无忌等修《贞观实录》毕，上之。起贞观十五年至二十三年，勒成二十卷。

也就是说，唐太宗的《实录》，有记录贞观十四年以前的和贞观十五年以后的两种（各二十卷），其中与本墓志相关的，因为从时期来

---

1. 《唐会要》卷六三"修国史"。关于唐的实录编纂，可参看赵翼：《廿二史札记》卷一六"唐实录国史凡两次散失"条；玉井是博：《唐の実録撰修に関する一考察》，收入氏著：《支那社会経済史研究》，岩波书店，1942年；吕思勉：《隋唐五代史》，香港中华书局，1959年，第二二章第四节；陈光崇：《唐实录纂修考》，《辽宁大学学报》1978年第3期，又收入何冠彪编：《隋唐史研究论集》学术文化篇，史学研究会，1979年；谷口明夫：《旧唐书と资治通鉴考异所引唐历についての一试探》，《鹿儿岛女子短期大学纪要》第一五号，1980年；刘节：《中国史学史稿》，中州书画社，1982年，九《隋唐五代史学概观》；张旭光：《唐代史学述要》，《扬州师院学报》1982年第3、4期合刊；福井重雅：《『旧唐书』——その祖本の研究序说》，早稻田大学文学部东洋史研究室编：《中国正史の基础的研究》，早稻田大学出版部，1984年；等等。

第一章　开元十一年的《阿史那施墓志》　　　　　　　　　　　　155

看是隋末唐初之事，只能说是前一种《太宗实录》。但是，再看墓志文又发现，它将太宗讨伐宋金刚一事记为"太上破宋金刚"（这里的"太上"明显是指后来的太宗李世民），按字面理解的话，不得不认为墓志文引用的《实录》是高宗朝撰写的。这些放在一起该如何解释呢？

说起来，前引《旧唐书·敬播传》等将贞观十四年为止的太宗的实录记为《太宗实录》，该书如果是贞观十七年完成的话，当初一定不称为《太宗实录》，而是据后来的称呼而做的追述。《旧唐书·经籍志》《新唐书·艺文志》中高祖、太宗、高宗三朝的实录如下表所示。

表6　《旧唐书·经籍志》与《新唐书·艺文志》中
有关高祖、太宗、高宗三朝实录的记载[1]

《《旧唐书》卷四六《经籍志上》）	《《新唐书》卷五八《艺文志二》）
《高祖实录》二十卷（房玄龄撰）	《高祖实录》二十卷（敬播撰，房玄龄监修，许敬宗删改）
《太宗实录》二十卷（房玄龄撰）	《今上实录》二十卷（敬播、顾胤撰，房玄龄监修）
《太宗实录》四十卷（长孙无忌撰）	长孙无忌《贞观实录》四十卷
《高宗实录》三十卷（许敬宗撰）	许敬宗《皇帝实录》三十卷
《述圣记》一卷（大圣天后撰）	《高宗后修实录》三十卷（初，令狐德棻撰，止乾封。刘知幾、吴兢续成）
《高宗实录》一百卷（大圣天后撰）	韦述《高宗实录》三十卷
	武后《高宗实录》一百卷

其中，《旧志》虽记为《太宗实录》，《新志》却记成《今上实录》，保留了贞观十七年完成的《太宗实录》的本来面貌。两《志》中接下来可见的长孙无忌撰《太宗实录》《贞观实录》，当指太宗朝后期的实录。但应当注意的是，两《志》中后一种实录都不是二十卷，而是四十卷。这大概是太宗朝后半期的实录在高宗朝完成之后，再与此前已完成的《今上实录》合并而成的。之所以这样说，是因为司马光在《通鉴考异》

---

1. 译者注：此处原书无表题，为译者所加，以下表序顺延。

卷八、卷九、卷十中屡屡引用《太宗实录》，其中出现的太宗在贞观十四年以前的记事中也被记为"太宗"。如果引用的是《今上实录》，太宗一定被称为"今上""上""帝"等。而司马光改变原文的可能性很小，这从他引用《高祖实录》时，将其中登场的太宗忠实于原文地记为"秦王""今上"可以推知[1]。总之，太宗的实录有两种，①贞观十七年完成的，记载从太宗出生开始[2]经过唐朝创业、继承大统直到贞观十四年事迹的《今上实录》二十卷，以及②高宗朝完成且与①合为一册的，记载从太宗出生直到驾崩的《太宗实录》（又称《贞观实录》）四十卷。②不是原封不动地在①后附上贞观十五年以后的实录，而应该是为了统一称谓将①的"今上""上"等全部改成了"太上""太宗"等。司马光在《通鉴考异》中引用的《太宗实录》正是这样形成的第②种，至于本墓志所引的《实录》，虽未见到《考异》所引《太宗实录》中有称太宗为"太上"之例，但如果志文忠实于《实录》原文的话，同样应该认为引用的是②《实录》的系统。

以上所述的四十卷本《太宗实录》，在长孙无忌所撰的那种之外，实际上还另有一种，即《郡斋读书志》所见的许敬宗改定《太宗实录》四十卷：

> 唐太宗实录四十卷
> 　右，唐许敬宗等撰，起即位尽贞观二十三年。初，贞观十七年，房元龄、许敬宗、敬播撰今上实录，止十四年，成二十卷。永徽五年，无忌与史臣续十五年后，尽昭陵事，合四十卷。其后，敬宗改定。

据此，可以确认长孙无忌的《太宗实录》"合四十卷"，的确是将贞观十四年以前的实录与十五年以后的实录合为一本而成。许敬宗的《太

---

1. 仅有一处，即武德九年十月条引用《高祖实录》中的《建成传》《元吉传》时，出现了"太宗"的称呼。这条究竟是《高祖实录》在太宗死后也被改写的部分，还是司马光引用时改用了庙号，难以断定。
2. 译者注：按上文所引《旧唐书·儒学·敬播传》"自创业至于贞观十四年"，并非自出生以来。

第一章　开元十一年的《阿史那施墓志》

宗实录》，是进一步改定的四十卷本。该书虽被认为是"曲事删改"而素来评价很差[1]，但其存在是毫无疑问的。《通鉴考异》仅在一处（卷九隋恭帝义宁元年正月条）特地提到并拒绝采用许敬宗《太宗实录》，故而虽然《郡斋读书志》言其"起即位尽贞观二十三年"，实际上却是从太宗即位以前开始记述的实录。果如是，本墓志所引的《实录》，不管认为是长孙无忌撰《太宗实录》还是许敬宗撰《太宗实录》，大概都不会大错。不过，它被称为《大唐实录》又是什么缘故呢？

《旧唐书·经籍志》《新唐书·艺文志》中，见不到《大唐实录》这样的书名。但是，《日本国见在书目》"杂史家"一类中有：

唐实录九十卷（司空、梁国公房玄龄等撰）
唐实录九十卷（中书令许敬宗撰）

这里有房玄龄等撰和许敬宗撰的两种九十卷本《唐实录》。而且，①在此前后均不见诸如《高祖实录》《今上实录》《太宗实录》等书名，仅在其后列有《高宗实录十六卷（武玄之撰）》；②如在《旧唐书·经籍志》《新唐书·艺文志》等书中所见，此两种九十卷本《唐实录》的撰者中，房玄龄是《高祖实录》和太宗《今上实录》的撰写者（监修者），而许敬宗改定了《太宗实录》，撰写了《高宗实录》，还删改了《高祖实录》；③再将两部《唐实录》的卷数九十纳入考虑的话，《见在书目录》所见的《唐实录》，大概可以推定是《高祖实录》二十卷、《太宗实录》（《贞观实录》）四十卷和《高宗实录》三十卷三者合并后的产物。至少可以说，九十卷本《唐实录》中包含了《高祖实录》和《太宗实录》，因此这两种《唐实录》中，一个继承了长孙无忌《太宗实录》的系统，另一个则继承了许敬宗《太宗实录》的系统[2]。

综上所述，《阿史那施墓志》所引用的《大唐实录》，是唐初数种实录合并后的总称，其中本墓志撰者所参照的部分，既可能是长孙无

---

1. 《唐会要》卷六三"修国史"；《史通》卷一一《史官建置》；《旧唐书》卷八二《许敬宗传》。
2. 如果存在有两种九十卷本《唐实录》，那么它们与《武德贞观两朝国史》、许敬宗撰《国史》、刘知幾撰《唐书》等的关系就不得不重新追问了。但这远离了本章的主题，暂且割爱不论。

忌所撰《太宗实录》，也可能是许敬宗所撰《太宗实录》。

结语

本章举陕西省博物馆藏《阿史那施墓志》，就志文的释文与训读、墓主施的家族谱系和时代定位以及志文所引用的《大唐实录》问题进行了论述。最后，我想将本墓志提供的史料上的新知，罗列如下：

（1）突厥第一汗国的处罗可汗，可能在即可汗位之前，被隋朝赐予左光禄大夫的名位并赠婚配李夫人。

（2）郁射设降唐后，授右屯卫大将军，可怜公主降嫁[1]，太宗对他们发出过慰问敕书。

（3）郁射设降唐以后生子名施，施被唐朝授予右屯卫翊府右郎将。

（4）施与赵夫人结婚，在唐朝度过了一生。夫妇二人于697—698年相继死亡，开元十一年（723）甚至更晚之后，合葬于长安郊外龙首原。

（5）施有子名哲，哲被唐朝授予左骁卫翊府中郎将。（哲有五子：大臣、彦臣、帝臣、名臣、谏臣）

另外，志文第十行末尾起引用的是太宗的敕书，或者也可以认为是包含敕书的《实录》引文。志文此处作"太宗"，虽然同一《实录》内"太上"和"太宗"并用的可能性无疑存在，为稳妥起见，仅将敕书之前的部分训读为《实录》引文。

同样地，志文中的敕书引文究竟结束于何处，也还留有疑问。本志文在第十三行中以"勿施"即其字来称呼墓主，以下十二字后则称之为"君"。管见所及，本敕书未见于现存史料，由此敕书得知公主降嫁给了郁射设。如果再大胆点推想，郁射设与可怜公主所生的儿子就是阿史那施，太宗的敕书是任命墓主人施为郎将之际发出的，因而敕

---

1. 译者注：墓志中引唐太宗敕书曰："随日初婚之时，在我家内成礼。"故而可怜公主与郁射设成婚尚在隋朝时。又据《阿史那摸末墓志》，摸末（郁射设）之妻称平夷县主，为李宗室，平夷县主与"可怜公主"是否即同一人？虽有学者做出推测（朱振宏：《阿史那施（勿施）墓志笺证考释——兼论隋至唐初与突厥关系》，《乾陵文化研究》（四），2008年，第195页），但尚需更多确证。

第一章 开元十一年的《阿史那施墓志》

书的引文一直到第十三行"任郎将"为止,这样考虑也不无道理。但是,"任郎将"之上的字如能释读为"蒙",那么这一节就成为墓主一方用被动式进行的记述,因此本章将"无时暂忘"为止的部分训读为敕文。

【附记】

本章所刊布的《阿史那施墓志》,笔者曾在1990年7月唐代史研究会夏季论坛(箱根强罗静云庄)上,发表以《唐・突厥関係史の新史料—碑林所蔵突厥人墓誌五点をめぐって—》为题的报告时介绍过。当时在场的古畑徹氏(金泽大学文学部)赐示如下意见:志文的《大唐实录》不是接下文,而应该是承上文。也就是训读为"曾祖染干,北蕃单于启人可汗……等事迹,具载于《大唐实录》"。的确,墓志文中将出典与前文呼应的写法并非没有。但是,出典并非只能与前文关联,况且后文中有以"太上"称呼太宗的表达,还显示出处罗、郁射设的事迹叙述本于高宗朝的记录。因此本章虽然考虑了《大唐实录》与其前文关联的可能性,仍然沿用发表时的读法。

第二章

天宝三载的《九姓突厥契苾李中郎墓志》

引言

本章所论《九姓突厥契苾李中郎墓志》，如志题所示，墓主是古代突厥系契苾部出身的人物。

这方墓志在①陕西省文物管理委员会、陕西省博物馆编印《西安碑林》（1963年）附《西安碑林藏石简目·墓志部分》第67页，②宫川寅雄、伏見沖敬编《西安碑林書道芸術》（講談社，1979年）附《西安碑林藏石目録·墓誌の部》第272页，③陕西省博物馆编《西安碑林书法艺术（增订本）》（陕西人民美术出版社，1989年）附《西安碑林藏石细目·墓志》（总编号404）第364页等处，著录为《九姓突厥契苾李中郎墓志并盖唐天宝三年（744）》，根据这些已可知其存在。据目前最详细的③的著录，此墓志的出土年份、地点是"1955年西安东郊韩森寨出土（55.002.15〈10〉M001）"，撰者、书者不详，书体为"真楷书"，备注中还提到"四方形盖，篆书，54.5×54厘米"。

不过，仅从《金石粹编》到《石刻史料新编》等史料中均未收入本墓志，而且就管见所及，迄今为止它最多只有一节内容曾在贺梓城氏的论文中被提到过[1]。《隋唐五代墓志汇编·陕西卷》第一册（天津古籍出版社，1991年）第127页刊载了该志的拓本照片，为研究者提供了便利，在此以前都是完全未公开的史料之一。

笔者有幸在1989年10月访问陕西省博物馆之际，得到亲睹本墓志拓片的机会，也得到了在日本学界公开发表此墓志文的许可。因此我想介绍本墓志，并试着论述唐代契苾部的存在状态、唐人的北方民族认识等问题。

---

1. 贺梓城：《唐王朝与边疆民族和邻国的友好关系——唐墓志铭札记之一》，《文博》创刊号，1984年，第58页。

第二章　天宝三载的《九姓突厥契苾李中郎墓志》

一、志文译注

本墓志文共十三行，每行十六字，书体为楷书。志题的上部与"圣恩"一词之前各空一格，铭文另起一行刊刻，另外铭文之后（即志文面的左侧）可见有大约三行的空白[1]。仅从拓片来看，志文的保存状态是良好的[2]。

下面首先抄录志文，并试着加以训读。录文依据陕西博物馆所藏该墓志拓本，为方便起见，全部释文包括异体字在内都使用常用汉字录出。

【释文】

1　故九姓突厥契苾李中郎贈右領軍衛
2　大將軍墓誌文
3　大唐故九姓突厥贈右領軍衛大將軍李
4　中郎者西北蕃突厥渠帥之子也家承聲
5　朔之教身奉朝宗之禮解其左袵萬里入
6　臣由余事秦彼有慙色日磾歸漢何能加
7　此天寶三載九月廿二日遘疾終於藁街
8　聖恩軫悼贈右領軍衛大將軍以其載十
9　一月七日安厝於長樂原禮也鴻臚護葬
10　庶事官給著作司銘遺芬是記哀榮之禮
11　國典存焉其詞曰
12　懷音展誠寵亡申命夷夏哀榮於茲為盛
13　厚賵朝賜長阡官卜紀銘芳珉敢告陵谷

---

1. 像这样留白的例子，虽较稀少但仍有他例存在。若举出几例的话，有《唐代墓志铭汇编附考》第一册二四《李彻志》、二七《刘节志》、三〇《郭杨宝志》；饶宗颐主编：《唐宋墓志（远东学院藏拓片图录）》，香港中文大学出版社，1981年、一四《孟保同志》、二六三《何府君（讳欠）志》等。
2. 关于志盖，原石、拓片皆未见到，据《隋唐五代墓志汇编·陕西卷》第一册第27页所附志盖拓片的照片，用篆书刻"唐故契苾将军墓志铭"九字（一行三字，三行）。

图9 契苾李中郎墓志拓本（陕西省博物馆藏，图片引自
《新中国出土墓志·陕西贰》[1]

【标点】

故九姓突厥①契苾李中郎②赠右领军卫大将军③墓誌文

　　大唐故九姓突厥、赠右领军卫大将军李中郎者，西北蕃突厥渠帅之子也。家承聲朔④之教，身奉朝宗⑤之礼，解其左衽⑥，万里入臣。由余⑦事秦，彼有慙色；日磾⑧归汉，何能加此。天寶三载九月廿二日，遘疾终於藁街⑨。圣恩軫悼⑩，赠右领军卫大将军，以其载十一月七日安厝⑪於长乐原⑫。礼也。鸿胪护葬⑬，庶事官给⑭，著作⑮司铭，遗芬⑯

---

1. 译者注：原书附图来自石见清裕先生拍摄的照片，中译本选择了《新中国出土墓志·陕西贰》（文物出版社，2003年）中更清晰的图版。

第二章　天宝三载的《九姓突厥契苾李中郎墓志》

是記。哀榮之禮，國典⑰存焉。其詞曰：懷音⑱展誠，寵亡⑲申命。夷夏哀榮，於茲為盛。厚賵⑳朝賜，長阡㉑官卜㉒。紀銘芳珉㉓，敢告陵谷。

【语释】

① "九姓突厥"。指鄂尔浑碑文中所见的 Toquz O γ uz，参看后文。

② "契苾李中郎"。契苾是唐代知名的突厥系部族名。若将李中郎看作墓主名讳是不自然的，李氏为唐室的赐姓，中郎应理解为中郎将的略称。在墓志中将中郎将略写作中郎的例子，还有《千唐志斋藏志》下册七九八《唐故右龙武将军翊府中郎高府君墓志铭》等。

③ "右领军卫大将军"。《大唐六典》卷二四：

左右領軍衛大將軍，各一人，正三品。

④ "声朔"。天子的声教与政令。《陈书》卷二《高祖本纪下》永定元年十一月景申诏云：

葦蒲之盜，自反耕農，篁竹之豪，用稟声朔。

⑤ "朝宗"。诸侯归顺并拜谒天子之事。《周礼》"春官大宗伯"条：

春見曰朝，夏見曰宗。（鄭注：朝，猶朝也。欲其來之早。宗，尊也。欲其尊王）

⑥ "左衽"。衽同袵，即衣襟向左的穿着，与被发一起指异民族的风习。见于《书经·毕命》"四夷左衽，罔不咸赖"，《论语·宪问》"微管仲，吾其被发左衽矣"等。"解左衽"是表示异民族归入中国礼制之下的套语。

⑦ "由余"。公元前7世纪后半叶春秋晋人。逃亡入戎,后降秦缪公。秦用由余的计谋而称霸于西戎。《史记》卷五《秦本纪》：

（缪公三十四年）戎王使由余于秦。由余，其先晋人也。亡入戎。能晋言，闻缪公贤，故使由余观秦。……由余遂去降秦。缪公以客礼礼之，问伐戎之形。……三十七年，秦用由余谋，伐戎王，益国十二，开地千里，遂霸西戎。

同书卷一一〇《匈奴传》也记载：

秦缪公得由余，西戎八国服于秦。

⑧"日䃅"。即金日䃅，降于汉武帝的匈奴王子。原为匈奴休屠王的太子，十四岁时成为汉的俘虏，被武帝看重而历任侍中、光禄大夫，任职数十年无过失，后没于汉。《汉书》卷六八有传。另外，将由余与金日䃅对仗的表达，也可见于薛登《请止四夷入侍疏》(《新唐书》卷一一二《薛登传》;《全唐文》卷二八一）和《俾失十囊墓志》(李域铮：《西安西郊唐俾失十囊墓清理简报》，《文博》1985年第6期）等。

⑨"藁街"。汉代长安城内的街名，为外国来朝使节客居的蛮夷邸所在之地。用来代指后世外国人居留地的用例也屡屡可见。唐代的鸿胪客馆相当于汉代的蛮夷邸，参见后文。

⑩"轸悼"。指天子沉痛惋惜。

⑪"安厝"。厝即措。安稳地放置之意。《文选》卷一六潘安仁《寡妇赋》："痛存亡之殊制兮，将迁神而安厝。(李善注：厝，置也）"

⑫"长乐原"。《长安志》卷七"唐京城"条：

外郭城……东面三门，北曰通化门。（注：门东七里长乐坡。上有长乐驿，下临浐水）（《唐两京城坊考》卷二"西京·外郭城"条同此）

这与前引《西安碑林藏石细目》所记本墓志的出土地"西安东郊韩森寨"，在方位上是符合的。另外，关于通化门东"七里"，隋开皇令中有"在京师葬者，去城七里外"的规定（《隋书》卷八《礼仪志》），

第二章　天宝三载的《九姓突厥契苾李中郎墓志》

养老时代的《丧葬令》第九条有与此相当的内容，因此学者认为唐令中也存在这一规定（仁井田陞：《唐令拾遗》，东方文化学院，1993年；东京大学出版会，1964年复刊，第841页）。可见，本墓遵循了这一丧葬规定。

⑬"鸿胪护葬"。《大唐六典》卷一八鸿胪寺鸿胪卿条记其职掌曰："凡诏葬大臣，一品则卿护其丧事，二品则少卿，三品丞一人，往皆命司仪，以示礼制也。"这里的"护"，与《史记》卷八〇《乐毅列传》中"乐毅于是并护赵、楚、韩、魏、燕之兵，以伐齐"一句的"护"一样，表示"总领、监督、统括"之意。其在唐代的用例，还见于以下记载：毛汉光编《唐代墓志铭汇编附考》第一册（台北中研院历史语言研究所，1984年）一《那卢元买得志》中有"上开府、鸿胪少卿、襄武县开国伯赵方海等监护丧事"；同书第四册（同上，1986年）三七〇《尉迟融志》有言"仍令鸿胪卿、瑯邪郡开国公萧嗣业监护"；《旧唐书》卷一一〇《王思礼传》中载"上元二年四月，以疾薨。……命鸿胪卿监护丧事"等。

⑭"庶事官给"。《大唐六典》卷一八鸿胪寺典客令条记载了外国使节死亡情形下的规定：

> 若身亡，使主、副及第三等已上官，奏闻。其丧事所须，所司量给。欲还蕃者，则给舆递至境。首领第四等以下，不奏闻。但差牛车送至墓所。

所谓"第三等""第四等"指蕃望五等级的等位，三等相当于第一至三品的品阶（参看后文第三部第四章"关于蕃望"）。也就是说，使节的主、副或者蕃望第三等以上的人在唐境内死亡时，其葬仪费用由唐朝支付。本墓主被追赠为右领军卫大将军，所以适用这一规定。

⑮"著作"。《六典》卷一〇秘书省著作局条：

> 著作郎，掌修撰墓志、祝文、祭文，与佐郎分判局事。

⑯"遗芬"。芬即芳香。这里转指"生前的名声"。

⑰ "国典"。国家的正式的制度和仪式。《礼记·月令》：

    天子乃与公、卿、大夫共饬国典，论时令，以待来岁之宜。

⑱ "怀音"。《诗经·鲁颂·泮水》中将淮夷的归顺比喻为鸮，歌唱道，恶声的鸮如果吃了泮宫的桑葚（若感于人的恩惠），便改换其声而送来好音：

    翩彼飞鸮，集于泮林。食我桑黮，怀我好音。
    憬彼淮夷，来献其琛。元龟象齿，大赂南金。

"怀音"典出于此。怀意为赠。毛传、郑笺以为"怀，归也"。归即"赠送"之意。

⑲ "宠亡"。《国语》卷三《周语下》中说，即便如禹和四岳那样已死之王的子孙，积德者天宠亦多：

    此一王四伯，岂繄多宠，皆亡王之后也。

"宠亡"即由此而来，与上文的"怀音"相接，表示归属于唐的异民族虽是"亡王之后"仍享有天宠，即唐皇帝之宠。而"宠"用于宠绥、宠安时有"施恩惠使人安心"的意思，《书经·泰誓上》可见：

    天佑下民，作之君，作之师。惟其克相上帝，宠绥四方。

《正义》中传注为"宠安天下"，疏解为"宠安四方之民，使民免于患难"。

⑳ "厚赗"。赗是为死者葬礼赠送的东西。

㉑ "长阡"。阡陌通常是指田间小路，这里或是墓、墓道之意。古代中国墓常常造在阡陌上。详细情况参看古贺登《漢長安城と阡陌·県郷亭里制度》（雄山閣，1980年）第205—206页。

㉒ "官卜"。"卜"即《大唐开元礼·凶礼》的"丧礼"中屡屡可见的"卜

第二章　天宝三载的《九姓突厥契苾李中郎墓志》

宅兆"之"卜"。注记曰：

> 宅，葬居也。兆，茔域也。

即关于墓所墓域的卜筮。至于卜者，注文曰：

> 国官，若僚佐之长莅之。无者，亲属为之。

如果上文的"长阡"指墓的话，这里应理解为对官进行"卜宅兆"的仪式的记述。另外，《凶礼》中也有"卜葬日"之事。
㉓"芳珉"。珉为似玉的美石。《说文解字》第一篇上云：

> 珉，石之美者。

【现代语译】 略

二、"九姓突厥"与契苾部

读本墓志后，首先不得不提出的问题，就是第一行和第三行所见的"九姓突厥"这一表述。关于"九姓"至今已有多位学者进行过论述，目前最新的解释，是持续保持一定水准的森安孝夫、片山章雄两位先生的学说，这里主要遵从他们的说法[1]。

首先，将根据先学尤其是上述两位的研究得出的对"九姓""九姓铁勒""九姓突厥""九姓+部族名"等的解释整理如下：

（1）"铁勒"或"突厥"，或者藏语文书（伯1283）中的Dru-gu，都同样地是Türk、Türük的音译。

（2）"九姓"是鄂尔浑碑文中出现的Toquz Oγuz的汉译，Oγuz不是

---

1. 森安孝夫：《チベット語史料中に現われる北方民族—DRU-GU と HOR—》，《アジア・アフリカ言語文化研究》14，1977年。片山章雄：《Toquz Oγuz と『九姓』の諸問題について》，《史学雑誌》第90编第12号，1981年。在此以前的诸研究，可参照两论文的注以及文献目录。

部族名,其直译是"姓"。

(3)"九姓铁勒""铁勒九姓"中的所谓"铁勒",是为了更加明确地表示由九姓组成的突厥族部族集合体的含义,唐朝人所作的强化表达。

(4)"九姓铁勒""九姓突厥""九姓Dru-gu"在内容上是相同的,"九姓+部族名"表示"属于九姓的某部族"之意,九姓是可以一以贯之地把握的实体。

(5)"铁勒"这一称呼在突厥第二汗国时期不再出现,在汉文史料中取而代之但较罕见的"九姓突厥""突厥九姓",没必要看作"九姓铁勒""铁勒九姓"的误记。

现在与本章相关的,主要是第(4)、(5)两点。

汉文史料中说"突厥"的时候,虽说是Türk、Türük的音译,但大多数情况下是指以阿史那氏出身者为可汗的政治性集合体,进而指属于该集合体的某些限定的部族。构成这种"突厥"的部族,根据《唐会要》卷七三"安北都护府"条、《旧唐书》卷三八《地理志一》"关内道夏州"条以及森安氏介绍的伯1283号文书9—11行所见的'Bug-hor(即突厥第二汗国)十二姓[1],可以列为表7。

表7 "突厥"构成部族表

《唐会要》安北都护府	《旧唐书·地理志》	P.1283
阿史那部	阿史那州	Zha-ma mo-nan 王族
舍利吐利部	舍利州	Shar-du-li族
绰部	绰部州	
	思璧州	
	白登州	
贺鲁部	贺鲁州	Ha-li族
葛逻禄部		Gar-rga-pur族
悒怛部		He-bdal族
	那吉州	

---

1. 森安孝夫:《チベット語史料中に現われる北方民族―DRU-GU と HOR―》,第3、13—14页。

第二章　天宝三载的《九姓突厥契苾李中郎墓志》

续表

《唐会要》安北都护府	《旧唐书・地理志》	P.1283
	□跌州	
苏农部	苏农州	So-ni族
阿史德部	阿德州	A-sha-ste族
执失部	执失州	
卑失部	毕失州	Par-sil族
郁射部	郁射州	
多地艺失部	执（艺）失州	
	拔延州	
	叱略州	
		Lo-lad族
		Rni-ke族
		□ol-to族
		Yan-ti族

另一方面，《唐会要》卷九八"回纥"条以部族名记录了九姓：

> 其九姓，一曰回纥，二曰仆固，三曰浑，四曰拔曳固，五曰同罗，六曰思结，七曰契苾，以上七姓部，自国初以来，著在史传。八曰阿布思，九曰骨崙屋骨恐，此二姓，天宝后始与七姓齐列。[1]

---

1. 《旧唐书》卷一九五《回纥传》以及《新唐书》卷二一七上《回鹘传上》中列述了与此不同的九姓。对于这两种九姓，羽田亨曾解释为，《唐会要》系统的史料中是铁勒的九姓，两《唐书》系统的史料中是构成身为九姓一部的回纥部的九姓（羽田亨：《九姓回鹘と Toquz Oγuz との関係を論ず》，《東洋学報》第九卷第一号，1919年）。但是此后，这一差异又被橋本増吉解释为，前者是以部族名记九姓，后者所记是其族长之姓，实际上两者都是一样的（橋本増吉：《九姓回鹘の問題に就いて》，《史潮》第三卷第一号，1933年）。进而片山氏根据敦煌出土的Staël-Holstein文书中所见的于阗文的九姓记事进一步支持了橋本说（片山章雄：《Toquz Oγuz と『九姓』の諸問題について》）。

也就是说，本墓主的出身部族契苾部本是属于"九姓（铁勒）"的一个部族，绝非属于政治性集合体的"突厥"。但尽管如此，本墓志中却刻有"九姓突厥"。这一现象归根到底，可以说墓主所谓"九姓突厥契苾李中郎"，即使写成"九姓铁勒契苾李中郎"甚至"九姓契苾李中郎"，表示的都是相同的内容。而且志文中提到这是与秘书省著作局密切有关的墓志，所以"九姓突厥"是官撰墓志铭标题中出现的表述。

片山氏曾说："（'九姓突厥''突厥九姓'）作为名称不是'九姓铁勒''铁勒九姓'之误，但是作为实体很可能与'九姓''九姓铁勒''铁勒九姓'是相同的。"[1]我们将他留下的问题向前推进一步，得出如下结论：突厥语史料的Toquz Oγuz（即藏语史料的九姓Dru-gu）在官撰的中国史书中被记为作为他称的"九姓突厥"的例子，至少在天宝三载的时候毫无疑问地存在着，从而非要将"九姓突厥""突厥九姓"看作史家对"九姓铁勒""铁勒九姓"之误记的必要性，就完全不存在了[2]。本墓志让我们确认了在古代突厥系民族史研究上极为重要的这一基本问题。

三、关于墓主——代结语

最后，我想尽可能地追溯一下墓主契苾李中郎。此契苾李中郎的人名，在现存史料中完全没有出现，连其疑似对象都没见过。所以在考察墓主之时，我们除了本墓志以外，便无从着手了。

本墓志让人感到奇怪的是，①不仅没有像一般的墓志一样记载墓主祖先之名、谱系和本人的享年，也未记墓主的名讳（将李中郎看作是名讳是不合理的，见语释②）；而且，②通常所谓墓志是记述墓主生前事迹之物，但本志文中对此几乎没有触及，仅仅引用了由余和金日䃅的故事。志序一半以上篇幅是有关死亡、丧葬的记述等。因此，与墓主有关的信息极少，构建墓主形象非常困难。反过来也可以认为，这大概反映了本墓志文的撰写者，也是在难以获得与墓主有关信息的

---

1. 片山章雄：《Toquz Oγuz と『九姓』の諸問題について》，第43页。
2. 这并不意味着Toquz Oγuz的内容从唐初到天宝三载一直没有变化。归根到底这里的问题是唐朝人对Toquz Oγuz的认识。

第二章 天宝三载的《九姓突厥契苾李中郎墓志》

情况下撰写了本墓志文。

关于墓主,从本志文来看可以确认的有两点:①墓主是契苾部出身的人;②他于天宝三载死于藁街。现在试从这两点出发,确定一些有关墓主的背景信息。

首先说契苾部。说起唐代的契苾部,首先让人想起的人物是契苾何力,进而是其子契苾明、孙契苾嵩。何力作为唐初的蕃将素来有名,而明因有《契苾明碑》[1],嵩因有《契苾嵩墓志》的存在而知名[2]。契苾部原是漠北的铁勒种,到隋大业年间何力的祖父契苾歌楞一代时,一部占据了高昌之北的贪汗山,歌楞号易勿真莫何可汗,之后何力之父契苾葛称为莫贺咄特勒(勤),一时崛起成为强大的势力。但是他们在隋末唐初衰落下去,并向龟兹、热海以及吐谷浑方向迁徙了。其中,《旧唐书》卷一〇九《契苾何力传》记载了贞观六年何力的内附:

> 贞观六年,随其母率众千余家,诣沙州奉表内附。太宗置其部落于甘、凉。

应理解为上述吐谷浑方向契苾部的内附[3]。《新唐书》卷二一七下《回鹘传下附契苾传》云:

> 莫贺咄死,子何力尚幼,率其部来归,时贞观六年也。诏处之甘、凉间,以其地为榆溪州。永徽四年,以其部为贺兰都督府,隶燕然都护。

据此似乎是以此时内附的契苾部置榆溪州,在永徽四年(653)又将之改名为贺兰州都督府,但这明显是《新唐书》的错误。据《唐会要》卷七二"诸蕃马印"条,榆溪州设置在土拉河一带,而贺兰州在永徽

---

1. 《金石萃编》卷一七〇;《全唐文》卷一八七;岑仲勉:《突厥集史》下册,中华书局,1958年,第801—809页。
2. 岑仲勉:《突厥集史》下册,第825—827页。
3. 小野川秀美:《鉄勒の一考察》,《東洋史研究》第二卷第二号,1940年,第21—22页。

四年以前的史料中已经出现了。对此，小野川秀美、岑仲勉两位都解释为：以内附而被安置在甘、凉间的何力所率的契苾部置贺兰州，以土拉河一带进入唐羁縻统治下的契苾部置榆溪州[1]。这一解释是应该遵从的。此后，《唐会要》"诸蕃马印"条载：

> 契苾马，与碛南突厥相似。在凉州阙氏岑。移向特勒山住。

《资治通鉴》卷二一二开元八年十一月辛未条云：

> 突厥寇甘、凉等州，败河西节度使杨敬述，掠契苾部落而去。

又《契苾明碑》言：

> 君讳明，字若水，本出武威姑臧人也。

则安置在甘、凉州间的契苾部，至少直到玄宗朝依然存续着。换言之，唐代的契苾部可以分为三个来把握：(a) 甘、凉州间安置的以何力一族为中心的契苾部，(b) 漠北进入唐羁縻统治下的榆溪州的契苾部，(c) 两者以外未降附的部分。

那么本墓主契苾李中郎，首先应该不是属于上述 (a) 契苾部的人物。原因何在？因为如果是 (a) 契苾部出身的话，①墓主又是"渠帅之子"，墓志中何力、明、嵩等的名字总该以某种形式出现才对；②同样地，志文的内容自然还应再充实一点；③进而志文的"西北蕃突厥渠帅之子也"与《契苾明碑》的"本出武威姑臧人也"在表达上也有很大差异。这几点都不容无视。那么他是不是属于 (b) 榆溪州的人物呢？这也不能断然判定。为什么呢？《册府元龟》卷九七四《外臣部·褒

---

1. 小野川秀美：《鉄勒の一考察》，第83页，注㉗。岑仲勉：《突厥集史》下册，第742、1086、1075页注［10］。

异一》"开元三年[1]十月己未"条所记北蕃投降中可见:

> 契都督邪没施为右威卫将军。

另外,虽是较晚时代的事,《旧唐书》卷一七下《文宗本纪下》"太和六年正月戊戌"条记有:

> 振武李泳招收得黑山外契苾部落四百七十三帐。

像这样的无名契苾降附者的例子也能见到。实际上,编纂史料中未曾出场的降附者一定有很多,因此说墓主是这类降附契苾部的渠帅之子,或许更接近真相。

其次,再来看墓主的死亡场所藁街。《汉书》卷九《元帝本纪》建昭三年秋条以及同书卷七〇《陈汤传》所见的汉代的"藁街蛮夷邸"下颜师古注曰:

> (蛮夷)邸,若今鸿胪客馆也。

又《旧唐书》卷一九八《西戎传》"史臣曰"有:

> 天宝之乱,边徼多虞,邠郊之西,即为戎狄,藁街之地,来朝亦稀。

故而唐代史料中"藁街",通常是指官方的迎宾馆鸿胪客馆[2]。墓主的死亡场所是迎宾馆,这一点很重要。因为由此可以明确,墓主不是降附后获赐宅第在长安生活的外族。此外,《契苾嵩墓志》刻有:

---

1. 《册府元龟》记此于景龙二年一条之后而无开元纪年,但这里应为开元三年。参看岑仲勉:《突厥集史》上册,第392页。
2. 关于唐的鸿胪客馆,请参看本书第三部第三章"鸿胪寺与迎宾馆"。

> 姑臧安置，后移京兆，望乃万年。

墓主与契苾嵩在唐朝内的生活状况相比较，两者的差别是明显的。

也就是说，本墓主契苾李中郎，很可能是与何力一族不同的契苾部渠帅之子，他或是在天宝二年以前降附唐朝并被赐李姓及中郎将官职，天宝三载为某事入朝长安时偶然病死；或者是天宝三载降附而至长安，获赐李姓及中郎将，其时不巧病死。应该不外乎是这两种情况。根据墓志，从他死亡到埋葬过了一个半月的时间，这段时间也是与其部落进行联络以及决定处置措施所需要的。其结果便是葬仪按三品官待遇在长安举行，著作局也没能获得与他相关的详细资料，而用本章介绍过的方式制作了墓志。

墓主人死亡的天宝三载这一年，毋庸赘言是突厥第二汗国被回鹘、葛逻禄、拔悉蜜联军所破，突厥乌苏米施可汗的首级被送到长安的那年[1]。这一北边地带的大变动，也是墓主进入长安的背景之一，这样说大概不会有错，遗憾的是二者具体的关联性完全不明了。

【附记】

本稿墓志文的部分训读，得到金泽大学文学部古畑徹氏的教示，记此以表谢意。

---

1. 此期间的事情，片山章雄《突厥第二可汗国末期の一考察》(《史朋》第一七号，1984年) 有详细叙述。

第三章

开元十二年的《阿史那毗伽特勤墓志》

引言

本章所论《阿史那毗伽特勤墓志》（中国西安市陕西省博物馆藏）的墓主，姓阿史那氏，毗伽特勤的"毗伽"是古代突厥系民族统治层的称号中屡屡出现的 Bilgä（贤明）的音译，"特勤"是表示王族的 Tigin，要在中国找近似之例，应相当于"亲王"。也就是说，本章的主人公是与突厥可汗家血统相连的人物。

这一人物在原有的编纂史料中出现过两次。一次是在《新唐书》卷二一五下《突厥传下》的如下记述中：

> 俄下诏伐之，乃以拔悉蜜右骁卫大将军金山道总管处木昆执米啜……突厥默啜子左贤王墨特勤、左威卫将军右贤王阿史那毗伽特勒（勤）、燕山郡王火拔石失毕等蕃汉士悉发，凡三十万。

另一次是在玄宗命令此次讨伐的制文中出现，《册府元龟》卷九八六《外臣部·征讨五》"（开元）六年（718）二月，大举蕃汉兵北伐突厥，下制曰"以下所接的文章中可见：

> 况默啜之子、右金吾卫大将军、右贤王默特勤，逾伦自拔于乱，顷役于国。今不计其先人之僭，复加以右贤之宠。右威卫将军、左贤王阿史那毗伽特勤……

也就是说，本章的墓主，在玄宗开元六年降附唐朝的突厥系军队与汉兵一起大举讨伐突厥毗伽可汗之际，是作为率领唐朝军队的将领之一在史料中出现的。《新唐书》的记述不过是《册府元龟》所见制文的摘要，两书之间可以发现阿史那毗伽特勤的称号有"左""右"的差异，根据下文揭载的墓主文来看，《册府元龟》所记是正确的。

第三章　开元十二年的《阿史那毗伽特勤墓志》

《册府元龟》和《新唐书》中与墓主并列出场的还有默啜可汗之子右贤王默特勤这一人物，其名在《贤力毗伽公主阿史那氏墓志》[1]中也作为公主之兄而出现，可作为参照史料。但是，左贤王毗伽特勤在上引史料以外一概未见，其详情不明。本章所讨论的正是这位阿史那毗伽特勤的墓志，该墓志到最近为止仍是未曾公开过的资料。

不过，本墓志的存在早已为人所知。这是因为①陕西省文物管理委员会、陕西省博物馆编印《西安碑林》（1963）附《西安碑林藏石简目（墓志部分）》第66页有：

> 阿史那毗伽特勤墓志并盖　唐开元十二年　徐峻撰　李九皋书

②宫川寅雄、伏见冲敬编《西安碑林書道芸術》（讲谈社，1979年）附《西安碑林藏石目録（墓誌の部）》第272页也可见相同文字；③陕西省博物馆李域铮、赵敏生、雷冰编著的《西安碑林书法艺术（增订本）》（陕西人民美术出版社，1989年）附《西安碑林藏石细目（墓志）》第363页记作：

> 藏石号〇九三〇八　阿史那毗伽特勤墓志并盖　唐开元十二年（七二四）　一九五六年西安西郊枣园村出土（56.230.M2）徐峻撰　李九皋书　真书　四方形盖篆书　七五×七四・五厘米

又④贺梓城《唐王朝与边疆民族和邻国的友好关系——唐墓志铭札记之一》（《文博》创刊号，1984年）言本墓志"一九五六年西安枣园村

---

1. 《金石萃编补略》卷二，《石刻史料新编》初辑第五册；《八琼室金石补正》卷五二，《石刻史料新编》初辑第七册；《古史石华》卷九，《石刻史料新编》第二辑第二册；羽田亨：《唐故三十姓可汗貴女阿史那氏之墓誌》，《東洋学報》第3卷第1号；岑仲勉《突厥集史》下册，第809—825页；北京图书馆金石组编：《北京图书馆藏中国历代石刻拓本汇编》第二二册，中州古籍出版社，1989年，第33页；等等。

出土",并介绍了志文的一部分。

然而本墓志的全文直到最近都没有公布,《金石萃编》等书自不待言,20世纪80年代以来陆续出版的墓志拓本集也未采录,近年《隋唐五代墓志汇编·陕西卷》第一册(天津古籍出版社,1991年,第104页)终于刊载了其拓本的缩小照片,仅此而已。笔者有幸,曾蒙贺梓城氏以私信教示了全文,又在1989年10月访问陕西省博物馆之际,获得亲见该墓志拓本的机会,同时获得了在日本学界发表本志文的许可。所以,我想将本墓志文作为考察唐、突厥关系史或唐王朝边境政策等的史料加以介绍。

志文三十一行,每行三十一字,楷书。虽只能看到拓本(图10),亦可发现墓志表面从中央上方向着左下方斜行的数条创痕,因此有一部分文字无法判读。除此以外志面的保存状态大体是良好的。志盖则原石、拓本均未见到,而且与本墓志出土相关的信息尚未被披露。

至于释文,虽然很希望在字体上忠实于原文楷书,但为方便起见,异体字全部用正体字来转写。录文根据的是陕西省博物馆藏的该墓志拓本。

一、释文

1 唐贈左驍衛大將軍左賢王阿史那毗伽特勤墓誌銘并序

2 　　　　　　　　　　　朝散大夫行著作佐郎東海徐峻撰

3 伊唐開元十有二祀秋九月丁巳朔粤三日己未左賢王右威衛將軍阿史那毗

4 伽特勤卒享年四十三頡利突利可汗之曾孫也其先夏后氏之苗裔隨草畜牧

5 因居北垂虐周毒秦久患諸夏

6 我開元神武皇帝重光應運下武嗣興自東自西自南自北無思不服矣毗伽幽

7 都稟秀沮澤資靈占星辯胡運將終候呂知中國有　　聖乃率部帳翻然改

第三章　开元十二年的《阿史那毗伽特勤墓志》　　　　　　　　　　　　181

图10　《阿史那毗伽特勤墓志》拓本（图片引自《新中国出土墓志·陕西》）[1]

8　圖棄葦毳於遐庭歸禮讓之淳化曾未移歲舊國淪亡非夫智察未萌識表先覺

9　覆巢之下豈復獨全　　皇上寵綏百蠻子育萬物收其委質之効嘉其草面之

10　誠任之以腹心尊之以爵祿開元三年拜雲麾將軍右威衛中郎將賜紫袍金帶

11　使令招慰三窟九姓因与九姓同斬默啜傳首京師　朝廷疇庸增秩將軍統舊

---

1. 译者注：原书附图来自石见清裕先生拍摄的照片，中译本选择了晚于本书出版的《新中国出土墓志·陕西贰》（文物出版社，2003年）中更清晰的图版。另据该书，本墓志为1956年西安市西郊枣园村出土。

12 部落五年改封左賢王兼檢校新舊降戶假牙帳及六纛富有夷眾貴為蕃王承

13 命若驚踐榮增懼勞來安輯小大懷之七年入朝特留宿衛逾年又充隴右朔方

14 二軍遊弈使時胡賊干誅動搖河曲執訊獲醜縶將軍賴焉遂兼羽林軍上下禁

15 旅之司爪牙是寄授之勿貳守之惟虔每岐山大蒐亟奉周王之駕長楊校獵屢

16 陪漢帝之軒上斃飛禽下殪伏兔論□課獲罔出其先今年八月奉

17 勅又令朔方軍遊弈往來應變佇申虞侯之明朔漠消氛方見威邊之勇穹蒼降

18 癘今也則亡勿藥心徵於斯奚爽　　冕旒追悼渠帥興哀

19 制贈左驍衛大將軍賜物一百段米一百石粟一百石內使監護葬事緣葬所須

20 仍從優厚厥亡月季旬八日遷　京兆府長□□龍首鄉乡禮也惟將軍宇量恢

21 弘體業沈毅天弧射法太一營圖無俟觀書有□指掌□拜中郎將再踐大將軍

22 金章解辮而飾腰紫綬削袵而加體初或竊議終亦謂宜傳云知人則哲不其難

23 矣將軍之生功不言於大樹將軍之死墓起象於盧□飾終表哀義在於是廼為

24 銘曰　　　　蘭生有馥□出自琛琛非外假馥惟內真粵在壯烈

25 俗為匪人潛懷朗鑒高挺貞筠貞筠伊何浚寒獨異朗□□何占風慕義明明

26 天子任賢勿貳嘉其忠節崇其寵位寵以上袟位以中郎□□登降威衛翔翔將

27 軍進級右地封王統護兵馬跋履沙場沙場九姓招喻歸命歸命之心懷我好音

第三章　开元十二年的《阿史那毗伽特勤墓志》　　　　　　　　　　　　183

28　□凶首刎遺噍誠□群胡蠢乀干紀難忍義不遺　君討期必殄□□奔瞀寸陰詎

29　□滔滔逝川尺波靡舍始欽服冕俄悲□駕□□高堂魂歸大夜蒼茫曠野搖落

30　寒墳滕嬰馬駐繆襲□□　　□葬贈冊書銘勒勳于嗟万古埋此將軍

31　　　　　　　　　　　　　秘書省楷書驍騎尉趙郡李九皋書

二、标点

唐贈左驍衛大將軍①、左賢王②、阿史那毗伽特勤墓誌銘并序

朝散大夫、行著作佐郎③、東海徐峻④撰

伊唐開元十有二祀，秋九月丁巳朔，粵三日己未，左賢王、右威衛將軍⑤阿史那毗伽特勤卒。享年四十三。頡利突利可汗⑥之曾孫也，其先夏后氏之苗裔⑦。隨草畜牧，因居北垂，虐周毒秦，久患諸夏。我開元神武皇帝⑧，重光應運⑨，下武嗣興⑩，自東自西，自南自北，無思不服矣⑪。

毗伽⑫幽都稟秀⑬，沮澤資靈⑭，占星⑮辯胡運將終，候呂⑯知中國有聖。乃率部帳，翻然改圖⑰，棄韋毳於邅庭⑱，歸禮讓之淳化⑲。曾未移歲，舊國淪亡⑳。非夫智察未萌㉑，識表先覺㉒，覆巢之下㉓，豈復獨全。

皇上寵綏百蠻㉔，子育萬物，收其委質之効㉕，嘉其草面㉖之誠，任之以腹心，尊之以爵祿。開元三年，拜雲麾將軍㉗、右威衛中郎將㉘，賜紫袍金帶㉙。使令招慰三窟九姓㉚，因与九姓同斬默啜㉛，傳首京師㉜。朝廷疇庸㉝，增秩將軍，統舊部落。五年，改封左賢王，兼檢校新舊降戶㉞，假牙帳及六纛㉟。富有夷眾，貴為蕃王。承命若驚，踐榮增懼，勞來安輯㊱，小大懷之。七年入朝，特留宿衛㊲。逾年，又充隴右朔方二軍遊弈使㊳。時胡賊干誅，動搖河曲㊴，執訊獲醜㊵，繄將軍賴焉㊶。遂兼羽林軍㊷上下禁旅之司，爪牙㊸是寄。授之勿貳，守之惟寅㊹。每岐山大蒐㊺，亟奉周王之駕；長楊校獵㊻，屢陪漢帝之軒。上斃飛禽，下殪伏兔，論……課獲，罔出其先。今年八月奉勅，又令朔方軍遊弈，往來應變⁽⁴⁷⁾，佇申虞侯⁽⁴⁸⁾之明；朔漠⁽⁴⁹⁾消氛，方見威邊之勇。穹蒼降癘⁽⁵⁰⁾，今也則亡。勿藥心徵，於斯奚爽。冕旒⁽⁵¹⁾追悼，渠帥興哀。制贈左驍衛大將軍，賜物一百段，米一百石，粟一百石⁽⁵²⁾，內使⁽⁵³⁾監護葬事，緣葬所須，仍從優厚。厥亡月季旬八日，遷京兆府長（安縣）龍首鄉⁽⁵⁴⁾，禮也⁽⁵⁵⁾。

惟將軍宇量恢弘，體業沈毅⁽⁵⁶⁾，天弧射法，太一營圖⁽⁵⁷⁾，無俟觀書⁽⁵⁸⁾，有……指掌⁽⁵⁹⁾。……拜中郎將，再踐大將軍。金章解辮而飾腰⁽⁶⁰⁾，紫綬削袥⁽⁶¹⁾而加體。初或竊議，終亦謂宜。傳云知人則哲⁽⁶²⁾，不其難矣。將軍之生，功不言於大樹⁽⁶³⁾；將軍之死，墓起象於盧……。飾終⁽⁶⁴⁾表哀，義在於是。廼為銘曰：

蘭生有馥……出自琛，琛非外假，馥惟內真。粵在壯烈，俗為匪人，潛懷朗鑒⁽⁶⁵⁾，高挺貞筠⁽⁶⁶⁾。貞筠伊何，浚寒獨異，朗（鑒伊⁽⁶⁷⁾）何，占風慕義。明明天子，任賢勿貳，嘉其忠節，崇其寵位。寵以上袟，位以中郎，……登降，威衛翱翔⁽⁶⁸⁾。將軍進級，右地⁽⁶⁹⁾封王，統護兵馬，跋履⁽⁷⁰⁾沙場。沙場九姓，招喻歸命。歸命之心，懷我好音⁽⁷¹⁾。元凶首刻，遺噍⁽⁷²⁾誡……，群胡蠢蠢⁽⁷³⁾，干紀⁽⁷⁴⁾難忍，義不遺君⁽⁷⁵⁾，討期必殞⁽⁷⁶⁾。駸駸奔晷⁽⁷⁷⁾，寸陰⁽⁷⁸⁾詎借，滔滔逝川⁽⁷⁹⁾，尺波⁽⁸⁰⁾靡舍。始欽服冕，俄悲……駕。……高堂⁽⁸¹⁾，魂歸大夜⁽⁸²⁾。蒼茫曠野⁽⁸³⁾，搖落⁽⁸⁴⁾寒墳。滕嬰馬駐⁽⁸⁵⁾，繆襲歌⁽⁸⁶⁾聞。……葬贈冊，書銘勒勳，于嗟万古⁽⁸⁷⁾，埋此將軍。

秘書省楷書、驍騎尉、趙郡李九皋⁽⁸⁸⁾書

三、语释

① "左骁卫大将军"。《大唐六典》卷二四 "诸卫" 条载：

左右骁卫，大将军各一人，正三品。

是十二卫之一左骁卫的最高长官称号。其赠官之事见墓志文第十九行。

② "左贤王"。匈奴二十四长之一。若据《史记》卷一一〇《匈奴

第三章　开元十二年的《阿史那毗伽特勤墓志》　　　　　　　　　　　185

列传》，乃统治匈奴域内左翼（东方）的王将之一，与左谷蠡王一起拥有最大领地，在地位上常被任命为太子。[1]至于突厥的情况，与匈奴的左翼、右翼相当的东西区划是Tölis（东方，汉文史料称左厢）和Tarduš（西方，汉文史料的右厢），在突厥与匈奴左贤王相当的官职是Tölis Yabγu，与右贤王相当的是Tarduššad，恰好能各自对应。这种左右厢的东西区划在羁縻统治时期也得到维持，且对于第二汗国复兴以后仍留在唐统治下的突厥人，也在名目上继续存在（参看本书第一部第四章）。换言之，可以推测，突厥的左右贤王称号是唐朝方面对管辖着左右厢的突厥人（大概是各自的最高监督官）的雅称。其用例，如贞观十三年（639）扶立阿史那思摩并令降附的突厥人北归之际，《旧唐书》卷一九四上《突厥传上》写道：

　　又以左屯卫将军阿史那忠为左贤王，左武卫将军阿史那泥孰为右贤王以贰之。

又本墓主亦出现于其中的《册府元龟》卷九八六《外臣部·征讨五》中可见：

　　默啜之子、右金吾卫大将军、右贤王墨特勤（如前所述，此人还在《毗伽公主阿史那氏墓志》中作为"兄右贤王墨特勤"出现）。

---

1. 護雅夫：《匈奴の国家》，《史学雑誌》第59编第5号，1950年；同氏著：《北アジア·古代遊牧国家の構造》，《世界歴史》六，岩波书店，1971年；同氏著：《プリシャク『二四大臣、匈奴国家の統治機構史の研究』について》，《史学雑誌》第80编第1号，1971年；沢田勲：《匈奴君長権の性格——匈奴遊牧社会の歴史的規定をめぐって——》，《駿台史学》第43号，1978年；山田信夫：《テュルク·モンゴル系古代遊牧民の国家形成——匈奴の場合——》，福井勝義·谷泰编：《牧畜文化の原像——生態·社会·歴史》，日本放送出版協会，1987年，又收入同作者：《北アジア遊牧民族史研究》，东京大学出版会，1989年；同氏著：《匈奴の『二十四長』》，《小野勝年博士頌寿記念東方学論集》，龙谷大学东洋史学研究会，1982年；又收入同上著作）；等等。

而《新唐书·突厥传下》记本墓主所云：

> 左威卫将军，右贤王阿史那毗伽特勤。

据本墓志，此"右贤王"明显是"左贤王"之误。但是应该注意的是，本墓志文第二十七行刻有"右地封王……"。此"右地"若解释为右厢，则与左贤王左右（即东西）相逆反。若举类似之例，有曾为Tarduššad的毗伽可汗被《旧唐书·突厥传上》记为"左贤王默棘连"。或许可以考虑《旧唐书·突厥传》误记了"左""右"，但本墓志文明显地在同一文中混用了"左""右"。这点实在很有意思，同时解释起来非常困难，本章对这一问题只能点到为止。

③ "朝散大夫、行著作佐郎"。朝散大夫是从五品下的文散官。著作佐郎是秘书省著作局的次官，《大唐六典》卷一〇载：

> 著作局，著作郎二人，从五品上。……著作佐郎四人，从六品上。……著作郎，掌修撰墓志、祝文、祭文，与佐郎分判局事。

所谓"行"，是表示将散官与职事官比较而职事官品较低的情况的用语，相反的则称为"守"。该规定在《贞观令》中已然确定，可见于《旧唐书》卷四二《职官志一》。

④ "徐峻"。参看后文"结论"。

⑤ "右威卫将军"。十二卫之一右威卫的副长官。《大唐六典》卷二四"诸卫"条虽言：

> 左右威卫，大将军各一人，正三品。……将军各二人，从二品。

"从二品"，按《旧唐书》卷四四《职官志》等当理解为"从三品"之误。这一授官，是开元三年（715）授右威卫中郎将后，开元四年所进之官（志

第三章　开元十二年的《阿史那毗伽特勤墓志》

文第10—11行），以后直到墓主死亡时都带此称号。

⑥ "颉利突利可汗"。通观突厥第一、第二两汗国，不见有叫"颉利突利可汗"的可汗出现。能够想起的，是第一汗国最后的可汗颉利可汗和颉利之侄（兄始毕可汗之嫡子）、担任统治东方的小可汗而引人注目的突利可汗两人[1]。可以推断，墓主曾祖父的时代大概正当第一汗国末期，因此志文中的"颉利突利可汗"或许是具体指颉利、突利中的某一位。但是，本墓志的撰者是否掌握着阿史那氏正确的谱系图是十分可疑的，也可认为"颉利突利可汗"乃是将颉利可汗、突利可汗这两个完全不同的人的称号混成了一个的表述。当然也不能完全排除这种可能性：撰者所认识的是在此两名之外的第三个阿史那氏人物。仅仅根据这一材料来判定墓主在阿史那氏系谱中的位置，是危险的。但是，本墓志文的撰者以及他身边的人们，为墓主在第一汗国以来的统治者一族系谱中找到了位置，这点不会有误。

⑦ "其先夏后氏之苗裔"。《周书》卷五〇《突厥传》、《通典》卷一九七《边防典》"突厥"条等，以突厥之先乃"匈奴之别种"，而《史记》卷一一〇《匈奴列传》云：

匈奴，其先夏后氏之苗裔也。

这句记述即以此为据。

⑧ "开元神武皇帝"。指唐玄宗。《旧唐书》卷八《玄宗本纪上》先天二年（713）十一月条：

戊子，上加尊号为开元神武皇帝。

《新唐书》卷五《玄宗本纪》同条中云：

戊子，群臣上尊号为开元神武皇帝。

---

1. 護雅夫：《古代トルコ民族史研究I》，山川出版社，1967年，第270—271页。

又《资治通鉴》卷二一〇同条亦可见：

> 辛巳，群臣上表请加尊号为开元神武皇帝，从之。戊子，受册。

玄宗于该年的十二月改元"开元"。

⑨ "重光应运"。"重光"指像日、月、星的光辉一样地广为布德。《书经·顾命》：

> 昔君文王、武王宣重光。（注）言，昔先君文、武，布其重光累圣之德。……重光，马云日月星也。太极上元十一月朔旦冬至，日月如叠璧，五星如连珠，故曰重光。

朱骏声《说文通训定声》光字下云：

> 马注：日月星也。按：三光代明，故曰重。

"应运"意为合乎天命的机运。荀悦《后汉纪》（四部丛刊本）序中可见：

> 实天生德，应运建主。

⑩ "下武嗣兴"。"下武"是《诗经·大雅》"文王之什"的篇名。称颂武王继文王之后，而昭明先王之德曰：

> 下武维周，世有哲王。

《毛传》曰："武，继也。"《郑笺》曰："下，犹后也。后人能继先祖者。"然而《集传》却以为："下，义未详。或曰：字当作文。言文王武王实造周也。""嗣兴"是接续前者而振兴的意思。《书经·洪范》有：

第三章　开元十二年的《阿史那毗伽特勤墓志》

> 禹乃嗣兴，天乃锡禹洪范九畴。

也就是说，"下武""嗣兴"都指后人很好地延续了先祖的足迹。

⑪ "无思不服"。意指没有不心服的人。《诗经·大雅·文王有声》：

> 自西自东，自南自北，无思不服。

⑫ "毗伽"。志文在此二字之前明显地告一段落，另一方面，紧接着的后文"幽都禀秀"和"沮泽资灵"构成了一个对仗句。所以，此"毗伽"让人想到两种解释：（1）是指墓主毗伽特勤其人的固有名词，（2）表示Bilgä（贤明的）本义的形容词。如果是（1），则为后文的主语；如果是（2），则便与"禀秀""资灵"相呼应了。若将其看作主语的话，或许会留下这些疑问：（a）除了志文第一行以及三至四行的例子以外，在本志文中，以墓主为主语的文句都一贯地省略了主语；（b）本志文中对墓主的称呼统一作"将军"；（c）例如"阙特勤"若称为"特勤"暂且不论，若称"阙"则是不合理的；等等。但是也留下了像这样消除疑问的余地：就（a）来说，与墓主相关的具体的记述从这里才开始；对于（b），此时期墓主尚未从唐朝获授将军号；对于（c），毗伽作为突厥贵人的称号是常见的，作为称呼被唐人使用的可能性也是存在的。另一方面，如果看作形容词的话，唐人是否有可能在对突厥语严密地理解的基础上将之在汉文中运用，这一大问题无法解决。因此，此处还是当作主语来解读。

⑬ "幽都禀秀"。"幽都"据说是尧时北方之地。《书经·尧典》：

> 申命和叔，宅朔方，曰幽都，平在朔易。（注）北称幽，则南称明，从可知也。都，谓所聚也。

《新釈漢文大系：書経（上）》（加藤常賢著，明治書院，1983年，第21—24页）将此处解释为："曰"以下不是表示地方的文字，而是尧说的话，"幽都"二字是以后增加的衍文。故读为："申命和叔宅朔方曰：

'平在朔易。'"本文从旧解。"禀"是与生俱来、天赋的性质之意。《诗经·大雅·思齐》的诗序疏云：

> 圣人禀性自天。

换言之，"幽都禀秀"的意思是在北方之地被授予天赋的优秀人格。

⑭ "沮泽资灵"。"沮泽"是杂草丛生的湿地。北方游牧民族相关史料中的用例，如《汉书》卷九四上《匈奴传上》冒顿致吕太后的书简中说道：

> 孤偾之君，生于沮泽之中，长于平野牛马之域。

"资灵"指天授之心。唐代谢偃《正名论》（《文苑英华》卷七四六；《全唐文》卷一五六）写道：

> 有弘文先生，禀气冲和，资灵杰秀。

换言之，"沮泽资灵"意指在沮泽被授予天赋之心。

⑮ "占星"。有关北方游牧民族占星习惯的史料不多，类似的例子如《史记》卷一一〇《匈奴列传》中所言：

> 举事而候星月，月盛壮则攻战，月亏则退兵。

《隋书》卷八四《突厥传》中也有：

> 候月将满，辄为寇抄。

⑯ "候吕"。张衡《天象赋》（《历代赋汇》卷一）中有：

> 辇道清尘而候驾，渐台飞灰而候吕。

第三章　开元十二年的《阿史那毖伽特勤墓志》

这里的"飞灰",指在确定十二律律吕的音管中放入葭灰（焚烧芦苇竿中的薄膜而得到的灰）,令其飞动并窥测节气之事。也就是说,"吕"是律吕之吕,"候吕"指占测时令之事。

⑰"翻然改图"。"翻然"指翻过来、变化、转变的样子。《风俗通·十反》中有：

> 翻然改志,以礼进退。

"改图"指变更想法。

⑱"弃韦毳于遐庭"。"韦"是熟治的皮革。"毳"见于《后汉书》卷九〇《乌桓传》：

> 食肉饮酪,以毛毳为衣。（注）郑玄注《周礼》曰："毛之缛细者为毳也。"

此处所引郑注,见于《周礼·天官冢宰》"掌皮"条。故"韦毳"指皮革、毛制的衣服之类。"遐庭"指远方之地、边庭。

⑲"礼让之淳化"。"礼让"指真诚的礼仪。《论语·里仁篇》有：

> 子曰：能以礼让为国乎？何有？不能以礼让为国,如礼何？

《集注》以为"让者,礼之实也"。"淳化"指仁慈的教化。张衡《东京赋》（《文选》卷三）中有：

> 清风协于玄德,淳化通于自然。

薛综注曰：

> 协,同也。玄,天也。自然,通神明也。言帝如此清惠之风,同于天德,淳厚之化,通于神明也。

⑳ "曾未移岁,旧国沦亡"。此处 "曾" 的用例见于一些文献,如《史记》卷一一八《淮南王列传》:

> 纣贵为天子,死曾不如匹夫。

相当于包含着对结果意外的接续词 "则"。"沦亡" 指沉没灭亡。《说文》言:

> 沦,小波为沦。……一曰没也。

《书经·微子》有:

> 今殷其沦丧。

注曰:"沦,没也。"今文《尚书》中,此处的 "沦" 作 "典"。但是 "典丧" 语义不通,因而皮锡瑞《今文尚书考证》卷九引钱大昕说解释道:"典,读如殄。典丧者,殄丧也。"另外,志文中说 "不移岁",而默啜之死在开元四年,可以认为此处是指从之前一年开始的统治体制的崩溃。

㉑ "未萌"。意指兆头尚未出现之前。《战国策·赵策》武灵王平昼间居条记肥义之言曰:

> 愚者昧于成事,智者见于未萌。

另外,肥义的这句话引用了《商子·更法篇》。

㉒ "先觉"。先于人而觉悟。《论语·宪问篇》有:

> 子曰:不逆诈,不亿不信。抑亦先觉者,是贤乎。

㉓ "覆巢之下"。典出于《世说新语·言语篇》记载的故事:

> 孔融被收,中外惶怖。时融儿大者九岁,小者八岁,二

儿故琢钉戏，了无遽容。融谓使者曰："冀罪止于身，二儿可得全不？"儿徐进曰："大人岂见覆巢之下，复有完卵乎？"寻亦收至。

"覆巢破卵"一词，以巢倾覆则卵破碎之事，转而比喻父母遭难则孩子也被害，进而比喻若根本被毁则枝叶亦灭。

㉔ "宠绥"。慈爱而使人安心。《书经·泰誓上》：

天佑下民，作之君，作之师。惟其克相上帝，宠绥四方。

注曰"宠安天下"。《书经》此节在《孟子·梁惠王下》中作为"书曰"而被引用，字句有些不同，"宠绥四方"在《孟子》中作"宠之四方"。

㉕ "委质之效"。"委"即置，"质"即贽，指初仕者将忠诚的礼物送往君前。其用例如《左传》僖公二十三年：

策名委质，贰乃辟也。

《国语·晋语九》：

臣闻之，委质为臣，无有二心，委质而策死，古之法也。

《淮南子·氾论训》：

成王既壮，周公属籍致政，北面委质而臣事之。

一说质是用死去的雉来表示以必死之心任职之意，而委质是曲屈身体以表示忠诚之意。"效"为馈赠、奉献之意。《礼记·曲礼上》云：

效马效羊者，右牵之，效犬者，左牵之。

注曰："效，犹呈见也。"

㉖ "草面"。"草"是粗糙、卑贱的意思。

㉗ "云麾将军"。从三品的武散官。《大唐六典》卷五"兵部郎中"条：

> 郎中一人，掌考武官之勋、禄、品、命，以二十有九阶，承而叙焉。从一品曰骠骑大将军……从三品曰云麾将军……

㉘ "右威卫中郎将"。《大唐六典》卷二四"诸卫·左右威卫"条规定：

> 左右威卫，大将军各一人，正三品。……翊府中郎将各一人，正四品下。左右郎将各一人，正五品上。中郎将，掌领其府校尉、旅帅、翊卫之属以宿卫，而总其府事。

㉙ "紫袍金带"。允许三品官以上穿着的紫色官服外衣和金玉装饰的腰带。《旧唐书》卷四五《舆服志》云：

> 贞观四年又制，三品已上服紫，五品已下服绯，六品、七品服绿，八品、九品服以青，带以鍮石。……（贞观五年）十一月，赐诸卫将军紫袍，锦为褾袖。……上元元年八月又制："……文武三品已上服紫，金玉带。"

㉚ "三窟九姓"。汉文史料中出现的"九姓""九姓铁勒""铁勒九姓"相当于鄂尔浑碑铭所见的Toquz Oγuz，这已经是定论。但是，Toquz既是数词九，Oγuz是解释为相当于"铁勒"的固有名词，还是解释为相当于"姓"的普通名词，这一点上研究者们意见尚有分歧[1]。若按第一种

---

1. 在日本，持前一说的是羽田亨《九姓回鹘とToquz Oγuzとの関係を論ず》（《東洋学報》第9卷第1号，1919年；收入同氏著《羽田博士史学論文集》上卷歷史編，东洋史研究会，1957年）；后一说的代表是桥本增吉《九姓回鹘の問題に就いて》（《史潮》第3卷第1号，1933年）、片山章雄《Toquz Oγuzと『九姓』の諸問題について》（《史学雑誌》第90編第12号，1981年）。其他触及此问题的国内外论著还有很多，请参照上引论文。

第三章　开元十二年的《阿史那毗伽特勒墓志》　　　　　　　　　　195

解释，Toquz Oγuz 为"九个乌古斯族"之意，而汉文史料将 Oγuz 译为"铁勒"，"姓"是补充性的文字；若依后者的解释，Toquz Oγuz 表示"九姓"，"铁勒"部分则成为中国方面补充说明的表述。此外，汉文史料中，除"九姓铁勒""铁勒九姓"以外，玄宗时期尚可见有数例"九姓突厥""突厥九姓"的表述。如前章"天宝三载的《九姓突厥契苾李中郎墓志》"中所见的那样，属于本来用"铁勒"来标记的集合体的契苾部的人物，在玄宗时期用"突厥"来标记的例子明显存在[1]。因此，与将 Oγuz 看作固有名词且中国方面用"铁勒"来翻译的解释相比，后一种解释更为自然，即 Toquz Oγuz 表示"九姓"，"铁勒"的部分是中国方面为了更明确地表示突厥系民族集合体的意义而补充的文字，在玄宗时期与铁勒混同的"突厥"也作为附加部分出现。

另一方面，关于"三窟"，我认为在本志文中是"九姓"的某种修饰语。通常，汉文中使用"三窟"一词的场合，可以想到的是出仕孟尝君的冯谖的"狡兔三窟"的故事，《战国策·齐策四》"齐人有冯谖者"章写道：

　　冯谖曰：狡兔有三窟，仅得免其死耳。今君有一窟，未得高枕而卧也。请为君复凿二窟。

此后，冯谖完成了"三窟"：（1）使薛之民心服，（2）使孟尝君恢复齐的相位，（3）在薛地建齐的先王庙。以此三窟之策略使其主君不及于祸。这一逸事，即"三窟"的出典。也就是说，它一般是带有"长于计谋""狡猾的""狡黠的"这样的意思被引用的。按照这样来解释的话，生活在与唐相隔异常遥远的北方之地的九姓铁勒，常常表现出这样的姿态：在突厥势力强大时屈服于突厥，在相反的情况下就离叛之。则唐人是用"三窟"来极其主观地表示这一姿态，抑或是表示在唐对突厥实施战略部署之际铁勒将成为（或者说已成为）一个重要的点，哪一种理

---

1. 森安孝夫也认为，吐蕃语文书（p. 1283）中出现的 dru-gu rus dgu（九姓 Dru-gu）相当于九姓铁勒或九姓突厥、突厥九姓。参照森安孝夫：《チベット語史料中に現われる北方民族—DRU-GU と HOR—》，《アジア・アフリカ言語文化研究》14，1977 年。

解都可以成立。另一方面,假如将此"三窟"解释为完全与"狡兔三窟"的故事无关,则它所指的对象就有很多可能性供人联想:可能指北方的地名,或表示九姓的某种体制,或指九姓的一部分,进而因为实际暗杀默啜的是九姓中的拔野古(拔曳古),所以上述的某种含义具体地就是指拔野古等。但是在现存史料中,限于管见,为这些解释找到有效确证都极为困难。所以,目前仍以上引冯谖的故事为基础进行解释。不过可以肯定的一点是,这里刻意使用"三窟"一词,是因为四字句的对仗稳定需要,考虑到与"九姓"相对的数词,故而选择了"三窟"。

㉛ "默啜"。第二汗国第二代可汗 Qapγan Qaγan,691—716年在位,第一代可汗骨咄禄之弟,第三代毗伽可汗的叔父。他为复兴突厥的国力而竭尽全力,再三通过远征扩大版图。晚年,因为服属诸部尤其是九姓离叛,他前往进讨,开元四年(716)大败拔野古于土拉河,趁胜深入,在柳林中遭遇拔野古的突袭而被斩杀。默啜的墓,学者认为可能就是蒙古中央省(Töv Aimag)巴颜温珠勒县(BayanÖnjüül Sum)土拉河左岸的穆哈勒(Mukhar)遗址。其根据是,就在该遗址上,1925年波洛夫卡(G. Borovka)发现了龟趺,后来克里雅什托儿内(S.G. Kljastornyj)认为其侧面雕刻的山羊是第二汗国的徽章,而蛇则表示被葬者的卒年,博伊佐夫(Boytsov)在此基础上进一步将墓主人认定为 Qapγan Qaγan。[1]

㉜ "传首京师"。关于传送默啜首级之事,《通典》卷一九八《边防典·突厥中》记有:

> 拔曳固逆率颉质略,于柳林中突出击默啜斩之,便与入蕃使郝灵佺传默啜首至京师。

墓志文的记述,是想表示墓主与郝灵佺同行一直到京师呢,还是墓主在杀害默啜与传送首级中有特别功绩呢?此外,史料中也有如郝灵佺自己斩杀了默啜这样的记载,但由于本墓志文的出现,还是应该认为

---

[1] 林俊雄:《モンゴル高原における古代テュルクの遺跡》,《東方学》第81辑,1991年,第170页。

第三章　开元十二年的《阿史那毗伽特勤墓志》　　197

斩杀默啜一事是由九姓完成的。

㉝ "畴庸"。"畴"即酬、报。"庸"即功。陆机《汉高祖功臣颂》（《文选》卷四七）云：

帝畴尔庸，后嗣是膺。

㉞ "降户"。对于降附唐朝、进入唐统治下的化外人的一种称呼，也作为法制用语出现于史料中。降户与已经附贯并一般州县民化的形态相比，性质不同。突厥降户的情况，若从唐朝统治政策的视角，可以整理出如下要点：（1）第一汗国灭亡后，唐将突厥固有的东西行政区划 Tölis、Tarduš 称为左厢、右厢而加以利用，形成左厢设定襄、桑乾两都督府，右厢设云中、呼延两都督府加以监督的制度。（2）突厥复兴、单于府被废除之后，四都督府侨治于鄂尔多斯地区的夏州，所管突厥人的人口当然减少了，但左右厢的区划在形式上被继续维持。（3）单于都护府日渐无法维持，之后不时仍有前来降附的突厥人，唐朝将他们置于当地各州的管辖之下。（4）以这种形式被统治的突厥人，不管在羁縻统治期还是第二汗国时期，一样地都被当作"降户"。对于此"降户"，《新唐书》卷五一《食货志一》记载：

四夷降户，附以宽乡，给复十年。

这条材料给人的印象是，降户已经附贯，复除期限十年一过，就被与普通州县民同等看待。但这是《新志》独有的将《户令》的附贯规定与《赋役令》的复除规定混在一起写成的文字。在令文中有"化外归朝者""外蕃之人投化者"，并非针对降户的规定，而是与附贯且州县民化的归化人相配套的。所以根据《新志》的记述来解释降户的形态是不妥当的（参看第一部第四章、第五章）。

㉟ "六纛"。六杆大旗。中国古代天子六军的象征，被认为是始于黄帝。关于突厥的"纛"，《周书》卷五〇《突厥传》云：

（可汗）旗纛之上，施金狼头。

《新唐书》卷二一五上《突厥传上》云：

可汗建廷都斤山，牙门树金狼头纛，坐常东向。

唐朝赐纛的例子，在《旧唐书》卷一九四上《突厥传上》贞观十三年（639）立阿史那思摩令降附突厥人北归之际可见：

于是，命礼部尚书赵郡王孝恭，齎书就思摩部落，筑坛于河上以拜之，并赐之鼓纛。

另外，表示首领所在地的"标旗"在古突厥语中也有用"tuγ"一词的情况，该词可以认为是从汉语"纛"（dok, duk）而来的借词[1]。

㊱ "劳来安辑"。《诗经·小雅·鸿雁》诗序曰：

能劳来，还定，安集之。

《孟子·滕文公上》：

劳之来之，匡之直之。

㊲ "宿卫"。《大唐六典》卷五《兵部》：

蕃人任武官者，并免入宿。任三卫者，配玄武门上（上疑当作者），一日上，两日下，配南衙者，长番，每年一月上。

---

1. G. Doerfer, *Turkische und Mongolische Elemente in Newpersischen*, Band II, Wiesbaden, 1965, SS. 618–622. G. Clauson, *An Etymological Dictionary of Pre-Thirteenth Century Turkish*, Oxford, 1972, p.464.

第三章　开元十二年的《阿史那毗伽特勤墓志》

所谓"三卫"指左右卫下的亲卫、勋卫、翊卫府，以及他卫的翊卫府[1]，承担宿卫任务。"玄武门"是通长安城北方禁苑的宫城北门，"南衙"指十二卫。据此，蕃人武官任三卫者之中，配于南衙的人一年上番一个月，配于玄武门的人三日中上番一日。前文的"蕃人任武官者，并免入宿"解释起来有困难，《大唐六典》卷五在此前还有：

> 凡怀化、归德将军（皆授予蕃官），量配于诸卫上下。

因为这两条材料互相矛盾，章群解释为"入宿"与"宿卫"所指不同[2]。有关蕃人武官宿卫的规定缺乏史料，章群、马驰两位的专著[3]中也没有很大篇幅涉及，其在唐代羁縻政策中的定位等相关问题，不明之处也很多。

㊳"陇右、朔方二军游弈使"。陇右节度使于开元五年（717）设置，治所在鄯州。朔方节度使开元九年（721）设置，治所在灵州，其实体以朔方道行军总管之名此前就已出现了。这里指陇右节度使和朔方道行军总管管辖内的承担游弈任务的官职。关于游弈，《通典》卷一五二《兵典五》：

> 游弈，于军中选骁果谙山川泉井者充。常与烽、铺、土河计会交牌，日夕逻候。于亭障之外，捉生问事。其军中虚实举用，勿令游弈人知。其副使子将，并久军行人，取善骑射者兼。

---

1. 滨口重国：《府兵制度より新府兵制へ》，《史学雑誌》第41编第11—12号；参照同氏著：《秦漢隋唐史の研究》上卷，东京大学出版会，1966年，第7页。
2. 章群：《唐代蕃将研究》，台北：联经出版事业公司，1986年，第97页。
3. 章群：《唐代蕃将研究》；同氏著：《唐代蕃将研究（续编）》，台北：联经出版事业公司，1990年；马驰：《唐代蕃将》，三秦出版社，1990年。此外涉及唐代蕃将的研究还有：陈寅恪：《论唐代之蕃将与府兵》，《中山大学学报》1957年第1期（后收入《金明馆丛稿初编》，上海古籍出版社，1980年）；谷口哲也：《唐代前半期の蕃将》，《史朋》第9号，1978年；谢海平：《唐代留华外国人生活考述》，台湾商务印书馆，1978年，第二编第一章第二节"宿卫授官""归附授官"条；等等。

文中的"烽"即烽台,"铺"为马铺,是山谷要路上每三十里设置的驰报紧急情况的设施。"土河"是在山口的贼路上凿出横断道,其中铺以细沙,每日检查人马足迹多少的方法,进而指担任此任务的人。游奕既与这些人联络,又执行军中、边境的警戒巡逻或刺探贼情的任务(使是其最高责任者),史料中屡有记载。如开元十二年(726)四月"止和蕃公主入朝制"(《唐大诏令集》卷四二)云:

奚有五部落。宜赐物三万段,其中取二万段,先给征行、游奕兵及百姓。

《通鉴》卷二一四开元二十四年(736)四月条有:

牢干尝负官债亡入奚中,为奚游奕所得。

在文书史料中,阿斯塔纳509号墓出土的开元二十二年(734)八月西州都督府关文[1]记载了以游奕突厥人为部众的游奕首领骨罗拂斯与西州都督府之间,进行有关灌溉工事的人夫、粮食的计会,是一件著名的文书。另外,这位游奕首领"骨罗拂斯"的中古音是 Kuòt-lâp'luat-siě[2],极有可能是具有"向导"之意的古突厥语 qulavuz[3] 的汉字音译。此点承蒙大阪大学文学部教授森安孝夫氏、创价大学人文学部教授林俊雄氏的教示。

曾由日比野丈夫介绍过的一系列蒲昌府文书群(宁乐美术馆藏)中,屡屡出现"游奕"一词,开元二年(714)西州游奕官的补充、交代等的实际状况可由此窥知[4]。菊池英夫以这些文书以及《通典》所引《李靖

---

1. 照片见新疆维吾尔自治区博物馆编:《新疆出土文物》,文物出版社,1975年,图版九五;同编者:《新疆历史文物》,文物出版社,1978年,图版二八。录文参看池田温:《中国古代籍帐研究》,东京大学东洋文化研究所,1979年,第369页;《吐鲁番出土文书》第九册,文物出版社,1990年,第104—105页。
2. B. Karlgren, *Analystic Dictionary of Chinese and Sino-Japanese*, Paris, 1923, pp. 48, 146, 184, 243.
3. G. Doerfer, *op. cit.*, Band Ⅲ, Wiesbaden, 1967, SS. 490-493. G. Clauson, *op. cit.*, pp. 617—618.
4. 日比野丈夫:《唐代蒲昌府文書の研究》,《東方学報》(京都),第33册,1963年。

兵法》分析了身在前线的游奕的任务，同时推测其原意是指"以游骑探逻，紧急时奕驰而报"[1]。最近，荣新江又分析了辽宁省档案馆收藏的蒲昌府文书残片，指出其中的一部分接续着日比野氏介绍的第四十五号文书（宁二九页），并将该文书复原为与死亡游奕官的补充相关的开元二年三月蒲昌府牒[2]。

㊴"胡贼干诛，动摇河曲"。指开元九年（721）四月，在灵、夏州南境的兰池州以康待宾、安慕容、何黑奴等西域系胡人为首谋者发动的所谓河曲六州胡的叛乱。叛乱在同年中被镇压。关于六州胡有小野川秀美的研究[3]，此外与叛乱有关的主要史料曾由张泽咸整理[4]。这里还可以介绍的是，镇压叛乱人物的墓志资料有1958年西安东南郊发现的《杨思勖墓志》[5]，其中可见这样一句：

> 康颠子以六胡州叛，公一鼓用兵，截然大定，公之武威也。

还可以指出的一点，是将该叛乱镇压后的处置委任给朔方道行军大总管王晙的诏文（《册府元龟》卷九九二所载）中有如下一节：

> 却投来吐浑、党项、左右厢降户杂蕃、并胡残部落，或善恶未分，或久长取稳。若须厘革，一事以上，并委王晙。

则突厥降户中也有人加入了叛军一方。

㊵"执讯获丑"。典出《诗经·小雅·出车》对夷狄讨伐军凯旋的歌颂：

> 执讯获丑，薄言还归。

---

1. 菊池英夫：《西域出土文書を通じてみたる唐玄宗時代における府兵制の運用（上）（下）》，《東洋學報》第52卷第3—4号，1969—1970年。
2. 荣新江：《辽宁省档案馆所藏唐蒲昌府文书》，《中国敦煌吐鲁番学会研究通讯》1985年第4期。同文书的照片刊载于辽宁省档案馆：《唐代档案》，《历史档案》1982年第4期。
3. 小野川秀美：《河曲六州胡の沿革》，《東亞人文學報》第1卷第4号，1942年。
4. 张泽咸编：《唐五代农民战争史料汇编》上册，中华书局，1979年，五五"兰池胡康待宾"条。
5. 中国社会科学院考古研究所编著：《唐长安城郊隋唐墓》，文物出版社，1980年，第83—86页。

郑笺释为"执其可言问所获之众",但《集传》认为是"讯,其魁首当讯问者也。丑,徒众也"。后一说意义明确。即"讯"指首魁,"丑"指其手下的徒众。

㊶ "繄将军赖焉"。"繄……赖",是根据《左传》襄公十四年而来的表述:

> 王室之不怀,繄伯舅是赖。

《左传》疏云"唯伯舅大公是赖也",因此似乎可以训为"唯将军是赖"。但是《左传注》认为"繄,发声",而《新釈漢文大系·春秋左氏伝》三(鎌田正著,明治书院,1977年,第949页)也训读为"啊",故本章从后说。

㊷ "羽林军"。与南衙十二卫相对的北衙禁军六军(左右羽林军、左右龙武军、左右神武军)中的一部。北衙禁军中最早设置的是羽林军,其时期根据《六典》卷二五《诸卫》、《旧唐书》卷四四《职官志三》为龙朔二年(662),据《唐会要》卷七二"京城诸军"条则为武后垂拱元年(685)。另一方面,龙武军的设置虽在开元二十七年,但其母体是建国期的太原元从兵以及其子孙,高祖期的元从禁军后来改名为父子军、百骑、千骑、万骑,世代担任北门和禁苑的警备军,与玄宗时期的龙武军一脉相承。因而在本墓主所处的时代,北衙禁军中龙武军的前身和羽林军一定都是存在的。羽林军与龙武军相比,组成成员、职务都不同,当初由府兵中的越骑和步射构成,其职务如《六典》卷二五所记:"左右羽林军大将军、将军之职,掌统领北衙禁兵之法令,而督摄左右厢飞骑之仪仗,以统诸曹之职。若大朝会,则率其仪仗,以周卫阶陛。若大驾行幸,则夹驰道而为内仗。"主要是担任仪仗兵的任务。随着南衙十二卫因府兵制的崩坏以及安史之乱而没落,北衙禁军扩张了势力,但渐渐地实力都汇集于新生的神策军[1]。

㊸ "爪牙"。像虎狼的爪与牙一样护卫王的人。爪牙之士。见于《诗经·小雅·祈父》。

---

1. 曽我部静雄:《唐の南衙と北衙の南司と北司への推移》,《史林》第64卷第1号,1981年。

第三章　开元十二年的《阿史那毖伽特勤墓志》

㊹ "夤"。自我谨慎、敬畏。《说文》："夤，敬惕也。"惕即敬畏之意，从一到日暮时人就自我谨慎、畏惧之意而来。

㊺ "岐山大蒐"。岐山是陕西省岐山县东北的山名。其南麓，被认为是周的先祖古公亶父为北狄所迫从豳迁至的周原之地。实地调查报告有石璋如《传说中周都的实地考察》(《中央研究院历史语言研究所集刊》二〇下，1949年)。大蒐指进行大规模的狩猎。《左传》昭公十八年有：

> 乃简兵大蒐。

㊻ "长杨校猎"。长杨是位于陕西省西安市西方的秦宫殿名。汉代经修理成为行幸之地，是秦汉的游猎地。《三辅黄图》卷一"宫"条：

> 长杨宫，在今盩厔县东南三十里。本秦旧宫。至汉修饰之，以备行幸。宫中有垂杨数亩，因为宫名。门曰射熊观。秦汉游猎之所。

汉孝成帝在此聚集禽兽，四周围以网罗放置其中，令胡人徒手去捕捉，以夸示中国的豪奢。其时的情形在扬雄《长杨赋》(《文选》卷九)中被吟咏。"校猎"的校是阻断禽兽逃路之物，即栅栏。校猎即以木编成栅栏，在其中进行狩猎。

㊼ "应变"。对难以预测的事态的应对。

㊽ "虞侯"。《事物纪原》"舆驾羽卫"部"虞侯"条云：

> 春秋时，晋有候正，主斥候。又有原候、候奄。则虞侯之名，盖因此。

汉代于卫尉置都候、于太尉置军候，又隋代在太子卫率置左右虞侯，均掌斥候、伺非。唐朝藩镇时代，在州县的外镇设置了监管军规风气的都虞侯[1]。根据这些，所谓"虞侯"应解释为指斥候、伺奸、风纪等职务。另一方面，周官中薪之薪蒸（燃料木）的监视官可见虞侯的职名（《左传》昭公二十年），又有掌山林政令之职的山虞（《周礼·地官》）。本墓志中很难取与山林或薪柴有关的职掌之意，所以取伺奸、斥候之意。

㊽ "朔漠"。北方的沙漠地带。

㊾ "穹苍降疠"。"穹苍"即天，天空。就其形状如弓、色青而言。"疠"指疫病。《左传》昭公十四年有"疠疾不降"。疏云：

> 寒暑失时，则民多疠疾。疠疾，天气为之，故云降也。

即疫病曾被认为是天之气降下的东西。

㊿ "冕旒"。冕是一种冠，旒是冕的前后悬挂的玉垂帘。冕旒即前后垂着用丝穿起的玉，在朝仪、祭礼等场合所着的冠。天子十二旒以下，按品阶设定旒数的差等[2]。这里前面空了三个字，但因为与后面"渠帅"相对，故可解为"王公百官"之意。

(52) "物一百段，米一百石，粟一百石"。"物"惯指物、帛等，而单独指布帛类的用法，在唐代史料中屡屡可见。"米"在华北指粟米，在江南指（去除谷壳以后的）稻米，"粟"指带壳的粟[3]。另外，复原唐《丧葬令》第八条有：

> 诸职事官薨卒……三品，物百段，粟百石……[4]

本墓主赠官为正三品左骁卫大将军，其丧葬待遇中与物、粟相关的部

---

1. 日野開三郎：《支那中世の軍閥》，三省堂，1942年；又收入《日野開三郎東洋史論集》第一卷，三一书房，1980年。见该书第71页。
2. 参看仁井田陞：《唐令拾遗》，东方文化学院，1933年，初版；东京大学出版会，1964年，复刻，"衣服令"。
3. 关于"物"，参看曰野開三郎：《唐代租庸調の研究I 色額篇》，自家版，1974年，第334页。关于"米"参看同书第117—150页《米の語義・用法》。关于"粟"，参看同书第84—116页《粟の語義・用法》。
4. 仁井田陞：《唐令拾遗》，第814—816页。

第三章　开元十二年的《阿史那毗伽特勤墓志》

分符合这一规定。

㊳"内使"。这两字应是惯用语，否则解读起来就很困难。下文说"监护葬事"，唐代监护京官葬仪的是鸿胪寺司仪署，显庆四年（659）《尉迟融墓志》[1]中写道：

> 仍令鸿胪卿、琅邪郡开国公萧嗣业监护……

开元十七年（729）《徐坚神道碑》[2]记有：

> 鸿胪少卿元复监护葬事，官给鼓吹仪仗。

因而大体可以这样理解：此处的"内使"意指朝廷派遣来总领葬仪的官员，具体地就是指鸿胪寺的高级官员（据《六典》卷一八"鸿胪卿"条，三品官的葬仪监督是鸿胪丞的职务）。

㊴"长（安县）龙首乡"。"安县"二字可根据上下文意推测补入。龙首乡，《长安志》卷一二"长安县"条有：

> 龙首山，在县北十里。

默啜的女儿毗伽公主的埋葬地，根据其墓志，也在"长安县龙首原"，本书前面第二部第一章研究的阿史那施的埋葬地也是"京兆龙首原"。对此龙首原，羽田亨曾在长安城内西端的居德坊去寻找，岑仲勉已经指出这一比定是错误的[3]。又，龙首原等的"原"不是野原、平野的意思，而指高且平的山[4]。

㊵"礼也"。屡屡在墓志文中出现的"礼也"二字，意为"合乎礼""遵

---

1. 毛汉光：《唐代墓志铭汇编附考》第四册，台北：中研院历史语言研究所，1986年，第370、285—292页。
2. 《文苑英华》卷八九三；《唐丞相曲江张先生文集》（四部丛刊本）卷一九；《全唐文》卷二九一。
3. 羽田亨：《唐故三十姓可汗贵女阿史那氏之墓誌》，第150页。岑仲勉：《突厥集史》下册，第824页注22。
4. 驹田信二：《原と『はら』》，《月刊しにか》1991年5月号。

从礼而实行的事情"。这一用例在《左传》中也可见约80例,略举数条如下:

(a)[隐公八年八月丙戌]郑伯以齐人朝王。礼也。
(b)[庄公八年春]治兵于庙,礼也。
(c)[襄公十三年春]公至自晋。孟献子书劳于朝,礼也。
(d)[昭公十八年七月]郑子产为火故,大为社,祓禳于四方,振除火灾。礼也。

㊺ "宇量恢弘,体业沈毅"。"宇量"指人物的性质、器量。《晋书》卷三《武帝纪》:

帝宇量弘厚,造次必于仁恕。

"恢弘"指广大貌。"体业"指举止、行动。《淮南子·氾论训》:

故圣人以身体之。

高诱注曰:"体,行。""沈毅"意为沉着镇静而强大有力。

㊼ "天弧射法,太一营图"。"天弧"为星名,即弧矢之物,被认为是天之弓。《史记》卷二七《天官书》:

其东有大星,曰狼。……下有四星,曰弧,直狼。(正义:弧九星有狼东南。天之弓也。以伐叛怀远,又主备贼盗之知奸邪者)

它被认为是监视、讨伐叛者、盗贼、奸邪等的天之弓。扬雄《羽猎赋》(《文选》卷八)有如下用例:

荧惑司命,天弧发射。

"太一"也写作"太乙""泰一"等,即北辰神、北极星。《史记·天官书》有:

> 中宫,天极星。其一明者,太一常居也。

与"天弧射法,太一营图"完全相同的用例,有庾信《纥干弘神道碑》(《庾子山集》卷一四)中的文句:

> 青乌甲乙之占,白马星辰之变,九宫推步,三门伏起,天弧射法,太乙营图,并皆成诵在心,若指诸掌。

㊽ "观书"。《淮南子·说林训》云:

> 观射者遗其艺,观书者忘其爱。意有所在,则忘其所守。

故表示"心思停留于某处,则忘记了应守之道"的用例是存在的。但是,本墓志文的这一部分,若与上引庾信《纥干弘神道碑》相比较,其上文完全是相同的文字,其下文庾信的是"若指诸掌",本志为"有□指掌",两者也极为类似。可以认为这前后四句所记的是与庾信碑文相同的意思。那么"无俟观书"一句相当于庾信的"成诵在心",由此推之,这里的"书"指"书籍",应该解读为"不用看书籍而可以暗诵,像用手指指手掌一样向人们展示事物"。进一步说,"无俟观书"的"俟"是带有"依赖"之意的"需要"。

㊾ "指掌"。《论语·八佾篇》:

> 或问禘之说。子曰:不知也。知其说者之于天下也,其如示诸斯乎。指其掌。

如指着手掌一样,比喻对事物知易行易。

㊿ "金章解韨而饰腰"。"金章"与后文"紫绂"相对,即金印紫绶,

汉代授予内臣中的九卿、将军以上以及列侯，外臣中授予客臣以外的一般外臣[1]。这意味着唐代三品官以上允许穿着佩戴的紫衣金鱼袋，表示正式进入了与中国皇帝的君臣关系中。《史记》卷七九《蔡泽列传》云：

> 怀黄金之印，结紫绶于要（腰）。

则金印是结在腰上的。"解辫"即解开结在一起的头发，即改变夷狄的风俗。《旧唐书》卷一九六下《吐蕃传下》可见：

> （大中三年）七月，河、陇（河州、陇州）耆老率长幼千余人赴阙。上御延喜楼观之，莫不欢呼忭舞，更相解辫，争冠带于康衢。

㉛"削衽"。"削"意为去除、解去。"衽"指左衽，即将衣服前襟向左边掩，是描述异民族习俗的常用套语。《书经·毕命》可见：

> 四夷左衽，罔不咸赖。

㉜"知人则哲"。具有了解官吏的人品才能的智慧。"哲"即明智。这是从禹的故事化出的表述，禹感叹帝的职责在于了解官吏和安定民众，而这些即使对帝来说也是非常困难的。《书经·皋陶谟》有：

> 禹曰：吁，咸若时，惟帝其难之。知人则哲，能官人。安民则惠，黎民怀之。

注："哲，智也。无所不知。"

㉝"功不言于大树"。指后汉的将军冯异在诸将论功之时常常独自

---

1. 栗原朋信：《文献にあらわれたる秦漢璽印の研究》，同氏著《秦漢史の研究》，吉川弘文館，1960年，第三章"内臣の璽印"、第四章"外臣の璽印"。

避开，退到树下，对自己的功劳非常谦逊的故事。冯异因此被称为大树将军。《蒙求》"冯异大树"条：

> 后汉冯异，字公孙，颍川父城人……每所止舍，诸将并坐论功，异常独屏树下，军中号曰大树将军。

墓志文的出典即是这一幕。

⑭ "饰终"。润饰死者的最终。《隋书》卷三九《豆卢毓传》可见：

> 毓遂见害，时年二十八。……炀帝下诏曰："褒显名节，有国通规。加等饰终，抑推令典。"

⑮ "朗鉴"。明朗的镜子。
⑯ "贞筠"。即竹。贞指颜色固定不变的样子。
⑰ "（鉴伊）"。此二字是从上下文意推测而补入的。
⑱ "翱翔"。凤凰在高空展翅的样子。
⑲ "右地"。通常（特别是在与北方民族有关的史料中）表示地域、方位的"左右"是假定从北方南面的方向而使用的，因而这里"右地"指"西方的地域"。若到志序中寻找与铭文"右地封王"相当的墓主的生前事迹，那一定是第十二行所见的开元五年的封左贤王之事。然而，左贤王是中国方面对统治（草原帝国）东方的最高责任者的雅称，因而这里自然出现了东西颠倒的问题。参看前文语释②。

⑳ "跋履"。在没有道路的地方开路跋涉前行。《左传》成公十三年可见如下用例：

> 文公躬擐甲胄，跋履山川，逾越险阻，征东之诸侯。

㉑ "怀我好音"。典出《诗经·鲁颂·泮水》。意思是：鸮（淮夷）若吃了泮宫的桑葚（天子之德），也会改变恶声而送来好音。参照本书第二部第二章语释⑱。

⑫"遗噍"。幸存者,遗民。"噍"即咀嚼,进而指进食而生活着的人。
⑬"蠢蠢"。纷乱骚动的样子。
⑭"干纪"。触犯法纪之事。
⑮"群胡蠢蠢……遗君"。我想说说这句释文上的问题。拓片中"群胡蠢"之下的文字是"干","遗"和"君"之间磨灭了,全文是:

群胡蠢干,纪难囵乂,不遗□君,讨期必殒。

但是,这样的话语义不通,而且从韵来看这句话也是以"忍"和"殒"押韵的。因此精查过拓片后,发现"蠢"和"干"之间不单是一处磨损痕迹,而可明确认定是重文符号"ᡕ"。而"遗"下一字的空格的右下部分先不考虑是磨灭的,那里很难找到一点笔画的刻痕,理解为"君"之上空一格是可能的。本章根据以上的判断以及押韵和上下文章,作出了前面第一节的释文。
⑯"殒"。通"殁(死)"或"陨(坠落)"。
⑰"骎骎奔晷"。"骎骎"是马脚步声很响亮地快速疾行貌。比喻事物的急速变化。"晷"是指时间,原意是太阳时钟的指针阴影。陆机《长歌行》(《文选》卷二八)有:

寸阴无停晷,尺波岂徒旋。

⑱"寸阴"。很短的时间。参照上引《长歌行》。
⑲"滔滔逝川"。"滔滔"为水流貌。"逝川"是流去不归的河水。典出《论语·子罕篇》:

子在川上,曰:逝者如斯夫,不舍昼夜。

⑳"尺波"。一尺小的波浪,微波。参照语释⑰陆机《长歌行》。
㉑"高堂"。《论衡·薄葬篇》云:

第三章 开元十二年的《阿史那毖伽特勤墓志》

> 亲之生也，坐之高堂之上，其死也，葬之黄泉之下。

缪袭《挽歌诗》(《文选》卷二八）也有：

> 朝发高堂上，暮宿黄泉下。

"高堂"作为死后世界的对立面而使用，即表示生前体面的生活。

㉒ "大夜"。死后的世界，黄泉。则天武后《高宗天皇大帝哀册文》(《文苑英华》卷八三五）有如下一节：

> 去重阳之奕奕，袭大夜之悠悠。

㉓ "苍茫旷野"。"苍茫"指青绿而广大貌，用来形容原野、山、天空等。"旷野"是冬天草木枯萎后一无所有的原野。

㉔ "摇落"。草和树叶枯萎、摇动坠落。

㉕ "滕婴马驻"。典出《蒙求》"滕公佳城"的故事。滕婴即前汉的夏侯婴，因曾任滕令而号为滕公。他的马在一地突然停止不前，从那里挖出了刻有滕公之名的石棺，因此将该地定为自己的墓地。《蒙求》载：

> 滕公驾至东都门，马鸣蹄不肯前，以足跑地，久之。滕公使士卒掘马所跑地，入三尺所，得石椁。滕公以烛照之，有铭焉……曰："佳城郁郁，三千年见白日。吁嗟！滕公居此室。"
> 滕公曰："嗟乎，天也！吾死其即安此乎。"死遂葬焉。

故"滕婴马驻"即指由天命决定的最合适的墓地。

㉖ "缪袭歌"。缪袭是三国魏人，史言其有才学，多所著述（《三国志》卷二一）。他将汉高祖时所作的《安世房中歌》确立为颂扬先祖之灵与功德的享神歌（《宋书》卷一九《乐志一》、《南齐书》卷一一《乐志》）。这里即指此享神歌。关于缪袭之前的《安世房中歌》，有后妃房中演奏

之乐、招待四方宾客之乐、同原来一样的享神歌等不同的说法，鈴木修次对此有专论[1]。

(87)“万古”。有“太古的过去”和“未来永远”两种意思，此处取后一种意思。其用例如杜甫《戏为六绝》：

尔曹身与名俱灭，不废江河万古流。

沈佺期《邙山诗》：

北邙山上列坟茔，万古千秋对洛城。

(88)“秘书省楷书，骁骑尉赵郡李九皋”。“秘书省楷书”见于《大唐六典》卷一〇《秘书省》：

楷书手八十人。（注）隋炀帝、秘书省置楷书员二十人，从九品，掌抄写御书。皇朝所置，职同流外也。

“骁骑尉”为比于正六品的勋官。书者李九皋，管见所及，在编纂史料或者其他墓志、碑文中均未见其名。

【铭韵】珍、真、人、筠；异、义、贰、位；郎、翔、王、场；忍、殒；借、舍、驾、夜；坟、闻、勋、军。

【现代语译】（略）

结语：墓主与羁縻政策、关于撰者

如果总结本墓志文的内容，可分为如下六个段落：（1）墓主的死

---

1. 鈴木修次：《漢魏詩の研究》，大修馆，1967年，第2—11页。

第三章　开元十二年的《阿史那毗伽特勤墓志》

亡年月和祖先（第三行至第五行）；（2）墓主降附唐朝的经过（至第十行第十一字）；（3）在唐朝的活跃经历（至第十六行第二十一字）；（4）死亡与葬仪（至第二十行第二十三字）；（5）墓主的人品（至第二十四行第二字）；（6）铭文。从前贺梓城引用过的，是从第六行开头到第十五行"守之惟贪"，以及从第十六行"今年八月"至第十九行"左骁卫大将军"的部分。

本墓志文开头记述了墓主的死亡，这不是什么少见的事情，在志文的格式上是属于正体而非变体[1]。

墓主阿史那毗伽特勤724年去世，享年43岁。据此计算，他应生于682年。就唐王朝而言这相当于高宗的晚年，就北方来说，正值单于大都护府方面突厥发动了叛乱，骨咄禄开始自立的时期。换言之，墓主在突厥复兴期出生，在骨咄禄、默啜时期度过了少年、青年时代，在默啜末期趁本国混乱而降唐。其时间可认为是开元三年（715）。从志文可以知道，此后他从唐朝获授将军号等，虽然在长安生活，却依然处于率领突厥人部众的地位。唐代羁縻统治的实例之一，在此得到了展示。

唐代的内附异民族中，与本墓主的存在形态非常相似的典型例子，可举铁勒的契苾何力。据《旧唐书》卷一〇九本传，何力于贞观六年（632）降唐，其部落被置于甘州、凉州之间。何力本人获授左领军将军一职而生活在长安，他的母亲和叔父依然在凉州，而且他的部落在北方薛延陀日渐强势之际，显示出想要抛弃族长何力归属薛延陀的动向。面对这种情况，何力千里迢迢奔赴凉州去规劝部落民。因此，何力在太宗、高宗朝多次参加唐的军事远征，无疑是率领着部落民进行的（参照前第二部分第二章）。本墓主阿史那毗伽特勤的情况也一样，身在长安宿卫的同时，不仅对北边及西北边自己的部落而且还对"（突厥）新旧降户"负有管理的责任，因而他一定率领着这些降户的一部分参与了对默啜的讨伐，并且承担了游奕使的任务。唐从自己疆域内的东北方到西南方，

---

1. 参看〔明〕王行：《墓碑举例》(《金石三例》所收)，〔明〕徐师曾：《文体明辩》（宽文十年刊本）"墓志铭"条。

呈带状地保有这样的异民族统治地域，该地带及其住民在防御外敌入侵或攻击、战胜外敌之际，发挥了重要的作用，为唐王朝持续贡献了巨大的利益。本墓志展示了这种唐代羁縻政策的一个实例，正是在这一点上显示出它的史料价值。

唐朝将降附的异民族置于本国边疆之地，而让首领层大多生活在长安，对于北方游牧民族，这一政策是以630年突厥第一汗国灭亡为契机开始实行的，仅在当时移住长安的突厥人据说就达到了数千家。此后这一倾向延续下去，存在着明明是可汗直系的子孙，在突厥复兴后也没有北归而在洛阳终其一生的例子（参看本书第二部第一章）。不难推测，突厥的文化给唐代长安、洛阳等都市的生活、风俗带来了很大影响。事实上，仅就史料表面呈现的，例如太宗皇太子承乾在东宫模仿突厥人习俗生活之事是很有名的，而《教坊记》所见的唐代教坊伎女之间学突厥习惯大多结成称为"香火兄弟"的义姊妹组织之事，还有《日本国见在书目录》"小学家"一项可见日本国留学生从唐土带回来的《突厥语》一卷，这些也广为人知。此外，包括上述诸点在内，关于唐代长安的士庶人之间流行的突厥习俗诸相，那波利贞已有极尽详细的论述[1]，这里就不再重复了。不过尚可补充两点：其一，唐初长孙无忌爱用乌羊毛做成的浑脱毡帽而人多仿效，这一故事在当时是有名的（《新唐书》卷三四《五行志》）；其二，根据中宗神龙年间吕元泰的上奏可知[2]，当时的都邑坊市中流行称为"苏莫遮"的骏马胡服的浑脱队，诸王亦好行之。这些也都可以说明受突厥影响之大。

最后我还想大致说一下撰者。本志文的撰者徐峻，属于湖州长城的徐氏。据《元和姓纂》卷二，徐氏的主要支脉是东海剡州的徐氏，《新唐书》卷七五下《宰相世系表下》也追述了这一家的谱系，没有出现徐峻。峻之名仅见于《姓纂》卷二"徐氏"条：

---

1. 那波利贞：《唐代长安城内の朝野人の生活に浸潤したる突厥風俗につきての小攷》，《甲南大学文学会論集》第二七集，社会科学编第五集，1965年。另可参照林恩显：《突厥文化及其对唐朝之影响》，《食货月刊》复刊第二卷第七期，1972年。
2. 《册府元龟》卷五三二《谏诤部·规谏》；《新唐书》卷一一八《宋务光传附吕元泰传》。

第三章　开元十二年的《阿史那毗伽特勤墓志》

　　长城　与有功同承宁。宁曾孙广之，晋吴兴太守，因居长城。八代孙孝德，唐水部郎中，生齐聃，西台舍人。生坚，中书舍人，刑、礼、黄门三侍郎，左右常侍、东海文公。生峻、峤。峻，金部郎中。生旻，驾部员外。峤，中书舍人、河南少尹。生岊昪。自孝德至旻，五代入省，自齐聃至峤，三代中书舍人。（画线部分为人名）

峻父坚在《旧唐书》卷一○二有传，其人通经史，与刘知幾、吴兢等一起在则天朝参与了《唐史》的编纂（因则天逊位未完成）（《全唐文》卷九六武后《令武三思等修史敕》中也可见其名），更作为《初学记》的撰者而知名。祖父齐聃在《旧唐书》卷一九○上《文苑传上》有传，同样也从幼年即善于文章；曾祖父孝德有《孝德集》十卷（《旧唐书·经籍志下》）。又，孝德的长女是太宗的贤妃，《旧唐书·后妃传》中有传，爱好文章，贞观二十二年（648）上《谏太宗息兵罢役疏》（《旧唐书》本传、《全唐文》卷九五、《唐文粹》卷二七）；其次女成为了高宗的婕妤，史言其有文藻（《旧唐书·徐坚传》）。如进一步搜罗徐氏一族所撰的石刻文字，可以确认的有徐坚撰《裴索墓志》（《全唐文》卷二七二）、徐峤撰《金仙长公主神道碑》（《金石萃编》卷八四、《全唐文》卷二六七）等。也就是说，本墓志撰者徐峻，出身于唐代有代表性的文章世家，以至于议者以此一族比于汉代的班氏（《旧唐书·徐坚传》）。本志文的文章，可以理解为是立足于这样的家学传统而撰述的。

　　另外，张九龄所撰峻父坚的神道碑收录于《文苑英华》卷八九三、《唐丞相曲江张先生文集》（四部丛刊本）卷一九、《全唐文》卷二九一，又峻的八世祖陈代徐综的墓志（唐龙朔元年改葬）收录于《唐代墓志铭汇编附考》第五册第235页、《千唐志斋》上册第174页、《北京图书馆藏中国历代石刻拓本汇编》第十四册第24页。若将这些也参考进来，可梳理本志撰者的谱系，即如图11所示。

【附记】本书第二部研究了《阿史那施墓志》《九姓突厥契苾李中

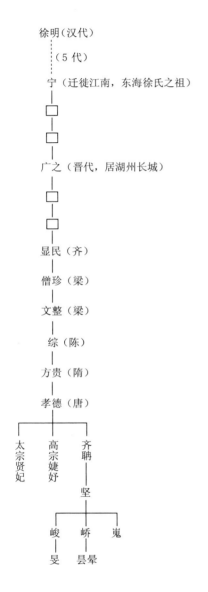

图 11 本志撰者徐峻的谱系

郎墓志》《阿史那毗伽特勒墓志》三种墓志，承蒙原陕西省文物管理委员会已故的贺梓城先生、陕西省博物馆王仁波馆长、西安碑林研究室主任贺忠辉先生、西北大学教授林剑鸣先生、陕西省文物管理局张廷皓局长、早稻田大学教授古贺登先生、富山大学教授氣賀澤保规先生（所属单位都是1989年的情况）的厚意，使我对以上三种墓志拓片的释读成为可能。在现场，氣賀澤保规、贺忠辉两位先生特别为我提供了便利。在本部分的最后，特向以上诸先生致以深深的谢意。

第三部 唐的朝贡规定与国际秩序

第一章

朝贡使节在边境州县的待遇

引言

在中国史上，隋唐时代，特别是唐代，是作为一个周边诸国积极地向中国派遣使节、东亚世界外交极有活力的时代而著称的。我们日本国，也有前后达十多次的遣唐使渡海赴中国，他们带回来唐的先进文化、制度，为古代国家形成做出了不同寻常的功绩，如今这些已无须赘言。遣唐使研究受到重视，进而唐的国际性受到强调的原因部分也在于此。

像这样频繁地被派遣来的诸外国使节，唐朝一方如何接纳如何对待呢？唐王朝当然有某种接待的程式，如能将它阐释清楚，就应当能看清唐的外交理念和国际秩序。尽管如此，也许是由于一直以来日本的遣唐使研究主要是由日本古代史家进行的，关于迎入使节一方的唐朝的接纳方针和应对规定，至今无人注意。由此，本书第三部拟通过整理唐代对朝贡使节的接待规定，探讨其具体内容，以使唐的外交理念、国际秩序浮现出来。

使节从外国向唐朝派遣的时候，该使节当然不会突然地行至京师长安，而是必须先到达边境的州县。那么，在使节到达的国境或海岸的州县，对外国使节给以怎样的待遇呢？本章首先将对边境州县接待外国朝贡使节有关规定的史料进行基础性的整理。不过，这是一个受到史料极大制约的题目，所以我还将通过对日本遣唐使归朝报告的整理和解释，来弥补法令史料的制约。

日本国遣唐使派遣的次数，历来有十二次、十五次、十八次等说法，本书选择被最广泛接受的十八次说，有年号的一并附记其年号。

一、边境待遇规定拾遗

首先，我想对现存唐代有关史料中记载的唐代边境官署接待朝贡使节的规定，进行整理与注释。

第一章 朝贡使节在边境州县的待遇

（1）殊俗入朝者，始至之州给①牒，覆②其人数。谓之边牒。（《新唐书》卷四六《百官志》）

【语释】
① "给"。《国语》卷二《周语中》："且财不给"。注曰："给，供也。"
② "覆"。《尔雅·释诂下》："覆，审也。"

（2）若诸蕃献药物、滋味①之属入境，州县与蕃使苞匦②封印，付客及使，具其名数，牒寺。寺司勘讫，牒少府监及市③，各一官领识物人，定价量事奏送，仍牒中书，具客所将献物。应须引见宴劳，别听进止。（《大唐六典》卷一八《鸿胪寺·典客令》）

【语释】
① "滋味"。美味之物。在中国难以获得的珍馐美味之类。具体来说，《唐会要》卷一〇〇《杂录》载："（贞观）二十一年三月十一日，以远夷各贡方物，其草木杂物有异于常者，诏所司详录焉。"接着列记的叶护的马乳葡萄，康国的黄桃，泥婆罗国的波稜菜、苦菜、胡芹、浑提葱，西番胡国的石蜜，西域的葡萄酒等，是"滋味"中的一部分。石蜜、葡萄酒等在《新修本草》中是作为药物记载的，但是在唐代与其说是药物不如说是作为"滋味"被认识的。关于输入唐代的药物、食物，参照 Edward Schafer, *The Golden Peaches of Samarkand, Study of T'ang Exotics, IX Foods, XI Drugs*, University of California Press, 1985（译者注：此书的中译本参看谢弗著，吴玉贵译《唐代的外来文明》，中国社会科学出版社，1995年）。
② "苞匦"。苞即席草，匦为箱子。即用席草包裹的箱子。
③ "市"。唐《关市令》云："诸市每肆立标，题行名。依令，每月旬别三等估。"（《唐令拾遗》，第716页）则唐代有每十日将物品的价格定为上、中、下三等的制度。这个价格被称为"市估"，大谷探险队带回的文书中，有交河郡向西州都督府提出的市估案（物价表）和酱、

刺柴价格的答申牒,池田温《中国古代物価の一考察》(一)(二)(《史学雜誌》第77编的1—2号,1968年)、内藤乾吉《西域発見唐代官文書の研究》(《西域文化研究》第三,法藏馆,1960年;后收入其《中国法制史考证》,有斐阁,1963年)等对它做了详细的研究。这些文书的制作者是交河郡的"市司",市司确定公定市价之事,也可由《唐律疏议》卷二六《杂律》所云"诸市司评物价,不平者,计所贵贱坐赃论;入己者,以盗论"得到印证。在京师与市司相当的官署是"市署",《六典》卷二〇"两京诸市署"条可见:"京、都诸市令,掌百族交易之事,丞为之贰。凡建标立候,陈肆辨物,以二物平市,以三贾均市。"根据上引史料(2)可知,朝贡使节的贡品中有药物的情况下,少府监与市署会合估量以决定其价格,"并牒中书省"。这里少府监与中书省的登场,如《唐会要》卷六六"少府监"条载显庆六年(661)二月十六日敕曰"南中有诸国舶。……其官市物,送少府监,简择进内"所见,与官市物的"进内"由少府监管辖有关;又如《六典》卷九"中书侍郎"条载"凡四夷来朝……若献货币,则受之,以授于所司"所见,贡献品的监督是由中书省管辖的。另外,虽然没有药物,官方令商人估算物品价值的例子,有《唐国史补》卷中"卢昂瑟瑟枕"条所记宪宗召市人估算瑟瑟枕价值的故事。关于唐代的医疗和药品销售业,参照那波利贞《唐朝政府の医療機構と民庶の疾病に対する救済方法に就きての小攷》(《史窓》第17—18合册号,1960年)、妹尾达彦《唐代長安の盛り塲(上)》(《史流》第27号,1986年)。据妹尾氏,在唐代,民众易患的各种疾病的名称与对其具有疗效的药的名称,以及该药物的公定价格,都在公众集散的广场上刻石以公示(第21—24页)。

药物、"滋味"类的携带入境规定,若将各司署的关系予以图示,即如图12所示。

(3)献药者,鸿胪寺验覆[①],少府监定价之高下。(《新唐书》卷四八《百官志三·鸿胪寺》)

第一章　朝贡使节在边境州县的待遇

【语释】

① "验覆"。再一次核查以明确无疑。这里指对州县作成的牒进行验覆。

【参考史料】

开元十四年四月……下制曰："如闻在外州，多有矫称敕使，诈乘传驿，或托采药物，言将贡献；或妄云追人，肆行①威福②。如此等，犹须禁断。若缘别使③，皆发中使④。以此参察，固易区分。宜令州县，严加捉搦，勿容漏网。"(《册府元龟》卷六三《帝王部·发号令二》)

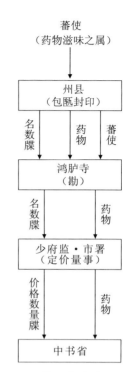

图12　药物类递送规定图

【语释】

① "肆行"。恣意而为。

② "威福"。时而用威力恐吓人，时而施以恩惠而进行压迫。

③ "别使"。特别的使节。

④ "中使"。皇帝的密使。

（4）凡献物，皆客执以见。驼马则陈于朝堂，不足进者，州县留之。(《新唐书》卷四八《百官志三·鸿胪寺》)

（5）大历十四年闰月……丙子，诏诸州府，新罗、渤海岁贡鹰、鹞①，皆停。(《旧唐书》卷一二《德宗本纪上》大历十四年闰五月)

【语释】

① "鹞"。鹰的一种。

（6）高宗显庆元年正月丙辰①，御安福门②楼，观大酺。胡人欲持刀自刺以为幻戏。帝不许之。乃下诏曰："如闻，在外有婆罗门胡等，每于戏处，乃将剑刺肚，以刀割舌，幻惑百姓，极非道理。宜并发遣还蕃，勿令久住。仍约束③边州，若更有此色，并不须遣入朝。"（《册府元龟》卷一五九《帝王部·革弊一》）

【语释】

① "丙辰"。显庆元年正月是丙寅朔，故无丙辰日。根据后引参考史料《新唐书》本纪，应改为丙戌，丙戌即当月二十一日。

② "安福门"。长安城太极宫西南的门。

③ "约束"。监管、抑制的意思。

【参考史料】

显庆元年正月……丙戌，禁胡人为幻戏者。（《新唐书》卷三《高宗本纪》）

（7）海外诸蕃朝贺进贡使有下从，留其半于境。繇海路朝者，广州择首领一人、左右二人入朝。所献之物，先上其数于鸿胪。（《新唐书》卷四八《百官志三·鸿胪寺》）

（8）（开元）二十一年八月，日本国朝贺使真人广成①与傔从五百九十人舟行遇风，飘至苏州，刺史钱惟正以闻。诏通事舍人韦景先往苏州宣慰劳焉。（《册府元龟》卷一七〇《帝王部·来远》）

【语释】

① "真人广成"。第九次（天平）遣唐使的大使，即多治比广成。732年八月任命，733年四月出发。这批遣唐使中，有恳请鉴真来日的荣叡、普照等同行。

第一章　朝贡使节在边境州县的待遇

【参考史料】
《册府元龟》卷七九一《外臣部·朝贡四》有几乎相同的文字。

以上规定，（1）与边牒制作相关，（2）—（6）与贡品相关，（7）与入京者和贡品有关，（8）与向边州派遣慰劳使相关。其中，（1）的边牒至今尚未发现实物（或依照它形成的史料）。不过，后文引录的圆仁《入唐求法巡礼行记》开成三年七月九日条［第三节（2）］和七月二十日条［第三节（3）］所载的海陵县镇大使刘勉对遣唐使的"巡检"，应包含有制成边牒的任务。另外，根据《巡礼行记》的这段记事，可知上列史料（8）的慰劳使不一定都是从中央派遣的。边境州县应对使节的规定，大多与贡献物品有关。贡纳品在使节入国的边境州县被预先检查，有奇兽、幻戏被禁止上献的情况，即使是骆驼、马等，质量低劣的也被留置在边境州县。贡纳品的清单在使节进京之前先已报告给鸿胪寺，因为这是唐朝决定返礼价值所需要的，确定贡品价值的部分具体方法可以从史料（2）中看到。又如史料（7）所示，虽不一定是仅限使团成员的半数入京，但全员入京是不行的，这点可由日本遣唐使的归朝报告得到确认。

二、从日本遣唐使归朝报告看使团在边境的待遇

如上文所述，唐朝对于朝贡使节在边境州县的阶段所实行的处置规定，在现存史料中仅有极有限的寥寥数语言及。为了对此进行补充，不妨来看看日本国遣唐使的归朝报告中所见的他们在边州受到的对待。六国史使用《新訂増補国史大系》本（吉川弘文馆）。

（1）（光仁天皇宝龟九年）冬十月……乙未，遣唐使第三船到泊肥前国松浦郡橘浦。判官敕旨大丞，正六位上，兼下总权介小野朝臣滋野，上奏言："臣滋野等，去宝龟八年六月廿四日，候风入海，七月三日，与第一船同到扬州海陵县。八月廿九日，到扬州大都督府，即依式例安置供给。得观察

使兼长史陈少游处分,属禄山乱,常馆凋弊,入京使人,仰限六十人。以(来)十月十五日,臣等八十五人,发州入京。……"(《续日本纪》卷三五光仁天皇宝龟九年十月乙未条)

上面是第十四次[宝龟八年(778)]遣唐使的归朝报告。当时归途中乘第一艘船遭难漂泊到天草郡的大伴宿祢继人同样做出了如下的报告:

【参考史料】

(宝龟九年十一月)乙卯……继人等上奏言:"继人等,去年六月廿四日,四船同入海,七月三日,着泊扬州海陵县。八月廿九日,到扬州大都督府,即节度使陈少游且奏,且放六十五人入京。十月十六日,发赴上都。……"(《续日本纪》卷三五)

(2)(桓式天皇延历二十四年)六月乙巳,遣唐使第一船到泊对马岛下县郡。大使、从四位上藤原朝臣葛野麻吕上奏言:"臣葛野麻吕等,去年七月六日,发从肥前国松浦郡田浦,四船入海。七日戌刻,第三第四两船,火信不应。出入死生之间,掣曳波涛之上,都三十四个日,八月十日,到福州长溪县赤岸镇巳南海口。时杜宁县令胡延沂等相迎,语云:'常州敕史柳冕,缘病去任,新除敕史未来。国家太平者,其向州之路,山谷险隘,担行不稳。'因回船向州。十月三日,到州。新除观察使兼敕史阎济美处分,且奏,且放廿三人入京。十一月三日,臣等发赴上都……"(《日本後纪》卷一二桓式天皇延历二十四年六月乙巳条)

这是第十六次(延历)遣唐使的归朝报告。与此次遣唐使同行的入唐僧中有空海,遣唐大使藤原葛野麻吕为了向福建观察使阎济美乞求入国许可,委托空海写作《为大使与福州观察使书》,空海又为请求

第一章　朝贡使节在边境州县的待遇

自身入京许可而作《请福州观察使入京启》，此二文皆收录于《性灵集》卷五。如上引史料所见，藤原葛野麻吕与空海所乘第十四次遣唐使第一船于延历二十三年（唐贞元二十年，公元804年）十月三日漂达福州，入京使十一月三日从福州出发，因而《为大使与福州观察使书》写作的时期应在当年十月，而《请福州观察使入京启》末尾记有"贞元二十年十月　日"的日期。这两篇的全文将在下面转录。

另外，众所周知，空海两文中的第一篇，自本居宣长在《驭戎慨言》中引用以来，被作为我国遣唐使按惯例不持国书的见解的有力证据之一。然而，针对宣长的见解，早就有板沢武雄提出了批判（板沢后揭论文），此后西嶋定生又发表了对空海此文的不同解释（西嶋后揭《遣唐使と国書》）。近年来，关注唐的入国惯例制度变革的榎本淳一，又试着对西嶋氏解释的一部分进行了订正。下文将板沢、西嶋、榎本三氏的解释在"语释"中列出，并将宣长《驭戎慨言》的相关部分抄录于其后。

【参考史料1】

为大使与福州观察使书 一首

贺能[①]启。高山澹默[②]，禽兽不告劳而投归，深水不言，鱼龙不惮倦而逐赴。故能西羌梯险贡垂衣君[③]，南裔航深献刑厝帝[④]。诚是明知艰难之亡身，然犹忘命德化之远及者也。伏惟大唐圣朝，霜露攸均[⑤]，皇王宜宅。明王继武，圣帝重兴，掩顿九野[⑥]，牢笼八纮[⑦]。是以我日本国常见风雨和顺[⑧]，定知中国有圣。刳巨楠于苍岭[⑨]，摘皇花于丹墀[⑩]，执蓬莱琛[⑪]，献昆岳玉[⑫]。起昔迄今，相续不绝。故今我国主顾先祖之贻谋[⑬]，慕今帝之德化，谨差太政官、右大辨、正三品、兼行越前国大守藤原朝臣贺能等充使，奉献国信[⑭]别贡[⑮]等物。贺能等忘身衔命，冒死入海。既辞本涯[⑯]，比及中途，暴雨穿帆，戕风[⑰]折柂，高波沃汉[⑱]，短舟裔裔[⑲]。飓风[⑳]朝扇，摧肝耽罗之狼心[㉑]，北气夕发，失胆留求之虎性[㉒]。频蹙猛风，待葬鳖口[㉓]，攒眉惊汰[㉔]，占宅鲸腹[㉕]。随浪升沉，任风南北，但见天水之碧色，岂视山谷之白雾。挈挈㉖波上，二月有余，水尽人疲，海长陆远。飞虚脱翼，泳水杀鳍，何足为喻哉。仅八月初日，乍见云峰，欣悦周极。过赤子得母，越旱苗之遇霖。贺能等万冒死波，再见生日。是则圣德之所致也，非我力之所能也。又，大唐之遇日本也，虽云八狄云会，滕步高台㉗，七戎雾合，稽颡魏阙㉘，而于我国使也，殊私曲成㉙，待以上客。面对龙颜㉚，自承鸾纶㉛，佳问荣宠㉜，已过望外。与夫琐琐㉝诸蕃，岂同日而可论乎。又，竹符㉞铜契㉟，本备奸诈。世淳人质，文契㊱何用。是故我国淳朴已降，常事好邻，所献信物㊲，不用印书㊳，所遣使人，无有奸伪。相袭其风，于今无尽。加以使乎㊴之人，必择腹心。任以腹心，何更用契。载籍所传㊵，东方有国，其人恳直，礼义之乡，君子之国，盖为此欤。然今州使责以文书㊶，疑彼腹心，捡括船上，计数公私。斯乃理合法令，事得道理。官吏之道，实是可然。虽然，远人乍到，触途㊷多忧。海中之愁，犹委胸臆，德酒之味㊸，未饱心腹。率然禁制㊹，手足无厝㊺。又，建中以往㊻，入朝使船，直着杨苏，无漂荡之苦。州县诸司，慰劳殷勤，左右任使，不捡船物。今则事与昔异，遇将望疏㊼。底下愚人㊽，窃怀惊恨。伏愿垂柔远之惠，顾好邻之义，纵其习俗㊾，不怪常风㊿。然则涓涓㉛百蛮，与流水而朝宗舜海㉜，喁喁㉝万服，将葵藿㉞以引领尧日㉟。顺风之人㊱，甘心逼凑㊲，逐腥之蚁㊳，悦意骈罗㊴。今不任常习之小愿㊵。奉启不宣。谨启。（《遍照発揮性霊集》卷五）

【语释】

① "贺能"。遣唐大使藤原葛野麻吕的中国式姓名。
② "澹默"。不呼喊不奔跑，平静默然的样子。
③ "垂衣君"。无为而治天下的圣人君主。《易经·系辞传下》："黄帝、尧、舜、垂衣裳而天下治。"
④ "刑厝帝"。刑罚虽设，不用它也能治理好天下的君主。《荀子·议兵篇》："古者帝尧之治天下也，盖杀一人、刑二人而天下治。传曰：'威

第一章　朝贡使节在边境州县的待遇

厉而不试，刑错而不用。'此之谓也。"

⑤ "霜露攸均"。霜和露在正确季节来临。

⑥ "掩顿九野"。"九野"即九天。《淮南子·天文训》："何谓九野？中央曰钧天……东方曰苍天……东北曰变天……北方曰玄天……西北方曰幽天……西方曰颢天……西南方曰朱天……南方曰炎天……东南方曰阳天……"

⑦ "牢笼八纮"。"八纮"是大地八方的角落的意思。《淮南子·堕形训》："九州之外，乃有八殥……八殥之外，而有八纮，亦方千里。"将八纮捕获在笼中，即德化及于八方之意。

⑧ "风雨和顺"。指风调雨顺，国内太平。

⑨ "刳巨楠于苍岭"。"巨楠"即大木，"苍岭"为高山。在高山上刳挖大木作舟。《易经·系辞传下》："刳木为舟。"

⑩ "摘皇花于丹墀"。"皇花"同"皇华"，指使者。煌煌光彩照人的花，不问高原、沼泽等土地的高下，美丽地绽放。比喻身负王命的使臣是卓越的人物，所到之处受到款待。《诗经·小雅》："皇皇者华，于彼原隰。駪駪征夫，每怀靡及。""皇皇，犹煌煌也。高平曰原，下湿曰隰"（《毛传》《集传》）。"征夫，行人也。"（《毛传》）"征夫，使臣与其属也。"（《集传》）丹墀，涂上丹漆的庭院。因为宫殿的台阶之下涂成赤色，所以指天子之庭。《通典·职官典四·历代郎官》："省中皆……以丹朱漆地，故谓之丹墀。""摘"是"花""华"的相关语。换言之，全句指作为使者来到唐的朝廷之意。

⑪ "蓬莱琛"。"蓬莱"是东海之东的仙人居住的仙山。《山海经·海内北经》："蓬莱山在海中。（注）上有仙人宫室，皆以金玉为之。""琛"即宝。《尔雅·释言》："琛，宝也。"从日本而来的贡物之意。

⑫ "昆岳玉"。"昆岳"即昆仑山。自古被认为是美玉的产地。这里也指从日本来的贡物。

⑬ "诒谋"。为子孙留下的谋略，诒谋。《诗经·大雅·文王有声》："诒厥孙谋，以燕翼子。""则武王之事也。谋及其孙，则子可以无事矣。"（《集传》）

⑭ "国信"。实翁《性灵集钞》注曰："国信者,日本定音信也。"《性

霊集私記》也注曰:"国信,惣国音信物也。"另外,諸橋轍次《大漢和辞典》卷三第81页"国信"条也说是"国与国之间互换的信书"。按照这些说法,"国信"即指从日本带去唐的"国书"之意。另一方面,運敞《性靈集便蒙》注曰:"国信,常礼之玉帛。"并且说道:"或谓国信者国君信书者,非也。"《便蒙》以国信为"常礼之玉帛"的解释,被《性靈集講義》、岩波日本古典文学大系本、筑摩弘法大师空海全集本采纳,又笔者所见的黑川家旧藏《性靈集鈔》(现藏早稻田大学图书馆)可确认有"国信者,大唐别信贡物"的批注。换言之,"国信"可以作国书、贡物两种解释。

对此,西嶋定生举出《后汉书·寇恂传》、唐张籍《送金少卿副使归新罗》诗、《宋史·职官志》所见的若干用例,以及日本方面的史料,认为"国信"没有取"国书"之意的用例,实为"从一国向他国进呈的赠送物",称为"国信"的国家间的赠物礼仪仅行用于对等关系的国家之间(西嶋后揭论文,第53—60页)。之后藤家禮之助展示了《旧唐书》的《回纥传》《吐蕃传》《南蛮传》《北狄传》所见唐代"国信"的用例,补充和加强了西嶋氏的解释(藤家后揭论文,第80—81页)。又,"国信物"的用例仍可见于円仁《入唐求法巡礼行记》卷一承和五年(838)七月二日、三日条,"信物"的用例则可见于同年七月二十日条(参看下节),Reischauer论述道:"这一名词看起来是指那些物品,它们表面上说是贡品,但其中含有打算出售的货物。"并举出与之对应的日本史料中的用语是kunitsu mono(国つ物)即"国家特产"(E.O.Reischauer后揭书,第9页)。小野勝年以为"国信物"的古训是"国遣之物"(クニツカヒノモノ),故而是国使带来的贡献物品之义(小野后揭书,第113页)。塩入良道也做同样的理解(塩入后揭书,第9页)。进而,板沢武雄举出《続日本紀》卷一九孝谦天皇天平胜宝五年五月二十五日条的"渤海王国书"[1]以及清和天皇贞观十四年五月二十五日偶遇渤海使归国的太政官牒等所见的"国信"的用例,并论述道这些都不能取"正

---

1. 译者按:《続日本紀》卷一九原文未提及国书:"乙丑,渤海使辅国大将军慕施蒙等拜朝,并贡信物。奏称:渤海王言:日本照临圣天皇朝不赐使命,已经十余岁。是以遣慕施蒙等七十五人,赍国信物,奉献阙庭。"

第一章　朝贡使节在边境州县的待遇　　　　　　　　　　　　231

式赠进物"以外之意（板沢后揭论文，第17—19页）。因此，"国信"不是"国书"，而应取"贡物"之意，《便蒙》等所作"常礼之玉帛"的解释更接近事实。不过西嶋氏认为，"常礼之玉帛"是在唐代已不行用的春秋时代以前的古礼，而从《延喜式》卷三〇《大藏省》"赐蕃客礼"条所记献给唐皇帝的庞大的贡物清单来看，单纯说"玉帛"是不确切的。所以这里解释为"日本向唐进呈的正式的礼品"。另外，来自日本的"国信"以及下一注释的"别贡"向唐皇帝奉献的实例，可见于《续日本纪》卷三五光仁天皇宝龟九年十月乙未条的第十四次遣唐使（判官小野滋野）的归朝报告。在本章结尾的参考史料（2）中的"国信"，也明显是贡物之意。

⑮ "别贡"。《性灵集钞》释为"别贡者，别日本土产也"；《講義》释作"应时的风物，即临时的珍奇之物"；《私記》作"别贡言时景物，非一，故云等也"；《便蒙》作"别贡，临时之珍奇也"；岩波日本古典文学大系本、山喜房佛书林本仅注为"临时的贡物"。对此，西嶋氏认为，所谓"别贡"不是指临时准备的物品，《延喜式》卷二三《民部下》有年料、别贡、杂物，其原意是"租庸调以外的贡物"，在本启文的场合意为"国信以外附加的其他贡物"，具体而言相当于《延喜式》大藏省"赐蕃客礼"条注文所见"别送"以下的物品（参看本章末尾参考史料（4））（西嶋后揭论文，第90页，注7）。

⑯ "本涯"。指日本。

⑰ "戕风"。损坏草木的风，暴风。《小尔雅·广言》："戕，残也。"

⑱ "泼汉"。"汉"指"天汉"，天之川。《诗经·小雅·大东》："维天有汉，监亦有光。"毛传："汉，天河也。""泼"意为"注入、灌入"。

⑲ "裔裔"。起舞貌。小舟像树叶一样飘舞的样子。《文选》卷四左思《蜀都赋》："纡长袖而屡舞，翩跹跹以裔裔。"

⑳ "飑风"。南风。《文选》卷一四班固《通幽赋》："飑飑风而蝉蜕兮。（注）南风，曰飑风。"

㉑ "催肝耽罗之狼心"。"耽罗"即济州岛。意为：南风刮起来，就担心飘到住着像狼一样狰狞凶猛居民的济州岛。由《续日本纪》卷三五光仁天皇宝龟九年十一月壬子条可见："遣唐第四船来泊萨摩国甑

岛郡。其判官海上真人三狩等漂着耽罗岛。被岛人略留。"

㉒ "失胆留求之虎性"。"留求"即琉球岛。意为：北风刮起来，就害怕要飘到住着虎一样狰狞凶猛居民的琉球岛。

㉓ "待葬鳖口"。意为：担心被投入海中成为大龟的饵食。

㉔ "攒眉惊汰"。为惊涛骇浪而皱眉之意。"惊汰"指惊涛，汰即波。《楚辞·九章·涉江》："齐吴榜以击汰。（注）汰，水波也。"

㉕ "占宅鲸腹"。意为：害怕被扔进海里成为鲸的食物。

㉖ "掣掣"。任凭风吹的样子。《文选》卷一二木华《海赋》："或掣掣泄泄于裸人国。（注）掣掣泄泄，任风之貌。"

㉗ "膝步高台"。"高台"指"禁中"。"膝步"指跪着膝行进出。

㉘ "稽颡魏阙"。"魏阙"即宫廷，"稽颡"即额头点地地叩头。《礼记·檀弓下》："拜稽颡，哀戚之至隐也。稽颡，隐之甚也。（注）稽颡者，触地无容。"

㉙ "殊私曲成"。"殊私"意为超乎寻常的怜爱，殊宠。意指对日本遣唐使节赐以特别热情的待遇。

㉚ "龙颜"。天子的相貌，天颜。

㉛ "鸾纶"。鸾是凤凰的一种，其声音被认为合乎五声。比喻天子的声音。纶为绳索，"纶言"即诏敕。起初如丝般细，一旦发出达于天下就变得像纶一样粗大。《礼记·缁衣》："子曰：王言如丝，其出如纶。"这里以"鸾纶"表示对天子的敬称。

㉜ "佳问荣宠"。"佳问"是天子直接发出的敕问。"荣宠"指蒙受宠爱的恩泽。

㉝ "琐琐"。细小貌。《文选》卷三张衡《东京赋》："既琐琐焉，岐阳之蒐，又何足数。（注）琐琐，小也。"

㉞ "竹符"。《性灵集钞》以为"竹符者,割符也",《讲义》也说是"竹子做成的剖符",《便蒙》也和下注的"铜契"一起举汉文帝创设的"铜虎符、竹使符"之制来说明，本来是由竹节或者竹节状的铜板分割成两块做成的符契。但是，岩波日本古典文学大系本写道："竹作成的剖符。证明遣唐使身份之物。这里指日本皇帝带给唐皇帝的敕书。"山喜房佛书林本等也有相同的内容。若按这一解释，由空海在本启文中说

第一章　朝贡使节在边境州县的待遇

"我国在传统上不用这样的文书"，可以得出这样的结论：确实如宣长所说过的（参照后揭《驭戎慨言》），日本遣唐使携带天皇的敕书（国书）并非常例。

针对于此，西嶋氏认为，①所谓国书，是为了加深两国的友谊，一国君主写给他国君主的书信，不是验证使节身份真伪的信任状，所以这里没有使用剖符的必要；②剖符是以君臣关系为基调而使用的东西，不能认为它存在于当时没有确定册封关系（君臣关系）的唐与日本之间；③那么此处的"竹符、铜契"所指为何呢？它是"装载货物的品目簿，特别是指为了朝贡而装载的贡物的目录"，通晓古典的空海使用古语来称呼印有公印的贡物目录（西嶋后揭论文，第50—52页）。西嶋氏认为本启中所见的"竹符""铜契""文契""印书""文书"等词语（参照语释㊱㊳㊶）实质上都是一样的内容，将它们都解释为"有公印的贡物目录"，板沢氏也认为这些字句是"（公私）物品清单那样的某种公文书"（板沢，后揭论文，第9页）。但是，近年榎本淳一又认为，"'竹符、铜契'及'契'等，是为了证明外交使节身份而使用的剖符"（榎本后揭论文）。参照后面语释㊶。

㉟ "铜契"。《性靈集鈔》也注作："铜契者，以铜造虎像，破一身，半身留都，半身下国，而表其至诚也。"即认为是指铜虎符的用语。

㊱ "文契"。指上文的"竹符、铜契"。岩波日本古典文学大系本在此注作："作为遣唐使的证明书。写给唐朝的敕书。"此说的不妥之处西嶋氏已经论述过，参照语释㉞。

㊲ "信物"。岩波日本古典文学大系本注为"贡物"，西嶋氏也作同样的解释（西嶋后揭论文，第50页）。参照语释㉞。

㊳ "印书"。《講義》注曰"有国君印玺的信书"，岩波日本古典文学大系本也作"有天皇印玺的信书"，山喜房佛书林本等同此。但是，西嶋氏已经说过，启文中云"所献信物，不用印书"，明确地将"印书"与进献的贡物关联起来，这里理解为"按我国的常例，不于进献的贡物上添付盖有公印的目录"，应更为妥当（西嶋后揭论文，第51页）。因而，此处的"印书"不能直接解释为"国书"。

㊴ "使乎"。出色的使者。《论语·宪问篇》："蘧伯玉使人于孔子，

孔子与之坐而问焉。曰：夫子何为？对曰：夫子欲寡其过而未能也。使者出。子曰：使乎！使乎！。"

㊵"载籍所传"。记载过日本是"礼仪之乡""君子之国"等的书籍，有如下这些。《论语·公冶长篇》："子曰：道不行，乘桴浮于海。"同书《子罕篇》："子欲居九夷。"《汉书》卷二八下《地理志下》："然东夷天性柔顺，异于三方之外。故孔子悼道不行，设浮于海，欲居九夷，有以也夫。乐浪海中有倭人，分为百余国，以岁时来献见云。"《后汉书》卷八五《东夷传》："《王制》云：东方曰夷。夷者，柢也，言仁而好生，万物柢地而出。故天性柔顺，易以道御，至有君子、不死之国焉。"《淮南子》卷四《堕形训》："东方有君子之国。（注）东方，木德仁，故有君子之国。其人冠，带剑，食兽，使二文虎也。"

㊶"州使责以文书"。意为：州的官员责问我们"没有携带文书"。《讲义》以此"文书"为"国王的信书"，《私记》注为"天子之书"，岩波日本古典文学大系本解为"是否持有（日本天皇的）信书"，山喜房佛书林本也解释为"持有日本国天皇的信书吗？问福州登陆的任务"。这些都是将"竹符"以下的文书，解释为日本发来的正式"国书"。与之相对，如前所述，板泽氏将此处的"文书"解释为"（公私）物品清单那样的某种公文书"（板泽后揭论文，第9页），而西嶋氏也解释为"为进献而装载的贡物目录"（西嶋后揭论文，第51页）。西嶋氏认为此处所见的文书，具体地就是指语释㉞、㉟、㊱、㊳所提到的"竹符""铜契""文契""印书"。但与之相对地，榎本氏说"应该想定为包含船上全部物品的清单在内的，如公凭一样的东西"（榎本，后揭论文，第468页），并且认为该"公凭"中"人员、物品清单以外，也记有证明朝贡使身份的内容"（同上，第469页）。榎本氏认为，在唐后半期（建中至贞元年间），汉唐间使用"竹符、铜契"的陆上交通为中心的传统外交体制，正向着以后宋元时期使用"公凭"的海上交通为中心的新外交体制变革，这种唐对入国者管理体制的变化，被空海等看作是对外国使节待遇的恶化。若按榎本氏的说法，空海的这一启文，的确是标示此种唐的外交方针的转折点的重要史料，必须从与以往完全不同的观点来理解本史料的意义。

无论如何，根据这些解释，宣长以来认为日本遣唐使按常例不携带国书的解释，便失去了一个有力的根据。如前节所见的，唐边境州县应对外国使节的相应规定，贡献品的勘验被置于重要位置，至于国书则没有任何涉及。从这点也可认为,将本启文中的“文契”“印书”“文书”等想定为“国书”，是不妥当的。

㊷“触途”。触犯国法，指遣唐使一行被当作秘密入国者对待。

㊸“德酒之味”。将天子之德比喻为酒的味道。

㊹“卒然禁制”。卒然即忽然。概指到达中国的时候，突然被当作犯法者对待。

㊺“手足无厝”。手和足无处放置，茫然自失的样子。

㊻“建中以往”。“建中”是唐德宗的年号（780—783）。岩波日本古典文学大系本以“以往”为以后之意，解释为从建中元年（780）到空海一行漂到福州的贞元二十年（804）间的24年，但是从建中元年的第十三次遣唐使到空海同行的第十四次为止，中间没有派出过遣唐使，这个解释是可笑的。这里只能如《性霊集鈔》《講義》《便蒙》所说的，理解为“建中年间以前”。

㊼“遇将望疏”。意为对日本使节的待遇与过去不同而变得疏远，期待落空了。

㊽“底下愚人”。底也是下的意思，指卑下的愚人们。遣唐使节的谦称。

㊾“习俗”。日本的习俗。

㊿“常风”。作为日本人自然而然的风习。

(51)“涓涓”。水细细流淌的样子。《广雅・释训》:“涓涓、决决……流也。”陶潜《归去来辞》:“泉涓涓而始流。”

(52)“舜海”。舜之德如大海一样宽广，万民如诸河归海一样进入他的德之中。与下文“尧日”对仗，喻指唐的皇帝。

(53)“喁喁”。张口向上，对德行仰慕、期待、向往的样子。《史记》卷一一七《司马相如列传》:“南夷之君，西僰之长，常效贡职，不敢怠堕。延颈举踵，喁喁然皆争归义，欲为臣妾。（正义）喁，五恭蕃，口向上也。”

(54)“葵藿”。向日葵。因为它总向着日光，用来比喻尊敬君主、竭尽忠诚。

(55)“尧日”。尧之德像太阳的光辉一样，万民仰望他的德光。

(56)“顺风之人”。随顺天子德风的人。

(57)“逼凑”。逼侧辐凑。指前来聚集、混杂。

(58)“逐腥之蚁”。将仰慕唐皇帝的异民族比喻为聚集于腥膻之物的蚂蚁。《庄子·徐无鬼篇》：“羊肉不慕蚁，蚁慕羊肉。羊肉，羶也。”羶意为腥臭。

(59)“骈罗”。并列连绵貌。《文选》卷七扬雄《甘泉赋》：“骈罗列布，鳞以杂沓兮。（注）骈，犹并也。”

(60)“常习之小愿”。指希望得到以前入唐使节一样待遇的微小愿望。

【参考文献】

《增補訂正弘法大師全集》第三辑，吉川弘文馆、六大新报社，1923年。本稿所引文本据此书。

实翁：《遍照発揮性霊集鈔》，黒川家旧藏、早稻田大学图书馆藏，正保二年版。

運敞：《遍照発揮性霊集便蒙》，收入真言宗全书刊行会《真言宗全書》，1934年。

著者未详：《性霊集私記》，收入同上《真言宗全書》，1936年。

坂田光全：《性霊集講義》，高野山时报社，1942年。

日本古典文学大系71《三教指帰·性霊集》，岩波书店，1965年。

《弘法大師著作全集》第三卷，山喜房佛书林，1973年。

《弘法大師空海全集》第六卷，筑摩书房，1984年。

【国书问题主要相关论文】

板沢武雄：《日唐通交に於ける国書問題について》，《史林》第24卷1号，1939年。

西嶋定生：《遣唐使と国書》，收入同氏《遣唐使研究と史料》，东海大学出版会，1987年。

藤家禮之助：《遣唐使の国書問題覚書》，收入昭和六一·六二年度

第一章　朝贡使节在边境州县的待遇

文部省科学研究費補助金総合研究 A 研究成果報告書《東アジア史上の国際関係と文化交流》，代表者福井重雅，早稲田大学，1988年。

湯浅幸孫:《遣唐使考弁二則》，《日本歴史》1987年1月号。

奥田尚:《八世紀の日本から唐への国書》，《追手門学院大学文学部東洋文化学科年報》第6号，1991年。

榎本淳一:《『性霊集』に見える「竹符・銅契」と「文書」について》，佐伯有清先生古稀記念会編:《日本古代の伝承と東アジア》，吉川弘文館，1995年。

————以上为携带国书说

那珂通世:《支那通史》卷三下第七篇第五章，中央堂，1889年。

森克己:《遣唐使》，至文堂，1955年，第76—78页。

李则芬:《中日关系史》第五章第二节，台湾中华书局，1970年。

山田英雄:《日・唐・羅・渤間の国書について》，伊藤信雄教授还历记念会編《日本考古学・古代史論集》，吉川弘文館，1974年。

宮田俊彦:《遣唐使に国書なし》，《日本歴史》1987年7月号。

————以上为不携带国书说

E.O.Reischauer, *Ennin's Diary, the Record of a Pilgrimage to China in Search of the Law*, The Ronald Press Co. New York, 1955.

小野勝年:《入唐求法巡礼行記の研究》第一卷，铃木学术財団，1964年。

足立喜六译注，塩入良道补注:《入唐求法巡礼行記》(1)，平凡社，东洋文库，1970年。

【参考史料2】

空海《御遺告》

更作发心，以去延历二十三年五月十二日入唐。为初学习。天应慰勤，载敕渡海。彼海路间三千里。先例至于杨苏洲，无质云云。而此度般增七百里。到衡洲多碍。此间，大使越前国大守正三位藤原朝臣贺能，作自手书呈衡洲司。洲司披看，即以此文已了。如此两三度。虽然，封船追人，令居湿沙之上。此时，大使述云，切愁之令也。抑大德笔主。呈书云云。爰吾作书样，替于大使呈彼洲长。披览含笑，开船加问。即奏长安，经三十九个日，给于洲府力使四人，且给资粮。洲长好问，作借屋十三烟令住。经五十八个日，给存问敕使等。彼义式罔极，览之主客各各流泪。次后给迎客使，给于大使以七珍鞍，次次使等皆给妆鞍。

（《增補訂正弘法大師全集》第二辑，吉川弘文馆·六大新报社，1923年）

【参考史料3】
本居宣長《馭戎慨言》上之卷下

原夫诸御世之纪，渤海国犹通使之时，每其王奉书，（天皇）又赐其王诏书等，具载之史。然唐主奉书之词，小治田（天皇）御世以后，记载一不可见，盖例皆无礼之甚，故忌而略之。又自此以降，彼国入唐以后，所见皆不降遣诏书之例。其故，延历间所遣御使之船，达彼国境时，大使葛野麻吕朝臣致彼国福州观察使其人之书有言曰："贺能启云云，又大唐之遇日本也云云，待以上客云云，与夫琐琐诸蕃，岂同日可论乎。又竹符铜契，本备奸诈。世淳人质，文契何用。是故我国淳朴已降，常事好邻，所献信物，不用印书，所遣使人，无有奸伪云云。何更用契云云。然今州使责以文书云云。捡括船上云云。官吏之道，实是可然。虽然云云。建中以往，入朝使船，州县诸司云云。不捡括船。今则事与昔异云云。伏愿顾好邻之义，不怪常风云云。"此书，乃当时同行之学问僧空海所作，载于《性灵集》。唐代若有（天皇）遣诏书之例，如何亦不当作如是说。书中虽云以使者无伪故不遣诏书，然此特乃一时好言自辩，其实非也。时至唐代，亦如小治田之世，若云"天子""天皇"等，彼王不受；然亦不当按彼方所说，降称"日本国王"云云。以是故诏书不遣，每度虽彼迫责，左右而言，终不从也。彼国规矩，他国来使修睦，必有其王上书。日本不按此规，长此以往，日本（天皇）自行其是之威，与《旧唐书》所云"其人入朝者，多自矜大"合而思之，何其强也。

(《本居宣长全集》第八卷，筑摩书房，1972年）

另外，新井白石提到空海的这封书，也有言及国书问题，采录如下：

【参考史料4】

新井白石《五事略》上"殊号事略"上

"本朝异朝天子往来书式之事"

又按本朝公式令诏书之式，《集解》注本朝天皇写诏书与大唐之事。《义解》中未注此事。况又桓武天皇延历中遣唐大使藤原贺能朝臣至唐国，赠其福州观察使书，云本朝天皇与异朝天子通聘问，无用玺书之例（此书由释空海草拟）。按此，推古天皇在位时致书隋帝之事以后，不再见有本朝天皇向异朝天子致玺书之事。《令集解》之说似有误。

（《新井白石全集》第三卷，吉川半七发行，1906年）

【参考史料5】

请福州观察使入京启一首

日本国留学[①]沙门空海启。空海才能不闻，言行无取。但知雪中枕肱，云峰喫菜[②]。逢时乏人[③]，篬留学末[④]。限以廿年，寻以一乘[⑤]。任重人弱，夙夜惜阴[⑥]。今承，不许随使[⑦]入京。理须左右，更无所求[⑧]。虽然，居诸[⑨]不驻，岁不我与[⑩]。何得厚荷国家之凭[⑪]，空掷如矢之序[⑫]。是故叹斯留滞，贪早达京。伏惟中丞阁下[⑬]，德简天心[⑭]，仁普近远，老弱连袂，颂德[⑮]溢路，男女携手，咏功盈耳。外示俗风[⑯]，内淳真道[⑰]。伏愿顾彼弘道[⑱]，令得入京。然则早寻名德[⑲]，速遂所志。今不任陋愿[⑳]之至，敢尘视听，伏深战越[㉑]。谨奉启以闻。谨启。

贞元廿年十月　日　　日本国学问僧空海启

中丞阁下

（《遍照发挥性灵集》卷五）

【语释】

① "留学"。从日本来中国留学的僧人中,有短期留学的还学僧(也称请益僧)和长期留学的留学僧(也称学问僧)。空海属于后者,后文虽言"限以廿年",实际他在唐仅停留了两年时间。此外,当时乘第二艘船入唐的最澄是还学僧。

② "雪中枕肱,云峰喫菜"。意指虽然贫穷但仍为求道而生活着。《论语·述而篇》:"子曰:饭蔬食,饮水,曲肱枕之。乐亦在其中矣。"但是《性灵集私记》注曰:"无所事事地度日之意。《论语》取意不同。当思之。"《私记》又介绍了一种说法,认为"雪中"表冬,"云峰"表夏,意即"只知道如此般度过四时"。

③ "逢时乏人"。因为碰巧(作为留学生的)人才不足。

④ "簉留学末"。蒙恩加入留学生的末席。

⑤ "一乘"。一说为"秘密金刚一乘",也有一说仅解释为"大乘"。

⑥ "惜阴"。惋惜光阴的流逝。

⑦ "使"。遣唐大使藤原葛野麻吕。

⑧ "理须左右,更无所求"。一说解为"想要弄清楚不许可入京的理由,除此以外没有别的要求",也有一说解为"入京许可由观察使决定,强求入京是不可能的吧"。

⑨ "居诸"。指日月。《诗经·邶风·柏舟》:"日居月诸,胡迭而微。"(《集传》:居、诸,语辞)《诗经·邶风·日月》:"日居月诸,照临下土。"

⑩ "岁不我与"。岁月迅速地逝去,不时待我。《论语·阳货篇》:"日月逝矣,岁不我与。"

⑪ "厚荷国家之凭"。肩负着国家的重大任务。

⑫ "如矢之序"。指岁月。"序"即"四序""节序"之序。

⑬ "中丞阁下"。指福建观察使阎济美。《旧唐书》卷一八五下《阎济美传》仅记"自婺州刺史为福建观察使",但他的就任观察使,如前引《日本後紀》卷一二所见,以及如《旧唐书》卷一四九《柳冕传》所云"(贞元)十三年,(柳冕)兼御史中丞、福州刺史,充福建都团练观察使。……诏以阎济美代,归而卒",是与前任柳冕的退任相伴的人事任命。而据《日本後紀》可知,阎济美继任柳冕的观察使外,一

第一章　朝贡使节在边境州县的待遇

并继任了福州刺史。所以，此时阎济美不仅继任刺史、观察使，还进而继承了作为兼官的御史中丞，故而空海称呼他为"中丞阁下"。关于唐代的使职多带御史中丞、侍御史、观察御史等宪官官职这点，参看礪波護《中世貴族制の崩壊と辟召制——牛李の党争を手がかりに》（《東洋史研究》第21卷第3号，1962年；后收入同氏著《唐代政治社会史研究》，同朋舍，1986年）。

⑭ "天心"。天子之心。虽然"天心"也有"天之心"的意思，但诸本都注为"天子之心""帝之心"。

⑮ "颂德"。极力称赞功德。《史记》卷四《周本纪》："于是，古公乃贬戎狄之俗，而营筑城郭室屋，而邑别居之。作五官有司。民皆歌乐之，颂其德。"

⑯ "俗风"。应该成为一般世间人们的模范的德风。

⑰ "真道"。诸本注为"佛道"之意，但《私记》作广义的"真实的道理"。

⑱ "弘道"。弘扬佛道。上接的"彼"，对应前面的"寻以一乘"。

⑲ "名德"。名声高的德僧。

⑳ "陋愿"。"陋"意为卑微的、狭隘的、低下的。谦逊之辞。

㉑ "伏深战越"。这一结语的用例，亦可见于《性靈集》卷四所收的《奉为国家请修法表》《献杂文集》《奉贺天长皇帝即位表》等，《便蒙》在《奉为国家请修法表》中注曰："战，惧也。越，飞扬也。"

三、圆仁记述的遣唐使在扬州的待遇

日本国遣唐使相关的记录中，最为详细的，众所周知是圆仁《入唐求法巡礼行记》。这份记录，是与日本最后的承和遣唐使随行的天台僧圆仁写下的旅行记。若想知道渡海赴唐的使节在初入国时受到怎样的对待，没有比这本书更好的线索了。

以下从圆仁《入唐求法巡礼行记》卷一中，将记述承和五年（唐文宗开成三年，838年）第十七次遣唐使在扬州体验到的唐的待遇的部分，集中摘录出来，并加以注释。圆仁与遣唐大使藤原常嗣一起乘第一艘船，于六月十七日从博多出航，七月二日漂到长江入海口，大使等宿住在扬州海陵县延海村的国清寺。以前往天台山为目的的円仁，在大使一行入京时没有同行，其间停留在扬州开元寺。

本节参考文献与略称，如下所示：

东寺本：京都东寺观智院所传写本影印《入唐求法巡礼行记》全四卷，东洋文库，1926年。

E. D.: E.O.Reischauer, *Ennin's Diary, the Record of a Pilgrimage to China in Search of the Law*, The Ronald Press Co., New York, 1955.

一切经：堀一郎译注《入唐求法巡礼行记》，收入《国訳一切经》史传部二五，大东出版社，1963年。

小野本：小野胜年《入唐求法巡礼行记の研究》全四卷，铃木学术财团，1964—1969年。

塩入本：足立喜六译注、塩入良道补注《入唐求法巡礼行记》全二卷，平凡社、东洋文库，1970—1985年。

（1）承和五年六月十三日，午时，第一第四两舶诸使驾舶①。缘无顺风，停宿三个日。十七日，夜半，得岚风，上帆，摇橹行。巳时，到志贺嶋东海。为无信风，五个日停宿矣。廿二日，卯时、得艮风，进发。更不觅澳，投夜暗行。……(七月)二日……午时，到江口。未时，到扬州海陵县白潮镇桑田乡东梁丰村②。日本国承和五年七月二日，即大唐开成三年七月二日。虽年号殊，而月日共同。留学僧等，到守捉军中③季宾④宅停宿。……

三日……午时，仅到海陵县白潮镇管内守捉军中村。……爰一众俱居此间。雇小船等，运国信物⑤，并洗曝湿损官私之物。虽经数日，未有州县慰劳。人人各觅便宿，辛苦不小。请益法师⑥与留学僧⑦一处停宿。从东梁丰村去十八里，有延海村。村里有寺，名国清寺。大使等为憩漂劳，于此宿住。

【语释】

①"第一第四两舶诸使驾舶"。日本国遣唐使船，被称为"四船"，

第一章　朝贡使节在边境州县的待遇　　243

通常由四艘船组成一个使节团。但是承和遣唐使两次遭遇海难,第三船因此损毁,第二船又因为副使小野篁生病而没有出航(后来查明是假病),大概到了第三回就只有第一船和第四船出航了。(详情参看Reischauer著,田村完誓译:《円仁——唐代中国への旅》,原书房,1984年,第50—61页;以及小野本第一卷,第91—92页)此外,《続日本後紀》卷七承和五年七月庚申(五日)条云:"大宰府奏,遣唐使第一第四舶进发。"可见此时遣唐使出航报告过了22天才到达朝廷。

②"扬州海陵县白潮镇桑田乡东梁丰村"。据徐琛的调查,此地在现在江苏省如东县胜利街。参看徐琛著,铃木靖民译:《円仁の入唐求法経路考——中国江蘇省南通、如皋における上陸地と経路》(载林睦郎、鈴木靖民編:《日本古代の国家と祭儀》,雄山阁,1996年)。

③"守捉军中"。"守捉",《新唐书》卷五〇《兵志》言:"唐初,兵之戍边者,大曰军,小曰守捉,曰城,曰镇,而总之者曰道。""军中",按小野氏的说法,与军队、兵队同义,"中"与"連中""女中"等的"中"一样,通"仲"(伙伴、同类),有时表示复数,用于口语。(小野本,第一卷,第116页)Reischauer也将此译为:"a soldier of the military detachment."(E. D. p.10)不过,足立氏释作"驻屯军的要人"(塩入本,一,第14页)。

④"季宾"。E. D.(p.10)以及一切经(第265页)作"季宾",塩入本(第9页)作"季[季宾？]",小野本作"季赏"(第108页),并注曰:"疑李之讹欤。与赏同。"(第109页)

⑤"国信物"。进呈给唐皇帝的正式的礼品。参照前文第二节(参考史料1),空海《为大使与福州观察使书》语释14。

⑥"请益法师"。入唐僧有短期留学僧与长期留学僧两种。请益僧是寻找老师就疑问点请求教示的短期入唐僧,也叫还学僧,这里指円仁自己。

⑦"留学僧"。长期入唐僧,也叫学问僧。这里指同行的円载等。

(2)(七月)九日,巳时,海陵镇大使刘勉来慰问使等,赠酒饼,兼设音声。相从官健亲事①八人。其刘勉着紫朝服,当村押官②且同着紫衣。巡检事毕，却归县家③。

【语释】

① "官健亲事"。关于官健，《资治通鉴》卷二二五大历十二年五月辛亥条："又定诸州兵，皆有常数。其召募给家粮、春秋衣者，谓之官健。"亲事意为近侍者。对此，堀一郎、小野勝年两位解释为"官健、亲事八人"（一切経，第266页；小野本，第一卷，121页）。盐入良道解释为"官健的亲事（侧近的兵士）八人"（盐入本，一，第21页）。而Reischauer翻译成："In attendance were eight government soldiers and personal attendance."（E. D. p.14）

② "押官"。《六典》卷五兵部尚书云："凡诸军镇，每五百人置押官一人，一千人置子总管一人，五千人置总管一人。"小野氏说："恐怕其任务与在部队旗下（的押官）是一样的。从其兼具宪兵一样的职责来看，在藩镇势力极盛的时代，可以认为到了押官在村落中也常驻的地步。"（小野本，第一卷，123页）Reischauer也译作"the village Guard Captain"。（E. D. p. 14）

③ "县家"。县公署。《通鉴》卷二四九宣宗大中八年九月条胡注云："唐人谓诸道节度及观察为使家，诸州为州家，诸县为县家。"

（3）（七月）廿日……射手丈部贞名等，从大使所来，云："从此行半里，西头有镇家。大使、判官等居此，未向县家。大使、判官等，闻赍信物①来，为更向州，令装束②船舫。"又云，"今日州使来，始宛生料③。从先导④新罗国使而与本国一处⑤。而今年⑥朝贡使，称⑦新罗国使而相劳疏略。今大使等先来镇家，既定本国与新罗异隔远邈，即县州承知，言上既毕。"乍闻忻然，颇慰疲情。申时，镇大使刘勉，驾马来泊舫之处。马子从者七八人许。检校事讫，即去。

【语释】

① "信物"。礼品、贡献品。遣唐大使藤原常嗣因遣唐使船在长江

第一章　朝贡使节在边境州县的待遇

口触礁，与円仁等分散了，此时听说円仁等一行带着送给唐朝的信物到达了。

②"装束"。备置。

③"生料"。官给的食粮。

④"先导"。东寺本"导（導）"字右边的空白处注记有"尊"。尊是道训为"说"时的国字。"从先导"以下，小野氏解读为："从前道，新罗国使者与本国（使）同一处遇。但今年的朝贡使与新罗国使相比，相劳之事疏略了。如今大使等先来到镇家，已经说明了本国与新罗不同，相隔遥远。"（小野本，第一卷，136页）堀一郎读作"据说，从前新罗与本国在一处"（一切经，第268页），而塩入氏将"先导"解释为"持续至今的"，即至今为止朝贡使与新罗一样受到疏略，但大使陈述了日本与新罗不同的事实（塩入本，一，24页）。此外，Reischauer将"导"解释为conduct，全句译作："(He (a representative of the prefecture) had told them that) they had previously conducted a Korean embassy, and since (Korea) was in the same place as our country, the present tributary embassy had been called a Korean embassy, and consequently (the Chinese officials) had been remiss in their attentions. Now, since the Ambassador and the others had come before us to the garrison offices, they had already established the fact that our country is different and far distant from Korea." (E. D. pp. 18–19) 也就是说，"从先导"的"导"是解释为"说"还是"引导"，"一处"是解释为"地理上同一处"还是"待遇相同"，进而"称"是"称作或被称作（新罗国使）"还是"（与新罗国使）相比较"，这些问题纠缠在一起，各家得出了不一样的解释。日本国遣唐使对于与新罗国使同等的待遇是积极地承认呢，还是抱有不满呢？对这句话的解释与这一重要问题密切相关。诸家解释中，塩入本的读法是不合理的；而若按一切经"据说,从前……"的训读，原文应该是"尊先"才对。剩下的只有将"处"解释为"待遇"的小野本，和解释为"场所"的E.D.本了。虽然在唐代存在着将新罗与日本混同的例子，但是这里考虑到当时円仁等人最为关心的事，释为"待遇"更为妥当吧。当时日本国自认为是东方的小中华，对新罗以朝贡国视之，考虑到这点，我想将这句话理解为："至今为止我国的

遣唐使都与新罗国使受到同等的对待，此次对日本国使的接待也因此而粗略，藤原常嗣等这样认为，并且就日本与新罗是完全不同国家之事向镇陈情，于是期待着以后唐朝方面会改善待遇的圆仁等感到喜悦。"

⑤ "处"。小野氏解为"待遇"，参看上注。

⑥ "而今年"。塩入氏将这三字解释为"迄今为止"，参看语释④。

⑦ "称"。小野氏解释为"相比较"，参看语释④。

（4）（七月）廿四日……申时，到宜陵馆。此是特供住还官客之人①处。……廿五日……自海陵县去宜陵馆五十里舒②，去州六十五里。……未时，到禅智桥③东侧停留。……自桥西行三里，有扬州府。大使为通国政④，差押官等。

【语释】

① "人"。小野本疑其为衍字。或者是"官客人之处"的倒转？Reischauer 译作："This was the place which provided for official travelers going back and forth." (E. D., p.22)

② "舒"。小野本作"余"，东寺本作"舒"。

③ "禅智桥"。扬州城东郊，跨在东水门外东西向流淌的运河上的禅智寺桥。参照愛宕元《唐代の揚州城とその郊区》（梅原郁编：《中国近世の都市と文化》，京都大学人文科学研究所，1984年）。

④ "国政"。遣唐使到达的正式手续（小野本，第一卷，第155页）。

（5）八月一日，早朝，大使到州衙，见扬府都督李相公①，事毕归来。斋②后，请教、留学两僧③，出牒于使衙④，请向台州国清寺⑤……三日，请令请益僧等⑥向台州之状，使牒⑦达扬府了。……四日……大使赠土物于李相公。彼相公不受，还却之。又始今日宛生料⑧，每物不备。斋后，从扬府将覆问书⑨来。彼状称："还学僧圆仁、沙弥⑩惟正、惟晓、水手丁雄满，右，请往台州国清寺，寻师便住台州，为复从台州却来，赴上都去。留学僧圆载、沙弥仁好、伴始满，右，请往台州

第一章　朝贡使节在边境州县的待遇

国清寺，寻师便住台州，为复从台州却来，赴上都去者。"即答书云：

还学僧円仁

右，请往台州国清寺，寻师决疑。若彼州无师，更赴上都，兼经过诸州。

留学问[11]僧円载

右，请往台州国清寺，随师学问。若彼州全无人法，或上都觅法，经过诸州访觅者。

【语释】

① "李相公"。即李德裕。开成二年（837）五月至开成五年（840）七月任扬州大都督府长史，赴任前曾为宰相，此处是用前任官职表示尊称（小野本，第一卷，第162页）。

② "斋"。斋食。午前的进餐。

③ "请益、留学两僧"。即円仁、円载两僧。参看前揭七月三日条的语释④、⑤。

④ "使衙"。这里指遣唐使的总部。

⑤ "台州国清寺"。台州是浙江省临海县治。国清寺是位于天台山佛陇峰南麓的寺院，天台宗的本山。隋开皇十八年（598）由晋王广创建，寺名是根据智顗 "寺若成，国即清" 之言而来。这里是日本国入唐入宋僧的圣地。

⑥ "等"。东寺本作 "寺"。据小野、塩入、Reischauer 改。

⑦ "使牒"。遣唐大使的公文书。但小野氏又说 "也可读作使牒到达了扬府"（小野本，第一卷，第165页），Reischauer 译作： "The embassy sent a letter to the Yang-fu."（E. D. p.26）

⑧ "生料"。参看前揭七月二十日条语释③，始给生料的记事重复出现，此处 Reischauer 译作： "Beginning with this day, there were deficiencies in all the things supplied us for our daily needs." (E. D. p. 26) 他在 *Ennin's Travel in Tang China* (New York, 1955) 中论述道： "李德裕气量狭小，对于使节团他的全部接待毋宁说是冷淡的。（八月）四日，他拒

绝了在请愿之际献上的日本土物,并且,多半带有对行贿的警告意味,他减少了给使节团每日的供应。"(田村完誓译:《円仁——唐代中国への旅》,原书房,1984年,第68页)妥当的理解是,七月二十日的记事是向在镇衙的大使等供给粮食,这次是円仁等首次得到供应。

⑨ "覆问书"。质问文书。
⑩ "沙弥"。受持十戒者,尚未成为比丘的男性僧人。
⑪ "问"。小野本疑为衍文。
⑫ "人法"。Reischauer、小野氏、塩入氏都理解为"人与法"的并称。

（6）（八月）十日……午时,王大使①来谘,"相公奏上既了。须待勅来,可发赴台州去"。大使②更留学僧暂住扬府,请益僧不待勅符③且令向台州之状,牒送相公。二三日后④,相公报牒称,"不许且发。待报符可定进止。其间,令僧住寺里者"。

【语释】

① "王大使"。前一天八月九日新来的勾当日本国使王友真。勾当日本国使,是负责照顾和监视遣唐使一行的临时官职。（小野本,第一卷,第176页）
② "大使"。我认为是指遣唐大使藤原常嗣。
③ "勅符"。东寺本做"勅府"。据小野本改。
④ "二三日后"。小野氏认为,这是后来整理行记之时附加上的记事。（小野本,第一卷,第180页）

（7）（九月）十三日,闻:"相公奏状之报符来扬府。"未得子细。……十六日,长判官①云:"得相公牒,称'请益法师可向台州之状,大使入京奏闻,得报符时,即许请益僧等发赴台州者。'"未得牒案②。……廿日,写得相公牒状,称"日本国朝贡使数内,僧円仁等七人,请往台州国清寺寻师。右奉诏,朝贡使来入京。僧等③发赴台州,未入可允许。须待本国表章④到,令发赴者。"委曲在牒文。

第一章　朝贡使节在边境州县的待遇

【语释】

① "长判官"。遣唐使判官长岑高名。

② "未得牒案"。一切经（第257页）以及盐入本（一，第44页）将此四字归为高岑判官所说的话，盐入本进一步论述说"可理解为授予通行证的草案还没有完成"（盐入本，一，第57页）。但此处据小野本第一卷第218页以及E.D., p.39，解释为圆仁记述自己的状况的句子。

③ "等"。东寺本作"寺"，据小野本改。

④ "表章"。表和章都是群臣向天子上书之际使用的书体，这里指日本的国书（小野本，第一卷，第222页），Reischauer也译作the Japanese credentials（E. D., p. 40）。

（8）（九月）廿九日……相公为入京使于水馆①设饯②。又蒙大使宣③，称："请益法师早向台州之状，得相公牒，称'大使入京之后，闻奏得勒牒后，方令④向台州者。'仍更添己缄书⑤，送相公先了。昨日，得相公报，称'此事别奏上前了。许⑥明后日，令得报帖⑦。若蒙勅诏，早令发赴者。'"

【语释】

① "水馆"。位于运河等水路的驿传的附设设施。应指下面十月三日条的平桥馆（小野本，第一卷，第226页）。

② "饯"。送别会。

③ "宣"。言语的敬体。Reischauer译作instructions（E. D., p. 41）。

④ "令"。东寺本作"今"，据小野本改。

⑤ "缄书"。封书。Reischauer译作a personally sealed letter（E. D., p. 41）。

⑥ "许"。小野氏以为"暂作计"，读为"或许、大概"（小野本，第一卷，第225页），盐入氏解释为"估计明后日"（盐入本，一，第45页），Reischauer译作"we might get a reply in a day or two"（E. D., p. 41）。如果是"计"的话，意为"估计是明后日"。但是"许"，如在《孟子·公孙丑上》"夫子当路于齐，管仲晏子之功，可复许乎（集注：许犹期也）"

一句中一样,有"期待"的意思。因而此处不改动原文,而作"期待"之意解。

⑦ "报贴"。即报牒。在《入唐求法巡礼行记》中屡屡混同。

（9）十月三日,晚头,请益、留学两僧,往平桥馆①,为大使、判官等入京作别相咨。长判官云:"得两僧情愿之状,将到京都闻奏,早令得符者。"四日……入京官人:大使一人、长岑判官、菅原判官②、高岳录事③、大神录事④、大宅通事⑤、别请益生⑥伴須賀雄、真言请益円行等,并雑职⑦已下三十五人,官船五艘。……五日,卯终,大使等乘船,发赴京都。终日通夜雨下。

【语释】

① "平桥馆"。Reischauer指出了平桥馆与太平桥的关联性（E. D., p. 42）,小野氏也说"（太平桥）附近或有上级的公馆吧"（小野本,第一卷,第228页）。太平桥,沈括《梦溪补笔谈》卷三所见的扬州二十四桥之一,跨在南北贯通扬州罗城的官河上,从南数第二座桥。（参看前揭爱宕元:《唐代の扬州城とその郊区》）

② "菅原判官"。菅原善主。

③ "高岳录事"。高岳百興。

④ "大神录事"。大神宗雄。

⑤ "大宅通事"。大宅年雄。

⑥ "别请益生"。东寺本"益"作"基",据E. D.、小野本、塩入本改。别请益生指有特殊技能的研究人员,具体到伴須賀雄是指围棋（小野本,第一卷,第230—231页）。

⑦ "雑职"。雑职有胥吏、杂役夫、各种职事官等意,这里很难决定是取哪一个。Reischauer说"probably the same as 杂色, minor officers without court rank"（E. D. p. 42）,即取接近胥吏的解释。对此,小野氏说如果是"杂色"的话,下文不该说"以下"而要说"以上",所以此处可解释为"种种职事官"之意（小野本,第一卷,第231页）,塩入氏

第一章　朝贡使节在边境州县的待遇

的解释与此相同（塩入本，一，第45页）。

四、代结语——附参考史料

以上就唐朝在边境州郡对朝贡使节的待遇规定及相关情况，整理了史料并试加以解释。中国方面留下的外国使节接待规定中，占压倒性多数的，是关于进献物品的规定。使节带来的进献物品被仔细地检查，预先向中央的鸿胪寺报告其品目，根据情况，边境州县必须就是否向中央进献作出判断。特别是带有药物类时，检查和处理的规定非常严格。此外，禁止进献珍异的规定，在后附参考史料（1）中也可见到。

对外国使节的进献物品的检查，在使节从边境州县出发前往上京的途中，在最先通过的关卡要再次进行。《新唐书》卷四六《百官志一》"刑部"条有：

> 天下关二十六，有上中下之差。……蕃客往来，阅其装重，入一关者，余关不讥。

《养老关市令》"蕃客"条，也将"蕃客所有一物以上"作为最初一关的检查对象。

这里所见的"其装重"或"所有一物以上"之中，也应包含了外国使节的"国书"吧。边境州县的处理规定中，对国书的检查不见于现存史料。考虑到国书的特殊性，在边境州县或通过关卡时，唐的官吏要求出示（至少是开封出示）的事，大概是不会有的。与日本国遣唐使入唐相关，屡屡被作为问题的，是对空海《为大使与福州观察使书》的解释。文中的"文契""印书""文书"等不直接理解为国书，这点已有板沢武雄、西嶋定生、榎本淳一诸氏指出了。尤其"印书"指"进献品目录"一说，从唐国境上应对外国使节的规定集中于对进献品的处置这点来看，不得不说成立的可能性很高。这样的话，根据空海的启文认为日本遣唐使不携带国书的那种解释，应该要重新检讨和修正。

日本国遣唐使团的人数，初期为120名左右，8世纪以后超过了500

人，円仁随行的第十五次遣唐使按计划有651人[1]，因为实际上只有第一艘、第四艘船完成渡海，到达唐的人数当在其一半左右。根据《延喜式》大藏省条，组成遣唐使团的职务可数出33种（后揭参考史料3），当然一个职务可以配置多人，因此人员数比这要多。但是，这些人里到长安入京的极少，据円仁的说法第十七次（承和）遣唐使中入京者是35人，第十四次（宝龟八年）遣唐使中入京者是85人（一说是65人），而第十六次（延历）遣唐使中入京的是23人。第十七次遣唐使中入京者于开成三年十月五日从扬州出发，十二月三日到达京师，入京需要58天；而第四次遣唐使从扬州出发，用了88天才到达长安。此外，第十四次、第十七次遣唐使，从在长江口附近登陆到入京使出发，在扬州耗费了三个月以上。而按円仁的记录，第十五次遣唐使从镇一级获得正式的外国使团待遇，上陆之后要等七天，从州一级获得相应接待，则要等十八天。

【参考史料】

（1）南海舶，外国船也。每岁至安南、广州。师子国舶最大，梯而上下数丈，皆积宝货。至则本道奏报，郡邑为之喧阗。有蕃长为主领，市舶使①籍其名物，纳舶脚②，禁珍异。蕃商有以欺诈入牢狱者。舶发之后，海路必养白鸽为信③。舶沈，则鸽虽数千里，亦能归也。

（《唐国史补》卷下）

【语释】

① "市舶使"。管理内外贸易船相关的种种事务的官衙。关于唐代的市舶使，虽不像宋代那样知道详细情况，但桑原隲藏据《册府元龟》卷五四六《谏诤部·直谏一三》有市舶使周庆立的人物出现，指出玄

---

1. 森克己：《遣唐使》，至文堂，1955年，第25—27页；藤家禮之助：《日中交流二千年》，东海大学出版会，1977年，第112—115页；Reischauer著，田村完誓译：《円仁——唐代中国への旅》，原书房，1984年，第50页；茂在寅男：《遣唐使研究と史料》，东海大学出版会，1987年，第13—19页。

第一章　朝贡使节在边境州县的待遇

宗朝已经有市舶使存在（同氏《蒲寿庚の事蹟》，岩波书店，1935年，第4—5页）。周庆立的名字还可见于《旧唐书》卷八《玄宗本纪上》开元二年十二月条，以及同书卷一八五上《薛季昶传》，根据这些材料，他是安南市舶使，乃昭州（广西省平乐县）的首领。

②"舶脚"。也叫下碇税，即关税。据Reinaud所引阿拉伯史料，唐代的关税率是输入物资的十分之三。（桑原：《蒲寿庚の事蹟》，第190页）。

③"养白鸽为信"。讲述信鸽的利用。《酉阳杂俎》卷一六《羽篇》"鸽"条也可见"大理丞郑复礼言：波斯舶上多养鸽。鸽能飞行数千里，辄放一只至家，以为平安信"，这段文字又被《太平广记》卷四六一《禽鸟二》采录。关于唐代的信鸽通讯，参看桑原《蒲寿庚の事蹟》（第86—87页），以及中村裕一《唐代の情報伝達に就いて（その1）》（武库川女子大学文学部教育学科《史学研究室报告》1，1983年，第46—47页；后收入同氏著《唐代官文書研究》，中文出版社，1991年）。

（2）唐江夏李邕①之为海州②也，日本国使至海州。凡五百人，载国信③，有十船，珍货数百万。邕见之，舍于馆，厚给所须，禁其出入。夜中，尽取所载而沉其船。既明，讽所馆人白云："昨夜海潮大至。日本国船尽漂失，不知所在。"于是，以其事奏之。敕下邕，令造船十艘，善水者五百人，送日本使至其国。邕既具舟及水工。使者未发，水工辞邕。邕曰："日本路遥，海中风浪，安能却返。前路④任汝便宜从事。"送人喜，行数日，知其无备，夜尽杀之，遂归。

（《太平广记》卷二四三《纪闻》）

①"李邕"。《旧唐书》卷一九〇中、《新唐书》卷二〇二有传。广陵（扬州）江都人，注《文选》的李善之子。他是则天武后、玄宗时期的人，据本传没有当过海州刺史，也没有记载上述事件。但说他"性豪侈，不拘细行，所在纵求财货"，贪污事发而被诛，或许上面的故事并非完全是编造的（参看森克己：《遣唐使》，至文堂，1955年，第108页）。

② "海州"。江苏省东海县。

③ "国信"。参看本章第二节空海《为人使与福州观察使书》语释⑭。

④ "前路"。目的地、去向。

（3）日本入蕃使的使团编成与赐物

入诸蕃使

入唐大使（絁六十疋、绵一百五十屯、布一百五十端）；副使（絁四十疋、绵一百屯、布一百端）；判官（各絁十疋、绵六十屯、布四十端）；录事（各絁六疋、绵四十屯、布二十端）；知乘船事、译语、请益生、主神、医师、阴阳师、画师（各絁五疋、绵四十屯、布十六端）；史生、射手、船师、音声长、新罗奄美等译语、卜部、留学生、学问僧、傔从（各絁四疋、绵二十屯、布十三端）；杂使、音声生、玉生、锻生、铸生、细工生、船匠、柂师（各絁三疋、绵十五屯、布八端）、傔人、挟秒（各絁二疋、绵十二屯、布四端）、留学生、学问僧（各絁四十疋、绵一百屯、布八十端）、还学僧（絁二十疋、绵六十屯、布四十端）。已上、布各三分之一给上总布。水手长（絁一疋、绵四屯、布二端）、水手（各绵四屯、布二端）、柂师、挟秒、水手长及水手（各给帻头巾、巾子、腰带、赀布黄衫、着绵帛袄子、袴及汗衫、裈、赀布半臂）。其渤海、新罗水手等，时当热序者，停绵袄子袴，宜给细布袴，并使收掌。临入京给其别赐。大使（彩帛一百十七疋、赀布二十端）；副使（彩帛七十八疋、赀布十端）；判官（各彩帛十五疋、赀布六端）；录事（各彩帛十疋、赀布四端）；知乘船事、译語（各彩帛五疋、赀布二端）；学问僧、还学僧(各彩帛十疋)。

　　入渤海使（絁二十疋、绵六十屯、布四十端）；判官（絁十疋、绵五十屯、布三十端）；录事（絁六疋、绵四十屯、布三十端）；译语、主神、医师、阴阳师（各絁五疋、绵三十屯、布十六端）；史生、船师、射手、卜部（各絁四疋、绵二十屯、

第一章　朝贡使节在边境州县的待遇

布十三端）；杂使、船工、柂师（各絁三疋、绵二十屯、布十端）；傔人、挟杪（各絁二疋、绵十屯、布六端）；水手（各絁一疋、绵四屯、布二端）。

入新罗使（絁六疋、绵十八屯、布十八端）；判官（絁四疋、绵八屯、布八端）；录事、大通事（絁各三疋、绵六屯、布六端）；史生、知乘船事、船师、医师、少通事、杂使（各絁二疋、绵四屯、布四端）；傔人、锻工、卜部、柂师、水手长、挟杪（各絁一疋、绵二屯、布二端）；水手（各绵二屯、布二端）

右赐入蕃使令，宜依前件。

（《延喜式》卷三〇"大藏省"）

(4) 日本给蕃客的赐物

赐蕃客例

大唐皇（银大五百两、水织絁、美浓絁各二百疋、细絁、黄絁各三百疋、黄丝五百绚、细屯绵一千屯。别送綵帛二疋、叠绵二百帖、屯绵二百屯、紵布卅端、望陀布一百端、木绵一百帖、出火水精十颗、玛瑙十颗、出火铁十具、海石榴油六斗、甘葛汁六斗、金漆四斗）；判官（各綵帛廿疋、细布卅端）、行官（各綵帛五疋、细布十端）、使丁并水手（各綵帛三疋、细布六端）。但大使、副使者，临时准量给之。

渤海王（绢卅疋、絁卅疋、丝二百绚、绵三百屯、并以白布裹束）；大使（绢十疋、絁廿疋、丝五十绚、绵一百屯）；副使（絁廿疋、丝四十绚、绵七十屯）；判官（各絁十五疋、丝廿绚、绵五十屯）；录事（各絁十疋、绵卅屯）；译语、史生及首领（各絁五疋、绵廿屯）。

新罗王（絁廿五疋、丝一百绚、绵一百五十屯、并以白布裹束）；大使（絁八疋、绵九十屯）；副使（絁八疋、绵八十屯）、大通事、录事（各絁五疋、绵卅屯）；医师、船头、通事、小通事、大海师、学语生（各絁二疋、绵六屯）、傔人、海师（各絁一疋、绵五屯）；水手（各绵一屯、布一端）；王子入朝赐王子（准王）；大监（准大使）；第监（絁六疋、绵六十屯）；大通事、大唐通事、少监、录事（各絁五疋、绵卅屯）；详文师、卜师、医师、渤海通事、百济通事、船头通事、小通事、治马师、大海师（各絁二疋、绵六屯）；傔人、海师、神典及水手（同前）。

右赐蕃客例，宜依前件，或有阶品高下、职事优劣者。并宜临时商量加减。

(《延喜式》卷三〇"大藏省")

第二章

禁止交杂——朝贡使节入京途中的有关规定

引言

东亚外交充满活力的7—9世纪,周边诸民族、诸国家频繁派遣使节前往当时的文化中心唐朝,唐都长安即为使节云集的一大中心地。于是,唐朝针对诸国派来的正式使节,就其待遇详细地设立了种种规定。今天这些规定不过流传下来极少的一部分,但根据这些史料来窥测外国使节在唐土的活动,在相当大的程度上是可能的。

外国使节当然首先到达唐的边境州县。在那里,由州县官吏核查是不是正式使节,作成名册(边牒)并进行贡献品的检查等。如前章所见,这是因为按贡献物的不同,有时州县官署必须进行特殊的处置,而且中央的鸿胪寺必须得到他们的通报以预先决定返礼物品的价值。从中央获知准许入京的人数和姓名后,终于进展到入京的阶段,但不被许可入京者不得不留在边州。按后期遣唐使的情况,这些手续需要数月时间。

到达长安的入京使节一行,受到迎劳,首先进入迎宾馆。毫不夸张地说,使节停留京师期间,包围着他们的是一个礼仪的世界,其顶点当然是谒见皇帝的仪式。在京期间所供给的食物、待遇的厚薄程度、意外事态(疾病、死亡等)的处置等,种种规定都可以从现存史料中发现。顺利完成使命的使节,将返回来时到达的边州,或者与留在边州的一行人在某地点会合,踏上回国的归途。后期遣唐使在整个中国停留的时间,通常需要一年数月到两年。

以上是遣唐使节在唐期间的一般状况,从中也可以看出,在唐朝境内他们的主要活动舞台,一是最初到达的边境州县,另一个是京师长安。相应地,现存唐朝有关朝贡规定的史料以及日本国的遣唐使相关史料中的大部分,都集中在与这两个场所相关的情境中,这是十分自然的。但是,遣唐使节在唐土的活动,无论如何也不限于这两个场所。尤其重要的是连接这两地的部分,即入京使节从边州向长安的往返路途中的场所。这是因为入京使节在边州、京师间往复所需的天数,在

第二章　禁止交杂——朝贡使节入京途中的有关规定　　259

使节留唐的总天数中占有相应的比例，而从唐朝方面考虑，对于外国人在领土内往来，完全没有任何待遇、规制甚至不加注意是不可想象的。那么，究竟存在着怎样的规定呢？

一、驿传、通关、程粮——据《新唐书·百官志》的记载

（1）驿传的利用

遣唐使是怎样向京师进发的？《新唐书》卷四六《百官志一》（以下简称《新志》）礼部主客郎中条有：①边境州县为殊俗入朝者作成"边牒"的规定，②蕃州都督、刺史朝集日给予衣冠、裤褶的规定，③利用驿传制度的规定，④供客食料输鸿胪寺及句会的规定[1]，⑤设会、参日的食物规定，⑥给予航海者祈平安用羊豕的规定，⑦归途中食物供给的规定，⑧对待请求宿卫者的规定，⑨突厥在市坊交易时的应对规定，⑩蕃王死亡时子孙、兄弟袭官的规定，⑪出使绝域者归国时报告当地风俗等的规定。合计十一条，各条都极为简略。这些记载，虽然简略得令人遗憾，但仍有许多其他史料所未见的规定，其意义耐人寻味。

上述《新志》所记的诸条中，③的部分写道：

乘传者日四驿，乘驿者六驿。

这句话的主语，是①的"殊俗入朝者"，还是②的"蕃州都督、刺史"，或者是与两者都有关，仅据本句难以断定，假如是①的话，则遣唐使节便是利用驿传制度，以这样的速度向长安进发的。

《册府元龟》卷六八九《牧守部·威严》记载9世纪时的情形时曰：

王起镇蒲州，每岁蕃使繇于郡府逆旅邮传，咸苦之。

---

1. 译者注：《新唐书·百官志》原文为："供客食料，以四时输鸿胪，季终句会之。"日文误为"照会鸿胪寺"，今据《新唐书》改。

陈夷行《条覆馆驿事宜疏》(《全唐文》卷七四五[1])也可见如下记载：

> 奉中书、门下牒状，准今年正月二十八日宣，应馆驿近日因循，多致败阙，邮递马畜，每事阙供，蕃客往来，皆有论奏。

此外，中唐文人柳宗元在《馆驿使壁记》(《柳河东集》卷二六）中写道：

> 凡万国之会，四夷之来，天下之道途，毕出于邦畿之内。……故馆驿之制，于千里之内尤重。……华人、夷人往复而授馆者，旁午而至。

在馆驿的利用者中举出了"四夷""夷人"。

另一方面，日本遣唐使的相关史料中，也可见到这样的记载。据《续日本纪》卷三五光仁天皇宝龟九年（778）十月乙未条所载，第十四次（宝龟八年）遣唐使小野滋野的归朝报告记述了在唐扬州接待他们的扬州观察使陈少游的处置：

> 属禄山乱常，馆驿凋弊。使人入京，承命限六十人。

又《日本后纪》卷一二桓武天皇延历二十四年（805）六月乙巳条所载第十六次（延历）遣唐大使藤原葛野麻吕的归朝报告中说：

> （延历二十三年）十二月廿一日，到上都长乐驿，宿。

与其后第十七次（承和）遣唐使同行的圆仁所著《入唐求法巡礼行记》，开成四年（839）正月二十一日条也记载，滞留扬州的圆仁收到大使藤

---

1. 本疏不见于《册府元龟》《文苑英华》与两《唐书·陈夷行传》，但在《唐会要》卷六一《御史台中》驿馆条会昌二年陈夷行奏文中，可以看到引文的后续部分。

第二章 禁止交杂——朝贡使节入京途中的有关规定

原常嗣和长岑判官的傔从村清传来的平安到达长安的通报，村清的书状中写道：

> 今月（开成三年十二月）三日，辰时，到长乐驿。敕使迎来，传陈诏问。

以上所见的"长乐驿"，位于长安城东、通化门外七里，东临浐水，是从长安东行的主干驿道的第一站。

根据以上所举中日诸史料，唐代外国使节入京之际，将驿馆当作住宿设施来利用是可能的，从而在此意义上，《新唐书·百官志》在针对朝贡使的诸规定中插入与驿传制相关的记述，大体是可以肯定的。问题在于"传马四驿，驿马六驿"所说的入京使的一日行程速度。

唐代的驿，原则上是每30里设置一驿[1]。因此《新志》中的传马四驿相当于120里，驿马六驿相当于180里，若按1里等于440米换算[2]，传马一日的行程是52.8千米，驿马则为79.2千米。乘用驿马的一日行程，若以日本国的东海道为例，约相当于日本桥到小田原间的距离。

据《入唐求法巡礼行记》，圆仁在扬州呈交的去天台山参礼的申请书，于开成三年八月十日从扬州都督府发往京师，其答复文书回到扬州是在同年九月十三日，往复用了33天。中村裕一认为，这33天中，中央对圆仁的请求做出决定假定需要3天，则可算出扬州、长安间往返的日数是30天，单程为15天[3]。而《巡礼行记》同年十二月十八日条云：

> 十八日……勾当王友真来云：大使等以今月三日到京都了。

---

1. 《大唐六典》卷五兵部驾部郎中条、《通典》卷三三《职官典一五》乡官条。
2. 森鹿三：《漢唐一里の長さ》，《東洋史研究》第5卷第6号，1940年；后收入同氏著：《東洋学研究——歷史地理篇》，同朋舍，1970年。
3. 中村裕一：《唐代の情報伝達に就いて（その一）》，武库川女子大学文学部教育学科：《史学研究室報告》1；后收入同氏著：《唐代官文書研究》第四章第八节，中文出版社，1991年。

遣唐大使藤原常嗣一行十二月三日入京的报告，于十二月十八日传到扬州，这一事例中两地间单程日数也是15日。长安、扬州间的距离，按《旧唐书·地理志三》为2753里，按《太平寰宇记》卷一二三为2700里。现从中村氏以两地间为2700里，而这一距离需要15天，则可得出一日行程为180里。这一数值，与《新唐书·百官志》所记驿马一日行程六驿即180里完全一致。从而，认为《巡礼行记》所见的这些公文书是利用驿马来传达的，大概不会有错。因此，按照《新志》的记载，只能认为朝贡使节中的入京使也是以与公文书传达同样的速度赶往京师的。实际情况是怎样的呢？

当时的大使藤原常嗣一行从扬州出发的情形，《巡礼行记》开成三年十月五日条云：

> 五日，卯终，大使等乘船发赴京都。终日通夜雨下。

他们到达长安是前述的十二月三日，故而其入京乘船用了58天。又按《续日本纪》卷三五天皇宝龟九年十月乙未条载小野滋野的归朝报告，这次入京使节从扬州到长安，实际用了88天。因此，唐代的朝贡使节在上京途中，确实利用驿馆作为住宿设施，但他们的上京速度，并不与《新志》的行程规定一致。

然而与《新志》的规定几乎一致的史料，实际也是存在的。《日本书纪》卷二六齐明天皇五年（659）秋七月戊寅条所引《伊吉連博德书》有如下记述：

> 闰十月一日，行到越州之底。十月十五日乘驿入京。廿九日，驰到东京。天子在东京。卅日，天子相见……

这是第四次遣唐使的归朝报告。①据两《唐书·高宗本纪》和《资治通鉴》，唐朝在这一年（显庆四年）十月置闰月；②在该闰月高宗行幸到洛阳；③这时的遣唐使有虾夷男女二人同行，这与《唐会要》卷一〇〇"虾夷国"条"显庆四年十月，随倭国使至，入朝"的记载相符；

第二章　禁止交杂——朝贡使节入京途中的有关规定　　263

④《博德书》接着记录了唐天子向使节问候日本天皇的情况，这与《大唐开元礼》宾礼"皇帝受蕃使表及币"仪式中所见的，皇帝"问蕃国主""问其臣下"的礼仪规定相一致[1]。从以上诸点来看，《博德书》记述的内容的可信度是很高的。

按《博德书》所记，当时的遣唐使从越州到洛阳间"乘驿"要行走十四至十五日。洛阳、越州间的距离，《旧唐书·地理志三》越州条云"至东都二千八百七十里"，《通典·州郡典一二》会稽郡条云"去东京二千八百七十里"，《元和郡县图志·江南道二》越州条云"西北至东都二千六百七十里"，《太平寰宇记·江南东道八》越州条云"西北至东京二千八百七十里"。今取"二千八百七十里"，以行走十五日计，可得出一日行程约191里的数值。这与驿马一日六驿即180里大致符合，这个速度只能是使用了驿马。

综上，我们可以认为，《新唐书·百官志》礼部主客郎中条驿传制一日行程的记载，是唐的公文书传达的行程规定，这在唐初也适用于朝贡使节的入京行程，但在唐后半期随着驿传制的弛废而不再适用，朝贡使节主要只是将驿馆作为住宿设施利用[2]。

---

1. 参本书第三部第五章"外国使节谒见皇帝仪式复原"。
2. 驿马和传马的区别，从前学者们已经指出的有：骑马与乘车的差别、使用许可证的差别（传符、券和递牒）、一日行程的长短、高品者乘车而低品者骑马的倾向、栽培马饲料所用田土支给额的差别、驿马供给由《公式令》而传马供给由《厩牧令》规定，等等。近年荒川正晴的研究又揭示了一种差异：驿马是限定在驿道（干线道路）以驿为单位运营的，传马是在非干线道路上以县为单位运营的，相互补充合成交通网。参看荒川正晴：《唐代河西以西の伝馬坊と長行坊》，《東洋学報》第70卷第3—4号，1989年；《唐の対西域布帛輸送と商客の活動について》，《東洋学報》第72卷第3—4号，1992年；《唐代駅伝制度の構造とその運用》，《吐鲁番出土文物研究会会报》第78—83号，1992年等。唐《公式令》中可见这样的速度规定："凡陆行之程，马日七十里，步及驴五十里，车三十里。水行之程，舟之重者，泝河日三十里、江四十里、余水四十五里。空舟泝河四十里、江五十里、余水六十里。沿流之舟，则轻重同制，河日一百五十里、江百里、余水七十里。"（《大唐六典》卷三《户部·度支郎中》）这里含有不是三十里的倍数的里程，因此不是利用驿传制的速度规定。它除了适用于不利用驿传制的文书传达（参中村裕一前引论文）以外，《唐律疏议·名例律》"流配人在道会赦"中可见流配人前往流刑地的一日行程即引用了本条，此外还有卫士上番的行程等，是一条应用广泛的规定。

（2）通关的规定

《新唐书》卷四六《白官志一》刑部司门郎中条载：

> 蕃客往来，阅其装重，入一关者，余关不讥。

即外国使节入京途中通过关卡之际，在最初通过的关要进行携带品的检查，此后的关卡不再检查。日本的《养老关市令》有几乎同样的规定：

> 凡蕃客初入关日，所有一物以上，关司共当客官人，具录申所司。入一关以后，更不须检。若无关处，初经国司亦准此。

虽然仁井田陞《唐令拾遗》复原《关市令》中未涉及此条，《新志》的记事仍可看作唐关市令的取意之文[1]。

唐代的关卡通行许可证自然是"过所"，其实物之例，广为人知的是滋贺县大津市园城寺（三井寺）所藏日本入唐僧円珍往来福州、长安之际的两通（大中九年）[2]。去路的"过所"由福州都督府发行，返程的由尚书省刑部司门发行。在遣唐使入京的场合，"过所"的发放官署当然是同样的，则《新唐书·百官志三》鸿胪寺条所言：

> 凡客还，鸿胪籍衣赍赐物多少以报主客，给过所。

---

1. 榎本淳一：《律令賤民制の構造と特質——付『新唐書』刑法志中の貞観の刑獄記事について》，池田温编：《中国礼法と日本律令制》，东方书店，1992年；池田温等编集：《唐令拾遺補——附唐日両令对照一覧》，东京大学出版会，1997年，797页。
2. 内藤虎次郎：《三井寺所蔵の唐過所に就て》，《桑原博士還暦記念東洋史論叢》，弘文堂，1931年（后收入《内藤湖南全集》第七卷，筑摩书房，1970年）；仁井田陞《唐宋法律文書の研究》，东方文化学院，1937年，第三编第六章"過所及び公驗"；駒井義明：《公驗と過所》，《東洋学報》第40卷第2号，1957年；瀧川政次郎：《過所考》，《日本歴史》第118—120号，1958年；礪波護：《唐代の過所と公驗》，同氏编：《中国中世の文物》，京都大学人文科学研究所，1993年等。

第二章 禁止交杂——朝贡使节入京途中的有关规定

应该理解为如下手续规定的略记：使者踏上归国之途从长安出发之际，鸿胪寺作成赐物和携带物品的清单，向礼部主客郎中报告，以此为基础由刑部司门发放返程的"过所"，该"过所"经由礼部主客郎中或者鸿胪寺交给使节。故而旅行者的携带物品，从円珍的例子中也可以知道，被记入"过所"中，在返程最初通过的关卡，将以其记载的目录为基础对携带物品进行检查。

此外，"其装重"（《新志》）或"所有一物以上"（《养老关市令》）中不包含"国书"，这点在上一章的末尾已经涉及了。

（3）往返的"程粮"

《新唐书·百官志一》礼部主客郎中条：

> 西南蕃使还者，给入海程粮。西北诸蕃，则给度碛程粮。

又云：

> 路由大海者，给祈羊豕皆一。

这是本节（1）所引《新志》礼部主客郎中记事十一条的⑦与⑥，前者是入京使节的归途程粮的供给规定，后者是给予海路航行者祈祷安全所需的牺牲羊、猪的规定。所谓"程粮"，《养老赋役令》"岁役"条的集解（复原唐《赋役令》第五条）曰：

> 释云……唐令云，除程粮外，各准役日赏私粮者。

在此语境中意指为服正役而上蕃的人丁在途中的粮食。因为日本的《赋役令》"岁役"条这一部分说："其丁赴役之日，长官亲自点检并阅衣粮，周备然后发遣。"或许唐朝的"程粮"也包含了衣料。另外，唐代的史料中，例如《唐会要》卷八五《逃户》证圣元年（695）李峤上奏文论述令逃户复归本贯的措施，其中可见这样一句：

> 其应还家而贫乏不能致者，乃给程粮，使达本贯。

也就是说，所谓"程粮"，即公务旅行者在途中的粮食（或许还加上衣服）。外国使节的"程粮"由唐方负担一事，由《唐会要》卷一〇〇《杂录》证圣元年（695）敕所言：

> 蕃国使入朝，其粮料各分等第给。南天竺、北天竺、波斯、大食等国使宜给六个月粮，尸利佛誓、真腊、诃陵等国使给五个月粮，林邑国使给三个月粮。

以及同卷开元四年（716）正月九日敕：

> 靺鞨、新罗、吐蕃先无里数。每遣使给赐，宜准七千里以上给付也。

可得而明确。又，《入唐求法巡礼行记》开成四年（839）七月十六日条载，日本遣唐使的归国船出航后，独自一人被留在山东赤山的圆仁：

> 便见州使四人，先来在（赤山法华）院，运日本国朝贡使粮七十石来着。今于当村，缘朝贡使已发，不得领过，便报县家去。

此处给日本国朝贡使的粮米，看作是归国的"程粮"应无问题。进一步来说，《唐会要》杂录中，就在上引证圣元年敕的前面，揭载了天宝二年（743）四月二十五日鸿胪卿王忠嗣的上奏所述合计十二国及其四至诸国的里程、日程，大概也是与朝贡使节的"程粮"相关的内容。

上述《新志》礼部主客郎中的两条，都是唐、日相关律令中所未见的规定，但入京使的往返旅费、粮食系官给的事实，经以上部分已可确认。《新志》对这些用极简略的方式予以记述，所谓西南蕃使归国时所给的"入海程粮"，意即不仅唐朝境内的旅程，还包括渡海行程部

第二章　禁止交杂——朝贡使节入京途中的有关规定

分的粮食也由唐方负担、给付。

《新唐书·百官志》中三处与朝贡规定相关的记载，是被极度删削过的断片性的资料，故而至今尚未得到重视。然而它们之中确实包含有其他唐代史料所未见的规定，对于了解唐代朝贡制度的运作，仍提供了重要的材料。

二、交杂——旅途中禁止的行为

朝贡入京使节既是正式的外交使节，被给予唐国内通行的"程粮"和通关凭证，对驿或驿馆的利用也得到保证。但是，虽说如此，完全自由地行动是不可能的。《唐律疏议》卷八《卫禁律》"越度缘边关塞"条的疏议中说：

> 又准主客式，蕃客入朝，于在路不得与客交杂。亦不得令客与人言语。州县官人，若无事，亦不得与客相见。

这里引用了珍贵的唐《主客式》的逸文，规定了使节在路上的禁止行为。这条疏议所附"越度缘边关塞"条的律文，不见于现存的日本《养老卫禁律》，研究者对此有两种解释，一说认为是《养老律》转录过程中遗漏了，一说这条在引入唐律之时被删除了[1]。但是，关于上面的《主客式》文字，在《延喜式》卷二一《玄蕃寮》可见这样一条：

> 凡诸蕃使人，将国信物应入京者……其在路不得与客交杂。亦不得令客与人言语。所经国郡官人，若无事，亦不须

---

1. 持转录遗漏说的有：瀧川政次郎：《律令の研究》，刀江书院，1931年第四编第一章"律の逸文"；同氏著：《律令禁物考（下）》，《国学院大学政经論痕》第11卷第2号，1962年；同氏著：《衛禁律後半の脱落條文について》，《法制史論叢》第一册《律令格式の研究》，角川书店，1967年；山内晋次：《古代における渡海禁制の再検討》，《待兼山論叢》史学篇第22号，1988年。持削除说的有：仁井田陞、牧野巽：《故唐律疏議製作年代考（下）》，《東方学報》東京，第2册，1931年；榎本淳一：《『小右記』に見える「渡海制」について—律令国家の対外方針とその変質—》，山中裕编：《摂関時代と古記録》，吉川弘文馆，1991年。

与客相见。

由此可知日本也采用了同样的规定。

若按唐《主客式》的规定,外国使节入朝时,在入京的途中,①与使节相交杂、②使节与唐人一起谈话、③州县的官员无缘由地接见使节,这三点是被禁止的。其中②与③在含义上大致可以理解,但①所禁止的与使节的"交杂"究竟指什么?这一词汇,《唐律疏议》中仅此一例,其他史书中也很难找到。曹漫之的《唐律疏议译注》将这句译为"不可与外宾交往杂处"[1],那么"交往杂处"是什么意思呢?

疏议中引用了《主客式》本条的《卫禁律》"越度缘边关塞"条的律文,将以下六个行为规定为犯罪:(a)越渡国家边境地带的关塞,(b)与化外人私自交易,(c)授予化外人禁兵器,(d)与化外人结婚,(e)c与d未遂,(f)被作为使者派遣到外国却从事私人性的交易。既然律文想定了唐人在唐朝境外做出这些行为的情形,就生出这样的问题:与之相反地,唐人对在唐朝内的外国人做出(c)(d)行为的情况,应该怎样处理?《疏议》的解释是,这种情形与唐人在国外行动的情形是同等的,其根据是:

> 若私与禁兵器,及为婚姻,律无别文,得罪并同越度私与禁兵器,共为婚姻之罪。又准别格,"诸蕃人所娶得汉妇女为妻妾,并不得将还蕃内"。又准《主客式》,"……(前引文)……"即是国内官人百姓,不得与客交关,私作婚姻,同上法。如是蕃人入朝,听住之者,得娶妻妾,若将还蕃内,以违敕科之。

这里与《主客式》并列举出,与《唐会要》卷一〇〇《杂录》所载相符:

> 贞观二年(628)六月十六日敕,诸蕃使人所娶得汉妇女为妾,并不得将还蕃。

---

[1] 曹漫之主编:《唐律疏议译注》,吉林人民出版社,1989年,第357页。

第二章　禁止交杂——朝贡使节入京途中的有关规定

《疏议》继承此"别格"与《主客式》，得出"国内官人百姓，不得与客交关，私作婚姻"的结论。而《疏议》在这一结论中，针对外国使节的禁止行为中与婚姻并列的使用了"交关"这一表达，"交关"的用例在《唐律疏议》中还可找到另外两处，即《名例律》"以赃入罪"条与《杂律》"负债强牵掣畜产"条。这两例中，"交关"都带有很强的"交易""买卖"的意思，对《名例律》作现代语译的滋贺径译为"交易"[1]。试着从这点出发来分析《卫禁律疏议》的解释，则可以看出：针对在唐境内的外国人，①授予违禁兵器、②进行婚姻的情形，①相当于"交关"，②相当于"私作婚姻"，都构成犯罪，作为其根据，对于①引用了《主客式》，对②引用了"别格"。按这一格式，上引《主客式》的规定，其内容只能解释为禁止与外国人私自进行交易，从而"交杂"也应解释为"以交易为目的与外国人交流，杂处在一起"。

若再度考虑一下，《卫禁律疏议》中引用了《主客式》，这说明在《卫禁律》的解释出现以前，《主客式》一定已经存在了。这样的话，仅仅根据《卫禁律疏议》引用的，反过来解释《主客式》，就变得本末颠倒了。重新在其他史料中检索禁止外国人与唐人间私人性交流的法令，则《册府元龟》卷九九九《外臣部·互市》所载开成元年（863）六月京兆府的奏文中所引的"令式"格式引人注目：

> 又准令式，中国人不合私与化外人交通、买卖、婚娶、来往。

此处与交通、买卖、来往相并列，"私自婚娶"也明确地被禁止。这一令式，在同书卷九七九《外臣部·和亲二》所载《开成元年六月京兆府奏》

---

1. 滋贺秀三：《訳注唐律疏議（名例）（五）》，《国家学会雑誌》第78卷第1—2号，1964年，第81页。另外，"交关"的用例，亦见于《類聚三代格》卷八延历二年三月二十二日太政官符"大宰府貢上调绵一十万电事"，卷一四天平九年九月二十一日勅，卷一八天长八年九月七日太政官符"应检领新罗人交关物事"、天长五年正月二日太政官符"应禁交关事"，卷一九延历六年正月二十一日太政官符"应陆奥按察使禁断王臣百姓与夷俘交关事"，以及《续日本纪》卷四和铜二年三月甲申条等，在日本也按大体同样的意义而被使用。

中也可见到,中田薰曾推测它是开元二十五年令[1]。虽然将其断定为开元二十五年令的根据不足,但可以认为令或者以之为标准的条文中存在此种规定,那么就有必要将本节讨论的《主客式》与此令式的关联性纳入考虑了。

如前所述,"交杂"这一用语在史料中极少出现,若要找近似的用例,则可找到如《卫禁律疏议》的解释中那样意为"交易"的用语。《类聚三代格》卷八承和十年三月十五日太政官符"应令主计寮下知诸国庸调并副物封家未进数事"以及同书卷一四宽平六年二月二十三日太政官符"应准耕田数班举正税并有对捍辈即科其罪事"中所见"杂交易",《类聚国史》卷八六承和九年八月戊子诏所见"往杂交易",即是此例。但是另一方面,《类聚三代格》中也可见到"混杂"这一用语,即卷一九《禁制事》延历十六年七月十一日太政官符"应许昼日男入尼寺女入僧寺事"中可见"又法会之时,忏悔之日,男女混杂,彼此无别。非礼之行,不可胜论"的用例。当然,这里是以男女间的交往为语境的。

想到这些,重新来看《主客式》的逸文,那里的"交杂"不一定只限于交易,其中也包含男女交往的意思,这样认识应当更近于实情。换言之,我们可以这样理解:①唐朝原本就禁止与外国人建立密切的贸易或男女关系;②本文讨论的《主客式》是与禁止那些行为的"令式"相对应的具体事务的规定;③式文中首先禁止上述交往行为,并为了防患于未然而禁止与使节谈话以及官员的无故接见;④它被《卫禁律疏议》作为禁止私下交易禁兵器等(或许也包括禁止私自缔结婚姻之意)的解释依据而引用。

三、禁止交杂的背景——代结语

在唐代,与外国人的婚姻当然不是全面禁止的。从上文《卫禁律疏议》及贞观二年敕可以知道,获得批准在唐境内居住的外国人,可

---

1. 中田薰:《唐代法に於ける外国人の地位》,《筧教授還暦記念祝賀論文集》,有斐阁,1934年;后收入同氏著:《法制史論集》第三卷,岩波书店,1943年。

第二章　禁止交杂——朝贡使节入京途中的有关规定

以与唐人女性结婚,但是不许将此女一起带回本国[1]。朝贡使节不过是短期逗留者,不久的将来就要回国,所以为了防止留唐期间在男女关系上发生那样的情况,而加以法律上的考虑,毋宁说是理所应当的。那么,禁止这些行为的法律上的理念背景是什么呢?

唐《职制律》"漏泄大事"条云:

> 诸漏泄大事应密者,绞。(大事,谓潜谋讨袭,及收捕谋叛之类)非大事应密者,徒一年半。漏泄于蕃国使,加一等。(疏议曰……国家之事,不欲蕃国闻知……)

即规定了向外国使节泄漏国家机密者,与向国人泄漏的情形相比,将被处以更重的刑罚[2]。按《擅兴律》"征讨告贼消息"条,甚至与外国人有书信授受之事,其刑罚被定为"绞"。另外,唐令中的相关规定虽未得以复原,而《养老公式令》"驿使至京"条有:

> 凡驿使至京,奏机密事者,不得令共人语。其蕃人归化者,置馆供给,亦不得任来往。

又《养老杂令》"蕃使往还"条可见:

> 凡蕃使往还,当大路近侧,不得置当方蕃人,及畜同色

---

1. 然而实际上,在日本就有带着唐人女性一起离唐归国的例子,如高内弓(《续日本纪》卷一九,天平宝字七年十月)、大春日净足(《日本纪略》延历十一年五月)等。另外,日本入唐者与唐女所生的孩子离唐归国的例子,如释辨正的次子朝元、羽栗吉麻吕的二子翼与翔、被认为是吉备真备之子的忍海原魚養、藤原清河的遗孤喜娘等,广为人知。详细请参看高木博:《万葉の遣唐使船——遣唐使とその混血児たちー》(教育出版センター,1984年)。此外《旧唐书》卷一二七《张光晟传》记载了如下的事件:建中元年(780)回鹘使节在归国的行李中隐匿唐妇女之事败露,振武军使张光晟杀害了使节,两国关系因此恶化。
2. 关于唐代的泄漏机密罪,参看布目潮渢:《機密漏洩罪を通じてみた中国律令制の展開》,唐代史研究会报告第V集:《中国律令制の展開とその国家・社会との関係——周辺諸地域の場合を含めて》,刀水书房,1984年;同氏著:《唐職制律の『漏泄大事の条』について——機密漏洩罪の系譜》,《瀧川政次郎博士米寿記念論集:律令制の諸問題》,汲古书院,1984年。

奴婢。亦不得充传马子及援夫等。

这些规定，无不是为了防止外国使者获得超出必要的情报以及外国使者带来的情报在国内流布而制定的，其目的是防止国际间谍行为，保证对外政局的安定。因此也可以认为，在法制上与以上规定如出一辙的是，外国使节在路途中的禁止事项被写进了"式"里。

虽然唐王朝的国际性屡屡被称颂，但另一方面，对于国人的出国以及与外国人接触的禁止、限制始终严格地存在着。朝贡使节在唐境内的诸活动之中，在入京途上最易与民间接触，而且是唐政府难以顾及的部分。因而，对此理所当然地存在着相应的规定，违禁兵器的私自交易等自不待言，而与泄露机密相关的规定中也出现了与外国使节相关的条文，这点反而体现了君临东亚世界的唐王朝的特质。禁止"交杂"背后的理念，正是要将那样的情报泄露防患于未然。

第三章

鸿胪寺与迎宾馆

引言

在自己国内设置宾馆,将外国来的使者作为宾客迎入其中之礼,在中国从上古的周代就存在了。《国语》卷二《周语中》可见:

> 敌国宾至,关尹以告,行理以节逆之,侯人为导,卿出郊劳,门尹除门,宗祝执祀,司里授馆……

中国历代王朝的宾礼的一部分,就是沿袭这一周制而来的。

唐王朝的外国使节接待官署自然是鸿胪寺,其宾馆称为"鸿胪客馆"[1]。鸿胪寺这一官职当然不是唐代独有的,诸王朝都设置了同名的官署。但是,在中国历史上,唐代是鸿胪尤其光辉活跃的时代,唐的鸿胪客馆,不仅位于各国使节怀着种种目的而麕集的首都长安城中,而且还应该是其中心地点。

唐鸿胪寺、客馆尽管在国际关系史上具有重要意义,但与之相关的专门研究至今几乎没有。另外,从我们日本国也派遣了正式使节遣唐使前后达十五回,此时代的两国关系夙受瞩目,与之相比,唐朝方面迎接遣唐使的迎宾官职及其相应规定等,过去几乎还没有研究者关注过[2]。

因此本章选取唐的鸿胪寺和客馆,就其地理位置、管理体制以及对外国使节的相应规定等,进行一番基础性的考察。

一、鸿胪客馆的地理位置

首先我想讨论的是唐王朝的官方迎宾馆鸿胪客馆。唐的诸官署,主

---

1. 唐的鸿胪寺,在高宗朝、武后朝改称为同文寺、司宾寺,本书仍统称作鸿胪寺。关于"鸿胪"的字意,参看本书后面的附章"唐代外国贸易、侨居外国人的相关问题"注5。
2. 对唐的入贡使节管理机关进行的整理,见谢海平:《唐代留华外国人生活考述》,台湾商务印书馆,1978年,第308页以下部分。

第三章　鸿胪寺与迎宾馆　　275

要集中在长安城的皇城内，皇城内的情况，借由宋敏求《长安志》卷七，我们得以知其大概。该书采取的方法是，首先以皇城内大致在中央纵贯的承天门街（连接承天门与朱雀门的街）将城内东西二分，进而以横断的七条横街来标示南北。其中写道（参照图13）：

> 承天门街之西，第七横街之北。（注：横街之南即皇城南面，朱雀门之西）从东第一，鸿胪寺。（注……）次西，鸿胪客馆。（注：如汉之藁街。四夷慕化及朝献者居焉）馆西，含光门街。

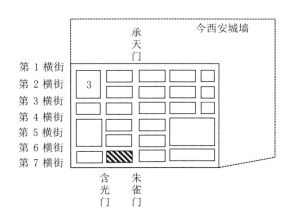

图13　唐皇城略图
（斜线部分为鸿胪寺、客馆）

而在《玉海》卷一六五《宫室》唐鸿胪客馆条可见：

> 韦述《两京新记》，西京承天门，从东第一鸿胪寺，次鸿胪客馆。注：如汉之藁街。四夷慕化及朝献者居焉。

又同书卷一七二《宫室》唐诸州邸以下条有：

> 《两京记》：承天门西，第七街北，从东第一曰鸿胪寺，次西鸿胪客馆。如汉之藁街邸。四夷慕化及朝献者之所居。

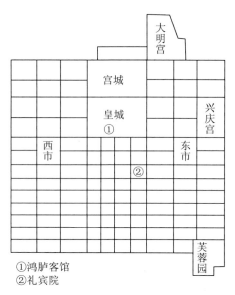

①鸿胪客馆
②礼宾院

图14　唐长安城略图

《长安志》中的这段记述，可以认为是沿袭了唐代韦述的《两京新记》，进而清代徐松《唐两京城坊考》（卷一西京皇城）又原样继承下来。

根据这些记载，唐皇城内最南端东西并建的官舍中，紧邻承天门街之西的是鸿胪寺，此处要讨论的鸿胪客馆仍在其西邻，而客馆之西侧是含光门街，因此皇城内南端的这一街区就被鸿胪寺、鸿胪客馆两座官舍完全地占据了。

据1959年至1962年中国科学院考古研究所进行的唐长安城发掘调查的报告[1]，唐代的皇城东西2820.3米，南北1843.8米[2]，其西墙和南墙与现存西安城墙的相应部分几乎重合，长度各占今西安城墙的约三分之二。诸官舍的遗址都在现代建筑物之下，故未进行调查，不过朱雀门、含光门两门遗址得到了确认，两者间的距离为660余米。不能确定这一数值是否包含了门宽，若按足立喜六的报告，可以算出从含光门的

---

1. 中国科学院考古研究所西安唐城发掘队：《唐代长安城考古纪略》，《考古》1963年第11期。
2. 足立喜六：《長安史蹟の研究一》（東洋文庫論叢20-2，1933年）第162页以下，算作东西9500尺（2878.5米）、南北6100尺（1848.3米）。

第三章　鸿胪寺与迎宾馆

中点到朱雀门的中点的距离是2550尺（如以1尺=30.3厘米换算，则为681.75米）[1]。《长安史》卷七《西京皇城》记承天门街"东西广百步"（足立氏将500尺换算为151.5米[2]），以此为参考，则唐代的鸿胪寺与鸿胪客馆，就是在东西边长五百数十米的长方形街区中并立而建的。两者毗邻，这从它们的职务属性来看是合理的，且客馆的名称也无疑是来自鸿胪寺的。

现在西安城的城墙、城门在进行修整施工，唐皇城的遗迹已不可能见到，不过据上引中国科学院的报告，唐皇城的朱雀门、含光门与今西安城同名的两门在地理位置上差距不大[3]。那么若将唐代的鸿胪寺、鸿胪客馆在当代西安地图上标示出来，它们大体上位于将北面五星街、南面东升街、东面大保吉巷、西面红光街围起来的区域整体稍稍向东方移动而得到的区域里[4]。

另外，在《汉书》卷九《元帝本纪》有关建昭三年秋悬匈奴郅支单于首于藁街蛮夷邸门的记述之下，唐初的颜师古注云：

> 蛮夷邸，若今鸿胪客馆。

可见鸿胪客馆在唐代是从开国初期就已存在的。

二、宾礼中所见的鸿胪客馆

唐皇城内诸官署的遗址既在现代建筑物之下而无法进行调查，故而要复原鸿胪客馆往时的样子也非常困难。不过幸运的是，《大唐开元礼》中保存了极少的一部分可借以窥测鸿胪客馆的构造的史料，下面试对它们进行分析。

---

1. 足立喜六：《長安史蹟の研究一》（東洋文庫論叢20-2，1933年）第162页以下，算作东西9500尺（2878.5米）、南北6100尺（1848.3米）。
2. 同上，第150页。
3. 中国科学院考古研究所西安唐城发掘队：《唐代长安城考古纪略》。
4. 据東京カートグラフィック（株）制作：《中国都市シリーズ・西安》。

唐的礼制，被分类为吉礼、宾礼、军礼、嘉礼、凶礼五种，其中与本章有关的是宾礼。宾礼在《开元礼》全部一百五十卷中，仅仅占卷七九、卷八〇两卷的篇幅，其内容也不过只有这六条[1]：

①蕃主来朝遣使迎劳；

②皇帝遣使戒蕃主见日；

③蕃主奉见（注：奉辞礼同）；

④皇帝受蕃使表及币（注：其劳及戒见日亦如上仪）（以上卷七九）；

⑤皇帝宴蕃国主；

⑥皇帝宴蕃国使（以上卷八〇）。

其中，③—⑥是通常在宫城或者大明宫内的宫殿里举行的仪式，而可以认为是在客馆举行的仪式是①和②。但是①中举行仪式的场所原文说是"候馆"，所谓"候馆"，如钱起《青泥驿迎献王侍御》诗（《钱考功集》卷一）所见：

候馆扫清昼，使车出明光。

通常指实行驿传制的驿馆，将①看作长安都亭驿举行的仪式的解释，或许亦有成立的可能。不过从该仪式的内容来看，唐朝一方、使节方都必须有相应的准备，则将它解释为在利用驿传制刚刚到达长安时的驿馆中举行的，毕竟还有些不合理。②"皇帝遣使戒蕃主见日"仪礼（即皇帝的使者向蕃主传达谒见日期的仪礼），根据后文所述的理由，可以确认是在客馆举行的仪式，现在对②做进一步分析。此仪式的标题中提到"蕃主"，但从④的注来看"蕃使"的场合也按同一礼节进行，也就是说，宾礼六礼之中，①和②对蕃国主、蕃国使两者都适用，③与⑤适用于蕃国主，而④和⑥适用于蕃国使。

首先列出该礼的原文。为分析方便，对它进行了分段：

---

1. 《通典》卷一三一《礼典》九一"开元礼纂类二六"中也录有宾礼的几乎同样的文字。其缩略版见于《新唐书》卷一六《礼乐志六》。

第三章　鸿胪寺与迎宾馆

皇帝遣使戒蕃主见日

（1）前一日，守宫设次于馆门之外道右，南向。其日，使者至，掌次者引就次。蕃主服其国服，降立于东阶下，西面。蕃国诸官立于蕃主之后，西面，北上。使者服朝服，出次立于门西，东面。

（2）蕃主有司[1]出门东，西面曰："敢请事。"使者曰："奉制，戒某主见日。"有司入告蕃主，迎于馆门外之东，西面，再拜。

（3）使者与蕃主俱入。使者升自西阶，东面，蕃主升自东阶，西面。使者称："有制。"蕃主再拜。宣制曰："某日，某主见。"蕃主又再拜稽首。

（4）使者降出，蕃主送于馆门之外，西面再拜。使者还，（蕃）主入[2]。

以上是本仪式的程序，按段落概括一下，可整理为：（1）仪式开始时使者（唐皇帝使者）与蕃主（或蕃使）的基本位置和服装；（2）在门外两者的会面；（3）在馆内阶上两者的会面与谒见日的传达；（4）皇帝使者的返回与仪式的结束。

分析本仪式时，首先成为问题的是仪式会场的门与阶以及皇帝使者和外国使节的位置关系。礼文中没有明记门设于哪个方位。不过，很难确认此门设立在本仪式会场的东侧还是西侧。其原因在于，进门以后所升的台阶礼文说是"东阶""西阶"，只能认为此二阶是南北向伸展的，如果门设在东面或者西面的话，通常应该将两阶称作"北阶""南阶"。问题是可能有这种情形：东西两边各有一门，东阶从东门通向殿，西阶从西门通向殿。但这也是很难说通的，因为皇帝使者、外国使节

---

1. 此处应理解为"蕃主的有司"，这一读法虽然略微有些不通顺，但是这里如不取"蕃主的随行人员"之意，即不理解为其人独自先到门外面对皇帝使者的话，后文"有司入告蕃主"的意思就不通了。关于这点，是在平成元年早稻田大学第一文学部东洋史研究Ⅱ课程中，采纳了当时东洋史学专修四年级学生黑田谦治君的意见。记此以表谢意。
2. "蕃"字据《通典》卷一三一补。

两人首先在门外既已东西对面而立，其后到了阶上仍然是东西相对，其间要传达谒见日期，故不能认为两者处于完全分离的位置。因而皇帝使者和外国使节一方从东、一方从西进入本仪式会场的情形，依然是不合理的。那么，礼文中所见的门被设置的地方，只能认为是在仪式会场的北侧或者南侧了。

据礼文（1），皇帝使者就于门外右侧南向而设的席次。南面，是因为他是皇帝派出的使者，若于仪式会场建筑物的南侧背对着门而"南面"，就完全失去了意义。那么本礼仪中的门，只能认为是设定于会场北侧了。照这样理解，皇帝使者从门外的右侧"南面"，所谓"右"，是面向南方时的右侧，因为这与本仪式中皇帝使者总是位于西侧相符合（参照图15）。

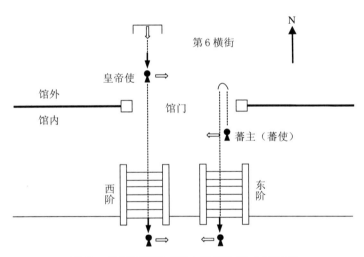

图15 "皇帝遣使戒蕃主见日"仪式示意图

其次，通观本仪式可注意到它采用了这样的形式：外国使节在门的内侧（即馆内），皇帝使者在门外侧，外国使节将皇帝使者从门外迎入到门内，而仪式结束时外国使节目送皇帝使者返回。换言之，本仪式中，处于自外来访的"客"的地位的不是外国使节，反而是皇帝使者一方。让人一看就感到似乎主客颠倒的这一现象，也可由东西这样

第三章　鸿胪寺与迎宾馆

两者的对面方位得到补充。在中国礼制里，二人相对时，两者间是君臣关系的场合，君自北方"南面"，臣则由南方"北面"，这是众所周知的；而两者间是主客关系的场合，则形成主人自东方"西面"，客人由西方"东面"的位置关系[1]。从这一点也可以确认，在此"皇帝遣使戒蕃主见日"仪式中，双方的立场被设定为外国使节始终是主人、皇帝使者则是客人。

若要问在唐朝境内存在上述类似的场所吗？除了首都长安的官方宾馆以外，大概就无法想象了。也就是说，本仪式是在以鸿胪客馆为代表的官方宾馆里举行的仪式，从而这些客馆被看作是一种礼仪空间：面对前来传达谒见日期的皇帝使者，外国使节一方以主人的立场将之迎入馆中[2]。

总结以上论述可知，唐的鸿胪客馆，①位于长安城皇城内南端，南北由第六、第七横街，东西由承天门街、含光门街所圈起的区域之内，与鸿胪寺并列而建；②其正门设于北侧；③在构造上设置有从门通往馆舍的西阶、东阶两段台阶；④那里正是举行传达皇帝谒见日仪式（可能还有迎劳仪式）的会场；⑤馆内被看作是外国使节处于主人立场的礼仪空间。

下面我将把目光转向管理、运营鸿胪客馆的唐代鸿胪寺。

三、鸿胪寺典客署和客馆管理

《大唐六典》卷一八"鸿胪寺"条云：

> 鸿胪卿之职，掌宾客及凶仪之事，领典客、司仪二署，以率其官署，而供其职务。

---

[1] 冈安勇：《中国古代史料に現れる席次と皇帝西面について》，《史学雑誌》第92编第9号，1983年。
[2] 宾礼六礼中，①"蕃主来朝遣使迎劳"也具有同样的性质，因此应该也同样是在客馆里举行的仪式。田岛公也做过这样的解释，参看田岛公：《日本の律令国家の『賓礼』——外交儀式より見た天皇と太政官——》（《史林》第68卷第3号，1985年）。

唐代的鸿胪寺，主掌宾客和凶仪（丧葬仪礼）这两种区别很大的事务，宾客相关的事务由典客署、凶仪相关的由司仪署各自率领属官来承担。典客、司仪二署是在职务上完全不相关的两个官署，这点看《六典》等的职务规定就可以明白，而滞留长安期间的外国使节死亡情况下的丧葬规定，是典客署而非司仪署的职务，没有什么比这更能如实反映它们的区别的了。因而围绕本章的主题来探讨鸿胪寺时，不妨将需要考察的内容限定在与典客署有关的那些记述上。而如《六典》鸿胪寺典客署条所记：

> 凡酋渠首领朝见者，则馆而以礼供之。

鸿胪客馆也应直接由典客署管辖。那么典客署是以怎样的组织来管理客馆的呢？

按《六典》，唐的典客署，由典客令一人（从七品下[1]，长官）、丞二人（从八品下，副长官）、掌客十五人（正九品上）构成，两《唐书》《职官志》《百官志》中可进一步见到典客十三人、府四人、史八人、掌固二人的组成，《旧志》中记有宾仆十八人的下级官职。《新志》记曰：

> 掌客十五人，正九品上。掌送迎蕃客，颛莅馆舍。

这里"颛莅"的"颛"即"专"之意，"莅"即主管的意思。也就是说，专门负责客馆的管理、运营的，是典客署中的十五位掌客。当然他们之下还设有大量执行接待的下级官吏，当某国使节来朝时，大概即由十五位掌客中的一位担当责任人负责接待使节。执行日常接待的人员，可推测有配膳者、配给日用品者、仪式指导者、医药师、照顾家畜者等，此外还有无论如何也不可缺少的通译。通译，在史料上常被记作"译语""译史"等，《唐会要》卷六六"鸿胪寺"条云：

1.《六典》无"下"字，据《旧唐书·职官志》《新唐书·百官志》补。

第三章　鸿胪寺与迎宾馆

> 开元十九年十二月十三日敕，鸿胪当司官吏以下，各施门籍出入。其译语、掌客出入客馆，于长官下状牒馆门，然后与监门相兼出入。

文中的"门籍"，是在宫门上记有宫殿内出入者身份、姓名等的木牌[1]，而"监门"是掌管诸门的禁卫和门籍之法的左右监门卫的略称[2]。也就是说，典客署的掌客、译语出入鸿胪客馆，必须要有长官（大概是典客令）的许可证，且通过监门卫的检查才有可能。此处特别提出"译语、掌客"，大概是因为他们出入客馆的机会尤其多吧。

如果开元十九年（731）才发出这道敕，那么在此以前，他们可以自由出入鸿胪客馆吗？未必如此。毕竟，对官吏出入客馆进行核查的规定，与《唐律疏议》卷八《卫禁律》"越度缘边关塞"条疏议所引《主客式》的规定如出一辙：

> 蕃客入朝……州县官人，若无事，亦不得与客相见。

其背景之一是防止国家机密的泄漏（参看本书第三部第二章）。因而，即使在开元十九年以前，即使是鸿胪寺的官吏，也不能完全自由地出入客馆，与之相应的规定一定是存在的。

四、蕃客接待的诸规定

典客署尤其是掌客的日常职务，就是接待旅居在鸿胪客馆的外国使节，那么有哪些具体的职务规定被记载下来了呢？以下即举出其主要的部分。

（1）蕃望

1.《唐律疏议·卫禁律》"无著籍入宫殿"条疏议曰："应入宫殿。在京诸司入宫殿者,皆著门籍。"
2.《六典》卷二五"左右监门卫"条："左右监门卫大将军。将军之职,掌诸门禁卫、门籍之法……"

《六典》"典客令"条有关蕃客接待的规定，首先从有关蕃望的记述开始。所谓蕃望，即将从诸国来的使者区别为五个等级，并以此在待遇上设立差等的制度，其第三等对应于唐官品阶的一至三品（第一、二等仍在其上），第四等对应四至五品，第五等对应六至九品[1]。这一对外国使节不同待遇的例子，从现存史料中可以找到帐、敷物等的供应，食物供应，庆典时的临时赏赐，使者死亡之际的待遇等相关规定，我想在此以外蕃望等级还在很多待遇上发挥着作用。换言之，蕃望规定是唐有关外国使节接待的基础性规定，在此意义上，《六典》"典客令"条将蕃望置于诸接待事宜的开头，就极易理解了。

（2）食物供应

《六典》卷四"礼部膳部郎中"条云：

> 蕃客在馆食料，五等。蕃客设食料、蕃客设会料，各有等差焉。

这里所说的食料五等，自然是基于上述蕃望五等制的规定。又《新唐书》卷四六《百官志一》"礼部主客郎中"条云：

> 供客食料，以四时输鸿胪，季终句会之。

供给鸿胪客馆中外国使节的食物，首先由礼部膳部郎中筹办，再经由主客郎中输入鸿胪寺。而《白氏六贴事类集》卷一一《聘》"蕃客"条云：

> 准式、季支主宾格，鸿胪诸蕃官客食，宜令御史按察。有供给不如法，随事纠弹。（"季支主宾格"读法未详，仅依原文照录）

---

1. 参本书第三部第四章"蕃望"。

第三章　鸿胪寺与迎宾馆

《新唐书》卷四八《百官志三》"鸿胪寺"条亦云：

> 御史察食料。

由以上可知食物是否按规定供给，是由御史台进行监察的。

至于这些食物的来源，从史料中可以确认，供应宫殿内宴会的食材，禽兽、蔬果蒐狩于北方禁苑[1]，牛羊出于太仆寺沙苑监的饲养[2]，鱼类、干菜、腌菜来自光禄寺[3]，再加上诸州进贡的珍味类而得以备办[4]。但客馆中供应的食物的来源，是否也适用于这些规定，很遗憾至今仍难以明确。

（3）其他供给物

《六典》"典客令"条云：

> 诸蕃使主、副，五品以上给帐、氈、席，六品以下给幕及食料。丞一人判厨事，季终则会之。

这里可以见到一部分基于蕃望而供应的物品，与此有一定关联的史料有《倭名类聚钞》卷一五（按二十卷本）《调度部下》"鞍马具·鞦"条：

> 唐式云：诸蕃入朝，调度帐幕、鞍鞯、鞦辔，量事供给。

这里值得注意的是"唐式"，让人猜测《六典》所记可能也是"式"规定，然而"量事供给"一句即具体供给何物、供给多少都不明确，可见这只能是式的取意之文。又《倭名类聚钞》卷一四《调度部中》"厨膳具·油单"条有：

> 唐式云：鸿胪蕃客等器皿、油单及杂物，并令少府监支造。

---

1. 《六典》卷七"工部尚书侍郎"条。
2. 《六典》卷一七"太仆寺沙苑监"条。可参看张鷟《龙筋凤髓判》卷二："鸿胪寺状称，默啜使入朝宴设客番，沙苑监李秀供羊瘦小，边使咸怨，御史弹付法。"
3. 《六典》卷一五《光禄寺》"珍羞令""良酝令""掌醢令"条。
4. 《六典》卷一一《殿中省》"尚食局"条。

于此亦可见唐式文（的一部分或取意之文）。

（4）私畜的抽换

《六典》"典客令"条载：

> 所乘私畜，抽换客舍放牧，仍量给刍粟。

此条规定将外国使节入京之际随行使用的牛马等放进官厩休养，并以官给的家畜替换之。这里提到"客舍"，所以鸿胪客馆或许配有厩牧的设施。

（5）贡献物品的价值决定

《六典》"典客令"条中，详细叙述了外国使节贡献药物、"滋味"情形的处置规定（参看本书第三部第一章）。按这一规定，药物类贡品要经鸿胪寺勘审，再由少府监和市署各领一识物之人来决定其价格。确定价格，是为了给唐朝考虑赐予何种价值的返礼找到一个基准。

价格不明的贡物当然不仅限于药物类，《新唐书·百官志三》"鸿胪寺"条载：

> 鹰、鹘、狗、豹，无估则鸿胪定所报轻重。

贡献品是禽兽类的情况，其返礼的价值由鸿胪寺来决定。然而《白氏六贴事类集》卷二二"蛮夷贡赋、蕃夷进献式"条云：

> 主客式，诸蕃夷进献，若诸色无估价物，鸿胪寺量之訓答也。

故而不只是禽兽，价格不明的贡献物大多数情况下都是由鸿胪寺自行决定其价值的。上引《新志》的记述，也应与《主客式》有关。

（6）蕃使的死亡

《六典》"典客令"条云：

> 若疾病，所司遣医人，给以汤药。若身亡，使主、副及第三等已上官，奏闻。其丧事所须，所司量给。欲还蕃者，

第三章　鸿胪寺与迎宾馆

则给舆递至境。

> 首领第四等已下，不奏闻。但差车牛，送至墓所。

则对外国使节疾病、死亡的处置也归典客署管辖。关于使团构成人员的死亡，《宋刑统》卷一八《贼盗律》"残害死尸"条可见：

> 《主客式》：诸蕃客及使蕃人宿卫子弟，欲依乡法烧葬者听，缘葬所须亦官给。

又《唐会要》卷六六"鸿胪寺"条云：

> 天宝八载三月二十七日敕，九姓坚昆诸蕃客等，因使入朝身死者，自今后，使给一百贯充葬，副使及妻，数内减三十贯。其墓地，州县与买，官给价值，其坟墓所由营造。

（7）过所的发放

《新唐书·百官志三》"鸿胪寺"条载：

> 凡客还，鸿胪籍衣赍赐物多少，以报主客，给过所。

则外国使节归国之际，鸿胪寺要向主客郎中报告赐物等的多少，并给予"过所"。所谓"过所"是当时的通关凭证，唐代过所的实物，著名的有滋贺县园城寺（三井寺）藏入唐僧圆珍的两通过所[1]。一通由越州

---

1. 内藤湖南：《三井寺所蔵の唐過所に就て》，《桑原博士還暦記念東洋史論叢》，弘文堂，1931年；仁井田陞：《唐宋法律文書の研究》，东方文化学院，1937年，东京大学出版会，1983年重刊，第843页以下；駒井義明：《公験と過所》，《東洋学報》第40卷第2号，1957年；瀧川政次郎：《過所考（上）（中）（下）》，《日本歴史》1958年4月、5月、6月号；小野勝年：《唐の開元時代の旅行証明書について》，《東洋学術研究》第16卷第3号，1977年）；近藤一成：《入宋僧成尋の入国手続について—宋代公拠簡介—》，文部省科学研究費研究成果報告書：《東アジア史上の国際関係と文化交流》，早稲田大学，1988年；礪波護：《唐代の過所と公験》，同氏编：《中国中世の文物》，京都大学人文科学研究所，1993年。

都督府发行，另一通由尚书司门发行。鸿胪寺发放给外国使节的过所，无疑是使节在归途上必需的凭证，如《六典》卷六"刑部司门郎中"条所见：

> 凡度关者，先经本部本司请过所。在京则省给之，在外州给之。虽非所部，有来文者，所在给之。[1]

在中央，过所原则上是由尚书刑部的司门郎中发给的，赐物多少等报告完毕后，它即经礼部主客郎中被发往鸿胪寺，再由典客署交给行将归国的外国使节。

以上列举了若干鸿胪客馆的外国使节接待规定。接待规定当然不止于此，而且已经举出的这些规定中也有因为繁琐而省略掉的部分。然而通观以上诸规定可以注意到一点，多条史料中规定的法律依据都记为"式"，尤其还有明记为"主客式"的例子。虽然仅以部分来断言全部是必须避免的，但可以确定的一点是诸如以上所举的外国使节待遇的规定，其中相当一部分是包含《主客式》在内的"式"规定。

五、礼宾院

本章虽然以鸿胪客馆为中心来看唐代的迎宾机构，但唐代发挥迎宾馆功能的设施不只是鸿胪客馆，实际上还有一处。

据圆仁《入唐求法巡礼行记》，文宗开成四年（839）正月二十一日，留在扬州的圆仁，收到了同行入唐的遣唐大使藤原常嗣传来的安全抵达长安的消息，其书信写道：

> 十二月三日，平善到上都，安置东京礼宾院。

---

1. 这条被仁井田陞复原为唐关市令第一条（仁井田陞：《唐令拾遗》，东方文化学院，1933年，东京大学出版会，1964年重刊，第713页以下）。它也与日本养老关市令的第一条相当。

第三章 鸿胪寺与迎宾馆

此外，与大使同行的长岑判官的僚从村清同月同日所写的书信也说：

> 今月三日辰时，到长乐驿。敕使迎来，传陈诏问。使到礼宾院，兼朝拜毕者。

圆仁记曰"略知事由"。那么，本章最后不得不讨论一下藤原常嗣入住的东京"礼宾院"。

在唐代说"东京"，通常是指东都洛阳，但这次不是。因为村清的书信中说"到长乐驿"，长乐驿，是从东方前往长安的驿路的终点站（长安城内都亭驿）之前的一站，所以要说大使一行抵达洛阳就很诡异了。这里的"东京"，按照小野胜年《入唐求法巡礼行记の研究》[1]以及足立喜六、塩入良道两氏所注《入唐求法巡礼行记》[2]，应该理解为指长安城的"东街"。这一解释，与下文根据诸史料得出的礼宾院位于长安城东街长兴坊中的结论是相符的。

徐松《唐两京城坊考》卷二"西京外郭城长兴坊"条写道：

> （礼宾）院在（长兴）坊之北街。元和九年六月置。按，院即礼会院。自崇仁坊移此。敬宗初，又废，以赐教场。

然而若如徐松所说，礼宾院于敬宗（824—826年在位）初废除，则藤原常嗣来到长安的838年该院已经不存在了，这很奇怪。所以足立喜六才说"徐松的按语似乎不当"[3]。

礼宾院的设置时期，可见于《唐会要》卷六六"鸿胪寺"条：

> 元和九年六月，置礼宾院于长兴里之北。

又《旧唐书》卷一五《宪宗本纪下》：

---

1. 小野胜年：《入唐求法巡礼行记の研究》第一卷，铃木学术财团，1964年，第370页。
2. 足立喜六译注，塩入良道补注：《入唐求法巡礼行记》1，平凡社东洋文库，1970年，第80页。
3. 足立喜六译注，塩入良道补注：《入唐求法巡礼行记》1，第88页，注11。

> （元和九年六月）乙未，置礼宾院于长兴里之北。

进而宋敏求《长安志》卷七《唐京城一》"长兴坊"条写道：

> 礼宾院（注：元和五年，置院于坊之北街。）

上举诸史料都以置礼宾院为宪宗元和年间（806—820）之事。不过，该院本身在之前已经存在了。《唐会要》"鸿胪寺"条载：

> （天宝）十三载二月二十七日，礼宾院，自今后宜令鸿胪勾当检校。应缘供拟，一物已上，并令鸿胪勾当。

又《册府元龟》卷一一〇《帝王部·宴享二》有：

> 大历二年三月……己卯，宴吐蕃使于礼宾院。

也就是说，礼宾院很早就存在了。它于天宝十三载归鸿胪所管，代宗大历年间又发挥过迎宾馆性质的职能。

不过，元和年间以前礼宾院的地址是不明的。或许是如徐松所说位于崇仁坊。但若就徐松视作礼宾院前身的崇仁坊礼会院，试着检索史料，可以发现《唐会要》卷六《公主杂录》载（《册府元龟》卷三九《帝王部·睦亲》有几乎相同的记载）：

> 初，开元中，置礼会院于崇仁里。自兵兴以来，废而不修。公、郡、县主不时降嫁，殆三十年。

同书卷五《诸王》亦可见：

> 太子之子，亦分院而居，婚嫁则同亲王、公主，于崇仁里之礼院。

第三章　鸿胪寺与迎宾馆

又徐松自己在《唐两京城坊考》卷三"崇仁坊"条，就礼会院写道：

> 每公主、郡、县主出降，皆就此院成礼。

如上所述，礼会院出现在与公主、亲王、太子之子的婚嫁之礼有关的史料中。而且，礼会院在安史之乱以后几近三十年间丧失了原来的职能。大约在这一时期中间的大历二年，礼宾院中曾宴请过吐蕃使，由此来看，将礼会院看作礼宾院的前身，一定是大有疑问的。

礼宾院与鸿胪客馆，是唐代迎宾馆的两个代表。如前所述，可以认为唐初以来正式的迎宾馆是鸿胪客馆，礼宾院则是安史之乱以后唐代后期的迎宾机构。礼宾院自天宝十三载以降被置入鸿胪寺的管辖之下，其与鸿胪寺的关系，应与鸿胪客馆的情况相同。日本国的遣唐使，在北九州太宰府的鸿胪馆等待天气转好后出航，到达长安后应即入住此两者中的一个。

那么在鸿胪客馆与礼宾院同时并存的时期，这两个机构之间的相互关系是怎样的？关于这一问题，文献史料完全没有言及。不过，两位先学曾就此发表过意见，我想在此介绍一下。

第一位是足立喜六，他在前揭《入唐求法巡礼行记》藤原常嗣入礼宾院条下注曰：

> （礼宾院）是招待国宾的客馆。普通的蕃客（外国使节）入住鸿胪客馆。故而随行官人入住鸿胪馆，但大使受到特别优待入住礼宾院。[1]

按这一说法，在文宗开成年间的长安，礼宾院是比鸿胪客馆更高一档次的宾馆。足立氏的这一解释，是因为将傔从村清的书信中"今月三日辰时，到长乐驿。敕使迎来，传陈诏问。使到礼宾院，兼朝拜毕者"一句，从"传陈诏问"断开，并将其下的"使"释作"大使（遣唐大

---

1. 足立喜六译注，塩入良道补注：《入唐求法巡礼行记》1，第88页，注11。

使藤原常嗣)"之意而得出的。小野胜年也做出了同样的解释[1]。但是，Reischauer将此"使"字译为"the envoys"，即"使团全体"之意[2]。另外，若以"使"取使役之意，全句解释为"遣唐使一行到达长乐驿后，敕使前来出迎，传达文宗的诏问，令他们到礼宾院"，这也是可能的。如果"使"取"使团全体"或者使役的意思，足立氏的解释就不能成立了。究竟哪种解释是妥当的，现在还不是决定的时候。圆仁《巡礼行记》这一节的读法，在考察唐的迎宾馆时，依然还是一个疑问。

另一种不得不介绍的意见，是小野胜年的看法。他举出《续日本纪》卷三五宝龟九年（778）十月乙未条"正月十三日，到长安城。即于外宅安置供给"，以及《日本后纪》卷一二延历二十四年（805）六月乙巳条"驾即入京城，于外宅安置供给"中所见的"外宅"，论述道：

> 此外宅若解释为皇城之外接待外夷的场所，则可以认为是礼宾院的俗称。……若鸿胪客馆可看作内馆，则外馆即礼宾院，它被俗称为外宅的原因也在于此。[3]

将鸿胪客馆称作"内馆"或"内宅"的史料，管见所及没有见过，但《续日本纪》记述的归朝报告中接着写道：

> 特有监使，勾当使院，频有优厚。

因此小野氏的推测也有一定的道理。上述遣唐使被"安置"于外宅，按照小野氏的说法，在《续日本纪》记述的778年（唐代宗大历十三年），礼宾院正在接待外国使节，这条记载便成为了证实礼宾院明确作为迎宾馆发挥作用的最早期的史料。

---

1. 小野胜年：《入唐求法巡礼行记の研究》第一卷，第369页。
2. E. O. Reischauer, Ennin's Diary, The Record of a Pilgrimage to China in Search of the Law, The Ronald Press Co. New York, 1955, p. 76.
3. 小野胜年：《入唐求法巡礼行记の研究》第一卷，第371—372页。

第三章　鸿胪寺与迎宾馆

结语

总结以上论述，可归结为以下几点：

（1）唐的鸿胪寺与鸿胪客馆，在皇城内的南端，位于南北由第六、第七横街，东西由承天门、含光门街围起来的区域里，东西并列而建。客馆在西边。

（2）鸿胪客馆的正门设在北侧，从门往南通往馆舍有东阶、西阶两个台阶，这一构造可以从宾礼这一礼制中推测出来。还可认识到，旅居中的外国使节，在馆内面对唐皇帝时处于礼制上的主人的立场。

（3）唐的鸿胪寺负责宾客和凶仪两种职务，两者在职务上是完全无关的。有关宾客的职务由属官中的典客署一应承担。客馆的运营也是典客署的职务，实际上负责接待外国使的是十五位掌客，但他们和通译进出客馆也必须有长官的许可。

（4）以掌客为首的典客署，主要的职务是接待旅居客馆的外国使节，本章列举了其具体规定中的七项。结果发现，这些规定的法律性质在一定程度上属于"式"。

（5）作为唐的迎宾馆，除鸿胪客馆以外还有礼宾院。其地址在长安东街长兴坊，在唐后半期发挥着客馆的职能。礼宾院于天宝十三载（745）归入鸿胪寺的管辖之下，大历二年（767）曾被用作吐蕃使者的宴会场。如果日本第十四次遣唐使归朝报告所见的"外宅"可以解释为指礼宾院的话，那么《续日本纪》宝龟九年（778）的这一记述便是最早的礼宾院明确作为迎宾馆的史料。

第四章

蕃　望

引言

对以唐王朝为中心的东亚国际关系的分析，迄今为止，以唐与周边地域、民族、国家间各自的关系研究为主，已从各种角度取得了丰富的成果。这些成果多到不胜枚举，但是，关于为唐与周边国家间的关系建立秩序时的原理或法则问题，过去普遍的看法，主要是从"册封体制论"或者对它的修正、批判的视点出发来把握[1]。

周边诸国想要与唐缔结并维持关系，典型的行为是向唐派遣朝贡使节。阅读与唐代朝贡相关的史料，便可发现唐王朝方面存在着"蕃望"的概念。所谓蕃望，即唐用某种方法对诸外国进行等级划分，并借此为唐与诸国的关系建立起秩序的制度。因此，唐代蕃望的功能，在考察当时的国际关系、国际秩序时，具有无法忽视的重要性。但是这一问题，或许由于史料的制约，迄今仅止于附带性的讨论[2]，尚未见到专门

---

1. 关于以前的东亚世界史观和册封体制论，参照唐代史研究会编《隋唐帝国と東アジア世界》（汲古书院，1979年所收菊池英夫的《総説》，以及同书《I 東アジア世界の構造》所收谷川道雄《東アジア世界形成期の史的構造——册封体制を中心として——》、堀敏一《隋代東アジアの国際関係》、栗原益男《七、八世紀の東アジア世界》三篇论文。关于册封体制，有金子修一《唐代册封制一斑——周辺諸民族における『王』号と『国王』号——》（西嶋定生博士還暦記念《東アジアの国家と農民》，山川出版社，1984年）、《唐代の異民族における郡王号について》（《山梨大学教育学部研究報告》第36号，1986年）等一系列研究。此外，从国书研究出发处理国际关系的，有中村裕一《唐代の慰労制書について》（唐代史研究会编：《律令制——中国朝鮮の法と国家——》，汲古书院，1986年；又收入同氏著：《唐代制勅研究》，汲古书院，1991年）、《隋唐五代の『致書』文書について——慰労制書と関連して——》（武庫川女子大学文学部《史学研究室報告》V，1986年，后收入同氏著：《唐代制勅研究》）等；关于日本的国际关系文书的研究，有中村高行《慰労詔書と『対蕃使詔』の関係について》（《古文書研究》第27号，1987年）、丸山裕美子《慰労詔書・論事勅書の受容について》（《延喜式研究》第10号，1995年）。主要从张九龄所撰外交文书的分析论述唐代国家关系秩序的，有山内晋次《唐より見た八世紀の国際秩序と日本の地位の再検討》（《続日本紀研究》第245号，1986年）。
2. 谢海平：《唐代留华外国人生活考述》，台湾商务印书馆，1978年，第二编第一章第三节，第三编第一章第三节、第二章第五节等；池田温：《唐朝处遇外族官制略考》，收入《隋唐帝国と東アジア世界》。

第四章　蕃望　297

的论述。故而本章即拟研究唐的蕃望，希望通过对其基本规定的解释，来考察蕃望所具有的功能以及唐王朝对它的运作方式。

一、蕃望规定的基础史料

考察唐代的蕃望，首先必须举出的史料，是《新唐书》卷四八《百官志三》"鸿胪寺"条的如下记载：

> 凡四夷君长，以蕃望高下为簿，朝见辨其等位。第三等居武官三品之下，第四等居五品之下，第五等居六品之下，有官者居本班。（史料1）

据此，唐的鸿胪寺要将四夷君长按照蕃望高下划分等级，并制成牒簿，在他们朝见唐皇帝时要辨别其等级。此等级被称为"等位"，等位第三等在武官三品之下，第四等在五品之下，第五等在六品之下各自定位，有官者则与其品阶相对应。将这里所见的蕃望等位与官品间的对应关系图示出来，则如图16所见。

而《大唐六典》卷一八"鸿胪卿"条，以及《旧唐书》卷四四《职官志三》"鸿胪寺"条都只说道：

> 凡四方夷狄君长朝见者，辨其等位，以宾待之。

并未记载如《新志》"史料1"所云的等位与品阶相对应的规定。取而

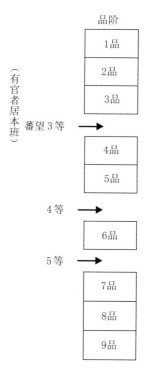

图16　《新唐书·百官志》"鸿胪寺"条的蕃望规定

代之的是，《六典》中"鸿胪寺典客令"条有：

> 凡朝贡、宴享、送迎预焉，皆辨其等位而供其职事。凡菖渠首领朝见者，则馆而以礼供之。
> （注）三品已上准第三等，四品、五品准第四等，六品已下准第五等。其无官品者，大酋渠首领准第四等，小酋渠首领准第五等。（史料2）

这里可以看到对蕃望等位与品阶间对应关系的规定。将它标示出来，则如表8[1]所示。

表8 《大唐六典》"鸿胪寺典客令"条的蕃望规定

蕃望等位 \ 官的有无	有官者	无官者
1等		
2等		
3等	1品至3品	
4等	4品 5品	大酋渠首领
5等	6品至9品	小酋渠首领

比较"史料2"中《六典》的规定和"史料1"中《新唐书·百官志》的规定，值得注意的有以下几点。首先，①两段史料中均未记蕃望等位的第一、二等。《新志》虽然将第五等置于武官六品之下，从大局来看，两史料都以第三等与品阶一至三品、第四等与四至五品、第五等与六至九品分别对应，这可以认为是两史料所记内容的共通之处。但是，②《新志》的记载是关于没有官品的夷狄君长朝见之际如何在品阶中定位的规定，与之相对，《六典》规定的是有官品的朝见者相当于等位中的哪一等，两者的写法是正好相反的。初看之下两史料似有矛盾，蕃望与品阶对应关系仍未明确呈现。

---

1. 译者注：原文为图17，此处改为表8。以下图表次序顺延。

第四章 蕃望

记载唐的蕃望、官品的对应关系的史料，除上述两条之外，实际上还有一条。《新唐书》卷四六《百官志一》"礼部主客郎中"条云：

> 客初至及辞设会，第一等视三品，第二等视四品，第三等视五品，蕃望非高者，视散官而减半，参日设食。（史料3）

《新志》这一规定可以列为表9[1]。这里不仅出现了前面"史料1""史料2"中未曾见到的蕃望第一等、二等，尤其是将其与"史料2"或表8《六典》的规定相比较，在蕃望与官品的对应关系上明显地出现了矛盾。记载唐的蕃望规定的史料，目前我们只找到以上三条，要明了唐的蕃望规定及其运作，只能从解决这些史料的相互矛盾开始。那么，这三条史料各自记载的是朝贡过程中何种场合的规定呢？

表9 《新唐书·百官志》"礼部主客郎中"条的蕃望规定

等位	视品
1等	3品
2等	4品
3等	5品
蕃望非高者	视散官而减半

二、《新志》鸿胪寺条的记载与蕃客的席次

首先来看"史料1"《新唐书·百官志》"鸿胪寺"条的记事，其中以"（蕃望）第几等居（品阶）某品之下"的形式记述了蕃望等位的对应品阶。这里所说的"下"是指什么？

这里的"下"，不能认为是唐代官品中各品阶的上、下阶中的"下阶"。因为《新志》中说"（蕃望）第三等居武官三品之下"，而唐的品阶上、下阶的区分仅限于四品以下，在三品以上不存在上、下阶的区别。

---

1. 译者注：此处原文为图18，改为表9。以下图表次序顺延。

《新志》的这种写法记载的是什么呢？与此完全相同的写法在《新唐书·百官志三》"御史台"条中也可见到：

> 凡朝位以官……亲王、嗣王任文武官者，从其班，官卑者从王品。郡王任三品以下职事者，居同阶品之上，非任文武官者，嗣王居太子太保之下，郡王次之，国公居三品之下，郡公居从三品之下，县公居四品之下，侯居从四品之下，伯居五品之下，子居从五品之上，男居从五品之下。

这里规定的是朔望日等谒见皇帝之际，有封爵的官僚的席次。此处所说的"上""下"，意指某品的席次的"上座""下座"。那么可以推论，与此写法同样的"史料1"的蕃望记事，大概也是关于夷狄君长或使者在某种谒见唐皇帝场合的席次的规定。

说起外国使节谒见唐皇帝，通常首先让人想起的，是到达长安后奉见皇帝的仪式，或者皇帝赐宴的仪式。但是《新志》的记述，不能认为是与这些仪式中席次相关的规定。这是因为，外国使节奉见皇帝或宴会时，该外国使节本人就是会场的主角，《新志》所说的蕃望何等占据何品下座席位的规定与此不相符合。事实上，若看《大唐开元礼》卷七九、八〇《宾礼》中收录的"蕃主奉见""皇帝受蕃使表及币""皇帝宴蕃国主""皇帝宴蕃国使"诸礼规定，蕃国主、蕃国使、蕃国诸官等在殿上居于皇帝御座西南边东向的座，在殿庭则居于北向的座，没有与武官同席等情形[1]。

若将唐朝廷中举行的有外国使节出席的仪式，从《大唐开元礼》的仪式程序中全部摘录出来，则可做成表10。宾礼当然是以某外国使节为对象的仪式，除此以外，外国使节参加的还有吉礼中的24种、军礼中的1种、嘉礼中的10种，合计41种仪式。然而即使在这41种典礼中，外国使节被分散开并按蕃望等级有差等地设置坐席的例子，仅有表7中嘉礼3"皇帝元正冬至受群臣朝贺"以及嘉礼4"皇帝元正冬至受群臣

---

1. 参照本书第三部第五章"外国使节谒见皇帝仪式复原"，以及第六章"外国使节的宴会礼"。

第四章 蕃 望

朝会"两个仪式。其他仪式中,外国使节都被集中在一起,在同一区设座。由此看来,"史料1"的规定,就是针对元日、冬至朝贺仪式中外国使节的席次。

表10 《大唐开元礼》所载蕃客出席仪式一览表

	吉 礼	卷		军 礼	卷
1	皇帝冬至祀圆丘	4	1	皇帝讲武	85
2	皇帝正月上辛祈谷于圆丘	6			
3	皇帝孟夏雩祀于圆丘	8		宾 礼	卷
4	皇帝季秋大享于明堂	10	1	蕃国主来朝以束帛迎劳	79
5	皇帝立春祀青帝于东郊	12	2	皇帝遣使戒蕃主见日	79
6	皇帝立夏祀赤帝于南郊	14	3	蕃主奉见(奉辞礼同)	79
7	皇帝季夏土王日祀黄帝于南郊	16	4	皇帝受蕃国史表及币	79
8	皇帝立秋祀白帝于西郊	18	5	皇帝宴蕃国主	80
9	皇帝立冬祀黑帝于北郊	20	6	皇帝宴蕃国使	80
10	皇帝腊日蜡百神于南郊	22			
11	皇帝春分朝日于东郊	24		嘉 礼	卷
12	皇帝秋分夕月于西郊	26	1	皇帝加元服、上(临轩行事)	91
13	皇帝夏至祭方丘(后土礼同)	29	2	纳后、上(临轩命使)	93
14	皇帝孟冬祭神州于北郊	31	3	皇帝元正冬至受群臣朝贺	97
15	皇帝仲春仲秋上戊祭大社	33	4	皇帝元正冬至受群臣朝贺(会)	97
16	皇帝时享于太庙	37	5	皇帝养老于太学	104
17	皇帝祫享于太庙	39	6	临轩册命皇后(临轩命使)	105
18	皇帝禘享于太庙	41	7	临轩册命皇太子(临轩册命)	106
19	皇帝孟春吉亥享先农耕籍	46	8	内册皇太子(临轩命使)	107
20	皇帝巡狩(燔柴告至)	62	9	皇太子加元服(临轩命宾赞)	110
21	皇帝巡狩(肆觐东后)	62	10	皇太子纳妃(临轩命使)	111
22	皇帝封祀于泰山	63			
23	皇帝封祀于泰山(銮驾上山)	63		凶 礼	
24	皇帝禅于社首山	64		无	

《大唐开元礼》卷九七"皇帝元正冬至受群臣朝贺"的仪式程序中规定朝贺的席次是:

> 典仪设文官三品以上位于横街之南、道东(褒圣侯于三品之下),介公、酅公位于道西,武官三品以上于介公、酅公之西少南,俱每等异位,重行北向,相对为首。设文官四品、五品位于悬东,六品以下于横街之南,每等异位,重行西面,北上。设诸州朝集使位,都督、刺史及三品以上,东方、南方于文官三品之东,重行北面,西上;西方、北方于武官三品之西,重行北面,东上。四品以下,皆分方位于文武官当品之下,诸州使人分方位于朝集使之下,亦如之。设诸亲位于四品、五品之南(皇宗亲在东,异姓亲在西)。设诸方客位,三等以上东方、南方于东方朝集使之东,每国异位,重行北面,西上;西方、北方于西方朝集使之西,每国异位,重行北面,东上。四等以下,分方位于朝集使六品之下,重行,每等异位。[1]

引文最后既有"(客位)三等以上""四等以下",又说同"等"的客位中"每国异位",所以这里的"客位某等"就是指针对外国的蕃望等级。据此,在元日、冬至的朝贺仪式中,横街以南夹龙尾道两侧,文官三品以上在道东而面向北,来自东方、南方的朝集使三品以上的在其东而西面,来自东方、南方的外国使节蕃望三等以上者更在其东而西面;而在龙尾道以西,首先是"二王之后",接着是武官三品以上,皆面向北,在他们的西边,是来自西方、北方的三品以上的朝集使,进而更西有来自西方、北方的外国使节蕃望三等以上者,皆面向东(参看图17)。虽然仅据此难以判定文武官四品、五品以及六品以下的位置,但它规定了外国使节蕃望四等以下者位于朝集使六品之下。那么,这一席次规定,与"史料1"《新志》"鸿胪寺"的规定"(蕃望)第三等居武官三品之下,

---

[1] 同样的文字又见于《通典》卷一二三《礼典八三》,缩略文见于《新唐书》卷一九《礼乐志九》。另外,关于唐代的元日朝会仪礼,请参照渡辺信一郎:《天空の玉座——中国古代帝国の朝政と儀礼》,柏書房,1996年,第二章第三节。

第四章　蕃望

第四等居五品之下，第五等居六品之下"就不完全一致了。

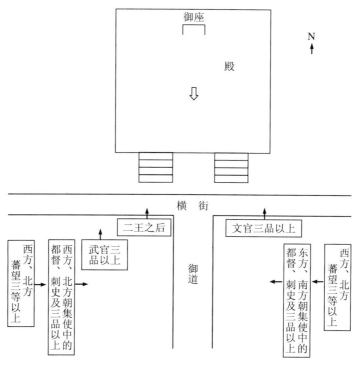

图17　元日、冬至朝贺席次

又，关于元日、冬至朝贺之后的宴会仪式（表10之嘉礼4）的席次，《开元礼》卷九七载：

> 尚舍奉御铺群官升殿者座。文官三品以上，于御座东南，西向，介公、酅公于御座西南，东向。武官三品以上，于介公、酅公之后；朝集使、都督、刺史及三品以上，东方、南方于文官三品之后，西方、北方于武官三品之后；蕃客三等以上，东方、南方于东方朝集使之后，西方、北方于西方朝集使之后，俱重行，每等异位，以北为上。设不升殿者座各于其位。

皇帝接受朝贺之后，转到宴会礼时，三品以上、蕃客三等以上升殿，在殿内，文官三品以上与二王之后、武官三品以上从御座的东南和西南相向而坐。虽然这与朝贺礼有点差异，但基本上与图17所示是同样的。而不升殿者的座位被设定在殿庭的朝贺之位。那么，宴会的席次仍然与"史料1"的规定不相符合，因此"史料1"便不是关于元日、冬至朝贺仪礼之际外国使节所占席次的规定[1]。换句话说，前面表10的合计41种仪式，没有一个是与"史料1"的规定相符合的。"史料1"的这段记述，究竟是哪种场合的席次呢？

唐朝廷中，除了吉礼、军礼、宾礼、嘉礼、凶礼这些国家礼仪之外，如复原《仪制令》第五条所载：

> 诸在京文武官职事九品以上，朔望日朝。其文武（衍）
> 五品以上，及监察御史、员外郎、太常博士，每日参。文（衍）

---

1. 不过，元日朝贺的席次，实际上可能未必按照《开元礼》的规定执行。这么说是因为，就著名的天宝十二载（753）正月朔日皇帝朝贺席上日本与新罗的争长事件，日本遣唐副使大伴古麻吕归朝后向孝谦天皇报告道：
   > 是日，以我次西畔第二吐蕃下，以新羅使次東畔第一大食国上。古麻呂論曰："自古至今，新罗之朝贡因日本国，久矣。而今列東畔上，我反在其下，义不合得。"時將軍吳懷实見知古麻呂不肯色，即引新罗使次西畔第二吐蕃下，以日本使次東畔第一大食国上。（《続日本紀》卷一九"孝謙天皇天平勝宝六年春正月丙寅"条，吉川弘文館，新訂增補國史大系本）

   也就是说，这里所见的日本、新罗、吐蕃、大食的席次，无论变更前后，都与前揭《开元礼》的规定（图17），即东方、南方的蕃使座在东侧，西方、北方的蕃使座在西侧，不完全一致。然而对这次争长事件的认识是有分歧的，一说认为它实际发生过，另一说则对此存在疑问。故持此《续日本纪》的史料来否定《开元礼》的元日朝贺席次规定，并据此断定史料1《新志》"鸿胪寺"条的记载是元日、冬至朝贺的席次规定，仍然是危险的。对《续日本纪》争长事件的记载持肯定立场的论著有：鈴木靖民：《奈良時代における対外意識—『続日本紀』朝鮮関係記事の検討—》，同氏著：《古代対外関係史の研究》，吉川弘文館，1985年；浜田耕策：《唐朝における渤海と新羅の争長事件》，《末松保和博士古稀記念古代東アジア史論集》下，吉川弘文館，1978年；石井正敏：《唐の『將軍吳懷实』について》，《日本歴史》1981年11月号；同氏著：《大伴古麻呂奏言について——虚構説の紹介とその問題点——》，《法政史学》第35号，1983年等。对它持疑问立场的论著有：卞麟錫：《唐代外国使争長의研究——『続日本紀』所載의所謂古麻呂抗議에對하여——》，《亜細亜研究》第10卷第4号，1967年；同氏著：《唐代外国使의争長事例에서본 古麻呂抗議의再論——『続日本紀』関係史料의批判을中心으로——》，《東洋史学研究》第26輯，1987年；山尾幸久：《百済三書と日本書紀》，《朝鮮史研究会論文集、第一五集、朝鮮史認識の展開》，龍溪書舍，1978年等。

第四章 蕃望

> 武官五品以上，仍每月五日、十一日、二十一日、二十五日参，三品以上，九日、十九日、二十九日又参。[1]

以令来决定每月官僚到皇帝面前参列的日子。而按《新唐书》卷四八《百官志三》"御史台"条所记：

> 文官五品以上及两省供奉官、监察御史、员外郎、太常博士，日参，号常参官。武官三品以上，三日一朝，号九参官；五品以上及折冲当番者，五日一朝，号六参官。

根据每月参列的天数，部分官僚被分类称为常参官、九参官、六参官等。这种朝参也有外国使者参列，例如《册府元龟》卷一〇九《帝王部·宴享一》记：

> （贞观二十年）十二月庚辰，以铁勒、回纥俟利发等，诣阙朝见，宴于芳兰殿，恩赐甚渥。仍敕所司，加礼供给，每五日一会。

则早在太宗朝这已经成为了惯例。这样的话，《新志》"史料1"所记述的，与其说是元日、冬至的朝贺那样可称为一年中特别礼仪的场合的席次规定，毋宁说是每月的朔望日等多数官僚齐聚朝参的场合外国使节的席次规定，后一种解释更为稳妥。

总而言之，《新唐书·百官志》"鸿胪寺"条所见蕃望与官品相对应的记述，应规定的是某种谒见皇帝的场合的席次，然而当作《开元礼》中可确认的41种外国使节出席场合中任何一种的席次规定都不合适。另一方面，若考虑到外国使节列席每月频繁进行的皇帝朝参的复杂情况，认为《新志》"鸿胪寺"条所记的是这种皇帝朝参中外国使节的席次规定，应不致大错。

---

1. 仁井田陞：《唐令拾遗》，东方文化学院，1933年；东京大学出版会，1964年复刊，第473—477页。

三、蕃望的机能及其发端

前揭三种有关蕃望的规定中,"史料2"《六典》"鸿胪寺典客令"条的记述,该怎样解释呢？同书同条关于蕃国使留唐期间的待遇的记述写道：

> 诸蕃使主、副、五品已上,给帐毡席,六品以下,给幕及食料。

又云：

> 若身亡,使主、副及第三等已上官奏闻。其丧事所须,所司量给。欲还蕃者,则给舆递至境。

前者是向蕃国使供给帐和毡席的规定,后者是他们在唐境内死亡时的处置规定,在这两种情形下,蕃望三等与四等之间或品阶五品与六品之间,在待遇上被设定了差别。又《册府元龟》卷八〇《帝王部·庆赐二》载：

> （开元）十九年十一月壬子,幸东都,敕："……突厥、吐蕃使,共赐物五百疋,令鸿胪等据蕃望高下,节级分付。……"

由此可知在伴随行幸等临时赍赐的场合,对外国使节的赐物是以蕃望等级为基准支给的。以上这些是唐代的蕃望规定实际发挥作用的一些例子。

为了让蕃望发挥这样的功能,在此以前,蕃望各等相当于何种等级的基本标准必须被设定出来。这个基准,在唐代是与官品等级相对应而设定的。如此,则《六典》"典客令"条的"史料2"（表8）便可理解为是记述蕃望等级与品阶间基本对应关系的规定。《六典》卷四"礼

第四章　蕃　望

部主客郎中"条有句话明显指向"典客令"条的"史料2"：

> 其朝贡之仪，享燕之数，高下之等，往来之命，皆载于鸿胪之职焉。

这也确证了它是关于蕃望与品阶间基本对应关系的规定。

那么"史料2"所记的无官品的大酋渠首领准第四等、小酋渠首领准第五等的规定，可以由具体实例得到确证吗？

1981年4月，在河南省洛阳市龙门东山北麓，发现了安国（布哈拉）出身的粟特人、六胡州大首领安菩夫妻的墓。该墓的发掘报告翌年由洛阳市文物工作队完成[1]，同时赵振华、朱亮两位发表了墓志的释文和研究[2]。此后，该墓志的拓本曾在1983年冈山市立东方美术馆"古都洛阳秘宝展"中展出（参见图18），又被张广达[3]、小野胜年[4]讨论过。根据以上论著，安菩夫妻墓志的志盖上刻有"大唐定远将军安君志"，可知安菩被唐授予正五品上的武散官定远将军，而关于他获得这一授官的经过，墓志文开头写道：

> 君讳菩，字萨，其先安国大首领。破匈奴，衙帐百姓归中国。首领同京官五品，封定远将军，首领如故。

"破匈奴"以下的文句，主语是安菩自身还是"其先"，难以判定[5]。要么归降唐朝的安菩自身是安国大首领，因其相当于唐官品第五品而授予定远将军；要么是他的先祖以同样的经历被授予定远将军，再由安菩继承。这一授官与《六典》"典客令"条大酋渠首领准四、五品的

---

1. 洛阳市文物工作队：《洛阳龙门唐安菩夫妇墓》，《中原文物》1982年第3期。
2. 赵振华、朱亮：《安菩墓志初探》，《中原文物》1982年第3期。
3. 张广达：《唐代六胡州等地的昭武九姓》，《北京大学学报》哲学社会科学版，1986年第2期。
4. 小野勝年：《大道長安に通ず——醴泉坊と醴泉寺をめぐって——》，《東洋史苑》第28号，1987年。
5. 赵振华、朱亮《安菩墓志初探》以及张广达《唐代六胡州等地的昭武九姓》都将此解释为"安菩之父"。

图18　安菩夫妻墓志（图片引自洛阳市文物工作队：《洛阳出土历代墓志辑绳》，中国社会科学出版社，1991年）[1]

规定完全符合。墓志中既言安菩是大首领，而且他在唐的蕃望等级中被作为第四等对待，由此可知《六典》的蕃望规定在实际中得到了运用。

这方墓志还提供了另一点重要启示，即与安菩或其祖先获授定远将军的时期相关的问题。按墓志文，这一授官是在"破匈奴，衙帐百姓归中国"之时，志文接着说"君时逢北狄南下，奉敕遣征"，且安菩于高宗麟德元年（664）十一月七日卒于长安城金城坊私第[2]。介绍该墓志的赵振华、朱亮解释道，安菩归降唐朝是在唐灭突厥的贞观四年（630），志文中"北狄南下"记述的是贞观十五年（641）以后薛延陀的动向[3]。对照太宗朝到高宗朝初期北边的形势，不得不说这一解释是

---

1. 译者注：原书使用的墓志图片引自古都洛阳秘宝实行委员会编《古都洛阳秘宝图录》，中译本进行了替换。
2. 据《元和郡县图志》卷四"关内道宥州"条等，六胡州的设置是在调露元年（679），但在此十五年前去世的安菩的墓志中却可见到"六胡州大首领"的称号。对这一问题，赵振华、朱亮两位解释道，安菩夫妻的墓是景龙三年（709）由其子安金藏从长安迁往洛阳改葬的，因此是在改葬之际被称为六胡州大首领的（赵振华、朱亮：《安菩墓志初探》）。另一方面张广达则理解为，六胡州在调露元年以前已经存在了（张广达：《唐代六胡州等地的昭武九姓》）。
3. 赵振华、朱亮：《安菩墓志初探》。安菩入唐内附的时期，张广达认为是贞观四年（《唐代六胡州等地的昭武九姓》）。

第四章　蕃　望

非常妥当的。那么这里值得注意的是,《册府元龟》卷一七〇《帝王部·来远》记述贞观二十一年（647）正月以铁勒、回纥部设羁縻州之后接着写道：

> 先是,帝（太宗）击破突厥,其蕃望子弟多授以侍卫之官。[1]

这句话描述的是突厥灭亡的贞观四年或者稍后的情况,它与《旧唐书·突厥传上》所说的"其酋首至者,皆拜为将军、中郎将等官,布列朝廷,五品以上百余人,因而入居长安者数千家,"也是一致的,大概不会有问题。那么,突厥灭亡后唐朝廷内的这一著名状况,就是由按蕃望授官造成的。可以推测,蕃望规定在唐代的运用,很可能实际上是因突厥灭亡而开始的。安菩夫妇墓志即是具体地反映了这一事件的极其珍贵的史料。

但即便如此,也不能认为蕃望制度本身全都是唐的创造。因为《隋书》卷二八《百官志下》记隋鸿胪寺职掌曰：

> 鸿胪寺改典客署为典蕃署。……东方曰东夷使者,南方曰南蛮使者,西方曰西戎使者,北方曰北狄使者,各一人,掌其方国及互市事。每使者署,典护录事、叙职、叙仪、监府、监置、互市监及副、参军各一人。……叙仪掌小大次序。

可知隋代鸿胪寺中,针对外国已经设置了管辖国之大小次序的"叙仪"官职。而且,《隋书》卷九《礼仪志四》记南朝梁的元日朝贺礼中可见：

> 群臣及诸蕃客并集,各从其班而拜。

可以推知隋以前也存在着某种形式的班序。唐的蕃望应是承袭了这些之前的制度。然而,南北朝自不待言,即使隋代应对外国使节的秩序,

---

1. 大致同样的文字,亦见于《唐会要》卷九八"霫殊国"条。

其具体情况也是完全不清楚的。就算唐的蕃望是继承隋的制度而来的，它在唐代发挥作用，也是始于前述贞观四年突厥灭亡之后不久。

若说突厥灭亡之后不久前引"史料1—3"所述的蕃望五等制便立即形成了，倒也不能这样片面地断定。铁勒诸部贞观二十年到二十一年内附于唐，故于贞观二十二年正月朝贺，《通鉴》卷一九八记其时盛况曰：

> 是时，四夷大小君长争遣使入献见，道路不绝。每元正朝贺，常数百千人。

进而在其下一年正月，《册府元龟》卷九九九《外臣部·入觐》记曰：

> （贞观）二十三年正月，制："蕃王分为三蕃，以次朝集。"

则太宗朝末期的元日朝贺中实行了"三蕃"制。那么不得不认为，至少就元日朝贺的仪式而言，在这一时期，如《开元礼》元日、冬至朝贺仪式中存在的那种蕃望制尚未齐备。大概唐在突厥灭亡后，承袭某种隋制开始行用应对内附民的规定，经过了太宗朝，整理出了后来诸史料所说的蕃望五等制。

记载唐代蕃望规定以及据之授官的史料，在上述《安菩墓志》之外，还有一条应该举出，即《册府元龟》卷九九九《外臣部·请求》所载开元六年（718）吐火罗王弟阿史特勒（特勤？）仆罗的上书文。该文已由谢海平、池田温两位介绍过[1]，其主要部分可抄录如下：

> （开元）六年十一月丁未，阿史特勒仆罗上书诉曰："……仆罗兄前后屡蒙圣泽，愧荷国恩，遂发遣仆罗入朝，侍卫玉阶，至愿献忠殉命，以为臣妾。仆罗至此，为不解汉法，鸿胪寺不

---

1. 谢海平：《唐代留华外国人生活考述》，第98—99页；池田温：《唐朝处遇外族官制略考》，第270页。

第四章 蕃望

委蕃望大小，有不比类流例。高下相悬，即奏拟授官。窃见石国、龟兹并余小国王子首领等，入朝元无功效，并缘蕃望授三品将军。况仆罗身恃勒本蕃，位望与亲王一种。比类大小，与诸国王子悬殊，却授仆罗四品中郎。但在蕃王子弟，婆罗门瞿昙金刚、龟兹王子白孝顺等，皆数改转，位至诸卫将军。唯仆罗最是大蕃，去神龙元年，蒙恩敕授左领军卫翊府中郎将，至今经一十四年，久被沦屈，不蒙准例授职。不胜苦屈之甚。"敕鸿胪卿准例定品秩，勿令称屈。

据此，仆罗于中宗神龙元年（705）入朝宿卫，获授正四品下的左领军卫翊府中郎将，他（或吐火罗国）受到了蕃望第四等的待遇。可是在此以后，比吐火罗更小的国家的王子、首领等纷纷奏请要求授官并且升迁了，与之相对，只有仆罗依旧是四品官没有迁转，遂上书倾诉这一苦情。从这份上书可以知道，对蕃国来的充质宿卫子弟授官，也是对应着蕃望等级的高下进行的，而与他们的升迁有关的，另有某种"流例"存在。

蕃望等级本身又以什么为基准来决定高下呢？《旧唐书·突厥传下》记载，唐朝平定了高宗永徽二年（651）至显庆二年（657）突厥阿史那贺鲁叛乱之后，面对混乱的西突厥，发出了这样一道诏书：

> 因下诏曰："自西蕃罹乱，三十余年。比者贺鲁猖狂，百姓重被劫掠。……但诸姓从贺鲁，非其本情，卿等才至即降，亦是赤心向国。卿宜与卢承庆等，准其部落大小，位望高下，节级授刺史以下官。"

又《旧唐书》卷九七《郭元振传》记西突厥阿史那阙啜忠节于中宗神龙年间（705—707）降唐时的一幕曰：

> 阙啜行至播仙城，与经略使、右威卫将军周以悌相遇，以悌谓之曰："国家以高班厚秩待君者，以君统摄部落，下有

兵众故也。今轻身入朝，是一老胡耳，在朝之人，谁复喜见？"
参考以上材料，唐的蕃望等级应是参酌其人所率部落大小和部众多少，以及其人在本国的地位、身份等决定的。

四、《新志》礼部主客郎中条的记载与食料问题

剩下的《新志》"礼部主客郎中"条"史料3"，又该如何解读呢？如前所述，这一史料与"史料1""史料2"相比较，在蕃望与官品的对应关系上明显地不一致。

首先，"史料3"的开头写道"客初至及辞设会"，末尾又言"参日设食"，因而可以预想，它是与接待外国使节的某种宴席有关且包含关于食品规定的史料。检索唐代接待外国使节的相关史料，《唐会要》卷六五"光禄寺"条有：

> （景云二年）三月十七日敕："每御承天门楼，朝官应合食，并蕃客辞见，并令光禄准旧例，于朝堂廊下赐食。"

可知作为旧例，外国使节的"辞见（归国时的告辞）"是伴有赐食的。又同书卷二四"诸侯入朝"条有：

> （开元）二十二年十一月敕："诸朝集使十日一参，朔望依常式，应须设食等，准例处分。"

由此知道前节所见的官僚朝参时设食是惯例。那么，"史料3"开头的"客初至及辞设会"，即指外国使节到达长安以及告辞归国之际的会席上的赐食，末尾的"参日设食"，则指在朝参会场供给外国使节的食料，这样看大致不会错。

至于唐朝向官僚供给食料的规定，《六典》卷四"礼部膳部郎中"条载：

第四章　蕃　望

①凡亲王已下，常食料各有差。（每日细白米二升，粳米、梁米各一斗五升，粉一升，油五升，醋二升，蜜三合，粟一斗，梨七颗，苏一合，乾枣一升，木橦十根，炭十斤，葱、韭、豉、蒜、姜、椒之类，各有差。每月给羊二十口，猪肉六十斤，鱼三十头，各一尺，酒九斗。）

②三品已上，常食料九盘。（每日细米二升二合，粳米八合，面二升四合，酒一升半，羊肉四分，酱四合，醋四合，瓜三颗，盐、豉、葱、姜、葵、韭之类，各有差。木橦，春二分，冬三分五厘。炭，春三斤，冬五斤。）

③四品、五品，常食料七盘。（每日细米二升，面二升三合，酒一升半，羊肉三分，瓜两颗，余并同三品。若断屠及决囚日，停肉，给油一合，小豆三合。三品已上亦同此。）

④六品已下、九品已上，常食料五盘。（每日白米二升，面一升一合，油三勺，小豆一合，酱一合，醋三合，豉、盐、葵、韭之类，各有差。木橦，春二分，冬三分。）

⑤凡诸王已下，皆有小食料、午时粥料，各有差。复有设食料、设会料，每事皆加常食料。又有节日食料。（谓寒食麦粥，正月七日、三月三日煎饼，正月十五日、晦日膏糜，五月五日粽□，七月七日斫饼，九月九日麻葛糕，十月一日黍臛，皆有等差，各有配食料。）

⑥蕃客在馆，设食料五等。蕃客设食料、蕃客设会料，各有等差焉。

其中①至④分别是每日供给亲王以下、三品以上、四至五品、六品以下常食料的规定，⑤是常食料之外附加的小食料、午时粥料、设食料、设会料、节日食料的规定，⑥是供给外国使节食料的规定。⑥所谓"蕃客在馆食料五等"中的"五等"，自然是指蕃望的五等级。它相当于官僚的常食料。此外，亦提供设食料、设会料，各有等差。故而本节讨论的"史料3"《新志》"礼部主客郎中"条的记述，可理解为是对《六典》这句"蕃客设食料、设会料，各有等差"的具体规定。

但是，其等差与"史料2"（表8）的蕃望、官品对应关系不一致，又该如何解释呢？

首先，"史料3"中出现了蕃望一、二等，但若按"史料1""史料2"，则一、二等不对应官品阶，只能认为是比官品阶更高的等级。而《六典》的食料规定中，在比官品阶更高的等级，设有①亲王以下的常食料。这样的话，蕃望一、二等对应的，是外国人中被唐授予了王、公等封号的特别显贵的人物[1]。这点可由食料规定得到确认，能够填补空白，但问题是，如果是这样的话，为何供给蕃望一等、二等的食料并不相当于亲王以下的，而是相当于三品、四品的，三等也并非相当于一至三品而是五品？总而言之，限定于食料供给方面，蕃望等级整体都被降等并与官品对应了。

其次，前引《六典》"膳部郎中"条的食料规定中，在三品以上的常食料一项里，可见到"炭，春三斤，冬五斤"的规定。从其文字来看，这说的是供暖房用的炭。关于炭的供给，《六典》卷一九"司农寺钩盾署"条曰：

> 凡京官应给炭，五品已上日二斤，蕃客在馆第一等人，日三斤，已下各有差。

此处出现了蕃客"第一等人"。供给他的炭是"日三斤"，若作春季的供给量解，则与《六典》"膳部郎中"条规定的三品官的待遇相符合。《六典》"钩盾署"条五品以上的炭亦仅言"日二斤"而未记冬、春之分，再从《六典》的省略的书写方式来看，"钩盾署"条蕃客第一等的炭"日三斤"极有可能是"春三斤、冬五斤"的省略形式。这样的话，"史料3"的"(蕃望)第一等视三品"，由此得到了部分确认，故"史料3"绝不能视为是《新志》的误记。另外，如果"史料3"的规定在《六典》编纂时已经存在了，那么它与《六典》所载"史料2"的蕃望、官品对应

---

1. 清木場東：《唐律令制時代の常食料制について——官僚の官給食——》，原载唐代史研究会编：《律令制——中国朝鮮の法と国家——》，汲古書院，1986年；又收入同氏著：《帝賜の構造——唐代財政史研究・支出編》，中国書店，1997年，原载第307—308页。

第四章　蕃　望

规定之间的差异，就不能认为是由时代不同造成的制度差别了。

不仅如此，将蕃望最高等级等同于品阶三品待遇，如《唐会要》卷二四"二王三恪"条所见：

> （开元）十五年闰九月敕："二王后为宾者，会赐同京官正三品。其夫人亦同"。

对国家第一级宾客"二王之后"的会赐按正三品的待遇。与此相比较，绝不能说"史料3"的规定是不恰当的处置。另外，"史料3"中蕃望第二等与品阶第四品相当、第三等与品阶第五品相当，另一方面《六典》"膳部郎中"条的食料规定中，四品、五品的常食料是一并同等对待的，可以发现两者似有矛盾。但是，《六典》的三品以上以及六品以下常食料的盐、葵、韭等类都注明"各有差"，因而可以想见三品以上、四品与五品、六品以下这三大段落内部，也按品阶在供给量上设置了细致的差等。换言之，《新志》"礼部主客郎中"的"史料3"，不能当作史官的误记或者不同时代的制度差异来处理，它至少在开元年间是作为正当待遇的规定运用的。那么为什么蕃望仅在食料规定中被低估呢？

再次回到前引《六典》"膳部郎中"条的供食规定，斗、升、合等度量单位比现代中国通用的单位要小，但即便如此，规定所记的常食料的量仍非常大。唐代的官僚，清晨上班，中午下班，常食料应在下班时发给，是每日午餐一顿的食料，它的量一个人一次无论如何也吃不完[1]。而设会料、设食料比它更多。因此在唐代确立了将食料剩余部分预先换算成钱，每月以钱发付的制度[2]。与此相对，供给短期旅居的外国使节的食料，也应极力减少其剩余部分，因此预先将其供给量对应于降等的官品阶。这样的话，"史料3"就不止限于设会料、设食料，而

---

1. 清木場東：《唐律令制時代の常食料制について——官僚の官給食——》。另外该论文认为《六典》"膳部郎中"条的史料规定是《膳部式》的逸文。
2. 古賀登：《新唐書食貨志内外官禄・月俸記事弁正》，早稻田大学文学部東洋史研究室編：《中国正史の基礎的研究》，早稻田大学出版部，1984年；清木場東：《唐律令制時代の常食料制について——官僚の官給食——》。

是与外国使节在迎宾馆得到供给的每日食料全部相关的规定。而使节的食料是否按规定供给由御史台监察，每年按季由礼部主客郎中和鸿胪寺对供给量进行确认和处理[1]。

结语

以上论述可以简要总结如下：

（1）记载唐代的蕃望等位与官品对应规定的史料有三种，其中《新唐书·百官志》"鸿胪寺"条所记，是关于参日朝会上外国使节席次的规定；《六典》"鸿胪寺典客令"条所记，是蕃望与品阶间基本对应关系的规定；《新唐书·百官志》"礼部主客郎中"条所记，是对使节的食料供给的规定。

（2）唐的蕃望是五等制，其中第一等、二等对应于唐的王公身份，三等以下与品阶等级相对应。但是，使节留唐期间的食料，由于预先减去剩余部分的关系，蕃望与官品的对应被降等计算了。

（3）蕃望是对异民族、外国人给予种种待遇时的标准，这些待遇有：对内附异民族首领或充质宿卫子弟授官，对朝贡使节供给帐、毡、食料等，使节在唐土死亡之际的处置，唐皇帝进行临时的赏赐等。

（4）唐的蕃望是继承之前制度而来的，它在唐代实际发挥作用，始于贞观四年突厥灭亡之后，在此后它被整理成五等制。

【附记】

本章的一部分，最初以《唐の蕃望について》为题，发表于昭和六十一、六十二年度文部省科学研究费补助金综合研究（A）研究成果报告书《東アジア史上の国際関係と文化交流》（研究代表者：福井重雅，早稻田大学，1988年），但那时将本章所举的"史料1"《新唐书·百官志》"鸿胪寺"条的记载，认定是元日、冬至

---

1. 参照本书第三部第三章"鸿胪寺与迎宾馆"。

第四章 蕃 望

朝贺仪礼上外国使节的席次规定。此后，在早稻田大学东洋史恳话会第一三回大会（1988年3月28日）上以同一题名进行报告时，我订正了对这条史料的解释，认为它是参日朝会的席次规定。以此为基础重新整理的原稿，曾以《关于唐朝的"蕃望"制度》为题，在1989年10月中国唐史学会第四届国际唐史讨论会（中国西安市）上发表（收入中国唐史学会编：《中国唐史学会论文集》，三秦出版社，1991年）。本章即以此中文原稿为骨干，增补、扩充而成。

第五章

外国使节谒见皇帝仪式复原

引言

分析以唐王朝为中心的东亚世界国际关系时，册封关系、羁縻支配、化内化外的区别以及归化问题、国境观念和互市实态等很多问题，依然有待解决。其中，对以唐朝为中心的朝贡关系的分析，不得不说是最重要的问题之一。一国向他国派遣使节，他国迎入并接待该使节，关于这一行为的诸面相与背景，因日本引入了唐朝制度并意图成为"东方小帝国"，故而在日本律令国家的研究中也屡屡被作为问题提出。特别是最近，关于国书、贡物、宾礼、客馆等的论述相继发表，让人感到近来学界有对朝贡相关诸问题进行重新思考的倾向[1]。

如今，以唐朝为中心，由周边诸国派遣来的遣唐使在唐土的活动以及与此相关的诸规定，如始达边州时的规定、入京途上的规定、迎

---

1. 关于国书问题，可参看：金子修一：《唐代の国際文書形式について》，《史学雑誌》第83编第10号，1974年；中村裕一：《唐代の勅に就いて（二）——唐公式令研究（七）·論事敕書》，《武庫川教育》第13卷第1号，1980年（收入同氏著：《唐代制敕研究》，汲古书院，1991年）；同氏著：《唐代の慰労制書に就いて》，唐代史研究会编：《律令制——中国朝鲜の法と国家》，汲古书院，1986年（收入同氏著：《唐代制敕研究》）；同氏著：《隋唐五代の『致書』文書に就いて——慰労制書と関連して——》，武庫川女子大学文学部《史学研究室報告》V，1986年（收入同氏著：《唐代制敕研究》；中村高行：《慰労詔書と『対蕃使詔』の関係について》，《古文書研究》第27号，1987年；丸山裕美子：《慰労詔書·論事勅書の受容について》（《延喜式研究》第10号，1995年；山内晋次：《唐より見た八世紀の国際秩序と日本の地位の再検討》，《続日本紀研究》第245号，1986年等。关于贡物问题，可参看保科富士男：《古代日本の対外関係における贈進物の名称》，《白山史学》第25号，1989年。关于宾礼，可参看：鍋田一：《古代の賓礼をめぐって》，《柴田実先生古稀記念《日本文化史論叢》，同記念会，1976年；同氏著：《六·七世紀の賓礼に関する覚書——『日本書紀』の記載について一》，瀧川政次郎博士米寿記念论集《律令制の諸問題》，汲古书院，1984年；田島公：《日本の律令国家の『賓礼』——外交儀礼より見た天皇と太政官——》，《史林》第68卷第3号，1985年；同氏著：《外交と儀礼》（岸俊男编《日本の古代·第七卷·まつりごとの展開》，中央公論社，1986年。关于客馆，除平野卓治《日本古代の客館に関する一考察》（《国学院雑誌》第89卷第3号，1988年）以外，还可参看《古代文化》第42卷第8号《特輯·大宰府鴻臚館をめぐる諸問題（1）》（1990年）、第42卷第12号《特輯·大宰府鴻臚館をめぐる諸問題（2）》（1990年）以及田島公《大宰府鴻臚館の終焉——八世紀～十一世紀の対外交易システムの解明——》（《日本史研究》第389号，1995年）等。

第五章　外国使节谒见皇帝仪式复原

接与迎宾馆、京师停留期间的诸待遇、谒见皇帝、献上表与币、冬至与元日朝贺、宴会、赐物、本国地势的报告、疾病及死亡等突发事态、归国等，可以按顺序一连串地整理出来。其中在使节看来最为重要的行动，一定是谒见皇帝和献上表、币，应当说它们占据了使节们在唐土各种活动的最顶点。但是，要问遣唐使具体地怎样去朝见唐皇帝、献上国书和贡物，这一场面过去从未得到过复原，其具体的图景至今仍未被确切地把握，这样说并不夸张。因此，本章试从当时的礼的规定来复原唐代外国使节谒见皇帝的仪式，以理解唐代朝贡制度和国际秩序之一端。

首先再确认一下，与唐代外国使节谒见皇帝相关的一系列仪式，是在《大唐开元礼》卷七九、卷八〇《宾礼》中被规定的。其内容即如下六种礼[1]：

①蕃国主来朝以束帛迎劳；
②遣使戒蕃主见日；
③蕃主奉见；
④受蕃国使表及币；
⑤皇帝宴蕃国主；
⑥皇帝宴蕃国使。

仅看这些名称也可以知道，唐的宾礼按谒见者是蕃主还是蕃使而分为两大类。①迎劳仪礼与②传达谒见日仪礼（会场都应在迎宾馆）的对象是"蕃国主""蕃主"，而④仪礼的标题夹注中云"其劳及戒见日亦如上仪"，故而①③也适用于"蕃国使"或"蕃使"。也就是说，蕃主的入朝、谒见，适用于①②③⑤条，蕃使则适用①②④⑥条。其中，作为本章直接分析对象的仪式，当然是③与④两种。

宾礼中以"蕃国主""蕃主"相规定的情形，应指某外国的国家元首，通常的朝贡使节则相当于后文所述宾礼中的"蕃国使""蕃使"。由于

---

1. 唐的宾礼六仪，除《开元礼》之外，《通典》卷一三一亦载其全文，《新唐书》卷一六《礼乐志六》载有缩略文，六仪的礼名也见于《六典》卷四"礼部郎中员外郎"条《五代会要》卷三〇《杂录》"后唐天成元年六月太常礼院奏文"。此外，②的"遣使戒蕃主见日"仪礼，本书第三部第三章"鸿胪寺与迎宾馆"已经讨论过。

通常情况下国家元首亲自赴唐入朝是非常稀有的事情，故而本章将分析对象限定于④的仪礼也无大碍。但是，从《开元礼》记载仪式的顺序来看，它首先规定了作为前提的③的仪式，④的仪式是其被部分省略后的形态，在文本上④也是在沿袭③的基础上删略而成的。所以若仅选取④的仪式来分析，每遇上删略之处则须引用③的相应部分，这将造成很大的混乱，而且也不能将③和④两者进行比较了。因此，本章不厌繁冗，拟先将③的仪式尽可能地加以复原，再以此为基础来讨论④的仪式。

一、"蕃主奉见"仪式注释

那么尽快开始释读《开元礼》"蕃主奉见"仪式的程序吧。该礼也收录于《通典》卷一三一"开元礼纂类"二六，故此处参校《通典》，并为方便起见分段揭录如下：

> 蕃主奉见（奉辞礼①同）
> （1）前一日，尚舍奉御②整设御幄③于太极殿④北壁，南向。守宫⑤设次，太乐令⑥展宫悬⑦，设举麾位⑧于上下，鼓吹令⑨设十二案⑩，乘黄令⑪陈车辂⑫，尚辇奉御⑬陈舆辇，尚舍奉御铺蕃主床座于御座西南，东向，并如常仪。
> （2）其日，典仪⑭设蕃主版位⑮于悬南道西，北面⑯。又设蕃国诸官之位于蕃主位⑰后，各⑱依其班，重行北向⑲，以西为上。设典仪位于悬之东北，赞者⑳二人，在南差退，俱西面。诸卫各勒所部，列黄麾仗㉑屯门、及陈于殿廷。太乐令帅工人入就位、协律郎㉒入就举麾位。
> （3）所司迎引蕃主，至㉓承天门㉔外，通事舍人㉕引就次㉖。本司入奏，钑戟㉗近仗入陈如常。典仪帅赞者先入，就位。侍中㉘版奏请中严㉙。诸侍卫之官，各服其服㉚，符宝郎㉛奉宝俱诣阁奉迎。蕃主服其国服，出次㉜，通事舍人引立于阁外西厢，东面（若更有诸蕃，以国大小为叙㉝），蕃国诸官各服其服，

立于蕃主之后，俱东面，北上。

（4）侍中版奏外办㉞。皇帝服通天冠㉟、绛纱袍㊱，乘舆以出，曲直华盖㊲、警跸侍卫、如常仪。皇帝将出，仗㊳动，太乐令令撞黄钟㊴之钟，右五钟皆应。协律郎举麾鼓柷㊵，奏太和之乐㊶，以姑洗㊷之均，皇帝出自西房，即御座，南向坐。符宝郎奉宝，置于御座，侍卫如常。偃麾戛敔㊸，乐止。（凡乐皆协律郎举麾工鼓柷而后作，偃麾戛敔而后止㊹）

（5）通事舍人引蕃主入门，舒和之乐㊺作，至位乐止。典儀曰："再拜"。赞者承传，蕃主再拜稽首。侍中承制，降诣蕃主西北，东面称："有制"。蕃主再拜稽首。宣制讫，蕃主又再拜稽首。

（6）侍中回㊻奏，又承制降劳，敕令升座。蕃主再拜稽首，舍人引蕃主，乐作，蕃主至阶，乐止。舍人接引升至座后，蕃主就座，俛伏坐。侍中承制劳问，藩主俛伏避席。将下拜，侍中承制曰："无下拜"。蕃主复位，拜对如常。侍中回㊼奏，又承制劳还馆。舍人引蕃主，降自西阶，典谒者㊽承引，乐作，复悬南位，乐止。蕃主再拜稽首，讫，舍人引蕃主、乐作，蕃主出门，乐止。

（7）初，蕃主升座，舍人引蕃国诸官，以次入就位。立定，典仪曰："再拜"。赞者承传，蕃国诸官俱再拜稽首。舍人承敕，降自㊾西阶，诣㊿蕃国诸官西北，东面称："敕旨"。蕃国诸官皆(51)再拜稽首(52)。对讫，又再拜稽首。舍人回(53)奏，又承敕降劳还馆。蕃国诸官俱再拜稽首。于蕃主出，舍人引蕃国诸官，以次出。

（8）讫，侍中前跪奏称："侍中臣某言，礼毕"。俛伏，兴还侍位。皇帝兴，太乐令令撞蕤宾(54)之钟，左五钟皆应，鼓柷奏太和之乐。皇帝降座，乘舆入自东房。侍卫警跸，如来仪(55)。侍臣从至阁，乐止。

【语释、校异】

① "奉辞礼"。仁井田陞《唐令拾遗》（东方文化学院，1933年；东京大学出版会，1964年复刊）复旧仪制令第七条云：

> 诸京文武职事五品以上假使者，去皆奉辞，还皆奉见。六品以下奉敕差使，亦如之。

养老仪制令"文武官三位"条也可见同样的规定。由此看来，"奉辞"即指归国之际的告辞，按原则蕃主在归国之际也执行与奉见同样的谒见仪式。参照本书第三部分第四章《蕃望》。

② "尚舍奉御"。《大唐六典》卷一一"殿中省尚舍局"条：

> 尚舍局，奉御二人，从五品上。……尚舍奉御，掌殿庭张设，供其汤沐，而洁其洒扫。……凡元正、冬至大朝会，则设斧扆于正殿。（……若朔望受朝，则施幄帐于正殿，帐裙顶带方阔一丈四尺）

③ "御幄"。天子的帷幕、帘。《新唐书》卷二三上《仪卫志上》：

> 元日、冬至大朝会，宴见蕃国王……朝日，殿上设黼扆、蹑席、熏炉、香案。

黼扆是绣有无柄斧图案的屏风，也就是前注《大唐六典》中所见的斧扆。天子会见诸侯之时，置于身后而南面。斧表示威严，无柄表示不用之意。幄也是同样的模样吧？

④ "太极殿"。唐宫城内的正殿。参看图19。《六典》卷七"工部郎中员外郎"条：

> 宫城在皇城之北。南面三门，中曰承天。……其（承天门）北曰太极门，其内曰太极殿，朔望则坐而视朝焉。

第五章　外国使节谒见皇帝仪式复原

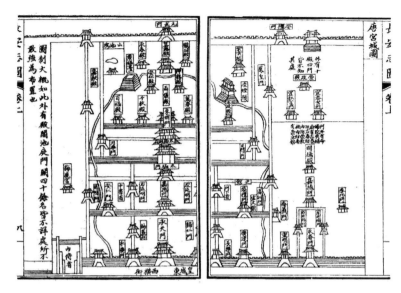

图19　唐长安宫城图（《长安图志》卷上）

《长安志》卷六《宫室四》：

> 其内正殿曰太极殿。朔望视朝则登此殿。

唐的太极殿是武德元年将隋的大兴殿改称而来的，《隋书》卷一《文帝纪上》开皇四年四月条可见：

> 丁未，宴突厥、高丽、吐谷浑使者于大兴殿。

则唐代蕃使奉见、会宴仪礼使用太极殿，是沿袭了隋制。但是，如所周知，高宗以降国家的主要政务活动在大明宫进行，而玄宗喜欢兴庆宫，甚至有时根据情况皇帝和百官都移往洛阳。因此，奉见仪礼不一定都在宫城太极殿里举行，有在大明宫举行的，也有在宣政殿的（《通鉴》卷二四〇元和十四年正月条胡注："唐时，四夷入朝贡者，皆引见于宣政殿"），也有在延英殿的（《旧唐书》卷一九五《回纥传》："上元元年……十一月戊辰，回纥使延支伽罗等十人，于延英殿谒见，赐物有差"),另外还有在麟德殿宴日本使的例子(《旧唐书》卷一九九上《东夷·日本国传》:"长安三年,其大臣朝臣真人来贡方物。……则天宴之麟德殿")。这种情况,对于元正大朝会也是一样的。所以,《开元礼》的"蕃主奉见"仪礼明记"太极殿"之事,尽管是蕃主的情况,无论如何也只能认为是形式上遵从国初仪礼的结果。

⑤ "守宫"。《六典》卷一六"卫尉寺守宫署":

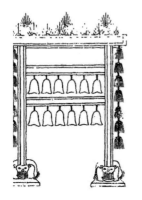

图20 编钟(《乐书》卷一一〇)

守宫署令,掌邦国供帐之属,辨其名物,会其出入。丞为之贰。凡大祭祀、大朝会、大驾巡幸,则设王公百官位于正殿南门外。

它的职务是掌管仪式出席者的席次,宾礼的其他仪礼中的席次也都是由守宫管辖的。

⑥ "太乐令"。《六典》卷一四"太常寺太乐署"条:

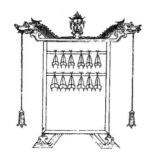

图21 编磬(《乐书》卷一一二)

太乐署,令一人,从七品下。……太乐令,掌教乐人调合钟律,以供邦国之祭祀飨燕。……凡大祭祀、朝会用乐,则辨其曲度、章服[句],而分终始之次。

⑦ "宫悬"。"悬""县"是悬挂钟、磬的架子。四面设悬,挂上钟磬,合围起来,中间配上管乐器等组成的宫廷乐队,即宫悬。钟是金属制的吊钟,十二个编成一组(一虡),也称编钟。磬是石制的打击乐器,也是十二个一虡,称为编磬。参看图20、21。在此之外还有十二虡名为镈钟的大号吊钟,以一虡表示一个音阶。关于唐的宫悬,《唐令拾遗》复原乐令第一条(略文见于《新

第五章　外国使节谒见皇帝仪式复原

唐书》卷二一《礼乐志一一》乐县之制条）：

> 诸宫悬之乐，镈钟十二、编钟十二、编磬十二，凡三十有六虡。（宗庙与殿庭同。郊丘社稷则二十虡，面别去编钟磬各二虡）东方、西方磬虡起北，钟虡次之，南方、北方磬虡起西，钟虡次之。镈钟在编县之间，各依辰位。四隅建鼓，左枹右敔。又设笙、竽、笛、箫、篪、埙，系于编钟之下偶；歌、琴、瑟、筝、筑，系于编磬之下。其在殿庭前，则加鼓吹十二案于建鼓之外，羽葆之鼓、大鼓、金镯、歌、箫、笳，置于其上焉。又设登歌、钟、磬、节鼓、琴、瑟、筝、筑于堂上，笙箫、和箫、篪、埙于堂下。（宫悬、登歌工人，皆介帻，朱连裳，革带，乌皮履。鼓人及阶下工人，皆武弁，朱褠衣，革带，乌皮履。若在殿庭，加白练裆，白布袜。鼓吹按工人亦如之。）

此处所见的宫悬，与《乐书》卷一一三、《文献通考》卷一四〇等的宫悬图并不完全一致，若参考这段材料试着复原唐代宫悬配置，则得到如图22所示的结果。此外，关于"音阶"参看后文语释㊴，"柷"参看

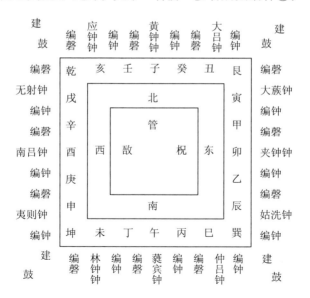

图22　唐宫悬图

语释㊵,"敔"参看语释㊸。

⑧ "举麾位"。因后文可见"协律郎入就举麾位",故而是协律郎的席次。麾是指挥旗,参看图23。乐是由协律郎举麾、鼓柷来指挥的。参看后文语释㉒。下文所说的"上下",意为举麾位设于"殿上、殿下"。参看本章第三节"宫悬的位置"。

⑨ "鼓吹令"。《六典》卷一四"太常寺鼓吹署"条:

> 鼓吹署,令一人,从七品下。……鼓吹令,掌鼓吹施用调习之节,以备卤簿之仪。

⑩ "案"。宋版《通典》作"按"。"案"是鼓吹的量词。参前揭语释⑦"乐令"。《新唐书》卷二一《礼乐志一一》乐县之制条云:"设鼓吹十二案于建鼓之外。案设羽葆鼓一,大鼓一,金錞一,歌、箫、笳皆二。"

图23 麾(《三才图会·器用卷四》)

⑪ "乘黄令"。《六典》卷一七"太仆寺乘黄署"条:

> 乘黄署,令一人,从七品下。……乘黄令,掌天下车辂,辨其名数与驯驭之法。

文中的"天下",广池本注云"《太平御览》引《六典》作天子,《旧唐志》亦同",应该作"天子"。

⑫ "车辂"。《旧唐书》卷四五《舆服志》载:

> 唐制,天子车舆有玉辂、金辂、象辂、革辂、木辂,是为五辂,耕根车、安车、四望车,已上八等,并供服乘之用。其外有指南车、记里鼓车、白鹭车、鸾旗车、辟恶车、轩车、豹尾车、

羊车、黄钺车,(豹尾、黄钺二车,武德中无,自贞观已后加焉。其黄钺,天宝元年制改为金钺。)属车十二乘,并为仪仗之用。大驾行幸,则分前后,施于卤簿之内。若大陈设,则分左右,施于仪卫之内。

⑬ "尚辇奉御"。《六典》卷一一"殿中省尚辇局"条:

> 尚辇局,奉御二人,从五品上。……尚辇奉御,掌舆辇伞扇之事,分其次序而辨其名数。直长为之贰。凡大朝会则陈于庭,大祭祀则陈于庙。(辇有七:一曰大凤辇,二曰大芳辇,三曰仙游辇,四曰小轻辇,五曰芳亭辇,六曰大玉辇,七曰小玉辇。舆有三:一曰五色舆,二曰常平舆,其用如七辇之仪,三曰腰舆,则常御焉。)

⑭ "其日,典仪"。《通典》此四字无。关于典仪,《六典》卷八"门下省"条云:

> 典仪二人,从九品下。……典仪掌殿上赞唱之节,及设殿庭版位之次。

⑮ "版位"。排定人物位置而立的标志,座席上的名牌。《六典》卷一四"太常寺奉礼郎"条:

> 版位,黑质赤文。天子方尺有二寸,厚三寸;太子方九寸,厚二寸;公卿以下方七寸,厚一寸有半。天子版位题曰皇帝位,太子曰皇太子位,百官题曰其品位。凡祭祀、朝廷("会"之误),以赞导焉。

⑯ "道西,北面"。《通典》此四字无。
⑰ "位"。《通典》此字无。

⑱ "各"。《通典》此字无。
⑲ "北向"。《通典》作"北面"。
⑳ "赞者"。《六典》卷八"门下省"条：

　　赞者十二人。隋太常寺有赞者十六人，鸿胪寺有赞者十二人，皇朝因置之，隶门下省。掌赞唱为行事之节。分番上下，亦谓之番官。

㉑ "黄麾仗"。大朝会等场合中天子的旌旗。参照图24。《新唐书》卷二三上《仪卫志上》载：

图24　黄麾（《三才图会·器用卷六》）

　　元日、冬至大朝会、宴见蕃国王，则供奉仗、散手仗立于殿上。黄麾仗、乐县、五路、五副路、属车、舆辇、伞二、翰一，陈于庭。扇一百五十有六，三卫三百人执之，陈于两箱。

　　黄麾仗，左右厢各十二部，十二行。第一行，长戟，六色氅，领军卫赤氅，威卫青氅、黑氅，武卫鹜氅，骁卫白氅，左右卫黄氅，黄地云花袄、冒。第二行，仪锽，五色幡，赤地云花袄、冒。第三行，大稍，小孔雀氅，黑地云花袄、冒。第四行，小戟、刀、楯，白地云花袄、冒。第五行，短戟，大五色鹦鹉毛氅，青地云花袄、冒。第六行，细射弓箭，赤地四色云花袄、冒。第七行，小稍，小五色鹦鹉毛氅，黄地云花袄、冒。第八行，金花朱縢格楯刀，赤地云花袄、冒。第九行，戎，鸡毛氅，黑地云花袄、冒。第十行，细射弓箭，白地云花袄、冒。第十一行，大鋋，白毦，青地云花袄、冒。

第五章　外国使节谒见皇帝仪式复原

　　第十二行，金花绿縢格楯刀，赤地四色云花袄、冒。十二行皆有行縢、鞋、韈。

《新唐书·仪卫志》在这段之下，还接着记述了前黄麾仗、左右领军卫黄麾仗、左右卫黄旗仗（立于两阶之次）、左右骁卫赤旗仗（坐于东西厢下）、亲勋翊卫仗、左右武卫白旗仗（居骁卫之次）、左右威卫黑旗仗（立于阶下）、左右领军卫青旗仗（居威卫之次）、殳仗队、步甲队、左右金吾卫辟邪旗队、清游队、朱雀队、玄武队、诸卫挟门队、长枪队这样庞大的诸卫仪仗的组成和配置情况。

　　另外，唐代仪仗队的样子，在著名的陕西省乾县懿德太子墓墓道东壁壁画中可见到具体例证，不过并非在朝堂，而是在城外的行进场景。

　　㉒ "协律郎"。《六典》卷一四"太常寺"条有：

　　　　协律郎二人，正八品上。……协律郎，掌和六律六吕，以辨四时之气、八风五音之节。……若大祭祀、飨燕，奏乐于庭，则升堂执麾以为之节制。举麾鼓祝（柷）而后乐作，偃麾戛敔而后止。

另参看后文语释㊵㊸。

　　㉓ "至"。《通典》作"于"。
　　㉔ "承天门"。宫城南墙的大致中央位置的门，北通太极殿。《六典》卷七"工部尚书侍郎"条云：

　　　　若元正、冬至大陈设燕会，赦过宥罪，除旧布新，受万国之朝贡，四夷之宾客，则御承天门以听政。

《长安志》卷六《宫室四》所记略同。又《六典》卷七"工部郎中员外郎"条云：

　　　　承天门，隋开皇二年作。初曰广阳门，仁寿元年改曰昭阳门，武德元年改曰顺天门，神龙元年改曰承天门。

另参看《唐令拾遗》复原宫卫令第一条甲、乙。

㉕ "通事舍人"。《六典》卷九"中书省通事舍人"条：

> 通事舍人，掌朝见引纳，及辞谢者于殿庭通奏。……凡四方通表，华夷纳贡，皆受而进之。（若有大诏令，则承旨，以宣示百僚）

后文的"舍人"也指的是通事舍人。

㉖ "次"。这里的"次"，与下文文脉关联来看，既非位于皇帝御座西南而东面的"蕃主床座"，也不是在殿廷中北面的"蕃主版位"。可能是承天门外设置有与以上两种有别的座位吧。那么在奉见仪礼中，一共准备了三种蕃主之位。

㉗ "钑戟"。《新唐书·仪卫志上》载：

> 大驾卤簿，天子将出……诸卫各督其队与钑戟，以次入陈殿庭。

关于戟，参看图25。

㉘ "侍中"。《六典》卷八"门下省"云：

> 侍中二人，正三品。……侍中之职，掌出纳帝命，缉熙皇极，总典吏职，赞相礼仪，以和万邦，以弼庶务。

又《六典》"侍中"条：

> 凡诸侯王及四夷之君长朝见，则承诏而劳问之。

图25 戟刀（《三才图会·器用卷六》）

此处"四夷之君长朝见"的部分，就是指本"蕃主奉见"仪礼中侍中劳问蕃主的规定。

㉙ "中严"。禁中警戒的防备。《六典》卷八"门下省侍中"条：

> 大朝会、大祭祀，则版奏中严、外办，以为出入之节。舆驾还宫，则请解严。所以告礼成也。

同卷"典仪"条也有：

> 凡国有大礼，侍中行事，及进中严、外办之版，皆赞相焉。

"版奏"或许指以简牍形式上奏。又《新唐书》卷六《肃宗本纪》也可见：

> （开元）二十五年，皇太子瑛废死。明年，立为皇太子。有司行册礼，其仪有中严、外办，其服绛纱。太子曰："此天子礼也。"乃下公卿议。

㉚ "其服"。《通典》作"其器服"。
㉛ "符宝郎"。掌管天子宝玺的人。《六典》卷八"门下省符宝郎"条：

> 符宝郎四人，从六品上。……符宝郎，掌天子之八宝及国之符节，辨其所用。有事则请于内，既事则奉而藏之。……凡大朝会，则捧宝以进于御座。

天子八宝之中，未详"蕃主奉见"时使用何种宝玺，不过《六典》同条云：

> 八宝……六曰天子行宝，答四夷书则用之；七曰天子之宝，慰抚蛮夷则用之。

应是这两者之一吧。

㉜ "次"。《通典》此字无。

㉝ "叙"。《通典》作"序"。

㉞ "外办"。禁庭外的警戒。皇帝出行的信号。参看前注㉙。

㉟ "通天冠"。《旧唐书》卷四五《舆服志》：

唐制，天子衣服，有大裘之冕、衮冕、鷩冕、毳冕、绣冕、玄冕、通天冠、武弁、黑介帻、白纱帽、平巾帻、白帢，凡十二等。……通天冠，加金博山，附蝉十二首，施珠翠。……绛纱里，白纱中单，领，襈（饰以织成），朱襈、裾，白裙，白裙襦（亦裙衫也），绛纱蔽膝，白假带，方心曲领。其革带、珮、剑、绶、袜、舄与上同。若未加元服，则双童髻，空顶黑介帻，双玉导，加宝饰。诸祭还及冬至朔日受朝、临轩拜王公、元会、冬会则服之。

图26 通天冠(《三才图会·衣服卷二》)

《唐令拾遗》复原衣服令第七条甲、乙也有同样的规定。参照图26。

㊱ "绛纱袍"。参前注《旧唐书·舆服志》。上引文的"绛纱里"，仁井田陞改为"绛纱袍"（复原《衣服令》第七条甲），《新唐书》卷二四《车服志》作"绛纱袍，朱里红罗裳"。绛纱是深红色的薄纱。参图27。

图27 绛纱袍与红罗裳(《三才图会·衣服卷二》)

㊲ "华盖"。天子的花伞盖。《新唐书》卷二三上《仪卫志上》：

第五章　外国使节谒见皇帝仪式复原　　　　　　　　　　335

唐制：天子居曰衙，行曰驾。皆有卫有严。羽葆、华盖、旌旗、罕毕、车马之众盛矣，皆安徐而不哗。

晋崔豹《古今注》卷上《舆服》云：

华盖，黄帝所作。与蚩尤战于涿鹿之野，常有五色云气，金枝玉叶，止于帝上，有花葩之象。故因而作华盖也。

参看图28。"曲直"指柄的曲线部分和直线部分之意。另外，关于华盖，请参看加藤友香《中国古代の伞盖について》(东海大学文学部史学科东洋史专攻一九九三年度卒业论文)。

图28　华盖(《三才图会·仪制卷四》)

㊳ "仗"。《新唐书·仪卫志上》：

凡朝会之仗，三卫番上，分为五仗，号衙内五卫。一曰供奉仗，以左右卫为之。二曰亲仗，以亲卫为之。三曰勋仗，以勋卫为之。四曰翊仗，以翊卫为之。皆服鹖冠、绯衫袷。五曰散手仗，以亲、勋、翊卫为之，服绯絁裲裆，绣野马。皆带刀捉仗，列坐于东西廊下。

㊴ "黄钟"。十二律的最低音。十二律是将一个八度分割为十二音的音阶，即阳六律（黄钟、大蔟、姑洗、蕤宾、夷则、无射）和阴六律（大吕、夹钟、仲吕、林钟、南吕、应钟）。从低开始顺次与月份、十二支、七声相对应，如表11所示。另外，宋版《通典》此处作"黄鐘"。

表11　十二律表

十二律	黄钟	大吕	大蔟	夹钟	姑洗	仲吕	蕤宾	林钟	夷则	南吕	无射	应钟
月	十一月	十二月	一月	二月	三月	四月	五月	六月	七月	八月	九月	十月
十二支	子	丑	寅	卯	辰	巳	午	未	申	酉	戌	亥
七声	宫		商		角		变徵	徵		羽		变宫

⑩ "柷"。木制的箱型乐器。一方开穴，放入椎柄，动则敲击左右侧面，发出声音。《尔雅·释乐》注云：

　　柷，如漆桶。方二尺四寸，深一尺八寸。中有椎柄，连底挏之，令左右击。

参看前揭语释㉒，以及图29。

图29　柷（《三才图会·器用卷三》）

㊶ "太和之乐"。《六典》卷一四"太常寺太乐令"条：

　　元正、冬至大朝会，迎送皇帝用太和，迎送王公用舒和。

《旧唐书》卷二八《音乐志一》：

　　皇帝临轩，奏太和，王公出入，奏舒和。

又同书《音乐志三》可见褚亮、虞世南、魏徵等作词的雅乐歌词《皇帝行用太和》：

　　穆穆我后，道应千龄。登三处大，得一居贞。礼唯崇德，

第五章　外国使节谒见皇帝仪式复原

乐以和声。百神仰止，天下文明。

㊷"姑洗"。十二律之一，从黄钟起的第五个音阶。参前揭语释㊴。

㊸"敔"。做成伏虎形状的木制乐器。虎背上有二十七处刻纹，用木片对其进行弹奏。《尔雅·释乐》注：

敔，如伏虎。背上有二十七鉏铻刻，以木长尺栎之。

参看前揭语释㉒，以及图30。

㊹"凡乐皆协律郎举麾工鼓柷而后作，偃麾戛敔而后止"。《通典》无此二十一字的注文，但在原文中补"如常"二字。相同内容的规定，可见于前揭语释㉒所举《六典》"太常寺协律郎"条。另外，注文的"工"是"工人""乐工"之意。

㊺"舒和之乐"。参看前揭语释㊶。《旧唐书·音乐志三》载雅乐歌词《送文舞出迎武舞入用舒和》：

图30　敔（《三才图会·器用卷三》）

叠璧凝影皇坛路，编珠流彩帝郊前。已奏黄钟歌大吕，还符宝历祚昌年。

㊻"回"。宋版《通典》作"廻"，十通本作"面"。"回奏"意指蕃主奏上答语。

㊼"回"。宋版《通典》作"廻"。

㊽"典谒者"。应指《六典》卷一四"太常寺"条所见的"谒者"：

谒者十人（秦汉有谒者，即今通事舍人。隋太常寺有谒者三十人，皇朝减置十人）。

㊾“白”。宋版《通典》作“旨”，十通本作“诣”。

(50)“诣”。《通典》作“畔”。

(51)“皆”。《通典》作“俱”。

(52)“稽首”。《通典》在此之下有“宣敕讫蕃国诸官俱再拜稽首”十二字。

(53)“回”。宋版《通典》作“廻”。

(54)“蕤宾”。十二律之一。参看前揭语释㊴。

(55)“来仪”。《通典》作“常仪”。今训读从《通典》。

【训读】（略）

以上就是“蕃主奉见”礼的仪式流程。负责引领蕃主的是中书省通事舍人，蕃主之位设在宫悬的西南，面向北，正式的“床座”则位于御座西南，面向东，与皇帝相对。皇帝的制与蕃主的回奏都由门下省侍中来传达，掌握整个进程的是门下省典仪。整个仪式的流程可以整理如下:（1）设置宫悬、官吏的席次、蕃主的床座、车辂、舆辇的陈设等，这些在前一日准备;（2）蕃主及蕃国诸官的版位、典仪与赞者之位、卫兵、乐队等，在当日准备;（3）蕃主至承天门，在主会场完成皇帝出场的准备后，蕃主进入阁外西厢;（4）皇帝出，就座（其间奏太和之乐）;（5）蕃主入场，就位（其间奏舒和之乐），侍中宣制;（6）蕃主升床座，侍中宣劳问之制，蕃主归位;（7）蕃主升床座之时，通事舍人向蕃国诸官宣制，蕃主、蕃国诸官退场;（8）皇帝退场，仪式结束。

二、蕃使的谒见

下面以前节“蕃主奉见”仪式为基础，试着来看蕃使谒见皇帝的仪式。使用的史料是《开元礼》“皇帝受蕃使表及币”，仍以《通典》卷一三一相参校。

皇帝①受蕃使表及币（其劳及戒见日亦②如上仪）

（1）前一日，尚舍奉御整设御幄于所御之殿北壁，南向。

第五章 外国使节谒见皇帝仪式复原

守宫设使者次，太乐令展宫悬，设举麾位于上下，并如常仪。

（2）其日，典仪设使者位于悬南，重行北向③，以西为上。庭实④位于客前，典仪位于悬东北⑤，赞者二人在南差退，俱西面。诸卫勒所部，列黄麾半仗⑥，屯门及入陈于殿廷。太乐令帅工人入就位，协律郎入就举麾位。

（3）所司引客，至承天门外，典谒引就次。本司入奏，钑戟近仗入陈如常。典仪帅赞者先入，就位。侍中版奏请中严。侍卫之官各服其器服⑦，符宝郎奉宝⑧，俱诣阁奉迎。使者服其国服，奉书⑨出次，通事舍人引立于阁外西厢，东面。从者执币⑩及庭实立于后，俱东面，北上。

（4）侍中版奏外办。皇帝服通天冠，乘舆以出，曲直华盖，警跸侍卫，如常仪。皇帝将出，仗动，太乐令令撞黄钟⑪之钟，右五钟皆应，鼓柷奏太和之乐，以姑洗之均，皇帝出自西房，即御座，南向坐⑫。符宝郎奉宝置⑬于御座⑭，侍卫如常仪。乐止。

（5）中书侍郎⑮一人、令史⑯二人持案，预俟⑰于西阶下⑱，东面北上。舍人引使者及庭实入就悬南位。使者初入门，太和之乐⑲作，立定乐止。（大蕃大使为作乐⑳，次蕃大使及大蕃中使以下，皆不设乐悬及黄麾仗）

（6）中书侍郎帅持案㉑者，进诣使者前，东面。侍郎受书，置于案，回㉒诣西阶。侍郎取书升奏，持案者退。

（7）初侍郎奏书，有司各帅其属受币、马㉓于庭。典仪曰："再拜"。赞者承传，使者以下皆再拜。

（8）舍人前承制，降诣使者前，问蕃国主㉔。使者再拜，对讫又再拜。舍人回奏，又承敕问其臣下。使者再拜对。又劳使者以下拜对，及舍人回奏，并如常。

（9）舍人承敕㉕，劳还馆。使者以下皆再拜，舍人引使者以下出。乐作止如常仪。

（10）侍中前跪奏称："侍中臣某言，礼毕"。俛伏，兴，还侍位。皇帝兴，太乐令令撞蕤宾之钟，左五钟皆应，鼓柷奏太和之乐。皇帝降座，乘舆入自东房。侍卫警跸，如来仪㉖。侍臣从至阁，乐止。

【语释、校异】

① "皇帝"。《通典》卷一三一所载本仪礼标题无此二字。
② "亦"。《通典》此字无。
③ "北向"。《通典》作"北面"。
④ "庭实"。庭中堆满贡物之意。《礼记·郊特牲》云：

　　不敢私觌，所以致敬也。而庭实私觌何为乎诸侯之庭。为人臣者无外交，不敢贰君也。

《唐会要》卷二四"受朝贺"条云：

　　（建中）二年正月朔，御含元殿。四方贡献，列为庭实，复旧例也。

⑤ "典仪位于悬东北"。《通典》作"设典仪位于悬之东北"。
⑥ "黄麾半仗"。意为将"蕃主奉见"语释、校异㉑的黄麾仪仗队削减为一半。
⑦ "协律郎入就举麾位……各服其器服"。《通典》此五十九字省略为"如上仪"三字。
⑧ "奉宝"。宋版《通典》作"负宝"。
⑨ "书"。外国君主致唐皇帝的所谓"国书"。
⑩ "币"。以帛等为主的方物、贡献品。参后文。
⑪ "黄钟"。宋版《通典》作"黄鐘"。
⑫ "右五钟皆应……即御座南向坐"。此二十九字《通典》省略为"如上仪"三字。
⑬ "奉宝置"。《通典》作"置宝"。
⑭ "御座"。"十通本"《通典》无"御"字。
⑮ "中书侍郎"。《六典》卷九"中书省中书侍郎"条载：

第五章 外国使节谒见皇帝仪式复原

> 中书侍郎二人，正四品上。……凡四夷来朝，临轩则授其表疏，升于西阶而奏之；若献贽币则受之，以授于所司。

这与本礼仪规定是一致的。不过"授其表疏"的"授"字，《旧唐书·职官志二》《新唐书·百官志二》"中书侍郎"条均作"受"，从内容来看《六典》此处也只能理解为"受"。

⑯ "令史"。《六典》卷九"中书省"作"令史二十五人"。

⑰ "持案预俟"。宋版《通典》作"持桉先俟"，"十通本"作"持案先伺"。案即机案。

⑱ "下"。《通典》此字无。

⑲ "太和之乐"。宋版《通典》作"舒和之乐"。参照前揭"蕃主奉见"相关部分，此处应从《通典》改为"舒和之乐"。

⑳ "作乐"。《通典》作"设乐"。

㉑ "案"。宋版《通典》作"按"，以下同。另外，"持案者"应即前文提到的令史。

㉒ "回"。宋版《通典》作"廻"，十通本作"迴"。以下，"回奏"之回在《通典》两本中也一样。

㉓ "马"。关于马的贡献的规定，参看后文。

㉔ "问蕃国主"。从日本第四次遣唐使谒见高宗的事例中，可以知道其具体内容。参看后揭《日本書紀》。后文的"问其臣下"也一样。

㉕ "敕"。《通典》作"制敕"。

㉖ "左五钟皆应……如来仪"。此二十九字《通典》省略为"如上仪"。

【训读】（略）

以上就是"皇帝受蕃使表及币"仪式的过程。概括言之有如下环节：（1）宫悬、官吏的席次等，于此前一日准备；（2）设置蕃国使之位、典仪、赞者、卫兵、乐队就位等，当日准备；（3）蕃国使至承天门，仪式会场做好皇帝出御的准备后，蕃国使进至阁外的西厢；（4）皇帝出御，就座（其间奏太和之乐）；（5）蕃国使入场，就位（其间奏舒和之乐）；（6）中书侍郎受国书，奏上于皇帝；（7）其间，从蕃国使处受币;(8)通事舍人宣布对蕃国主及其臣下的劳问,并回奏皇帝;(9)蕃国使退场;(10)皇帝退场,仪式结束。

将此仪式与前面的"蕃主奉见"仪式相比较,则可以看出以下差异:

(1)"皇帝受蕃使表及币"的仪式会场是"所御之殿",不像"蕃主奉见"礼那样限定在太极殿。事实上,唐代外国使的朝见会场被设定于各种各样的殿是众所周知的[1]。不过,因后文说"所司引客至承天门外",所以本仪式会场可大致推定为在宫城之内。

(2)蕃使的席次仅有宫悬南的"位",而不是如蕃主奉见仪式一样设置位于皇帝西南而面向东的"床座"。实际上这也有升殿和不升殿的区别,与宫悬的位置问题也有关系,请待下节详述。另外,"庭实"在日本律令国家的规定中,也设定在客之前[2]。

(3)黄麾仗按"蕃主奉见"的场合削减一半执行。《六典》卷四"礼部郎中员外郎"条记载:

> 凡蕃国主朝见,皆设宫悬之乐及黄麾仗;若蕃国使,则减黄麾之半。

由此可以明确,"黄麾半仗"意为"黄麾仗减半"。《六典》此段所记的仪式,只能是蕃使朝见仪式。所以,通常遣唐使"朝见"皇帝的场合,都是按照本仪式来行动的。

(4)使者入场之际演奏的舒和之乐仅用于"大蕃大使"的场合,不一定总是被演奏的。这一点记于本礼的注文中,不过,注文中规定次蕃大使以及大蕃中使以下不仅不设乐悬,也不设黄麾仗。可是,若推定本文的"黄麾半仗"为仅用于大蕃大使的场合,似乎也不太自然。想来大概是国初以来礼的规定在之后的时代部分发生了变更,成为注文而流传下来了。

---

1. 前引田島公《日本の律令国家の『賓礼』》中刊载了以《册府元龟·外臣部》为中心的唐代外交仪礼的会场一览表。
2.《弘仁式·式部》、《延喜式》卷一九《式部下》。据此,日本的"受表及信物"仪礼是被《仪式》规定了的。

（5）国书和贡物的进献，被明确地规定了。国书是两国间正式的音信，通常是在元首之间的互通之物，蕃国主自身来朝的场合并未设立献上国书的规定，就是理所当然了。那么蕃主来朝场合的贡物进献如何进行呢？那是在宴会仪礼的会场进献的，参看本书下一章。另外，《开元礼》宾礼六礼中第一礼"蕃国主来朝以束帛迎劳"，是唐皇帝的使者去客馆探访并迎劳来朝的蕃主的仪礼，实际上在其中可以看到来自唐皇帝的劳币与出自蕃主的土物的交换。此处记为"土物"，并非正式的贡献物品，应理解为奉见与宴会之前交换的附属性的物品。虽然据本"皇帝受蕃使表及币"仪式标题的注文，蕃使的迎劳仪式也与蕃主的同样进行，但迎劳仪礼的注文云：

> 劳蕃使，即无束帛。

既然迎劳蕃使之时唐朝未赠予劳币，则可以认为蕃使来朝的场合不进行劳币与土物的交换。

（6）唐皇帝劳问的内容被明确地记载下来了，即本礼文中通事舍人"承制""问蕃国主"，"又承敕问其臣下"的部分。在日本存在着与此恰相印证的史料，就是《日本书纪》卷二六齐明天皇五年秋七月戊寅条所引《伊吉连博德书》。这是记载了第四次遣唐使谒见唐高宗的状况的著名文献，现将有关部分引用如下：

> （闰十月）廿九日。驰到东京。天子在东京。卅日。天子相见问讯之："日本国天皇平安以不？"使人谨答："天地合德，自得平安。"天子问曰："执事卿等好在以不？"使人谨答："天皇怜重，亦得好在。"天子问曰："国内平不？"使人谨答："治称天地，万民无事。"[1]

---

1. 唐朝方面的对应史料，可见于《唐会要》卷一〇〇"虾夷国"条："显庆四年十月，随倭国使至入朝。"

之后高宗对同行的虾夷表示了兴趣，多次询问使者，这些对话当然都是以通事舍人为中介进行的，这次遣唐使的朝见仪式只能是"皇帝受蕃使表及币"的仪式。

三、宫悬的位置

谒见皇帝时，蕃主蕃国使的席次（版位）应该设定在哪里呢？关于这一问题，首先必须确定宫悬的设置位置。

根据《开元礼》，在唐代礼制中，宫悬被设置在各种各样的位置，于圜丘、郊祀则设于"坛南内壝之内"，方丘则在"坛南内壝之外"，明堂则在"前庭"，太庙则在"庙庭"。若问以太极殿为仪式会场的其他仪礼中是何种情况，在《开元礼》中它们集中在嘉礼部分，可整理如表12所示。

表12 《开元礼》太极殿宫悬相关参考史料表（出处皆为《嘉礼》）

卷数	仪礼名	原文
91	皇帝加元服上（临轩行事）	设协律郎举麾位于殿上西阶之西、东向，一位于乐悬东南、西向。鼓吹令分置十二案于建鼓之外
93	纳后上（临轩命使）	太乐令展宫悬于殿庭，设举麾位于殿上，一位于悬下，鼓吹令设十二案
94	纳后下（皇后受群臣贺）	右，如正冬贺仪
94	纳后下（皇后会群臣）	右，如正冬会仪
95	皇帝元正冬至受皇太子朝贺	太乐令展宫悬于殿庭，设麾于殿上西阶之西、东向，一位于乐悬东南、西向。鼓吹令设十二案。
97	皇帝元正冬至受群臣朝贺	太乐令展宫悬于殿庭，设麾于殿上西阶之西、东向，一位于乐悬东南、西向。鼓吹令分置十二案于建鼓之外。……又设置解剑席于悬西北、横街之南。……设文官四品五品位于悬东，六品以下于横街之南，每等异位重行，西面北上。……设典仪位于悬之东北、赞者二人在南少退

第五章　外国使节谒见皇帝仪式复原

续表

卷数	仪礼名	原文
103	皇帝于明堂及太极殿读五时令（太极殿读五时令）	太乐令展宫悬于殿庭，设举麾位于殿上西阶之西、东向，一位于乐悬东南、西向
105	临轩册命皇后（临轩命使）	太乐令展宫悬于殿庭，设举麾位于殿上西阶之西、东向，一位于乐悬东南、西向。鼓吹令展十二案于建鼓之外
105	临轩册命皇后（皇后受群臣贺等）	右、并如纳后之仪
106	临轩册命皇太子（临轩命使）	太乐令展宫悬于殿庭，又设举麾位于上下。鼓吹令设十二案于建鼓之外
106	临轩册命皇太子（皇帝会群臣等）	右、皆如元会之仪
107	内册皇太子（临轩命使）	太乐令展宫悬于殿庭，设举麾位于殿上西阶之西、东向，一位于乐悬东南、西向。鼓吹令展十二案于建鼓之外
108	临轩册命诸王大臣	太乐令展宫悬于殿庭，又设举麾位于上下
109	朔日受朝	太乐令展宫悬于殿庭，设举麾位于殿上西阶之西、东向，一位于乐悬东南、西向
110	皇太子加元服（临轩命宾赞）	太乐令展宫悬之乐于殿庭，设举麾位于殿上，一位于悬下。鼓吹令设十二案
110	皇太子加元服（会群臣）	如元会之仪
111	皇太子纳妃（临轩命使）	太乐令展宫悬于殿庭下
111	皇太子纳妃（会群臣）	如正冬之仪
116	公主降嫁（册公主）	太乐令展宫悬于殿庭，典仪设举麾位于殿上之西南

从表12来看，首先可以确认的是宫悬被设置在"殿庭"。虽然在宾礼中"蕃主奉见""皇帝受蕃使表及币"两仪式都仅记曰"太乐令展宫悬"，但在宴会仪礼中提到"展宫悬于殿庭"，仍然明记了"殿庭"（参看本书下一章）。宫悬虽说是大规模的宫廷乐器，但并不是常置的，每次都要重新设置，因而须提前一天进行准备。其次，一些仪式程序中明记有举麾位，协律郎二人中，一人立于殿上西阶而东向，另一人在殿庭宫悬的东南而西向。西阶上的协律郎视殿上的仪式进行情况而发

出信号，殿庭的协律郎收到信号则指挥演奏开始。正因如此，本章"蕃主奉见"语释8将举麾位"上下"解释为"殿上、殿下"，同样的"上下"用例在表11中也可于卷一〇六、卷一〇八看到。可以认为，宴会仪礼和谒见仪礼会场中宫悬和举麾位的位置，与表12的诸仪礼是基本相同的。由表11即可知道，在太极殿的仪式，会场设定的基准，似乎在多数情况下都被设想为"皇帝元正冬至受群臣朝贺"仪礼。事实上，记述最为详细、对了解宫悬的位置最具参考价值的，也是该仪式（该仪式中文官四品五品、六品以下的席次规定，表中其他一些仪式中也可见到同样的文字或缩略文，此表中暂略）。

现在试看表12的"皇帝元正冬至受群臣朝贺"仪式，解剑席（升殿者脱履解剑的场所）设于"宫悬西北、横街之南"。那么宫悬自然只能设置在横街以南了。这里说的横街，是位于殿前台阶以南，东西向延伸的一条小道。唐太极殿的详细调查和复原因为区域的关系非常困难，但由记录中可知实际举行过朝见和宴会仪礼的又已提出最详细的复原报告的大明宫麟德殿为例来看（复原图如图31、32所示），横街位于东西两阶之南，御道从它中心处向南延伸（根据报告，宽度约10米）。东西两阶之间有些空间，或许宫悬就是设置在那里的？但这样与上述"元正冬至朝贺"礼的规定不合，而根据报告，这块空地东西宽约25米，放置宫悬也稍嫌狭小了。

《开元礼》"皇帝元正冬至受群臣朝贺"仪礼的席次可略述如下：（1）文官在御道之东，武官在御道之西；（2）三品以上的文武官在横街之南东西并排而北向；（3）四品以下的文武官在三品以上诸官之南，南北并排夹御道而立，面向御道；（4）文官四品、五品在宫悬之东（参看前章《蕃望》）。再将上述解剑席位于"宫悬西北、横街之南"一起考虑，则宫悬的位置，只能定在横街以南、御道以东。但是，若以麟德殿的御道为例，设置宫悬或许过于狭小，也可考虑是溢出御道而设置的；而若设想在御道之东，像御道东西百官并列的元正、冬至朝贺仪礼那样的场合，整体的构图稍嫌不够平衡，无论怎样都有些一长一短。就管见所及，现有的唐代礼制相关的史料中，尚未发现将宫悬设置在这两者间择其一的证据，所以暂且先推定为这两种可能性。

第五章　外国使节谒见皇帝仪式复原

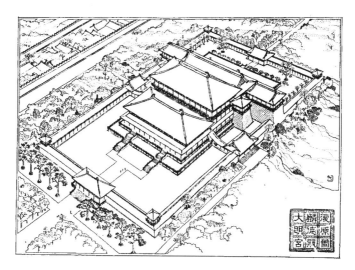

图31　唐麟德殿复原图（引自刘致平、傅熹年：《麟德殿复原的初步研究》，《考古》1963年第7期）

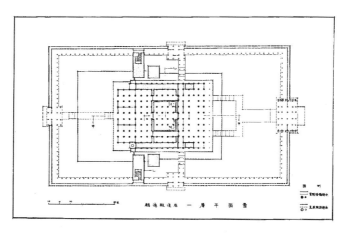

图32　唐麟德殿平面图（引自刘致平、傅熹年：《麟德殿复原的初步研究》，《考古》1963年第7期）

若宫悬在上述两种位置设置，谒见皇帝礼中的蕃主、蕃国使的版位应设定在哪里呢？"皇帝受蕃使表及币"仪礼程式中，蕃国使的版位被记为"悬南""悬南位"。那么谒见皇帝礼中的蕃主、蕃国使的席位，不在殿上，而是设于殿庭中。事实上，由本书下一章的论述还可知道，宴会仪礼中蕃国主、蕃国使的版位也与此相同。"蕃主奉见"仪礼中蕃国主在殿庭的位置被记为"悬南道西"（《通典》单作"悬南"）。又，谒见仪礼中的蕃国主、蕃国使的行为，在殿上和殿庭总是于中心线的西侧展开。所以不仅是谒见时的蕃国主位于"悬南道西"，在谒见、宴会任一场合，蕃主和蕃使在殿庭中都占据同样的位置，换言之，仪式程序中的"悬南"都应理解为"悬南道西"的省略。《开元礼》中像这样省略的例子，一部分可以在表12中的举麾位"上下"的表达中看到，若更求近似之例，则《开元礼》卷一一二"皇太子元正冬至受群臣贺"中所见群臣的席次（基本与上述"皇帝受贺"场合相同），在卷一一三"皇太子元正冬至受群臣朝贺"中仅记作"悬南"，等等。换句话说，执行仪式的官吏实际上当然不会每次都读《开元礼》等，仪式程序是被记在脑海中的，皇帝谒见仪礼中蕃国主、蕃国使的版位虽仅言"悬南"，仍应按一般的想法理解为"悬南道西"。

根据以上论述，如将遣唐使谒见皇帝的场面作成概念图，则如图33（下页）所示。宫悬至少可以肯定设在殿庭，故而通常遣唐使节来朝的场合，其领队在本谒见仪式（"皇帝受蕃使表及币"仪礼）中不准升殿，是在殿庭中面对殿上的唐朝皇帝。蕃主的场合则"至阶……升……就座"，故于殿庭的版位之外，在殿上又设一个位于御座西南而面向东的"床座"。另外，《开元礼》中，蕃主、蕃使在进入太极殿之前的行为，按照①"至承天门外"、②"立于阁外西厢，东面"、③"入门"的顺序，出现了三种门和阁。其中③的门应指太极门，③的"阁外西厢"只能推定为承天门之内、太极门之外的某处。从前揭图19《长安图志》宫城图中也可见，承天门与太极门之间存在"嘉德门"，那么②的"阁外"或是指此门以外吧。但是这里为什么不说"门"而用了"阁"呢？这一疑问仍得不到解答，所以②的"阁外西厢"的详细位置现在还是很难确定。

结语：国书与贡物

以上以"蕃主奉见"仪礼和"皇帝受蕃使表及币"仪礼，试着复

第五章　外国使节谒见皇帝仪式复原　　349

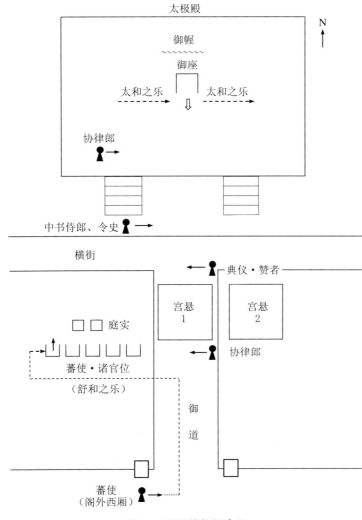

图33　谒见礼仪概念图
（当宫悬位于2的时候，殿庭的协律郎、典仪、赞者位向东移动）

原了唐代的谒见皇帝仪式，其中通常朝贡使节的朝见是根据后一种礼进行的。这一点，可由仪式会场的黄麾仪仗队减半的礼文规定与《六典》礼部郎中员外郎条的规定相一致，以及皇帝劳问的内容又与《书纪》所引《伊吉连博德书》的遣唐使报告一致，得到再次确认。

"皇帝受蕃使表及币"仪式中，负责整个过程的仍然是典仪，门下省侍中也参与其中,而传达皇帝劳问和蕃使回奏的人,并非是与"蕃主奉见"礼一样的侍中,而是引领蕃使的中书省通事舍人。受取蕃使之书并上奏皇帝的人,是中书侍郎。从以上诸点来看,本仪式与"蕃主奉见"仪式相比,显示了中书省的参与程度更强的倾向[1]。

在《开元礼》中,本仪式不称作"奉见"而名为"受表及币",表明本仪式是以国书的奏呈和贡物的进献为两大要点而构成的。在仪式中,国书的上奏和贡物的授受是同时进行的。这一仪式原则上是在皇帝出御的情形下举行的[2],故通常将该仪式称之为朝贡使节的"朝见",但是它本来只是唐皇帝受取国书和贡物的仪式。可是,若说是"国书",日本国遣唐使究竟是否持有国书,还存在很大的问题[3]。一方面,根据各种史料的记载,日本遣唐使无疑携带并且献上了贡物。那么,日本一

---

1. 唐代的国书发给、受纳,在制度上与门下省完全无关的可能性是很大的。关于这一点,参看中村裕一:《敦煌・吐鲁番出土唐代告身四種と制書について》,《大手前女子大学論集》第10号,1976年(收入同氏著:《唐代官文書研究》,中文出版社,1991年);同氏著:《唐代の勅に就いて(二)》;田島公:《日本の律令国家の『賓礼』》。

2. 据日本第十四次(宝龟八年)遣唐使的归朝报告,唐代宗大历十三年(778)发生了这样的事:
   (正月)十五日,于宣政殿礼见。天子不衡。是日,进国信及别贡等物。(《続日本紀》卷三五宝龟九年十月乙未条)
   又,第十六次(延历)遣唐使的归朝报告(唐德宗贞元二十年,804)记曰:
   (十一月)廿四日,国信、别贡等物,附监使刘昂,进于天子。刘昂归来,宣敕云:"卿等远慕朝贡,所奉进物,极是精好。朕殊喜欢。时寒,卿等好在。"(《日本後紀》卷一二"延历二十四年六月乙巳"条)
   代宗和德宗晚年疾病缠身,两帝分别于这两次朝贡的翌年驾崩,所以这应视为因皇帝健康原因而采取的特别处置。

3. 持携带国书说的主要研究有:板沢武雄:《日唐通交に於ける国書問題について》,《史林》第24卷第1号,1939年;西嶋定生:《遣唐使と国書》,同氏著《遣唐使研究と史料》,东海大学出版会,1987年;藤家禮之助:《遣唐使の国書問題覚書》,昭和六十一・六十二年度文部省科学研究費研究成果報告書《東アジア史上の国際関係と文化交流》,早稲田大学,1988年;湯浅幸孫:《遣唐使考弁二則》,《日本歷史》1987年第1号;森公章:《古代日本における対唐観の研究》,弘前大学《国史研究》第84号,1988年;奥田尚:《八世紀の日本から唐への国書》,追手門学院大学《東洋文化学科年報》第6号,1991年。持不携带国书说的主要研究有:新井白石:《五事略》上(殊号事略上);本居宣長:《馭戎慨言》上之卷下;那珂通世:《支那通史》卷三下第七篇第五章,中央堂,1889年;森克己:《遣唐使》,至文堂,1955年;李则芬:《中日关系史》第五章第二节,台湾中华书局,1970年;山田英雄:《日・唐・羅・渤間の国書について》,伊藤信雄教授还历记念会编:《日本考古学・古代史論集》,吉川弘文館,1974年;宮田俊彦:《遣唐使に国書なし》,《日本歷史》1987年第7号。

国的使节，献上贡物却不带国书，前后达数十次出席"皇帝受蕃使表及币"仪式，这样理解的话，就没有一点点不合理吗？被作为不携带国书说的有力证据的，是空海《为大使与福州观察使书》（《遍照発揮性霊集》卷五所收）中"文契何用""所献信物，不用印书"等表达，前文已经指出这些不是指国书而是指贡献品目录的意思[1]，今后没有必要积极地否定日本国遣唐使持有国书之事了。

另一方面，关于贡物，本仪礼文中虽是以"币"来表达的，但《说文》云：

> 币，帛也。

《周礼》"天官太宰"条也有：

> 六曰币帛之式（币帛，所以赠劳宾客者）。

《开元礼·宾礼》之"蕃主来朝遣使迎劳"仪礼中也可见：

> 蕃主进受币（綵五匹为一束）。

又，日本派遣遣唐使之际的神前奉币"祝词"（《延喜式》卷八），吟咏港口修建成功的喜悦亦曰：

> 船居作給 部禮波 悦己備 嘉志美，禮代乃 幣帛乎 官位姓名 爾令捧齋氏 進奉久止申。[2]

---

[1] 参看本书第三部分第一章"朝贡使节在边境州县的待遇"。另外，西嶋定生设想，日本国致唐朝的国书，或许就是用这样的书写方式："明神御宇日本主明乐美御德，敬白大唐皇帝。……谨白不具。"（《遣唐使と国書》）对此，奥田尚则推定为这样的书写方式："明神御宇日本（国王）主明乐美御德言大唐照临皇帝朝庭……奉表以闻。"并认为这种书写方式承认了唐的优越地位（《八世紀の日本から唐への国書》）。

[2] 次田潤：《祝詞新講》，明治书院，1927年，第449—452页。（译者注：右下角的小号汉字作用同于假名，"部礼波"即"へれば"，"己備"即"こべ"等等。）

从以上种种材料可见，币本来就是以帛、䌽为主的赠物、贡献物。可是，"皇帝受蕃使表及币"礼文中说到"币及庭实"，只能认为虽同是贡物，严密区分起来还有"币"和"庭实"的区别。那么，《延喜式》卷三〇大藏省"赠蕃客例"条的注中所见的给"大唐皇"赐物的规定就值得注目了：

> 银大五百两，水织绝、美浓绝各二百疋。……别送䌽帛二百疋……

在此例中，"银大五百两"以下是币，"别送"以下在唐方看来就相当于庭实吧。更进一步说，空海《为大使与福州观察使书》以及日本国遣唐使的归朝报告中屡屡可见"国信""别贡"的表达[1]（币与庭实两者合并总称为"国信""国信物"的情况也是有的，若严密地说），《延喜式》大藏省的"银大五百两"以下是"币"即"国信"，"别送"以下是"庭实"即"别贡"[2]。给唐朝的贡献品共准备两种，这一点可谓是当时东亚外交的常识吧。

又，根据"皇帝受蕃使表及币"的礼文，中书侍郎上奏国书时，有司从使节处"受币与马"，这里特别提到了"马"。马是来自北方游牧世界的代表性贡物。献上来的马，据《新唐书》卷四八《百官志三》鸿胪寺条：

> 献马，则殿中、太仆寺莅阅，良者入殿中，驽病入太仆。

由殿中省和太仆寺加以审阅，良马进入殿中省，驽马和病马归入太仆寺。《新志》同条也记曰：

> 凡献物，皆客执以见，驼马则陈于朝堂，不足进者州县

---

1. 参照本书第350页注2。
2. "别贡"相当于《延喜式》"大藏省"的"别送"以下物品，这一点西嶋定生已经指出了。参看西嶋定生：《遣唐使と国书》，收入同氏著：《遣唐使研究と史料》，第90页注7。

第五章　外国使节谒见皇帝仪式复原

留之。

可知贡献驼、马时，是否能够进献到中央，还要在边境州县一级接受审查[1]。

在边州受到审查的贡献品当然不止驼和马，《六典》卷一八"鸿胪寺典客令"条详细记述了药物、滋味类的携带规定，至于其他的品目，如《新唐书·百官志》"鸿胪寺"条所见：

所献之物，先上其数于鸿胪。

预先要接受核查并报告鸿胪寺。如果这些贡献品的价值不明，鸿胪寺必须对其价值进行调查然后来决定。这样做是因为需要决定返礼赐物的价值和数量[2]。另外，唐代对国内诸道、州多次发出不准进献奇兽的禁令，对于外国来的贡物，也有适用该禁令的情形[3]。因此，围绕着朝贡使节的贡物，以边州和鸿胪寺为中心预先进行了种种的检查，在此基础上，才终于带到了"皇帝受蕃使表及币"的会场中。

【附记】

本章原曾以《唐代外国使の皇帝謁見儀式復元》为题，发表于《史滴》第12号（1991年）。那时误认为宫悬设定于殿上，故对仪式程序的认识发生了错乱。因而在本章写作时，新设一节（即第三节）以订正宫悬的位置。此前我已经通过发表论文《唐代外国使節の宴会儀礼について》（《小田義久博士還暦記念東洋史論集》，真阳社，1995年；收入本书下一章），订正过宫悬位置，本章第三节即由该论文的一节改写

---

1. 参看本书第三部分第一章。仁井田陞《唐令拾遗》"复原厩牧令"第五条乙显示了国有家畜每年生育率的规定，但对于从外蕃新来的家畜，最初两年的生育率被估计得较低，第七条的死亡许可规定中也将外蕃新来家畜最初两年间的死亡率估计得比通常高。
2. 参看本书第三部分第三章。
3. 《旧唐书》卷一二《德宗本纪上》大历十四年闰五月丙子条："诏诸州府、新罗、渤海岁贡鹰、鹞皆停。"

而成。

此外，前稿宫悬位置的错误，曾蒙数位先生不吝指正。现仅将其中已正式发表的部分列示如下：

①藤森健太郎:《日本古代元日朝賀儀礼の特質》,《史学》第61卷第1-2号，1992年。

②古瀬奈津子:《儀式における唐礼の継受——奈良末～平安初期の変化を中心に》,池田温编:《中国礼法と日本律令制》，东方书店，1992年。

③古畑徹:《隋·唐》,《史学雑誌》第101编第5号《回顧と展望》，1992年。

④氣賀澤保規：書評《石見清裕〈唐代外国使の皇帝謁見儀式復元〉》,《法制史研究》第42卷，1993年。

其中,尤其是从④氣賀澤氏的书评中,关于举麾位"上下"的解释、"悬南道西""悬南"的解释等，我都得到了有益的教示。另外，①藤森氏的论文展示了唐元日朝贺仪礼的概念图，也为我的论文提供了参考（该图将宫悬置于御道之上）。

第六章

外国使节的宴会礼

引言

上一章试着复原了来唐的外国使节谒见唐皇帝的仪式，认为它就是《大唐开元礼》宾礼所载的"皇帝受蕃使表及币"仪礼，并对仪式程序进行了训读和解释，对仪式的进行以及皇帝、诸官、使节的位置关系，国书和贡物的进献方式及其问题点等进行了考察。

如前文已经提到的，《开元礼》的宾礼由六礼构成：

①蕃国主来朝以束帛迎劳（对来朝进行欢迎和慰劳的仪式）；
②遣使戒蕃主见日（传达谒见日的仪式）；
③蕃主奉见（外国元首谒见皇帝的仪式）；
④皇帝受蕃使表及币（外国使节谒见皇帝的仪式）；
⑤皇帝宴蕃国主（与外国元首进行宴会的仪式）；
⑥皇帝宴蕃国使（与外国使节进行宴会的仪式）。

其中①②③⑤是外国国家元首来朝时举行的仪式，①②④⑥则是以外国使节为对象的仪式。从这里也可知道，外国元首或使节来谒见唐皇帝后，接下来作为回礼，唐方要准备宴会，谒见与宴会可以说是配套的，两者合观才能理解使者谒见皇帝礼的全貌。那么，我们日本国的遣唐使等具体是以怎样的形式在唐宫殿中接受赐宴呢？

此外，朝贡一般也被称为"朝贡贸易"，从这样的视角来看朝贡的行为时，当然最关心的是物品的授受。那么，外国使节向唐朝皇帝的贡纳品进献已经在上一章的谒见仪式中完成了，唐皇帝向外国使节赐予返礼品又是怎样进行的呢？从这样的角度来看，宴会礼也具有重要意义。

本章即尝试复原唐代的外国使节赐宴礼，同时试着触碰一些与之关联的问题点。

第六章　外国使节的宴会礼

一、宴会礼注释

本章所要考察的，是上述宾礼的⑤⑥两项，前者是以外国元首为对象的仪礼，所以复原一般遣唐使出席的宴会场景，只取⑥也就可以了。但是，与上一章提到的一样，《大唐开元礼》⑥是在⑤的基础上摘要、删削而成，只分析⑥是不够充分的，而且也不能将⑤和⑥进行比较。又，该宴会仪礼也被《通典》卷一三一《开元礼纂类》二六所采录，然而《通典》中的⑥被删削更甚，根据它来复原使节的宴会仪礼基本是不可能的。因此，本章取《开元礼》的⑤⑥两项加以考察，另取《通典》一并进行对照，在"语释"中删去部分与前章重复的内容而略述之，不再一一引用原典。

（一）"皇帝宴蕃国主"仪礼

【原文】

（1）前一日，尚舍奉御①整设御幄②于所御之殿北壁③，南向。尚食奉御④、太官令⑤各具馔，守宫⑥设次，太乐令⑦设登歌位⑧于殿上，展宫悬⑨于殿庭，设举麾位⑩于上下，鼓吹令⑪设十二案⑫，乘黄令⑬陈车辂，尚辇奉御⑭陈舆辇，并如常仪。

（2）其日，尚舍奉御铺蕃主床座⑮于御座西南，蕃国诸官应升殿者座于蕃主之后，设不升殿者坐席于西廊下⑯，俱东面，北上。尚食奉御设御酒尊⑰，太官令设蕃主以下酒尊，并如常仪。典仪⑱，设蕃主版位⑲于悬南，又设蕃国诸官之位于蕃主之后，俱重行北面⑳，西上。设典仪位于悬之东北，如常仪。诸卫各勒所部，列黄麾仗㉑，屯门，及陈于殿庭。太乐令帅工人二舞㉒，入就位。协律郎㉓入就举麾位。

（3）所司迎引蕃主至承天门外，通事舍人㉔引之㉕次。（凡蕃客出入、升降，皆掌客㉖监引。）所司入奏，钑戟近仗入陈，如常。典仪帅赞者㉗先入，就位。侍中㉘版奏请中严㉙，诸侍卫之官各服其器服，符宝郎㉚奉宝，俱诣阁奉迎。蕃主服其国服出次，通事舍人引立于阁外西厢东南㉛（面）。

蕃国诸官各服其国服,立于蕃主之后㉜,俱东面,北上。

(4) 侍中版奏外办㉝,皇帝服通天冠、绛纱袍㉞,乘舆以出。曲直华盖㉟,警跸侍卫如常仪㊱。皇帝将出,仗动,太乐令令㊲撞黄钟㊳之钟,右五钟皆应。协律郎举麾鼓柷㊴,奏太和之乐㊵,鼓吹振作。(凡乐皆协律郎举麾工鼓柷而后作,偃麾戛敔㊶而后止。)皇帝出自西房、即御座、南向坐。符宝郎奉宝置于御座,侍卫如常仪,乐止。

(5) 典仪一人升立于东阶上,赞者二人立于阶下,俱㊷西面。通事舍人引蕃主入,蕃国诸官从入。蕃主入门,舒和之乐㊸作,蕃主至位,乐止。其有献物,则从㊹入陈于蕃主之前,以西为上。立定,典仪曰:"再拜。"赞者承传,蕃主及蕃国诸官,皆再拜。侍中承旨,降敕蕃主升座。蕃主再拜。

(6) 蕃主奉贽㊺。(其贽,随其国所有,以一㊻轻者为之。)曰:"某国蕃臣某,敢献壤奠㊼。"侍中升奏。又侍中承旨,曰:"朕其受之。"侍中降,于蕃主东北西向㊽称:"有制。"蕃主再拜。宣制讫,蕃主又再拜。讫以贽授侍中。侍中以贽授所司。又所司受其余币㊾,俱以东。舍人承旨,降敕蕃国诸官等坐。蕃国诸官俱再拜。

(7) 通事舍人引蕃主,又通事舍人引蕃国诸官应升殿者,诣西阶。蕃主初行乐作,至阶乐止。通事舍人各引升立于座后。初,蕃国诸官诣西阶,其不升殿者,通事舍人分引立于廊下席后。立定,殿上典仪唱就座,阶下赞者承传。蕃主以下皆就位,俛伏㊿坐。太乐令引歌者及琴瑟至阶,脱屦㊿于下,升就位坐㊿。其笙管者就阶间,北面立。

(8) 尚食奉御进酒。至阶,殿上典仪唱"酒至兴",阶下赞者承传。蕃主以下皆俛伏兴,立座后。殿中监㊿到阶省酒,尚食奉御奉酒进,皇帝举酒,良酝令㊿又行酒。殿上典仪唱"再拜",阶下赞者承传。蕃主以下皆再拜,讫搢笏㊿受觯㊿。殿上典仪唱"就座",阶下赞者承传,蕃主以下皆就座,俛伏坐饮。皇帝初举酒,登歌作昭和(之乐㊿),三终。尚食奉御进受虚觯奠于坫㊿,登歌讫降复位。觞行三周。

(9) 尚食奉御进御食。食升于㊿阶,殿上典仪唱"食至兴",阶下赞者承传。蕃主以下皆执笏,俛伏兴,立座后。殿中监到阶省案,尚食奉御品尝㊿食,讫以次进置御前。太官令又行蕃主以下食案设。讫殿上典仪唱"就座",阶下赞者承传。蕃主以下皆就座,俛伏坐㊿。皇帝乃饭,休和之乐㊿作,蕃主以下皆饭。御食毕,乐止。蕃主以下食讫,尚食、太官俱彻案。

(10) 又行酒。遂设庶羞㊿,二舞以次入作。若赐酒,舍人前承旨,诣受赐者前。蒙赐者执觞,俛伏起立座后。舍人称"赐酒",蒙赐者再拜。酒至,蒙赐者搢笏受觯,就席俛伏坐饮。卒觯俛伏起立,受㊿虚觯,又再拜就席,俛伏坐。

(11) 会毕,通事舍人赞蕃主以下㊿兴。蕃主以下皆俛伏兴,立座后。通事舍人引降乐作,复悬南位,乐止。其廊下者,通事舍人引复悬南位㊿。立定,典仪曰"再拜"。赞者承传,蕃主以下皆再拜。若有筐篚㊿,舍人前承旨,降宣敕。蕃主以下皆再拜。太府帅其属,以衣物以次授之。讫,蕃主以下又再拜。通事舍人引出,乐作。出门㊿,乐止。

(12) 侍中前跪奏称:"侍中臣某言,礼毕。"俛伏兴,还侍位。皇帝兴,太乐令令撞蕤宾㊿之钟,左五钟皆应,奏太和之乐,鼓吹振作。皇帝降座,乘舆入自东房。侍卫警跸如来仪。侍臣从至阁,乐止㊿。

【语释、校异】

① "尚舍奉御"。殿中省尚舍局的长官(二名,从五品上)掌管殿庭的布置,元正、冬至、大朝会等时在正殿准备好天子的斧扆。

② "御幄"。绣有无柄斧图案的一丈四尺见方的帘幕(或者屏风)。

③ "所御之殿北壁"。宋版《通典》作"御殿之北壁"。

④ "尚食奉御"。殿中省尚食局的长官(二名,正五品下)。《大唐六典》卷一一:

> 尚食奉御,掌供天子之常膳,随四时之禁,适五味之宜。……凡元正、冬至、大朝会,飨百官,与光禄视其品秩,分其等差而供焉。其赐王公已下,及外方宾客,亦如之。

⑤ "太官令"。光禄寺太官署的长官(二名,从七品下)。《六典》卷一五:

> 太官令，掌供膳之事。……凡朝会、燕飨，九品已上，并供其膳食。

此外，"十通本"《通典》"太官令"之下有"命"字，宋版《通典》作"太官命令"。

⑥ "守宫"。卫尉寺守宫署。掌管仪式出席者的席次。

⑦ "太乐令"。太常寺太乐署的长官（按《六典》为一名，从七品下），掌管乐人教育、调律，总管音乐。

⑧ "登歌位"。登歌者的位置。登歌是登到殿上而唱的歌。《周礼·春官·大师》云：

> 大祭祀，帅瞽登歌，令奏击拊。（注：登歌，歌者在堂也）

《礼记·文王世子》有：

> （三老等）反，登歌清庙，既歌，而语以成之也。

在国学举行养老仪礼之际的天子赐酒礼中可见。在本仪礼中，登歌是在段落（8）的饮酒仪式中登场的（参看后文）。登歌的组成，《新唐书》卷二一《礼乐志一一》"乐县之制"条云：

> 登歌，钟、磬各一虡，节鼓一，歌者四人，琴、瑟、筝、筑皆一，在堂上；笙、和、箫、篪、埙皆一，在堂下。

其服装也有记载，参看下面语释⑨。此外，《通典》脱"登歌位"的"位"字。

⑨ "宫悬"。宫廷交响乐队。"悬"是挂钟、磬的架子。钟是金属制吊钟，磬是石制打击乐器，各自以十二个一组挂在一悬上，称为编钟、编磬，各备有十二组。在此之外，还有一个表示一音阶的名曰镈钟的大吊钟，共备有十二个，镈钟、编钟、编磬共备有三十六组，四面合围，中间配以管乐器。关于唐的宫悬配置规定，《唐令拾遗》"复旧乐令"第一

第六章　外国使节的宴会礼

条云：

> 诸宫县之乐，镈钟十二，编钟十二，编磬十二，凡三十有六簴。（宗庙与殿庭同，郊丘、社稷则二十簴，面别去编钟、磬各二簴。）东方、西方磬簴起北，钟簴次之，南方、北方磬簴起西，钟簴次之。镈钟在编县之间，各依辰位。四隅建鼓，左枘右敔。又设笙、竽、笛、箫、篪、埙，系于编钟之下隅[1]；歌、琴、瑟、筝、筑，系于编磬之下。其在殿庭前，则加鼓吹十二案，于建鼓之外，羽葆之鼓、大鼓、金錞、歌、箫、笳，置于其上焉。又设登歌、钟、磬、节鼓、琴、瑟、筝、筑于堂上，笙箫、和箫、篪、埙于堂下。（宫悬、登歌工人，皆介帻，朱连裳，革带，乌皮履。鼓人及阶下工人，皆武弁，朱褠衣，革带，乌皮履。若在殿庭，加白练襠裆，白布袜。鼓吹按（案）工人亦如之）

参照上一章"蕃主奉见"仪式语释⑦。

⑩"举麾位"。太常寺协律郎（参看后文语释㉓）的席次。麾是令旗，音乐由协律郎举麾进行指挥。下文的"上下"，是殿上、殿下之意。十通本《通典》脱上文的"设"字。

⑪"鼓吹令"。太常寺鼓吹署的长官（一名，从七品下）。为卤簿的仪礼而掌管鼓吹的调习和设置。

⑫"十二案"。《新唐书》卷二一《礼乐志一一》"乐县之制"条云："设鼓吹十二案于建鼓之外。案设羽葆鼓一，太鼓一，金錞一，歌、箫、笳皆二。"（参语释⑨乐令）这样编成组合登在四脚支撑的台上，他们是在宫悬之外配备的十二组合。此外，宋版《通典》"案"作"按"。以下同。

⑬"乘黄令"。太仆寺乘黄署的长官（一名，从七品下）。管辖天子的车辂。关于唐制的车辂，参看《旧唐书》卷四五《舆服志》。

---

1. 译者注：日文原文此处作隅，前一章作偶。《大唐六典》各本作"隅"，唯中华书局点校本据《通典》改作"偶"，断句则下与歌连。《唐令拾遗》（中译本）作"下偶"。

⑭ "尚辇奉御"。殿中省尚辇局的长官（二名，从五品上）。管辖天子的舆辇、伞盖和扇。关于唐制的舆辇，参看《六典》卷一一 "殿中省尚辇局"条。

⑮ "座"。以下，十通本《通典》多作"坐"。

⑯ "西廊下"。廊下参见后文。

⑰ "酒尊"。《通典》"尊"作"罇"（樽的本字）。下文同。

⑱ "典仪"。属门下省（三名，从九品下）。在殿上者掌引导赞唱，在殿庭者掌版位的次第。《通典》脱"典仪"二字。

⑲ "版位"。确定某人物的位置而立的坐席名牌。唐制的版位规定，可见于《唐令拾遗》复旧仪制令第一九条。

⑳ "北面"。宋版《通典》作"北向"。

㉑ "黄麾仗"。大朝会等场合列出的天子的旌旗。其组成和配置，在《新唐书》卷二三上《仪卫志上》中有详述。

㉒ "工人二舞"。工人是宫悬等的乐士，二舞即下文段落（10）所见的二舞。

㉓ "协律郎"。属太常寺（二名，正八品上）。掌管六律六吕的调和等，在大祭祀和飨宴上指挥音乐。

㉔ "通事舍人"。属中书省（十六名，从六品上）。负责将朝见者引入宫殿，掌四方的通表、华夷贡纳的受理和传达等。

㉕ "之"。十通本《通典》作"入"。

㉖ "掌客"。属鸿胪寺典客署（十五名，正九品上）。《新唐书》卷四八《百官志三》"鸿胪寺典客署"条云："掌客十五人，正九品上。掌送迎蕃客，颛莅馆舍。"颛即专，莅是管辖之意。

㉗ "赞者"。属门下省。《六典》卷八"门下省"曰：

> 赞者十二人。……掌赞唱为行事之节。

从下文可见，本仪式是由殿上的典仪高声唱出信号，再由阶下的赞者承传而进行的。另外，据《六典》《旧唐书·职官志》《新唐书·百官志》，赞者在太常寺也有十六名，《六典》卷一四"太常寺奉礼郎"条：

> 凡大祭祀及朝会，在位者拜跪之节，皆（奉礼郎）赞导之，赞者承传焉。

不过，本仪式的赞者既与典仪搭配，应看作是门下省的赞者。

㉘ "侍中"。门下省的长官（二名，正三品）。总体掌管帝命出纳、仪礼赞导等。在四夷君长朝见仪式上承诏劳问。在本仪式中，执行皇帝出座之际的中严和外办的版奏、仪式结束的宣布、贽币献上之际皇帝与蕃主间制、奏的传达。

㉙ "中严"。禁中警戒的准备。仪式出席者就位，完成皇帝出御的准备。

㉚ "符宝郎"。属门下省（四名，从六品上）。负责玉玺的管理和辨别。

㉛ "东南"。《通典》作"东面"。参考前后的解释以及朝见仪礼和后文"皇帝宴蕃国使"仪礼，此处作"东面"更妥当。

㉜ "于蕃主之后"。宋版《通典》作"蕃主于之后"。

㉝ "外办"。奉迎皇帝的准备已经做好之意。皇帝出御的信号。

㉞ "通天冠、绛纱袍"。天子的衣服之一。元正、冬至受朝拜等场合穿着。参看《旧唐书·舆服志》《新唐书·车服志》《唐令拾遗》"复旧衣服令"第七条甲、乙。

㉟ "华盖"。天子的伞盖。"曲直"意指直柄的和曲柄的。

㊱ "如常仪"。《通典》在此前有"并"字。

㊲ "令"。"十通本"《通典》此字脱。

㊳ "黄钟"。十二律（黄钟、大吕、大蔟、夹钟、姑洗、仲吕、蕤宾、林钟、夷则、南吕、无射、应钟）的最低音，黄钟的镈钟。《通典》将从下文"之钟，右五钟皆应"到第五段落开头"典仪"为止含注文的共七十四字，省略为"如来仪"三字，所以文意难通。

㊴ "柷"。木制的箱型乐器，从一面打开的穴中放入锥柄，打击左右侧面发出声音。

㊵ "太和之乐"。在元正、冬至大朝会等场合，皇帝临轩之际演奏的音乐。《旧唐书》卷三〇《音乐志三》中可见贞观六年太和之乐的歌词。

㊶“敔”。做成伏虎形的木制乐器。虎背上有二十七条刻纹，用木片进行弹奏。

㊷“下俱”。十通本《通典》此二字脱。

㊸“舒和之乐”。元正、冬至大朝会等场合，王公出入之际所奏之乐。《旧唐书》卷三〇《音乐志三》中可见舒和之乐的歌词。

㊹“从”。《通典》此下有“之”字。

㊺“贽”。会见之际赠送的礼物。《仪礼・士相见礼》曰：

士相见之礼，挚冬用雉，夏用腒，左头奉之。（注）挚，所执以至者。君子见于所尊敬，必执挚，以将其厚意也。

唐代制度，贽的授受可见于《六典》卷九“中书省中书侍郎”条：

凡四夷来朝……若献贽币，则受之以授于所司。

这条规定指向“皇帝受蕃使表及币”仪礼（通常被设想为使节谒见皇帝的仪礼）中的行为，在本仪礼中是由门下省侍中执行的。关于礼物，仍参看后文。

㊻“以一”。《通典》作“一以”。

㊼“壤奠”。原本指从田里收获的农作物供品、土贡。

㊽“西向”。《通典》作“西面”。

㊾“余币”。与贽相配套的其他礼物。参照后文。

㊿“立”。《通典》此字脱。

(51)“俛伏”。俯伏在地，俯身低头。又，上文“就位”《通典》作“就坐”。

(52)“屦”。鞋类。《通典》作“履”。

(53)“位坐”。《通典》作“座位”，下脱“其”字。

(54)“殿中监”。殿中省的长官（一名，从三品）。总监天子乘舆、服御、食、药等。《六典》卷一一“殿中省”条记大朝会等场合殿中监的职责仅曰：

若元正、冬至大朝会，则跪而进爵。

然而在本仪礼中殿中监还察看天子的御膳。此外，蕃客的膳食由尚食奉御与光禄大夫一起察看（参语释④）。

(55)“良酝令”。光禄寺良酝署的长官（二名，正八品下）。掌管供祭祀的酒。《六典》卷一五“光禄寺良酝署”条云：

良酝令之职，掌供邦国祭祀五齐三酒之事。

(56)“搢笏”。搢即插。指用绅（大带）将笏插在身上。《礼记·内则》：

子事父母，鸡初鸣，咸盥漱，栉纵，笄总，拂髦冠，緌缨端，韠绅，搢笏，左右佩用。

(57)“觯”。仪式上使用的可容三升的酒杯。《仪礼·士冠礼》注云：

（爵）三升曰觯。

又《礼记》“乡饮酒义”曰：

乡饮酒之义，主人拜迎宾于庠门之外，入三揖而后至阶，三让而后升，所以致尊让也。盥洗扬觯，所以致絜也。

参看图34。

(58)“昭和（之乐）”。唐礼中皇帝举酒之际所奏之乐。参见后文。《通典》亦无“之乐”二字。此处据文意补。

(59)“坫”。设于堂内承载食物、圭、杯等的台。放杯子的台特称为反坫、爵坫，即周代诸侯会见时互相敬酒结束后，酒杯返回所放的土台。

图34　觯（《三礼图》卷一二）

《礼记·明堂位》：

> 反坫出尊，崇坫康圭，疏屏。天子之庙饰也。（注）反坫，反爵之坫也。出尊，当尊南也。

又《论语·八佾篇》云：

> 邦君为两君之好，有反坫。管氏亦有反坫。管氏而知礼，孰不知礼。（集注）坫，在两楹之间。献酬饮毕，则反爵于其上。此皆诸侯之礼，而管仲僭之，不知礼也。

参看图35。

图35 坫（《三礼图》卷一四）

⑥⓪ "觞行"。杯中注酒而巡回传递。行的用例，《史记》卷九九《叔孙通列传》有：

> 诸侍坐殿上皆伏抑首，以尊卑次起上寿。觞九行，谒者言"罢酒"。

⑥① "于"。《通典》此字脱。

⑥② "品尝"。尝毒。品意为遍。《周礼·天官·膳夫》云：

> 膳夫授祭，品尝食，王乃食。（注）品者，每物皆尝之。

御膳尝毒是由尚食奉御执行的。《六典》卷一一"尚食奉御"条云：

> 当进食，必先尝。

⑥③ "坐"。宋版《通典》作"兴"，但此处无疑作"坐"更妥。

⑥④ "休和之乐"。唐礼中皇帝吃饭时演奏的音乐。参看后文。

(65)“庶羞”。庶指不特别之物。羞即膳羞之羞，指食物、膳。庶羞即平常膳食。《礼记·王制》云：

> 庶羞不踰牲，燕衣不踰祭服，寝不踰庙。（注：祭以羊，则不以牛肉为羞）

唐代的庶羞参看后文。

(66)“受”。《通典》作“授”。

(67)“以下”。“十通本”《通典》此二字脱。宋版《通典》脱“以”字。

(68)“乐止……悬南位”。《通典》脱此十五字。

(69)“筐篚”。四方形的箱子。唐朝方面的赠送品、礼物。《诗经·小雅·鹿鸣》序云：

> 鹿鸣，燕群臣嘉宾也。既饮食之，又实币帛筐篚，以将其厚意。然后忠臣嘉宾，得尽其心矣。

唐代还有将赐外国使者物品的清单放进箱中的例子，见于《唐会要》卷五四《省号上·中书省》：

> 其年（圣历三年）四月三日敕，应赐外国物者，宜令中书具录赐物色目，附入敕函内。

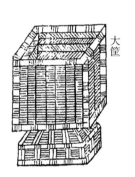

关于筐，参看图36。

(70)“出门”。《通典》作“至门”。

(71)“蕤宾”。十二律之一，蕤宾的镈钟。参看前揭语释㊳。

(72)“左五钟皆应……至阁乐止”。《通典》此三十八字省略为“如常仪”三字。

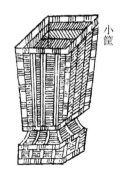

图36　筐(《三礼图》卷一二)

【训读】（略）

以上就是"皇帝宴蕃国主"仪礼，该仪式程序可以按段落整理简述如下：(1) 执事官吏于仪式前一日准备席次、宫悬、食物等；(2) 仪式当天准备殿上、殿庭中蕃国主和蕃国诸官的席次、黄麾仗等；(3) 蕃国主等抵达承天门外，进至阁外；(4) 皇帝出御，就御座；(5) 蕃国主入场，就殿庭之位；(6) 献上贽、币等；(7) 蕃国主及蕃国官升殿者升殿，其他人就廊下之席，乐队入场；(8) 食前酒干杯，共三巡；(9) 会食；(10) 食后酒、赐酒、赐杯、乐舞；(11) 蕃主等下殿，接受唐给予的赠答品，蕃国主、蕃国诸官退场；(12) 皇帝、侍臣退席，仪式结束。

（二）"皇帝宴蕃国使"仪礼

【原文】

（1）前一日，尚舍奉御设御幄于所御殿之北壁①南向，太官令具馔，守宫设使者次，太乐令展宫悬于殿庭，设举麾位于上下，并如常仪②。（若大蕃中使、小蕃大使等③以下，则不设乐及黄麾仗。）

（2）其日，尚舍奉御铺使者床座④于御座西南，设不升殿者坐席于西廊下，俱东面北上。典仪设使者位于悬南，重行北面东上⑤，设典仪、赞者位于悬之东北，如常仪。诸卫各勒所部，列黄麾半仗，屯门及陈于殿庭。太乐令帅工人二舞，次入就位。

（3）所司迎引使者至承天门外，通事舍人引就次。所司入奏，钑戟、近仗入陈，如常。典仪帅赞者先入就位。侍中版奏请中严，诸侍卫之官各服其器服，符宝郎奉宝，俱诣阁奉迎⑥。蕃使以下服其国服出次，通事舍人引立于阁外⑦西厢东面。从者立于使者之后，重行东面北上。

（4）侍中版奏外办，皇帝服通天冠、绛纱袍（不设乐者则常服），乘舆以出。曲直华盖、侍卫警跸如常仪。皇帝将出仗动，太乐令令撞黄钟之钟，右五钟皆应，协律郎举麾鼓祝，奏太和之乐。（凡乐皆协律郎举麾工鼓祝而后作，偃麾戛敔而

第六章 外国使节的宴会礼

后止。)皇帝出自西房,即御座,西〔南〕向坐。符宝郎奉宝置于御座,侍卫如常仪。乐止⑧。

(5)典仪一人升立于⑨东阶上,赞者二人立于阶下,俱西面。典仪引使者以下,入就悬南位。使者初入门作舒和之乐⑩,至位乐止。立定,典仪曰"再拜"。赞者承传,使者以下皆再拜。舍人前承旨,降敕使者升座。使者以下皆再拜。

(6)通事舍人引应升殿者,诣西阶。乐作止如常。通事舍人引升立于座后,其不升殿者,分引诣廊下席后。上下立定,殿上典仪唱就座,阶下赞者承传。上下诸客各⑪就座,俛伏坐。

(7)酒至阶,殿上典仪唱"酒至兴",阶下赞者承传。上下诸客皆俛伏兴,立座后。太官令行酒,殿上典仪唱"再拜",阶下赞者承传。上下诸客皆再拜,搢笏受觯。殿上典仪唱"就座",阶下赞者承传。蕃使以下诸客皆就座,俛伏坐饮。觞行三周。

(8)食升阶,殿上典仪唱"食至兴",阶下赞者承传。上下诸客皆执笏,俛伏兴,立座后。太官令行诸客案⑫,设食。讫殿上典仪唱"就座",阶下赞者承传。上下诸客皆就座,俛伏坐。上下诸客皆饭。诸客食讫,太官令俱彻案。

(9)又行酒。遂设庶羞,二舞以次入作。若赐酒,舍人前承旨,诣受赐者前。蒙赐者执笏,俛伏起,立座后。舍人〔称〕"赐酒"⑬,蒙赐者再拜,搢笏受觯⑭,就席俛伏饮。卒觯,俛伏兴立,授虚觯又再拜就席,俛伏坐。

(10)会毕,通事舍人赞使者兴。上下诸客皆俛伏兴,立座后。通事舍人引使者降,乐作,复悬南位,乐止。其廊下者分引复位。立定,典仪曰"再拜"。赞者承传,使者以下皆再拜。若有筐篚,舍人前承旨,降宣敕。使者以下又皆再拜。太府帅其属,以衣物以次授之。讫,使者以下又再拜。通事舍人引出,乐作,出门,乐止。

(11)侍中前跪奏称:"侍中臣某言,礼毕。"俛伏兴,还侍位。皇帝兴,太乐令令撞蕤宾之钟,左五钟皆应,奏太和之乐。

皇帝降座,乘舆入自东房。侍卫警跸如常仪。侍臣从至阁,乐止。

【校异】

① "所御殿之北壁"。《通典》作"所御之殿北壁"。
② "常仪"。《通典》无"仪"字。
③ "小蕃大使等"。《通典》作"中蕃大使",无"等"字。
④ "座"。十通本《通典》多作"坐"。
⑤ "北面东上"。宋版《通典》作"北向东上",十通本作"东面北上"。首先,十通本误。其次,"东上"两字,因"宴蕃国主"礼殿庭中蕃国诸官之位"西上",蕃国使谒见皇帝仪式也作"以西为上",唯独本仪礼以东边为上席难以令人接受,其根据也不详。所以,此处应视为"西上"之误。
⑥ "屯门及陈于殿庭……诣阁奉迎"。《通典》此八十五字略作"皆与上仪同"五字。
⑦ "阁"。宋版《通典》作"阙"。
⑧ "(不设乐者则常服)……乐止"。《通典》此处含有注文的九十六字略作"与上仪同"四字。
⑨ "于"。《通典》此字无。
⑩ "作舒和之乐"。《通典》作"舒和之乐作"。
⑪ "各"。《通典》作"皆"。
⑫ "案"。宋版《通典》作"按"。以下同。
⑬ "赐酒"。《通典》此前有"称"字。参照"宴蕃国主"礼,应补。
⑭ "搢笏受觯……"。从此以下至末尾,《通典》略作"余与宴蕃国主礼同,皆做(宋版作"放")上仪"。

【训读】（略）

以上就是"皇帝宴蕃国使"仪礼,仍将仪式程序按段落总结如下:(1)宫悬、食物等在仪式前一日准备;(2)蕃国使的床座及廊下的席次、黄麾仗等,在仪式当天准备;(3)使者等抵达承天门外,进至阁外;(4)皇帝出御,就御座;(5)使者等就殿庭位;(6)使者升殿者升殿,

第六章　外国使节的宴会礼　　　　　　　　　　　　　　　　371

其他人就廊下之席；（7）食前酒干杯，三巡；（8）会食；（9）食后酒、赐酒、赐杯、乐舞；（10）使者等下殿，接受唐给予的赠答品，使者退场；（11）皇帝、侍臣退席，仪式结束。

二、解释上的问题点

（一）两宴会仪礼的仪式程序差异——贽、币献上的问题

以上是唐"宴蕃国主"仪礼和"宴蕃国使"仪礼的全貌。掌握整个仪礼进程者在殿上是门下省典仪，在殿下是门下省赞者二名，负责引领蕃国主、使的是中书省通事舍人，准备和设置酒食的是尚食奉御和太官令，负责检验酒食的是殿中监。蕃国主和使，在殿庭中皆面向北，在殿上都位于御座西南而面向东，不升殿的从者则在西廊下面向东而饮食。也就是说，通常的遣唐使节，在本宴会仪礼中最初都是允许升殿的。

若将"宴蕃国主"和"宴蕃国使"两仪礼的仪式程序进行比较，大体上两者是同样的，但仍能确认一些相异点：①"宴蕃国主"仪礼段落（6）所规定的贽、币献上礼，在"宴蕃国使"仪礼中没有；②"宴蕃国主"仪礼段落（1）的登歌位，段落（7）的歌者、琴瑟、笙管者，段落（8）的食前酒干杯时的昭和之乐，段落（9）的会食中的休和之乐等与音乐相关的规定，不见于"宴蕃国使"仪礼；③食前酒的行酒者在"宴蕃国主"仪礼段落（8）中是良酝令，而在"宴蕃国使"仪礼段落（7）中是太官令；④请蕃国主就殿庭之座的是侍中，而在蕃国使的场合则是通事舍人（各在段落（5））；等等。

其中，就②来说，似乎与"宴蕃国使"仪礼段落（1）及（4）中"大蕃中使、小蕃大使以下不设乐与黄麾仗""不设乐者则（皇帝）常服"的注文相符合，或许会被接受，但反过来说，若在这些条件以外，蕃国使宴会的场合仍是设乐的。事实上，仪式程序中规定了宫悬的设置、乐工和舞人的入场、黄麾半仗的陈列等，因而"宴蕃国使"仪礼中不见有关音乐规定这点，应理解为是沿袭"宴蕃国主"仪礼而省略的，更为妥当（关于音乐，仍参后文）。另外，关于第③点，良酝令的

确掌管国家祭祀所用的酒,但在两种宴会仪礼中其名仅在此处出现一次,另外,设置食物的工作在蕃国主宴会上也是由太官令执行的,据此推断蕃客宴会上酒食的设置都是太官令的职掌,或更好理解。关于第④点,宴会中侍中的行动仅在此处让人感到奇怪,但不能因此便径直认为在接待蕃国主时门下系统处于很显眼的位置。那么,这些都不是决定性的差异,蕃国主、蕃国使两种宴会仪礼在运作上最大的不同点,无论怎样也是第①点。

然而,"宴蕃国使"仪礼中不出现贽、币进献之礼毋宁说是当然的,如前章所述,在蕃国使的场合,这些已经在"皇帝受蕃使表及币"仪礼(使节的谒见皇帝仪式)的场合与国书一起献上了。《开元礼》中该礼仪的程式中,将它们称为"币"或"庭实",即相当于"宴蕃国主"仪礼中的"贽""币"。但是,蕃国主的场合在贽与币之外,还存在一种贡品。《开元礼·宾礼》"蕃主来朝遣使迎劳"仪礼规定:

> 使者执币称:"有制。"蕃主将下拜,使者曰:"有后制,无下拜。"蕃主旋北面再拜稽首,使者宣制讫,蕃主进受币。(注:縩五匹为一束。其蕃主答使,各以土物,其多少相准,不得过劳币。劳于远郊,其礼同。蕃主还,遗赠于远郊,亦如之。劳蕃使即无束帛)

上述另一种贡品就是对唐之劳币的还礼"土物"。该仪式就是以京师迎宾馆为会场的蕃主迎劳仪礼,注文中规定了远郊迎劳,是由于存在这样的情况:比如从东方来的使节,在京师终点站前一站的长乐驿受到唐方迎劳使的出迎[1]。此外,注文的末尾明记了迎劳蕃使的场合无劳币(束帛)。另一方面,由《开元礼》"皇帝受蕃使表及币"仪礼的注文中"其劳及戒见日亦如上仪"一句,可以确认这种迎劳仪礼是为蕃使而举行的事实。那么可以认为,在蕃使的场合,即使举行迎劳,也没有劳币和土物的交换。将以上蕃主、蕃使的进献品与相对应的唐的赐物整理

---

1. 其例可见于圆仁《入唐求法巡礼行记》开成四年正月二十一日条等。

第六章 外国使节的宴会礼　　　　　　　　　　　　　　　　　　　373

成表格，则如表12所示。

另外，本"宴蕃国主"仪礼段落（6）的注文中可见"其贽……以一轻者为之"，上引迎劳仪礼中也有"不得过劳币"的说法，这反映了中国的礼制观念：赐物的价值要比进献品高一等。而蕃国主在殿庭宴席上献贽之际北面称"某国蕃臣某……"在迎劳仪礼中蕃主也是北面而接受币。这些献物、赐物授受的场合，都是以大唐皇帝按君臣关系凌驾四周诸国的姿态为基础的。

（二）音乐

唐的宾礼宴会仪式中演奏的音乐，按《开元礼》"宴蕃国主"的仪式程序，依次是：①皇帝入场退场时的"太和之乐"；②蕃国主入场退场时的"舒和之乐"；③食前酒干杯时的登歌、"昭和之乐"；④会食时的"休和之乐"。试在其他史料中搜寻有关这些"乐"的记载，则有下列记述：

（1）《六典》卷一四"太常寺太乐署"条：

> 元正、冬至、大朝会，迎送皇帝用太和，迎送王公用舒和，群臣上寿用休和，皇帝举酒登歌用昭和，文舞用九功之舞，武舞用七德之舞。

（2）《旧唐书》卷二八《音乐志一》：

> 皇帝临轩奏太和，王公出入奏舒和，皇帝食举及饮酒奏休和，皇帝受朝奏政和。……元日、冬至、皇帝礼会，登歌奏昭和。

（3）《唐会要》卷三二《雅乐上》：

> 皇帝临轩奏太和，王公出入奏舒和，皇帝食举及饮酒奏休和，皇帝受朝奏正和。……元日、冬至、皇帝礼会，登歌奏昭和。

（4）《册府元龟》卷五六九《掌礼部·作乐五》：

皇帝临轩奏太和，王公出入奏舒和，皇帝食举及饮酒奏休和，皇帝受朝奏政和。……元日、冬至、皇帝礼会，登歌奏昭和。

（5）《新唐书》卷二一《礼乐志一一》"十二和"：

开元定礼，始复遵用（祖）孝孙十二和。其著于礼者：一曰……七曰太和，以为行节。亦以黄钟为宫。凡祭祀，天子入门而即位，与其升降，至于还次，行则作，止则止。其在朝廷，天子将自内出，撞黄钟之钟，右五钟应，乃奏之。其礼毕，兴而入，撞蕤宾之钟，左五钟应，乃奏之。皆以黄钟为宫。八日舒和，以出入二舞，及皇太子、王公、群后、国老若皇后之妾御、皇太子之宫臣，出入门则奏之。皆以太蔟之商。九日昭和，皇帝、皇太子以举酒。十日休和，皇帝以饭，以肃拜三老，皇太子亦以饭。皆以其月之律均。

以上诸条中（2）（3）（4）明确具有继承关系，据此，则皇帝食举、饮酒之际奏休和之乐，而昭和之乐是在元日、冬至的礼会上演奏的。又，（1）中未见吃饭时的乐的规定。与《开元礼》宴会乐规定最相符合的，是（5）《新唐书·礼乐志》的记载。（5）的开头已经说明，《新志》的这段记载是以开元年间的礼的规定为基础书写的。

上面（2）（3）（4）条史料，实际都是关于祖孝孙制定的唐初十二和的记载的一部分。故而根据它们来修正《开元礼》宴会乐的规定，是不妥当的。另外，即使说（1）《六典》所记是开元年间的规定，但这部分并未涉及蕃客宴会的音乐。又，上述唐十二和之制，未被收入《唐令拾遗》乐令、仪制令等中。若遵从《拾遗》，则唐十二和之制不是作为令而是作为礼的规定而被传承的，而整理、概述了礼的规定中的乐制的《新志》与《开元礼》是相符合的，那么，没有必要将本宴会仪

第六章　外国使节的宴会礼

礼中出现的乐名推想为《开元礼》版本造成的讹误，并依据其他史料加以改正。

（三）廊下

最后，再简单谈谈赐不升殿者酒食的场所，即西"廊下"。"廊"原本指屋檐（堂周围的屋顶），进而又指游廊（连接室与室的细长通道），"廊下"即廊檐之下或者就是游廊。上一章图31、图32麟德殿复原图中，前殿的东、南、西三面存在着比殿低一级的回廊，本宴会仪礼中所说的廊下或即指此回廊；另一方面，廊下若指廊檐之下，为不升殿者所坐之处，则西廊下也可以认为是指西边的殿庭。后一种解释，让人想起与殿上人相对的地下人的称呼。进而，麟德殿复原图中在整个殿与庭建筑的外圈环绕着廊，因此也不能完全无视廊下指此外周廊的可能性。事实上，《新唐书·仪卫志》等记载中作为殿内设置警戒的场所之一出现的诸"廊下"中，就有些例子理解为此外周廊才最合理。也就是说，殿的"廊下"有三种可能的解释：①低一级的回廊，②殿庭，③外周廊。

本宴会仪礼中廊下是赐食的场所，唐代被赐食于廊下的绝不只限于蕃客。复原《仪制令》第五条规定了唐官吏朝望日等的朝参日，而退朝后被赐食是通例，其中也有按品阶在廊下赐食的官员。这称为廊餐、廊下食。又，《旧唐书·礼仪志四》永泰二年（765）二月条载：

> 是日，宰相军将已下子弟三百余人，皆衣紫衣，充学生房，设食于廊下。

可见国子监学生房的廊下设食之事。另外，朝集使引见时也进行廊下赐食。外国使不升殿者的廊下赐食，自然与这些如出一辙。

其中，在仪式程序中明记廊下赐食的例子，有《开元礼》卷一〇九所录"朝集使引见"仪礼。来自东方、南方的朝集使在殿庭横街以北的东侧，来自西方、北方的朝集使在横街以北的西侧各自就位，北面，引见结束，皇帝退席后，赐食，仪式程序中写道：

> 其朝集使三品以上，引升殿赐食；四品以下，于廊下赐食，并临时奏听进止。

也就是说，四品以下于廊下赐食，此廊下若推定为殿的外周廊实在不合理。另一方面，若推定为殿庭，在这一场合，三品以上在殿上的位置虽不明了，但按君臣关系应是面向北的，则不升殿者的赐食场所与原来殿庭的位置没有大的变化。若在原来的位置上被赐食，从"元正冬至朝贺"的赐食等例来看，通常《开元礼》应采用"于其位"的写法，而本仪式程序中未见。但是，若设想升殿者在殿上东西两边入座，四品以下者在其后方被赐食的情形，不升殿者的赐食场所设在殿庭的可能性是存在的。

唐的参日廊餐被认为始于太宗朝，《唐会要》卷二四"廊下食"条：

> 贞观四年十二月诏，所司于外廊置食一顿。

这里的"外廊"，与其看作是外周廊或殿庭，解释为殿的回廊或许更为合理。但是，在朝集使的场合，向所有人赐食，人数过多，回廊中应没有足够的空间。作为对外国使节赐宴的实例，《旧唐书·回纥传》记载安史之乱中曾避乱灵武的肃宗回到长安，并迎接向唐派遣了援军的回鹘使节时的情形：

> （至德二载，757）十一月癸酉，（回纥）叶护自东京至。敕百官于长乐驿迎，上御宣政殿宴劳之。叶护升殿，其余酋长列于阶下。

下一年，又记：

> （乾元元年，758）六月戊戌，宴回纥使于紫宸殿前。

这些"阶下""殿前"，与其说是回廊，更应看作是殿庭。因此，将外

第六章　外国使节的宴会礼

国使节宴会上不升殿者的赐食场所，推定为升殿者后方的殿庭，是更加妥当的解释。

根据以上讨论，将唐的外国使宴会仪礼画成概念图，则如图39所示。图中的（A）（B）之中，按上面的讨论，不升殿者的赐食场所是（B）的可能性更高。

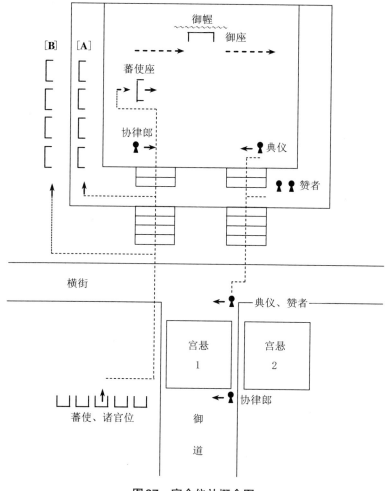

图37　宴会仪礼概念图

[A]：将"廊下"解释为"回廊"的情形。
[B]：将"廊下"解释为"廊之下"的情形。
（殿庭的协律郎、典仪、赞者位在宫悬2的情形时向东移动）

三、宴会的背后——酒食与赐物（代结语）

以上就是以《开元礼》宾礼为基础，对唐代外国使节宴会仪礼的复原和解释。宴会仪礼，虽也有在谒见唐皇帝仪礼之后紧接着举行的情况，但《册府元龟》卷九七四《外臣部·褒异一》开元五年（717）十月敕云：

> 日本国远在海外，遣使来朝，既涉沧波，兼献邦物。其使真人莫问等，宜以今月十六日于中书宴集。

从这道敕的发出来看，本来宴会礼是在与谒见仪礼不同的日期举行的。虽然《开元礼》等史料中未见传达其会期、会场的仪式，仍可认为存在着与传达谒见日期、场所的"皇帝遣使戒蕃主见日"相类似的仪式。

接待外国使的宴会仪式，在非国家元首的普通使节来朝的场合，就是唐皇帝在"皇帝受蕃使表及币"仪礼中收取外国的国书和贡物，作为其回礼而举行的仪礼。由唐皇帝向使节的单方向赐予是其本质，此过程中特别重要的有三点：①使节的首领在本仪礼中首次被允许升殿；②唐皇帝赐予酒食、乐舞；③携带回国的赏赐物的授予。本节想关注一下与其中的酒食与赐物相关的史料。如在仪式程序中所见，在本仪礼中完全未涉及唐皇帝写给外国元首的"国书"。"国书"的授予，应该对应的是《开元礼》卷一二九"嘉礼·皇帝遣使诣蕃宣劳"仪式。

负责给宴会供膳的是殿中省尚食局和光禄寺太官署，其食料的置办机构也主要是光禄寺，《六典》卷一五"光禄寺珍羞署"条载：

> 珍羞令，掌供庶羞之事，丞为之贰。以实笾豆，陆产之品，曰榛栗、脯脩；水物之类，曰鱼盐、菱芡。辨其名数，会其出入，以供祭祀、朝会、宾客之礼。

《新唐书·百官志三》"珍羞署"条将之省略为：

第六章　外国使节的宴会礼

> 掌供祭祀、朝会、宾客之庶羞。

因此"宴蕃国主"仪式程序段落（10）和"宴蕃国使"段落（9）中所见的"庶羞"，就是指此"光禄寺珍羞署"所掌管的膳。又，《六典》"光禄寺掌醢署"条云：

> 掌醢令，掌供醯醢之属，而辨其名物。丞为之贰。一曰鹿醢，二曰兔醢，三曰羊醢，四曰鱼醢。……以实豆，燕宾客，会百官。

这里所见的酸味、咸味类食物，应包含在"庶羞"之前所提供的"食"之中。又，肉类是由太仆寺沙苑监供应的，《六典》卷一七载：

> 沙苑监，掌牧养陇右诸牧牛羊，以供其宴会、祭祀及尚食所用。每岁与典牧分月以供之。

关于这些食物的原供应地，如《六典》卷七"尚书工部"条所载：

> 禁苑在大内宫城之北。北临渭水，东拒浐水川，西尽故都城。（其周一百二十里。）禽兽蔬果，莫不毓焉。若祠禬蒸尝、四时之荐、蛮夷戎狄九宾之享，则蒐狩以为储供焉。

多由长安北边的禁苑来供应的。与食物同样重要的酒，是由光禄寺良酝署掌管的，据《六典》及《新唐书·百官志》等，唐的良酝署、有掌酝二十人、酒匠三十人、奉觯一百二十人服务其中。因为唐的郢州（今湖北省）产美酒，《六典》"良酝署"条云：

> 今则取郢州人为酒匠，以供御及时燕赐。

即酒匠注重选择郢州人。

另一方面，唐的赐物由太府寺支给。《六典》卷二〇"太府寺太府丞"

条曰：

> 凡元正、冬至所贡方物，应陈于殿庭者，受而进之。凡会赐及别敕锡赉，六品已下，即于朝堂给之。

虽记载仅止于此，但可以认为这里的"会赐"包含了宴会赐物。太府寺的属官中，有负责储藏保管国家庸调的左藏署和负责储藏保管进献的宝物的右藏署，此处的赐物应该是由左藏署支给的。赐物的额度，《旧唐书》卷四三《职官志二》"尚书户部、金部"条（《六典》卷三金部阙文）云：

> 若赐蕃客锦綵，率十段则锦一张，绫二疋，缦三疋，绵四屯。

实际上史料中屡屡可见"赐物各有差"的记载，赐物并不都是一律的，可以认为，参酌其国对唐的重要性以及使者在本国的地位高下而来的蕃望，作为赐物的基准[1]。

此外，仍有在吉庆之际对在唐的外国使节进行临时赐物的情况，例如《唐大诏令集》卷六八"开元十一年南郊赦"所言：

> 鸿胪诸蕃使与见大礼，及在蕃王侯、大酋长，同宴会例给赐。

这是以宴会赐物作为基准的，而如《册府元龟》卷八〇《帝王部·庆赐二》所载：

> （贞观十一年）十一月丙午，宴五品已上及蕃夷于贞观殿，赐帛各有差。

---

1. 参看本书第三部第四章"蕃望"。

第六章　外国使节的宴会礼

也是同样的赐物场合。

唐后半期的史料中可见宴会上以钱充当赐物的例子，如《唐会要》卷二九"节日"条载：

> （长庆）二年九月敕，蕃客等使，皆远申朝聘。节遇重阳，宜共赐钱二百贯文，以充宴赏，仍给太常音乐。

又，虽非宴会场合的赐物，代宗广德二年（764）的大赦诏（《册府元龟》卷八一、卷八八等）中出现了给赐蕃客"钱一千贯"。安史之乱以降国库收入减少，故而如《唐会要》卷九三"诸司诸色本钱上"所记：

> 乾元元年敕，长安、万年两县，各备钱一万贯，每月收利，以充和雇。时祠祭及蕃夷赐宴别设，皆长安、万年人吏主办，二县置本钱，配纳质债户收息以供费。

唐朝不得不设置供宴会赐物专用的本钱[1]。

考虑到这一点，便可以察觉到，包含赐物在内的宴会费用，在唐的国家预算中占据了不容忽视的支出份额。但尽管如此，如《册府元龟》卷一五九《帝王部·革弊一》载开元二十六年（738）正月丁丑戒华饰制文（该文亦见于《册府元龟》卷八五，在《唐大诏令集》卷七三中冠以《亲祀东郊德音》收入）所载：

> 自今已后，王公并不得以珍物进献。所司应缘宫室修造，务从节俭，但蔽风雨，勿为华饰。至如金玉器物，诸色雕镂，

---

1. 太府寺的本钱数额可供参考，贞元十二年（769）的息利本钱为2281贯603文，元和九年（814）的息利本钱是1508贯900文。参看王永兴编：《隋唐五代经济史料汇编校注》第一编下，中华书局，1987年，第829、833页。另外，敦煌文书中存有宴设司的食粮支出明细单，详情参看刘俊文、牛来颖：《敦煌吐鲁番文书所见宴设司》，礪波護编：《中国中世の文物》，京都大学人文科学研究所，1993年。关于唐的宴会支出，不只限于针对外国使节的那些，可参看清木場東：《帝賜の構造——唐代財政史研究·支出編》，中国书店，1997年，第二编第一章第五节"常食料"，第三编第一章第三节"赐の构造"、第二章"庆赐、衣赐、赏赐、赗赠"。

> 朕缘蕃客所要,将充宴赏。

又,《册府元龟》卷八七《帝王部·赦宥六》所收肃宗乾元二年(759)三月丁亥诏(卷一五九亦部分采录),与《新唐书·肃宗本纪》相对照,可知是针对旱灾的恩诏,其中也说道:

> 太常寺音声,除礼用雅乐外,并教坊音声人等,并仰所司疏理,使敦生业。非祠祭大祀及宴蕃客,更不得辄有追呼。

从这两例,都可以看到为了对周边诸国保持威严而不愿削减宴会费用的唐的形象。

附章

唐代外国贸易、侨居外国人的相关问题

引言

经过魏晋南北朝时期的长期混乱,相隔许久才成立的统一王朝隋,统一二十多年后就在中国历史上有数的大叛乱中崩溃了,但其统一体制为唐朝所继承并完善。对唐朝来说,隋末之乱发挥的积极作用之一,就是让魏晋南北朝时期培育的地方势力的能量和社会矛盾,经由大乱而一并喷发出来,预先燃烧殆尽了。结果,仅从叛乱现象来看的话,唐代的叛乱,是边境地域的矛盾或民族问题(安史之乱)或者盐商的经济实力和贩卖路线的问题(黄巢之乱),与地方性非常强的隋末之乱相比,呈现出完全不同的性质。这也反映出,与隋以前相比较,唐代三百年间国内的商业活动和流通路线有了飞跃性的发展[1]。

要说起唐代中国社会的特征,可以第一个举出的,是由描绘胡人的唐三彩和萨珊波斯风设计所象征的国际色彩丰富的这一方面。事实上,周边诸国积极向唐王朝派遣朝贡使节,唐朝境内也居住着各色外国商人,这都是众所周知的[2]。关于日本国的遣唐使,其派遣的目的,通常被广泛宣传的是学习文化的一面,但也有人指出它具有贸易性的侧面[3]。这很容易让人认识到,唐的商业、经济活动不单限于中国国内,而是广泛地与当时亚洲诸国间的贸易活动密切联系着。

关于唐代商业性和经济性的一面,至今已屡屡被选为研究的课题,不仅被作为国内的问题,也涉及对外的、国际性的方面,诸如当时的朝贡关系或贸易的构成或者与商业活动相伴随的留居在唐境内的外国

---

1. 氣賀澤保規:《隋末唐初の諸叛乱》,收入《中国民衆叛乱史》1,平凡社东洋文库,1978年。
2. 先驱性的研究有:桑原隲蔵:《隋唐時代に支那に来住した西域人に就いて》,《東洋文明史論叢》,弘文堂书房,1934年;石田幹之助:《長安の春》,创元社,1941年;向达:《唐代长安与西域文明》,北京新华书店,1957年。最近的研究,可以举出堀敏一的《中国と古代東アジア世界》(岩波书店,1993年,特别是其中的《一○、中国に来住した人々》)。其他参见后文。
3. 木宫泰彦:《日華文化交流史》,富山房,1955年,第二章"遣唐使";森克己:《遣唐使》,至文堂,1955年;戴禾:《唐代来长安日本人的生活、活动和学习》,《陕西师大学报》1985年第1期等。

附章　唐代外国贸易、侨居外国人的相关问题　　　　　　　　　　　　385

人的生存形态等。不过，由于近年研究领域的细分化，像以前那样讨论这些问题的机会似乎变少了[1]。至今为止的研究当然没能解释明白所有的问题，不清楚的点仍有很多。因而，我拟在既有研究成果的基础上，重新整理与唐代外国贸易、侨居外国人相关的诸问题，作为全书的附章。

一、朝贡使节与唐的贸易管理

（1）朝贡使节的接待机构

首先来看总管有关外国人和对外事务的中央管理机关。在中国历史上，管理在中国境内居住的外国人和对外贸易的中央机关，传统上是鸿胪寺。它的官制系谱，源于周官的大行人和秦官的典客，掌奉迎宾客和蛮夷归义，汉景帝时改名为大行令，汉武帝太初元年改称大鸿胪，唐制即承此而来[2]。

唐的鸿胪寺，位于长安皇城内的南端、承天门街以西，与作为迎宾馆的鸿胪客馆相并列。长官为鸿胪卿（一名，从三品），副官为鸿胪少卿（二名，从四品下），率领的属官有掌管二王后与蕃客的典客署、掌管皇族和官僚葬仪的司仪署。关于鸿胪卿的职掌，《大唐六典》卷一八列出以下五条：

---

1. 但是在中国，围绕唐周边民族的研究和唐王朝的民族政策等，论文数却在增加。参看周伟洲：《近年来国内隋唐民族史研究述评（1981—1988）》，《中国唐史学会论文集》，三秦出版社，1991年。关于贸易关系，有：乌廷玉：《隋唐时代的国际贸易》，《历史教学》1975年第2期；马俊民：《关于唐代"胡马"引进及其历史作用》，《天津师大学报》，1988年第4期；蔡鸿生：《唐代九姓胡贡品分析》，《文史》总31期，1989年；张泽咸：《唐朝与边境诸族的互市贸易》，《中国史研究》1992年第4期等。
2. 《汉书》卷一九上《百官公卿表上》"典客"条；《续汉书·百官志二》"大鸿胪"条。"鸿胪"的字意有多种解释：（1）鸿为声，胪为传，即传天子之声以赞导九宾之意（应劭《汉官仪》、胡广《汉官解诂》注）；（2）鸿为大，胪为陈，大（或以大礼）陈序于宾客（韦昭《辨释名》）；（3）鸿意为大，胪指腹前的肥肉，即以京师为心体，以王侯蕃国为腹肥，以供养之（刘熙《释名》）等。参看《初学记》卷一二《职官部下》"鸿胪卿"条、《太平御览》卷二三二《职官部三〇》"鸿胪卿"条、《艺文类聚》卷四九《职官部五》"鸿胪"条、《北堂书钞》卷五四《设官部六》"鸿胪"条、《通典》卷二六《职官典八》"鸿胪卿"条《事物纪源》卷五"鸿胪"条、《龙筋凤髓判》卷二"主客二条"条、〔明〕方以智《通雅》卷二四《官制》"汉之鸿胪"条、〔清〕惠栋《后汉书补注》卷二四"大鸿胪"条等。

① 四方夷狄君长朝见者的接待；
② 对二王之后及夷狄君长之子世袭官爵者的管理；
③ 天下佛寺、道观的三纲及京都大德的任命；
④ 皇帝、皇太子为皇室、大臣发丧临吊时的礼仪赞相；[1]
⑤ 出席和管理高级官员的葬仪。

其中，①②归典客署负责④⑤归司仪署负责，值得注意的是第③点。之所以这么说，是因为开元二十五年（737）以前鸿胪寺中另有一属官崇玄署，该署管辖寺观、僧侣、道士，但《六典》中崇玄署被置于宗正寺下，并采录了命令"崇玄署作为道教专门管辖机关移隶宗正，僧尼的管理移归尚书祠部"的开元二十五年敕[2]。也就是说，开元二十五年以后，鸿胪寺的属官是典客、司仪二署体制，上述③的规定本不应出现在此处。通常认为《六典》是以开元七年令为基础编纂的，但鸿胪寺条采录了开元二十五年令，可理解为因全书正式完成（开元二十六年）之前的一年管辖制度进行了改革，留下了部分混乱的痕迹。

如上所述，唐鸿胪寺的属官是二署或三署的制度，这些属官彼此之间完全是独立的，与外国人和外国贸易有关的职务全属典客署的职掌，司仪署、崇玄署完全不会触及。那么典客署具体承担怎样的职务呢？《六典》"鸿胪寺典客署"条记载：

> 典客令掌二王后介公、鄅公之版籍，及东夷、西戎、南蛮、北狄归化在蕃者之名数……凡朝贡、宴享、送迎预焉，皆辨其等位而供其职事。凡酋渠首领朝见者，则馆而以礼供之。

---

1. 译者注：此处日文原稿应译为"皇帝、皇太子、皇室、大臣的发丧临吊的赞助"。而《大唐六典》此条实为："凡皇帝、皇太子为五服之亲即大臣发哀临吊，则赞相焉。"此处日文原文有误，今据史料改正。
2. 参看《唐会要》卷六五"宗正寺"条开元二十五年宗正卿鲁王道坚的上奏、卷四九"僧尼所隶"条开元二十五年七月七日制等。关于唐鸿胪寺的佛道管理，参看滋野井恬：《唐宋時代の僧道統摂機関について》，收入同作者《唐代仏教史論》，平乐寺书店，1973年；福原良隆：《唐代の鴻臚寺について——特に寺観に関する職掌について——》，中央大学《大学院研究年報》文学研究科，第23号，1993年。

紧接着又记述了①蕃望等位（对外国人的待遇的级别）基准的规定[1]，②抽换骑乘家畜的规定，③药物、滋味类进献时的处置规定，④对患病者给予医师、汤药的规定，⑤出现死亡时的葬仪规定，⑥给予帐氈席、幕、食物的规定，⑦归国之际领受赐物的补充规定（《新唐书·职官志》《旧唐书·百官志》也沿袭或删略了这段记载）。由此看来，鸿胪寺典客署的职务就是以外国朝贡使节为对象的。《六典》的这段材料，在《通典》卷二六《职官典》"鸿胪卿"条被简化为：

> 典客署……掌二王之后、蕃客辞见、宴接、送迎及在国夷狄。

"归化在蕃者"和"在国夷狄"，都是指与唐之间存在君臣关系或者某种形式的朝贡关系的外国、外民族[2]。

不过，以有关朝贡使节的事务作为职掌之一的官署，绝不限于鸿胪寺典客署。例如，在使节的食物供给有关的事务中尚书礼部的膳部郎中也发挥了作用，贡品或赐物的授受管理则由太府寺承担，对它们的检查由御史台执行，而根据从使节得到的地理风土情报制作外国的地图则是兵部职方郎中的工作，使节归国之际发给过所（通关手续）由刑部司门郎中掌管等。这些官署中与朝贡使节保持特别密切关系的，是尚书礼部的主客郎中。关于主客郎中的职掌，《六典》卷四载：

> 主客郎中、员外郎，掌二王后及诸蕃朝聘之事。

接着列举了当时有朝贡关系的约七十国，末尾略云：

> 其朝贡之仪，享燕之数，高下之等，往来之命，皆载于鸿胪之职焉。

---

1. 关于蕃望，参看本书第三部第四章。
2. 参看本书第一部第五章。

《旧唐书·职官志二》所记同此。但唯独《新唐书》卷四六《百官志一》"礼部主客郎中"条与此不同，其中用极简略的文字列述了十一条相关规章，即：①入朝者初到的边境州郡调查使团人数发给"边牒"的规定；②在朝集日给予蕃州都督、刺史衣冠、袴褶的规定；③利用驿传的规定；④与供给食料的鸿胪寺相照会的规定；⑤设会日及参拜之日场合的食料规定；⑥给予海路航行者安全祈愿用羊豕的规定；⑦归途的食料供给规定；⑧请求宿卫者的应对规定；⑨突厥使在市坊交易之际的应对规定；⑩蕃王死亡后子孙、兄弟袭官的规定；⑪出使绝域者返唐之际报告当地风俗等的规定。此处所见的诸规定，大多不见于《唐令拾遗》[1]等其他唐代规章史料，而且从诸史书的记录中寻找这些规定得到运用的确证也不容易。这意味着《新志》主客郎中条的记述非常珍贵且有趣，或许包含了"主客式"的一部分内容[2]，但目前对该史料的分析几乎还没有进行。

根据《新志》记录的这段史料，我们大概能够做出这样的理解：外国朝贡使节来唐入朝的场合，因为朝贡在唐的国家理念中是被归入"礼"的，故而总体负责在唐境内接待他们的是礼部，主客郎中是其中心，鸿胪寺典客署与礼部相联络并主要负责在长安的接待，进而为应对种种事态，在事务层面诸官署又卷入进来。所以，以所谓朝贡的方式进行的唐与诸国的国家间贸易，也只能作为这些机构中执行的仪礼来把握。

（2）交易品授受的形式

一般称为"东亚使节的朝贡贸易"的场合，交易品的交换具体是怎样进行的呢？

朝贡使节抵唐之后，在唐境内，他们会进行这样一系列活动：边境州县的调查，获得中央发来的许可入京者名单，入京者上京（不入京者在边州待命），到达京师，进入迎宾馆，出席迎劳仪式，接收皇帝谒见日的传达，谒见皇帝，根据情况出席冬至、元日朝贺等仪式，归

---

[1]. 仁井田陞：《唐令拾遗》，东方文化学院，1933年；东京大学出版会，1964年再版。以下的复原唐令引自该书，也参考了池田温编集：《唐令拾遺補》，东京大学出版会，1997年。

[2]. 关于唐主客式的部分内容，参看本书第一部第三章。

附章　唐代外国贸易、侨居外国人的相关问题　　　　　　　　　　　　　　　　389

途（与边州待命者会合），归国。在长安的活动可以说完全是礼仪的世界，这些仪式的规程被记载在《大唐开元礼》卷七九、卷八〇所载宾礼六种中。

　　在这种种活动之中，使节将从本国带来的物品交给唐朝（自然是被视为贡物献上）的场合，是谒见皇帝的仪式。该仪式的正式名称是"皇帝受蕃使表及币"，是唐朝皇帝从外国使节接受国书和献上品的仪式[1]。其会场，在《开元礼》中被设定在宫城内的太极殿，但众所周知，唐代外国使节谒见皇帝随时代不同而在不同的宫殿中进行[2]。整个仪式概述起来是这样的：使节到达承天门，皇帝出御并入座，使节入场就殿庭之位，中书侍郎接受国书并上奏，上奏的同时进行贡品的交接，皇帝劳问，使节退场，皇帝退场。不过，交易品（贡品）当然不是突然被带入仪式会场的，事先州县已与鸿胪寺进行联络，有时驼、马类被判断为不具有向中央进奉的价值就被留在了州县[3]，也出现过奇兽类被禁止进献的事件[4]。然后在入京途中，外国使节所携带的物品，在最初通过的关卡接受检查，按规定在第二关以后便不能再变动了[5]。

　　另一方面，唐朝向外国使节赐予返礼，是在宴会仪礼的场合。皇帝、使节的入场退场与谒见仪礼的程序是一样的，但在宴会场合使团的中心人物被允许升殿（其他人在廊下）并被赐予酒、食物和音乐，这些结束之后在殿庭进行返礼物品的交付[6]。按惯例返礼物品要比外国使节的贡品在价值上高一等，《开元礼》卷八〇"皇帝宴蕃国主"仪礼的注文

---

1. 参看本书第一部第五章。另外，关于日本国遣唐使携带国书的问题，传统上否定的见解是主流，近年采用携带说的趋向变强，西嶋定生《遣唐使と国書》（《遣唐使研究と史料》，东海大学出版会，1987年）、奥田尚《八世紀の日本から唐への国書》（追手门学院大学《東洋文化学科年報》第6号，1991年）还进行了书式复原的尝试。
2. 田島公:《日本の律令国家の『賓礼』——外交儀礼より見た天皇と太政官——》，《史林》第68卷第3号，1985年。
3.《新唐书》卷四八《百官志三》"鸿胪寺"条。
4.《旧唐书》卷一二《德宗本纪上》大历十四年闰五月丙子条。
5.《新唐书》卷四六《百官志一》"刑部司门郎中"条。养老关市令第七条也可见同样的规定，应是唐关市令的取意之文。参看榎本淳一:《律令賤民制の構造と特質——付『新唐書』刑法志中の貞観の刑獄記事について》，池田温编:《中国礼法と日本律令制》，东方书店，1992年；《唐令拾遺補》，第797页；本书第三部第二章。
6. 参看本书第一部第六章。

所云"其赘,随其国所有,以一轻者为之",正是对此事的逆向表达。因而贡品的价值评定是不可欠缺的,如果价值不明,则鸿胪寺与少府监及市司共商决定,并报告中书省[1]。

以上正是通常称为"朝贡贸易"的交易形态中实际的物品交换的形式。必须注意的是,外国使节交给唐的物品,如在"皇帝受蕃使表及币"礼文中被记作"币"和"庭实"所示,存在着两种贡品。日本国的《延喜式》卷三〇大藏省"赠蕃客例"条注记中规定,给"大唐皇"的赠品分为"银大五百两"以下的物品和"帛二百疋"以下的"别送",又日本遣唐使的报告中屡屡将献给唐的贡品分为"国信"和"别贡"两种来表达,这些正与上述两种贡品相符合[2]。大概这是当时东亚的外交、朝贡中的常识。而唐给予的返礼品,在宴会场合赐予的物品之外,在使节归国辞见的席上仍有赐物的授予,可以认为这也是与外国的两种贡品相对应的。此外,在唐的朝贡贸易中,还存在着使节未到长安而仅在边境进行交易的情形。吐鲁番文书[72TAM230:/1(a)][3]的第七行以下有:

> 拟报诸蕃等物,并依色数送囗。其交州/都督府报蕃物,方当府囗用,所/有破除见在,每年申度囗囗。其安北/都护府诸驿赐物,于灵州都督府给。单于大/囗护府诸驿赐物,于朔州囗。(以下略)

---

1. 《六典》卷一八"鸿胪寺典客署"条、《新唐书》卷四八《百官志三》"鸿胪寺"条、《白氏六帖事类集》卷二二《蛮夷贡赋》"蕃夷进献式"条所引主客式。又,土肥义和氏分析过的S.8444文书(3断片),列出了回鹘的献上品(此处为"附进")与唐方相应的回赐,可以知道当时(唐末)交换存在一定的比率。参看土肥义和:《敦煌発見唐——迴鹘間交易関係漢文文書断簡考》,栗原益男先生古稀記念論集《中国古代の法と社会》,汲古書院,1988年。而该文书所记的贡品是来自回鹘可汗之女和宰相的"附进",所以文书缺失的前半部分所记的是正规的进奉品(又参看堀敏一:《中国と古代東アジア世界》,第263页)。如后文所述,送往唐的贡品就日本国而言,被分为"国信"和"别贡"两种,上述回鹘文书的情况或与此有关。
2. 《续日本纪》卷三五宝龟九年十月乙未条;《日本后记》卷二一延历二十四年六月乙巳条;空海《為大使与福州観察使書》(《遍照発揮性霊集》卷五)等。
3. 《吐鲁番出土文书》第八册,文物出版社,1987年。关于此文书的研究,参看大津透:《唐律令国家の予算について——儀鳳三年度支奏抄・四年金部旨符試釈——》,《史学雑誌》第95編第12号,1986年。

附章　唐代外国贸易、侨居外国人的相关问题

此处所见的交州、灵州、朔州的报蕃物规定，显示了边境朝贡贸易的一个方面。

另外，关于唐王朝的朝贡贸易管理，礼部主客郎中和鸿胪寺典客署负责记录有朝贡关系的国名，户部记录贸易品目、额度，太府寺负责保管收到的物品。

（3）互市

在以上所见的国家间的朝贡贸易之外，在唐代还能看到民间性的贸易，众所周知它们被称为"互市"。监督互市的是边境各地设置的互市监，《六典》卷二二载：

> 诸互市监各掌诸蕃交易之事。……凡互市所得马、驼、驴、牛等，各别其色，具齿岁、肤第，以言于所隶州、府，州、府为申闻。太仆差官吏相与受领，印记。上马送京师，余量其众寡，并遣使送之，任其在路放牧焉。每马十匹，牛十头，驼、骡、驴六头，羊七十口，各给一牧人。

这里特意记下了牛马等，因为它们是来自北方世界的主要输入品。根据这一规定，从外国输入家畜的时候，互市监按种别向州报告家畜的年龄、品级等，州报告中央，太仆寺再派人到当地确认输入。然后良马送到京师，其他听凭在地方放牧[1]。由此可知，适用这一规定的交易，即使称为互市，从唐的管理行为来看，官方贸易的色彩仍是很强的。

另一方面，与牛马相交换，从唐输出的物品主要是绢类，管理输出绢帛数量的官署是户部的金部，《六典》卷三"金部郎中员外郎"条规定：

> 诸官私互市唯得用帛练、蕃綵，自外并不得交易。其官市者，两分帛练，一分蕃綵。若蕃人须糴粮食者，监司斟酌须数，与州司相知，听百姓将物就互市所交易。

---

1. 译者注：此处史料原意似指"听任其在途中随意放牧"，与本处理解有所不同。

也就是说，可供输出用的绢帛仅限于帛练和蕃綵两种，还可以看到，如果外国人希望购入谷物等，则在官吏监督的条件下与百姓进行交易。

关于实际互市现场的交易进行方式，复原《关市令》第五条规定：

> 诸外蕃与缘边互市，皆令互官司检校。其市四面穿堑，及立篱院，遣人守门。市易之日卯后，各将货物畜产，俱赴市所。官司先与蕃人对定物价，然后交易。

互市的场所，四方用堑壕和篱围起来，使门外的人不能自由出入，交易时唐的官吏首先与外国人商谈以决定输入品的价值。

除以上以"绢马贸易"为代表的北方互市之外，众所周知，唐代的南海贸易也很兴盛。这一领域的研究已有深厚的传统和积累[1]，详细情况请参看它们，这里仅略涉其大要。唐代的南海贸易在太宗、高宗朝迎来第一次高潮。反映此时期唐朝贸易管理行政的史料，有《唐会要》卷六六"少府监"条所引显庆六年（661）二月十六日敕的规定："南中有诸国舶，宜令所司每年四月以前，预支应须市物，委本道长史。舶到十日内，依数交付价值市了。任百姓交易。"

市舶使的出现是在玄宗初期，相关史料首见于《唐会要》卷六二《御史台下》"谏诤"条：

> 开元二年（714）十二月，岭南市舶司、右威卫中郎将周庆立、波斯僧及烈等，广造奇器异巧以进。

---

1. 石橋五郎：《唐宋時代の支那沿海貿易並貿易港に就て》，《史学雑誌》第12编第8、9、11号，1901年；中村久四郎：《広東の商胡及び広東長安を連結する水路舟運の交通》，《東洋学報》第10卷第2号，1920年；中村久四郎：《唐時代の広東》，《史学雑誌》第28编第3、4、5、6号，1927年；藤田豊八：《宋代の市舶司及び市舶条例》，《東西交渉史の研究》南海篇，冈书院，1932年；桑原隲蔵：《蒲寿庚の事蹟》，岩波书店，1935年；和田久德：《唐代における市舶司の創置》，《和田博士古稀記念東洋史論叢》，讲谈社，1961年；和田久德：《唐代の南海遣使》，《東洋学報》第33卷第1号，1951年；築山治三郎：《唐代嶺南の政治と南海貿易》，《京都産業大学論集》第1号，1971年等。

附章　唐代外国贸易、侨居外国人的相关问题

作为玄宗朝开始设置的诸使职的一种，它是作为替代前引"少府监"条的"本道长史"的专门职务而出现的。之后，市舶使并非始终常置的官职，有时也任命宦官充当，而岭南节度使兼任的例子更多，其名称也称为"押蕃舶使""监舶使"等，这种在制度上未确定的状态一直延续到了宋代。唐初的南海贸易，从它与少府监有关也可看出，中央政府方面予以了极大的关注，到后半期其利益与地方节度使的权力相结合，加上地方官的苛税等，产生出种种妨碍自由贸易的弊害，文宗朝曾发令禁止舶脚（关税）、收市（蕃货的抢先购买）以外的课税[1]。这些问题的解决也留给了宋代。

北方、南方的贸易之外，唐代粟特人等西方商人的交易非常活跃也是众所周知的，这一领域的研究积累也堪称丰厚[2]。与西方的贸易，给唐带来的特别的问题之一，即与北方和南方不同，西方来的外国商人大量进入并深度混居在中国内地。如果对此稍稍放任自由，唐的出入国管理体制将无法维持下去。S.1344敦煌文书《开元户部格残卷》[3]的垂拱元年（685）八月二十八日敕以及《唐会要》卷八六"关市"条所载天宝二年（743）十月敕所见的对西方商人的交通禁断令，就是以上述问题为背景的。不过，这些具体是以当时何种国内状况、国际关系为背景发布的政令，尚有待今后的进一步考察。

如同朝贡贸易在外国使节至京师进行的朝贡之外，另有一种在边境进行的情况一样，互市在边境互市之外，也有在内地都市进行买卖的情形。前节曾引用的《新唐书·百官志》独有的那段记载中的第⑨条，就与此种情形相呼应。而《新志》"礼部主客郎中"条所载的规定：

---

1. 《文苑英华》卷四四一《太和八年疾愈德音》。《唐大诏令集》卷一〇收录作"太和三年疾愈德音"。
2. 本书第384页注2桑原隲藏、石田幹之助、向达各论文。藤田豊八：《薩宝につきて》，《東西交涉史の研究》西域篇，冈书院，1933年；池田温：《八世紀中葉における敦煌のソグド人聚落》，《ユーラシア文化研究》第1号，1965年；羽田明：《ソグド人の東方活動》，岩波講座《世界歷史》六，1971年；山田信夫編：《ペルシアと唐》，平凡社，1971年；妹尾達彦：《都市の外国商人——八、九世紀の中国における異人買宝譚——》，比較都市史研究会創立二〇周年記念論文集《都市と共同体》上，名著出版，1991年等。
3. Tatsuro Yamamoto, On Ikeda, Makoto Okano, Tun-Huang and Turfan Documents, Concerning Social and Economic History, I, Legal Texts (A) (B), The Toyo Bunko, 1980.

>突厥使置市坊，有贸易，录奏，为质其轻重，太府丞一
>人莅之。

也是这种互市的例子，还有长安东西市中外国人店肆的商业经营更毋庸赘述了[1]。这些外国人在都市之市场中进行营业和买卖的活动，基本上是在管理一般唐人在市坊活动的关市令和杂律等规定的框架内进行的。但要注意的是，在唐停留期间外国使节等在坊市购入商品时，有些物品是禁止带出国外的。例如，《唐会要》卷八六"市"条引开元二年（714）闰三月敕云：

>诸锦、绫、罗、縠、绣、织成紬、绢、丝、犛牛尾、真珠、金、铁，并不得与诸蕃互市，及将入蕃。金铁之物，亦不得将度西北诸关。[2]

这与前述与北方互市的输出品仅限于帛练和蕃綵的规定是一致的。其实际的例子，有《册府元龟》卷九七四《外臣部·褒异》开元五年（717）十月乙酉之事："（日本国使）应须作市买，非违禁入蕃者，亦容之。"而之后的文宗朝又发布了禁止私自交易的敕令，《册府元龟》卷九九九《外臣部·互市》载太和五年（831）六月诏曰：

>自今以后，应诸色人，宜除准敕互市外，并不得与蕃客钱物交关。

恐怕就与上述诏书相关，圆仁《入唐求法巡礼行记》开成四年（839）二月二十日至二十二日条曾记载日本使者在扬州的市场上购入商品受

---

1. 在此仅举日野開三郎：《唐代邸店の研究》，自家版，1968年。
2. 参照复原唐《关市令》第四条。《册府元龟》卷九九九《外臣部·互市》开成元年（836）六月京兆府奏文中，也可见大体相同的文字作为"建中元年（780）十月六日敕"出现。

附章　唐代外国贸易、侨居外国人的相关问题

到官府严厉调查之事[1]，即发生了承和遣唐使购买唐物问题。

二、唐的法令与侨居外国人的诸形态

朝贡使节的往来和互市的景象交相辉映，一般说起唐代的社会、文化，容易将它设想成是极富国际色彩的，的确，这一侧面是真实存在的。但是，不能因此说唐代的中国人与外国人可以完全自由地交往。《唐律疏议·卫禁律》"越度缘边关塞"条列记了六条禁止的活动：①越度缘边关塞，②共化外人私相交易，③将禁兵器私与化外人，④与外国人婚姻，⑤以上诸条未遂，⑥因出使而在外国私自交易。根据《疏议》②至⑤条，若与入唐的外国人进行这些活动，也被论以同罪。《册府元龟》卷九九九《外臣部·互市》开成元年（836）六月京兆府奏文中亦曰：

> 又准令式，中国人不合私与外国人交通买卖、婚娶来往。

故而前节主要讨论的外国使节，当然是这些禁止条款的对象。岂止如此，就外国使节而言，据前揭卫禁律疏议文所引的"主客式"逸文，还有下列这些禁止事项：①与中国人的交杂（私相交易或与异性亲密交往），②与百姓谈话，③无事会见官吏。这些禁令的主要理由是防止泄漏国家机密，这点从《唐律疏议·职制律》"泄漏大事"条的"漏泄（国家机密）于蕃国使者加一等"的规定中也可以看到[2]。此外，迎宾馆当然是严禁百姓出入的，官吏进出也要受到严格的检查。

虽说如此，与外国人的买卖、结婚等也不是一概都禁止的，如上所述，如果履行了正式手续，则买卖交易是得到承认的。上述规定的大多数，至多只是对"私自"进行的那些活动加以禁止，若以正当手

---

1. 小野勝年：《入唐求法巡礼行記の研究》一，铃木学术财团，1964年，第407—418页。足立喜六译注，塩入良道补注：《入唐求法巡礼行記》1，平凡社东洋文库，1970年，第121—122页。E. O. Reischauer, *Ennin's Diary, The Record of a Pilgrimage to China in Search of the Law*, New York, 1955, pp. 84-85.
2. 布目潮渢：《唐職制律の『漏洩大事の条』について——機密漏洩罪の系譜——》，瀧川政次郎博士米寿記念論集《律令制の諸問題》，汲古书院，1984年。

段与外国人结婚也是被允许的。但是，针对与唐人结婚的外国人，《唐会要》卷一〇〇"杂录"条所引贞观二年（628）六月十六日敕规定：

> 诸蕃使人所娶得汉妇女为妾者，并不得将还蕃。

也就是说，即使那些与唐人女性的婚姻得到承认的人，也不允许将该女带回本国。

像这样以正当手段（或不正当手段）侨居的外国人，在唐朝无疑是大量存在的。上文所见的细致的禁止规定，反过来看，只有与外国人的接触是司空见惯的平常事这样的前提或可能性存在，才会有这样的法令。那么，这些外国人究竟是以怎样的状态侨居在唐土呢？关于这一问题，已有从法制史[1]、官制[2]、军制[3]、生活和文化[4]、民族分类与唐的对策[5]等视角展开的出色研究，本文以它们为参考，主要通过分析唐代法令规定的对象，重新梳理唐代侨居外国人的主要形态（作为使节在唐的外国人除外）。

（1）归化人

《通典》卷六《食货六·赋税下》云：

> 诸没落外蕃得还者，一年以上复三年，二年以上复四年，三年以上复五年。外蕃之人投化者复十年。

---

1. 中田薫：《唐代法に於ける外国人の地位》，同氏：《法制史論集》三，岩波书店，1643年；仁井田陞：《中国法制史研究——法と慣習・法と道徳——》，东京大学出版会，1964年，第一章"東アジア諸国の固有法と継受法"。
2. 池田温：《唐朝处遇外族官制略考》，唐代史研究会编：《隋唐帝国と東アジア世界》，汲古书院，1979年。
3. 章群：《唐代蕃将研究》，台北：联经出版事业公司，1986年；章群：《唐代蕃将研究续编》，联经出版社，1990年；马驰：《唐代蕃将》，三秦出版社，1990年。其他参本书第401页注1、2、3。
4. 那波利贞：《唐代の長安城内の朝野人の生活に浸潤したる突厥風俗に就きての小攷》，《甲南大学文学会論集》第27号，社会科学编五，1965年；林恩显：《突厥文化及其对唐朝之影响》，《食货月刊》复刊第1卷第7期，1972年；谢海平：《唐代留华外国人生活考述》，台湾商务印书馆，1978年。
5. 冯承钧：《唐代华化蕃胡考》，同氏著：《西域南海史地考证论著汇辑》，香港中华书局，1976年；章群：《唐代降胡安置考》，《新亚学报》第1卷第1期，1955年。

此处可见外蕃人投化者免税十年的规定。又《白氏六帖事类集》卷一〇"使绝域"条可见化外归朝者的附贯规定（《养老赋役令》《户令》亦有同样条款）：

> 没蕃得还，及化外人归朝者，所在州镇给衣食，具状送省奏闻。化外人于宽乡附贯安置，落蕃人依旧贯；无旧贯，任于近亲附贯。（复原唐《户令》第十九条）

这两条中所谓的"外蕃之人投化者"与"化外归朝者""化外人"，在规定中各自都与落蕃人成组出现，可以看作是同一对象。这种归化人，据户令须于宽乡附贯，根据赋役令则免除十年租税。那么，这些人在第十一年之后，当然就要承担租庸调了，也就与一般百姓同等对待了。如果怠于纳税，便触犯《唐律疏议》卷四《名例律》"会赦应改正征收"条了。

令文中称之为"投化者""归朝者"，在《令义解》《令集解》对该条的解释中，"投"和"归"被释作同义，归，如《礼记·缁衣篇》"私惠不归德，君子不自留"注云"归或为怀"所示，作"亲近、爱慕"之意。故"投化""归化"，即倾慕中华天子的德化而投身其中之意，这一词汇本身是被广泛应用的。不过从上述附贯、纳税的规定来看，其对象与当今日语的"帰化人"是颇为类似的。

（2）长安等地的外国商人

说起唐境内侨居外国人的纳税规定，通常会引用《六典》卷三"户部郎中员外郎"条的这条规定：

> （a）凡诸国蕃胡内附者，亦定为九等，四等已上为上户，七等已上为次户，八等已下为下户。（b）上户丁税银钱十文，次户五文，下户免之。（c）附贯经二年已上者，上户丁输羊二口，次户一口，下户三户共一口。（d）无羊之处，准白羊估折纳轻货。若有征行，令自备鞍马，过三十日已上者，免当年输羊。（e）凡内附后所生子，即同百姓，不得为蕃户也。（复原唐《赋役令》第六条）

这的确是记载外国人纳税额的珍贵史料，但是此规定仍存在一些基本的疑点。即，内附后两年中纳银钱者何故到第三年以后必须输羊？假如第三年之后仍纳银钱，又何故要以羊为纳税额的计算单位？然而，曾由大津透、榎本淳一两位复原、介绍[1]，又经大津透推定为仪凤年间的"度支奏抄·金部旨符"抄本[2]的一系列大谷文书中有如下条文：

> 雍州诸县及诸州投化胡家，富者（丁别）每年请税银钱拾文，次者丁别五文，全贫者请免。其所税银钱，每年九月一日以后十月卅日以前，各请于大州输纳。

这里未见有输羊的规定。所以上述《赋役令》中的纳银钱规定和输羊规定，虽然记在一条之中，仍应该解释为对象有区别的两种规定。可以这么理解：该规定的（b）部分与"度支奏抄"所引条文内容一致，（c）与（d）部分是另一种规定，其对象是以羊为纳税基准的另一类外国人。（a）部分与（b）及（c）（d）两部分都有关系，而（e）大概与（c）（d）无关，而与（b）或者此外的第三种对象有关。（b）的银钱交纳者在"度支奏抄"中被称为"雍州诸县及诸州投化胡家"，由此看来，其最有可能的对象，正是在长安及其他都市的市中活动的以粟特人为代表的外国商人[3]。开元十六年（728）庭州金满县牒[4]中也可见"当县管百姓、行客、兴胡"的税钱总计"贰佰伍拾玖阡陆百伍拾文（捌拾伍阡陆佰伍拾文，百姓税）"，

---

1. 榎本淳一、大津透：《大谷探险队吐鲁番将来アンペラ文書群の復元》，《東洋史苑》第28号，1987年。
2. 大津透：《唐律令国家の予算について——儀鳳三年度支奏抄・四年金部旨符試釈——》。
3. 粟特人当然不只是作为都市商人而留居的，鄂尔多斯方面"六州胡"的存在也广为人知。参看小野川秀美：《河曲六州胡の沿革》《東亜人文学報》第1卷第4号，1942年；张广达：《唐代六胡州等地的昭武九姓》，《北京大学学报》1986年第2期。近年，宁夏回族自治区固原郊外发掘调查了数个隋唐墓，可以确认当时固原居住着粟特系的史、安、康氏，他们之间互相通婚。参看罗丰编：《固原南郊隋唐墓地》，文物出版社，1996年；森部豊：《ソグド人の東方植民に関する最新の考古学的成果》，东方书店《東方》第193号，1997年。另外，与本节将《六典》户部郎中员外郎条的记述分解为（a）至（e）的解释相对，堀敏一表达了另一种考虑，即该条文是以归化于唐的个人而非羁縻州民为对象的。参看堀敏一：《中華世界》，《魏晋南北朝隋唐時代史の基本問題》，汲古书院，1997年。又参本书第五章末尾"附记"。
4. 池田温：《中国古代籍帐研究》，东京大学出版会，1979年，第354页。

大概就包含了根据上述赋役令（b）的规定，或者以之为基础的某种规定而收取的西域商人的纳税钱。

（3）羁縻州民

如果上文对《赋役令》第六条的解释没有错，那么剩下的（c）（d）规定的最有可能的对象，从他们以羊为纳税单位以及自备鞍马参加征行等点来考虑，应该就是北方游牧世界的羁縻州民吧。

可是《令集解》赋役令"没落外蕃"条《古记》所引的"开元令"中又有这样的规定：

> 夷狄新招慰附户贯者，复三年。（复原唐《赋役令》第十七条）

这两条与前揭"归化人"条的"给复十年"，必然是对象各异的（此三条并存于开元令中）。

《赋役令》第十七条所见的"复三年"的理念，显示了在其他政权的领域并入本政权之下的情形、比较短距离的户贯移动的情形以及户籍上的身份或所属形态发生变化的情形下生效的倾向。所谓"招慰"的行为，意味着将某地域、集团、组织等招徕并纳入自己的支配之下。S.1344《开元户部格残卷》[1]中规定：

> 敕：化外人及贼，须招慰者，并委当州及所管都督府，审堪当奏闻。不得辄即招慰，及擅发文牒。所载官司，亦不得辄相承受。如因此浪用官物者，并依监主自盗法。若别勑令招慰，得降附者，挟名奏听处分。
>
> 长安元年十二月廿日

如这段规定所示，招慰是作为国家政策而执行的行为。如在《旧唐书·地

---

1. 收入 Tatsuro Yamamoto, On Ikeda, Makoto Okano, *Tun-Huang and Turfan Documents, Concerning Social and Economic History*, I, Legal Texts (A) (B)。

理志》中检索"招慰"的用例，则呈现出在江南道、剑南道方面集中出现的倾向。也就是说，《赋役令》第十七条的规定，主要是以西南或南方的异民族为对象的，那些异民族自身大概未被迁移，像从前一样地生活着，而其地域以及部落被纳入到了唐的统治之下，第十七条应即适用于这种情形的规定。不过，唐的羁縻州后来升格为正州的情形也是有的，或许该规定也适用于这种情况。总之，他们不和百姓一样被课以租庸调，可参考复原唐《赋役令》第十二条的规定：

诸边远诸州有夷獠杂类之所，应输课役者，随事斟量，不必同之华夏。

此外，在岭南地区，当地部落被设置为正州而非羁縻州，其首领被任命为都督，存在一种独特的"复合支配"的构造，这点已经由中村裕一指出了[1]。其意是指汉代所谓的内臣与外臣两方面复合为一，与羁縻州相比，唐朝的直辖支配贯彻得更加强有力。

（4）蕃将

蕃将，是异民族出身而在唐朝就任将军等军事职务者的总称。主要是北方游牧民族首领阶层的很多人物，率领着属下的部落民从事军事行动，充当了唐朝兵力的重要一翼。如遵循前揭《赋役令》第六条的解释，这类从军活动若达到三十日以上，部落民们即适用于（d）的复除规定。

但是，蕃将的这种角色只是唐代相对初期的形态，历唐一代其性质绝非一成不变的，这点已被一些考察所指出。唐代蕃将的性质变化问题，早就由陈寅恪提出，陈氏认为，太宗朝的蕃将是统御部落民的酋长，而玄宗朝的蕃将多数是由寒族胡人充当的，这一变化的内因，是由于府兵制的成熟，军事力量的主体失去了像从前一样依赖蕃部兵的必要；其外因，陈氏举出的是，突厥默啜可汗的统治体制崩坏，导

---

1. 中村裕一：《文館詞林卷次未詳残簡『勅』考証》，收入《唐代制勅研究》，汲古书院，1991年。

附章　唐代外国贸易、侨居外国人的相关问题

致民族混合的小部落杂居在唐的北方边境[1]。

对于蕃将的性格变化，谷口哲也作出了更详细的检讨，他认为高宗朝以后周边民族的自立性产生出无部族组织背景的蕃将，此种蕃将与不再维持部族制的蕃兵的关系，是虚拟性的部族结合[2]。

另一方面，伊濑仙太郎关于唐代异民族内徙民的一系列研究[3]，将唐代基本上分为安史之乱以前和以后两段，唐前半期是积极采取华化政策的时代，后半期是消极的时代。基于这一立场，伊濑氏认为，就前半期而言，府兵制从高宗、武后朝开始走向衰退，同时，武后朝以后取代此前贵族阶层的新官僚阶层开始抬头，塞外系内徙民的护卫兵等武职的就任也与此种时代风潮密切关联着。

如将陈、谷口两氏与伊濑氏的研究进行对比，就会发现一个问题。即：边境的形势变化与唐宫廷内的政治运作的关联性的问题，同时，率领蕃兵实际奔赴战场的异族将军，与在宫廷中宿卫的异族武官，是否能够等而论之？即"蕃将"范围的理解问题。进而，说起宿卫者，又涉及他们与入质者的差异问题。

近年，章群、马驰专门论述唐代蕃将的力作先后出版了[4]。章氏将蕃将划分为七类，即①参与战争者、②军中推立或藩镇世袭、③羁縻州府刺史或都督、④国王或首领来朝或来降、⑤入为宿卫者、⑥放还蕃者、⑦其他，也有一位蕃将具有其中多种属性的情况。这样就否定了陈寅恪关于按时代来看蕃将性质变化的观点。而马氏也将蕃将分为三类，即入朝蕃将、在蕃蕃将、具有以上两者属性的蕃将，描述了他们在唐朝复杂纠结的存在形态。今后，我们有必要将这些蕃将类型划分的妥

---

1. 陈寅恪：《论唐代制蕃将与府兵》，《金明馆丛稿初编》，上海古籍出版社，1980年。
2. 谷口哲也：《唐代前半期の蕃将》，《史朋》第9号，1987年。
3. 伊濑仙太郎：《周辺諸民族の中国内徙について》，《内陸アジア史論集》二，国书刊行会，1979年；同氏著：《塞外系内徙民と漢人との接触交流について—特に唐代を中心として—》一—三，《東京学芸大学研究報告》第16—17集《東京学芸大学紀要》第18集，1964—1966年；同氏著：《唐代における異民族系内徙民の起用について》，《山崎宏先生退官記念東洋史論集》，同記念会，1967年；同氏著：《塞外系内徙民に対する唐朝の基本的態度》，《歴史教育》第15卷第5—6号，1967年。
4. 参看章群：《唐代蕃将研究》《唐代蕃将研究续编》；马驰：《唐代蕃将》。

当性,与随时代而性质变化的关联性合并起来进行分析[1]。此外,关于宿卫者和入质者,谢海平按授官的契机对两者进行了区分[2],章群也认为质子多是具有本国王族身份的王子、王弟,与宿卫者有所区别。但到了玄宗朝,显示出将质子宿卫者放还归国的趋向,这种政策变化的背景仍有待今后的研究。

（5）蕃坊居住者

所谓蕃坊,主要指中国南部的港湾都市中设立的外国人暂住区,始于唐而繁荣于宋、元。关于唐代的蕃坊,由于史料上的制约,不明之处很多,但其与唐代南海贸易的关联,或者作为宋代蕃坊的前史,迄今仍是关注的焦点[3],本节就将那些研究所得出的认识整理一下吧。

唐代蕃坊在史料中,是文宗朝房千里所撰《投荒录》(《天下郡国利病书》卷一〇四所引)中所见的如下记述:

顷年在广州蕃坊,献食多用糖蜜、脑麝……

但如前节论互市时提到的,若以为市舶使在开元初期已经设置,则亦可认为唐代蕃坊在此以前已初具原型。

蕃坊中有从外国人居留者中选出的领导者,称为"蕃长",似乎与此前史料中出现的"蕃客大首领"一脉相承。蕃长的职务,包括缴纳舶脚和取缔禁止交易品等贸易事务、指导祈祷和仪式及建立寺院等宗教管理、处理诉讼等司法活动等,涉及许多方面。唐朝方面与蕃长相联络并承担蕃坊管理的是市舶使,而市舶使又多由岭南节度使兼任。对于蕃坊的居留民,一定程度的自治是得到承认的,其法律根据就是屡屡被引用的《唐律疏议·名例律》的如下条文:

---

1. 马驰针对章群的观点,就蕃将的含义（换言之即涵盖范围）、类型七分提出了质疑。见马驰:《评章群先生〈唐代蕃将研究〉》,收入前引《中国唐史学会论文集》。
2. 谢海平:《唐代留华外国人生活考述》,第95—99页。
3. 参看本书第392页注1(特别是桑原骘藏:《蒲寿庚の事績》)。专论有范邦瑾:《唐代蕃坊考略》,《历史研究》1990年第4期。

附章　唐代外国贸易、侨居外国人的相关问题　　　　　　　　　　403

> 诸化外人，同类自相犯者，各依本俗法；异类相犯者，以法律论。

此外，藤本胜译注的《シナ・インド物語》中可见这样的记述：在黄巢之乱的混乱期，广州的外国人中十二万人被虐杀，而之所以准确知道死亡人数，是由于唐按外国人的人头数进行课税[1]。又《新唐书》卷一六三《孔戣传》载：

> 旧制，海商死者，官籍其赀，满三月无妻子诣府，则没入。（岭南节度使）戣以海道岁一往复，苟有验者不为限，悉推与。

从这些材料来看，唐朝可能是以某种以户籍作为标准的方法来管辖蕃坊居留民的。

（6）其他聚落

池田温曾通过分析天宝十载敦煌县差科簿，详尽地复原了沙州敦煌县从化乡的粟特人聚落[2]。从化乡的居民，户数不足300户，人口约1400人，虽有少数汉人杂居其中，但九成以上是胡姓，乡内还供奉着祆教神殿。它被认为在中亚粟特人与唐的通商贸易中发挥了媒介作用。其居民被登录于差科簿，故而具有唐之居民的属性，可以认为他们基本适用于前揭（1）归化人的有关规定。

与敦煌从化乡有着类似形态的粟特人聚落，可确认的还有西州（吐鲁番）高昌县崇化乡。神龙三年（707）该乡"点籍样"残片记载了合计50户239人的户口和给田额，有姓名记载的户主46人中，索格底亚纳出身的姓氏者可数出25人，其中有不少作为卫士被征兵。外来者的比率虽不及敦煌从化乡，但崇化乡的粟特人与汉人混住，并且明确地

---

1. 参看藤本胜次：《シナ・インド物語》，关西大学出版广报部，1967年，第33页。又参看妹尾达彦：《都市の外国商人——八、九世纪の中国における異人買寶譚——》注释（36）；桑原隲藏：《カンフウ問題殊にその陥落年代に就いて》，收入《桑原隲藏全集》三，岩波书店，1968年。
2. 池田温：《八世紀中葉における敦煌のソグド人聚落》。

作为编户而纳入到唐政府的支配下了[1]。吐鲁番、敦煌的粟特人编户聚落的存在既得到确认，则河西走廊的诸县虽无法用籍帐类史料来证明，存在同样聚落的可能性也是很高的，而鄂尔多斯的宥州六州胡，也应放到粟特人迁移至唐内地居住的动向中去把握[2]。

据那波利贞的研究，晚唐时敦煌存在着朝鲜佛寺，表明当地曾居住有大量朝鲜人[3]。那波氏推测这些朝鲜人是新罗人，但内藤隽辅认为他们可能是高句丽遗民[4]。

说起唐境内居住的朝鲜人，《入唐求法巡礼行记》中出现的山东、楚州地方的新罗人聚落非常著名[5]，圆仁也曾受到他们的很大援助才得以归国。这些聚落在9世纪的东海贸易中扮演了重要角色，在此意义上，它们与进行内陆贸易的敦煌粟特人聚落有着共同的性质。不过，《巡礼行记》将他们的聚落记作"新罗坊"，而登州文登县有"勾当新罗所"，新罗人所带的称号中出现了"总管（兼楚州同十将）""团头""译语""平卢军节度同十将"等，虽与当地藩镇保持联系，聚落的形态却似乎是蕃坊式的。另外，关于唐代朝鲜人的分布、活动等，前述内藤氏已经整理了概要[6]。

---

1. 《吐鲁番出土文书》第七册，文物出版社，1986年，第468—485页。姜伯勤著，池田温译：《敦煌・吐魯番とシルクロード上のソグド人》，《季刊東西交渉》第5卷第1、2、3号，1986年；池田温：《神龍三年高昌县崇化鄉点籍様について》，栗原益男先生古稀記念論集《中国古代の法と社会》，汲古書院，1988年。
2. 参照本书第398页注3。此处举高昌县崇化乡来讨论，乃承蒙关尾史郎先生的教示。
3. 那波利贞：《唐代の燉煌地方に於ける朝鮮人の流寓に就きて（上）（中）（下）》，《文化史学》第8、9、10号，1954——1956年。
4. 内藤隽辅：《唐代中国における朝鮮人の活動について》，《朝鮮史研究》，東洋史研究会，1961年。
5. 今西龍：《慈覚大師入唐求法巡礼行記を読みて》，《新羅史研究》，近澤書店，1933年；那波利贞：《唐代の燉煌地方に於ける朝鮮人の流寓に就きて（上）（中）（下）》；玉井是博：《唐代の外国奴—特に新羅奴に就いて—》，《支那社会経済史研究》，岩波書店，1942年；内藤隽辅：《唐代中国における朝鮮人の活動について》；森克己：《慈覚大師と新羅人》，《続日宋貿易の研究》，国書刊行会，1975年；日野開三郎：《羅末三国の対中国海上交通貿易》，《日野開三郎東洋史学論集》九，三一書房，1984年；松本新八郎：《東アジア史上の日本と朝鮮》，《世界の歴史》六，筑摩書房，1961年；蒲生京子：《新羅末期の張保皐の抬頭と反乱》，《朝鮮史研究会論文》第16卷，1979年。
6. 内藤隽辅：《唐代中国における朝鮮人の活動について》。

（7）外国人奴婢

正如先学已经指出的,唐代存在着大量的外国奴婢[1]。外国人奴婢出现的原因,有战争中的俘虏、作为"生口"由外国献上、奴婢买卖等,他们的用途,若是官奴婢则从事官营工业或陵墓清扫等杂役,若是私奴婢则在私有土地耕作或从事其他杂役。而《养老户令》"化外奴婢"条云:

> 凡化外奴婢自来投国者,悉放为良,即附籍贯。本主虽先来投国,亦不得认。若是境外之人,先于化内充贱,其二等以上亲后来投化者,听赎为良。

《令集解》本条所引《穴记》的解释引用了唐令的一部分,由此看来,在唐令中应有大致相同的条文存在[2]。也就是说,在本国是奴婢身份的外国人,按自己意愿来降唐朝时,其行为被视为"归化"而给予"良"的身份;在唐境内居住的外国人奴婢的解放,则以二等以上亲族来降作为前提条件。被解放之后,他们应适用于归化人的有关规定,或者复原唐《赋役令》第十八条的规定:

> 诸部曲、奴婢放附户贯,复三年。

三、魏晋至隋唐时期的北边地带（代结语）

以上试着对唐代的外国侨居者的形态进行了若干分类整理,这只是为理解侨居形态提供一点帮助,实际上当然不是像这样简单地去把握的。我也不认为唐政府一定能完全掌握侨居的外国人,尤其是唐后半期,利用法网疏漏而侨居并得到默认的外国人不在少数,而且应考

---

1. 玉井是博:《唐代の外国奴—特に新羅奴に就いて—》。前引伊瀬仙太郎:《塞外系内徙民に対する唐朝の基本的態度》。
2. 仁井田陞:《唐令拾遺》,第262—264页。日本思想大系《律令》(岩波书店,1976年)第569页户令补注44。

虑到仍有许多未出现于史料中的外国人。至多可以说，若想在制度的框架内对他们的生活形态进行把握，才能像上面那样进行分类，而实际上他们是流动的。这样的动态变化，也使中国历史生动起来。

在中国侨居的外国人的活动中，在魏晋南北朝隋唐时代发挥重要作用以至于左右中国历史的，仍要数北方边境地带分布的游牧民族的动向。若按唐代的上述分类，他们相当于（3）与（4）的形态。

唐代北方游牧民逐渐在中国北边（即北方边境）居住，最初的一大契机是贞观四年（630）突厥第一汗国的灭亡。当时失去国家的百万人以上的突厥人开始逃难南下，进入中国的北边。唐朝苦思对策，结果采纳了中书令温彦博的意见，准许突厥遗民居住在唐朝的北方边境地区。

唐在那时所采取的措施，与后汉光武帝建武年间的对策非常相似，当时后汉面对的是呼韩邪单于归降引起的匈奴人的大量南下。后汉的对策，是按照五官中郎将耿国的进言"令东捍鲜卑，北拒匈奴，率厉四夷，完复边郡，使塞下无晏开之警，万世安宁之策也"（《后汉书》卷一九《耿国传》）而实行的，而温彦博的进言中说"全其部落，得为捍弊……一则实空虚之地，二则示无猜之心"（《贞观政要》卷九《安边》），无论哪个都着眼于让北方边境地带布满异民族以构成对外敌入侵的防波堤。此种利用异民族的方法，可以确认的还有后汉对乌丸实行的措施："招来种人，给其衣食，置校尉以领护之，遂为汉侦备，击匈奴、鲜卑。"（《三国志》卷三〇《乌丸传》裴松之注引王沈《魏书》）就异民族的安置地域而言，后汉初的匈奴被安置在"云中、五原、朔方、北地、定襄、雁门、上谷、代八郡"（《后汉书》卷一下《光武帝纪下》建武二十六年条），唐初的突厥则在"自幽州至灵州"的地带（《旧唐书》卷一九四上《突厥传》），也几乎一致。而魏晋时期北方匈奴人的存在形态是"其部落随所居郡县，使宰牧之，与编户大同，而不输贡赋"（《晋书》卷九七《北狄传·匈奴》），与唐的羁縻州民的被统治形态也有部分共同的属性。换言之，不管后汉还是唐，异民族以他们自身在中国北方边境而形成了带状的防波堤。

进一步说，唐代的这一"带状地带"绝不是在大势所趋中自然产生的，而是积极地构建并经营的，为了实现这一目标，唐代不失时机地使用了赐绢的手段。《册府元龟》卷一七〇《帝王部》"来远"条曰：

> 沙漠之人，素爱锦罽。帝既招来遐域，将赐其所好者。因锦文所用旧缕，而错综其色，花叶翔走，事各殊形。或将班赐近蕃，酋首大为荣宠。

事实上当时在边境地区的凉州都督李大亮曾上奏云：

> 每见一人初降，赐物五匹，袍一领，酋长悉授大官，禄厚位尊，理多糜费，以中国之租赋，供积恶之凶虏，其众益多，非中国之利也。（《贞观政要》卷九《安边》）

但太宗未予采纳。唐朝这样将中国的绢分配给异民族的做法，从北方民族方面来看，让人想起了中行说的担忧："汉物不过什二，则匈奴尽归于汉矣。"（《史记》卷一一〇《匈奴列传》）又，在北方游牧民族最早的文字史料突厥鲁尼文碑文中，也出现了倡言"听信（唐）'近之则与好绢'的话，去走近（唐）的危险性"的一段话（《阙特勤碑》南面第七行），这绝不是偶然的。唐这般用绢的方法，与前述互市的管理和禁止绢制品带去国外的法令，必定是表里一体的政策。

唐如此想要北方边境形成异民族的带状地带，不用说是因为充分意识到它给中原王朝带来的好处，后汉也具有同样的意识。但是，后汉和唐的中央政府所在地是不同的[1]。若置中央政府于洛阳，而欲经营边境带状地带，目光所及怎么也难以达到鄂尔多斯和西北边境，毋宁说朝廷的视野往往转向东方，带状的幅度扩展，种种矛盾滋生，边境

---

1. 从汉族与非汉族或者内中国（Inner China）与外中国（Outer China）的视角，来看中国的空间构成和国都变迁的关系及其规律的研究，参看妹尾達彦：《隋唐洛陽城の官人居住地》，《東洋文化研究所紀要》第133册，1997年；同氏著：《黄土地帯の国都と生態環境史》，《自然・人間・文化—場としての歴史学・人類学—》，筑波大学大学院历史－人类学研究科，1997年。

经营陷入困难。五胡十六国时代就是这样到来的。曹魏的五部匈奴加速了这一趋势。边境地带的这种状况，在迁都洛阳之后的北魏，也是一样的。在有关北魏东西分裂前后的史料中，虽有大量拥有关中、鄂尔多斯、山西方面异民族系姓名的人物的活动，但他们除了见于史书相关记述一处之外便不再出现，连他们的出身都全然不能知道，这种现象很好地反映了当时的洛阳政府对边境地带是无法掌控的。推动其后时代的北周、隋、唐的势力，从边境带状地带产生出来那部分正在于此，这意味着西晋末和北魏末有着相似的状况。近年，不仅从内臣、外臣的理念，而且从它们是影响魏晋南北朝时期的一大要因的视点出发，研究的视角开始转向后汉生动的异民族问题[1]，这一点是我们应该欢迎的。

另一方面，首都在长安的唐朝，前半期在边境带状地带的经营也获得了成功，出现了盛世。但是，此带状地带是"双刃剑"，在经营得好的时候能给中原王朝带来极大的价值，可一旦平衡崩溃则会招致巨大的祸患。安史之乱的起因正在于此。然而从这种视角出发对安史之乱进行的分析，至今仍不算充分。另外则天武后朝的边境政策中哪些点促进了周边民族的自立，从而带来国际关系的变化，这一问题也完全没有得到解答。

进而，到了宋代，华夷观念转强，与唐以前相比，国境的理念变得更加明确，要问那时的国境线在带状地带的哪一边，答案是在内侧，也就是紧挨着中国内地设定的[2]。宋代的这种趋势，与唐后半期藩镇与边境地带的关系模式以及五代沙陀等的动向存在着怎样的关系，这也是有必要考虑的。

迄今为止，说起中国与北方游牧世界的历史性关系，常常以"南

---

1. 熊谷滋三：《後漢の羌族内徙策について》，《史滴》第9号，1988年；同氏著：《後漢の異民族統治における官爵授与について》，《東方学》第80辑，1990年；小林聪：《後漢の少数民族統御官に関する一考察》，《九州大学東洋史論集》第17号，1989年；冈安勇：《後漢時代の北辺防備官の任用政策について——特に護羌校尉を中心として——》，《史滴》第14号，1993年。
2. 金成奎：《元祐期における宋夏の画界交渉始末》，《史滴》第16号，1994年。

北抗争论"或"绢马交易论"来说明[1]。这两种理论,不用说都是以一条线来划分中国与北方世界的,其理论的基础是所谓的"二元论"。但实际上,在此两者之间,还存在着中间地带,有可能这一地带的动向决定了以后的时代。从这样的视角出发,重新描述魏晋南北朝隋唐五代史,也很有必要吧。

---

1. 白鳥庫吉:《東洋史に於ける南北の対立》《アジア史論》,俱收入《白鳥庫吉全集》8,岩波书店,1970年。松田壽男:《絹馬交易覚書》,《歷史学研究》6—2,1936年;同氏著:《絹馬交易に関する史料》,《内陸アジア史論集》,内陸アジア史学会,1964年。

结　论

导言部分首先检讨了当前隋唐史研究的视点,以及从这些视点衍生出来的诸问题。唐代是秦汉以来的汉民族融合五胡等诸民族而产生新汉民族,又经吸收西方文化而成就新国际文化的时代。由此看来,研究唐代史的基本视点,必须探求唐王朝的国际帝国特质,以及其文化所具有的国际性。因此,围绕着唐王朝的建国问题,有别于以往的"隋末反乱—群雄割据纷争—唐统一"的图式,本书新提出的课题有以下三点:第一,原北魏六镇之一武川镇出身的武将、太原留守、在中国内地缺少有力支持基础的李氏,是如何击退隋末反乱之时已成中国一大威胁的突厥汗国,而实现唐王朝的建立的?第二,唐灭了突厥,顺势将势力扩张至内陆亚洲。经由唐的开疆拓土被列入唐版图的异民族,尤其是突厥人,受到唐王朝怎样的对待?他们的存在形态如何?第三,面对如此建成的大唐世界性帝国,为了摄取其国际性文化,周边诸国频繁派遣使节至唐。那么唐又是如何接待这些外国使节的呢?

为了解答上述课题,笔者进行了如下的考察:(一)①五胡十六国时代大逞威风的五胡民族,是否与唐的建国毫无关系?如果有关系,具体又是何种民族呢?②唐的建国,至玄武门之变方实质性完成。那时,正好出现了前述突厥兵临唐都城的形势,那么玄武门之变是否与突厥问题没有关系呢?如果有关,又是怎样的关联呢?③在此之前,突厥拥立隋炀帝之孙杨正道建立流亡政权,唐朝对此如何处理?④消灭了突厥的唐朝,如何接收和处置那些突厥人?(二)现在陕西省博物馆收藏了一些唐代外国人的墓志,这些是此前从未被使用的未公开资料,笔者有幸得以获得其中的五方。本书解读了其中的《阿史那施墓志》《九姓突厥契苾李中郎墓志》《阿史那毗伽特勤墓志》三方,想要据此揭示唐境内生活的这些突厥人的生存状态。(三)派往唐的朝贡使节抵达唐境,唐朝如何迎接他们?本书选取①使节在边境州县的待遇、②使节入京途中的规定、③到达京师后的迎宾机构、④停留京师期间的待遇、⑤谒见皇帝场合的状况、⑥宴会礼的实行方式等问题,以《大唐开元礼》的礼制史料为中心,并使用其他的法制史料,对其具体做法进行了探讨，并借此努力让唐朝所期望的国家秩序浮现出来。

这些考察的结果，可以概述如下：

第一部第一章"唐的建国与匈奴费也头"，以高祖李渊之妻太穆皇后窦氏一族的谱系为线索，论述了一个匈奴系种族在唐建国进程中扮演重要角色的事实。窦氏一族虽然在《新唐书·宰相世系表》里记为汉代名门窦氏之后裔，然而若深究其谱系，即可知这一家族原本出身于北方民族，即匈奴系费也头种的纥豆陵氏。此纥豆陵氏通过北魏姓族分定而改姓为窦氏，后改纂祖源而攀附上汉代名门窦氏。

匈奴费也头种，北魏时代在北河地区过着游牧的生活，不久以其地的优越游牧经济条件为背景，势力开始壮大；随着北魏的统治力因六镇之乱而削弱，费也头广泛地分布于鄂尔多斯一带，其中一部还发展到了河西地区。北魏分裂之后，率领西魏军队前往鄂尔多斯高原灵州的人是李渊的祖父李虎，当时李虎借助费也头的支持成功地攻下了灵州。到李虎之孙一代，李氏与纥豆陵氏两家缔结了婚姻关系。

纥豆陵氏与北周皇族宇文氏之间也有婚姻关系，太穆皇后就是纥豆陵毅和宇文泰第五女所生的女儿。由此关系来看，纥豆陵氏对篡夺宇文氏帝位的隋室心怀反感，在隋代境遇不佳。从太原起兵志在占领长安的李渊，与自己的姻亲费也头纥豆陵氏协作，掌控了华北的战略要冲，进入长安城，实现了唐的建国大业。可以说若无纥豆陵氏之力，唐的建国难以成功。窦氏在唐代极为显贵，不仅仅因为是皇室的外戚，也因为是建国的功臣。由此看来，五胡北方民族，尤其是匈奴，在唐的建国进程中扮演了极其重要的角色。这些匈奴人已经融入为唐代中国人的一部分。

第二章"玄武门之变前夜的突厥问题"所讨论的玄武门之变，是在高祖在位的末年即武德九年（626）六月四日清晨，在长安宫城北门玄武门，高祖次子秦王世民伏击并杀害其兄皇太子建成和其弟齐王元吉的事件。掌握了实权的世民，于两个月后即位，是为唐太宗。这一事变是唐初政治史上最重要的事件。

围绕玄武门之变，迄今已有如①主张历史被攫取政权后的李世民一派所捏造，②将其视为"关陇集团"内部的权力斗争，③将"世族地主"与"庶族地主"的对立看作政变背景,④想要探寻高祖在皇位继承问题上的真正意图等视角出发展开的研究。重新检视作为玄武门之变基本史料的两《唐书》的《建成传》《元吉传》,可以发现《新唐书》两传有而《旧唐书》无的七条记载。这七条大体上是对建成、元吉二人人格之恶劣的叙述,其中两条可以证明是《新唐书》采用自《资治通鉴考异》所引的《实录》。另外,独见于《新唐书》的七条记载中,一条说长安因突厥侵寇而危机暴露,为此在武德七年迁都方案被提出,围绕此事世民和建成之间产生了意见的对立。以此史料为线索,本章尝试整理当时应对突厥之策的相关史料,发现:①在《旧唐书》里,高祖赞成迁都案,世民反对,建成、元吉与此无关;②在《册府元龟》里,建成、元吉赞成,世民反对,高祖支持世民;③在《新唐书》里,世民反对,高祖支持世民,建成对于世民篡夺皇位的危险性抱有戒备,而建成的应对突厥政策因鄂尔多斯西北部丧失而失败;④《资治通鉴》强调了《新唐书》的视点。像这种史料记述的差异,是突厥系政权后晋所编纂的《旧唐书》与抱有强烈华夷思想的宋代史家的看法不同所造成的,《新唐书》建成、元吉传的一些记载虽然不见于更古老的《旧唐书》,却不容忽视。

另外,事变发生的武德九年六月四日,正好是唐和突厥之间紧张关系达到巅峰的时期。这样看来,也可以说玄武门之变的背景之一,是朝廷内部在突厥对策上产生的路线对立,而强硬派的世民大胆发动了政变。从前,对于玄武门之变,只有从国内问题的视角出发的考察而已,但根据以上所述,紧迫的国际问题也必须被纳入视野。由此,唐走向了名实相符的贞观之治。

第三章"突厥拥立杨正道与第一汗国的解体",继续前一章的话题,由为何突厥与唐的对立愈来愈严重的疑问出发,指出其原因之一是当时的突厥扶持了隋室残余的流亡政权。武德三年(620),突厥迎接了隋炀帝的萧皇后和其孙杨正道。隋室杨氏一族,在从文帝到炀帝的政权交接中,炀帝之兄的血统已经死绝,余下大多在隋末混乱和炀帝被暗杀前后丧命,武德三年时文帝直系中幸存的只剩杨正道一人。与祖母萧皇后一同亡命突厥的杨正道,还不过是两三岁的幼儿。突厥拥立这位幼儿为隋王,将逃避隋末混乱亡命至突厥的中国人全置于正道的属下,立百官,行隋正朔,建立流亡政权。其地点在史书所称的"定襄",即现在内蒙古呼和浩特市郊外的和林格尔。此地游牧与农耕两皆适宜,在历史上为北方游牧民和农耕民族常常反复争夺之地,当时突厥牙庭也设置在此地。

突厥迎接隋室幸存者并拥立其政权的事情,乍看似乎很不合常理,其实背后有此前自隋嫁至突厥的义城公主在幕后操纵。义城公主是隋室嫁给启民可汗的女人,启民死后,又成为始毕、处罗、颉利三位可汗的妻子。这是游牧民族"父死子妻其继母,兄死弟娶其嫂"的收继婚风俗。于是,义城公主担任了突厥第一汗国末期四代可汗的可贺敦,在突厥朝廷内握有强大的权力。事实上,处罗可汗死后,决定颉利为可汗继承者的,就是义城公主。当时为了立颉利可汗而废黜了郁射设,此人由此与颉利、义城公主之间产生了裂隙。唐的离间策之一,就利用了这条裂隙。

义城公主的意图或许是复兴隋室,但在手握强大权力推进此强硬路线时,朝廷内开始出现分裂。突厥庇护了隋流亡政权,反而因此在王族内制造了分裂,这一可趁之机被唐朝抓住了。贞观四年(630),突厥灭亡,唐虽以礼迎接了萧皇后和杨正道,却在捕获义城公主之后,当场处刑。对唐而言,只有义城公主是无法原谅的。

第四章"唐对突厥遗民的处置"解释了唐朝如何将失去国家的突厥遗民接纳至本国内的问题。围绕突厥遗民的问题,朝廷内部意见分歧,而记载其最终实行的措施的史料也较为混乱,对此可以做如下解释:①突厥灭亡后,唐在突厥核心地区用军队进行战后处理,作为应对前来内附的遗民的权宜措置,设置了北开、北宁、北抚、北安四州,由宁朔大使窦静进行监督。这位窦静,是第一章提到的费也头纥豆陵氏一族的人物。②贞观七年、八年左右,朝廷内就对遗民政策的争论做出了决定,第①条所述的状况,被调整为塞外的定襄、云中两都督府之下的六州与塞内的顺、祐、化、长四州的制度。③然而,此后塞内遗民返回故地,遗民之间因争夺牧地发生争斗,贞观二十三年(649),再调整为定襄、云中两都督府下的十一州制度。以前的解释中,定襄、云中两都督府的设置被定于贞观二十三年,但如前章所述,定襄是杨正道流亡政权建立之地,更是突厥的牙庭所在之地,唐对于这一地区在二十年间竟未采取任何措置是不可理解的。

唐高宗朝末期突厥复兴,北边再度紧张起来,更多记载唐的突厥遗民统治体制的史料散见于史书之中。根据这些史料可以知道:①唐所采用的制度,利用了突厥固有的左厢、右厢的东西二分行政区划,左厢置定襄都督府,右厢置云中都督府,高宗朝初期设置了监督两者的单于大都护府。②这种左右厢的统治区划,在单于大都护府废止、都督府侨治于鄂尔多斯的夏州之后仍然存续下来。③由S.1344《开元户部格残卷》可知,侨治于夏州后的都督府,被置于所在州的管辖之下。④《旧唐书·地理志》所载的左厢八州、右厢七州的突厥遗民,虽是玄宗天宝年间的记载,但根据《开元户部格残卷》,这一制度也是中宗朝建立的。

另外,唐朝将以上述形态被统治的遗民称为"降户"。《新唐书·食货志》还记载了"降户附以宽乡,给复十年"的待遇。据此,则突厥遗民在附贯十一年后,便被与一般百姓同等对待,这是在考察唐这样的国家形态时不容忽视的问题。分析《新志》的这条材料,可知它是将唐《户令》和《赋役令》的规定糅合而成的文本,原文中的"化外归朝者""外蕃之人投化者",被《新志》改写成了"降户",因而不能据此认为内附的北方遗民被唐朝像百姓一样对待。

第五章"唐代有关内附异民族的规定",继承前章,探寻了唐在统治突厥以及其他内附异族出身者时的法令依据。说起唐对异民族的统治,通常想到的是"羁縻支配"。于是,本章首先根据《旧唐书·地理志》考察了玄宗朝辖有羁縻州的州的分布状况,可以确认它们分布在关内道的鄂尔多斯地区,河北道的幽州地区,陇右道的凉州及西域地区,江南道的黔州,剑南道的雅州、黎州、茂州、泸州、戎州、松州(岭南道未明记汉民族还是异民族,暂且除外)。进而,分析其现状、沿革的记载可以指出以下几点:①一些县明确针对异民族设置,却非羁縻州县而作为正县对待;②羁縻州县之中,有些后来升格为正县;③既是羁縻州却又明确记载户口的例子也并不罕见。这些事实揭示了唐代

结　论

内附异民族被加上了某种负担义务。

接下来将这些与《大唐六典》户部郎中员外郎条进行比较，两者所述羁縻州管辖州的分布基本相同，而《六典》中可见到"远夷朝贡"的规定。此规定的对象，应该就是同书鸿胪寺典客令条中的"归化在蕃者"。由此看来，虽说唐将中国以外的地域也纳入了版图，但这些"外地"的羁縻州与唐之间是朝贡关系，管辖它们的是鸿胪寺典客署。另一方面，内地羁縻州的户口、赋役都由户部进行管辖，同为羁縻州，内地的与外地的必须分开来考虑。唐的律令规定所涉及的，主要是内地居住的异民族。

那么，若问现在已确认的唐律令法规定之中，哪些规定以异民族为对象，又以何种情形的异民族为对象的问题，则不得不讨论以下三点：①"附贯宽乡，给复十年"的对象（复原《户令》第十九条，《赋役令》第十六条），②"招慰给复三年"的对象（《赋役令》第十七条），③"丁税银钱与输羊规定"的对象（《赋役令》第六条）。对此三点进行考察，可做出如下解释：①是个别性地较少人数内附而来的外国人，第十一年以后，给予一般百姓相同的待遇；②是新被纳入唐版图地域的人民，或者是羁縻州县升格成为正州、正县之时的规定；③应视为在同一条中加进了复数的对象，银钱规定以粟特商人为对象，而输羊规定以北方游牧民内附者为对象。

唐朝，即使对内附而来的异民族，也不能将他们置于律令制管辖范围之外，因而依照他们的实际情况做出了特殊的规定。这可视为从建国到突厥灭亡已形成国际性国家的唐所达到的境界之一。

第二部，从新出墓志史料中选取三位在唐境内死去的突厥系人物，通过对其墓志文的解读，探寻那些身在唐境的北方民族出身者的生存状态。所用的墓志均为陕西省博物馆所藏，其文本以笔者亲眼所见的墓志拓本为准。出生地等信息，则依从陕西省博物馆编《西安碑林书法艺术》（陕西人民美术出版社，1989年）附《西安碑林藏石细目（墓志之部）》。

第一章"开元十一年《阿史那施墓志》"所使用的墓志，志石长32.5公分，宽32.8公分，志文共有二十二行，每行二十二字，楷书，出土地是西安西郊土门。志文内容可分为四个段落：①关于墓主阿史那施祖先之记述，②关于墓主本身之记述，③夫人和嗣子之事，④铭文。其中记述最详细的为①祖先的相关记述。从姓氏即可知道墓主为突厥的王族阿史那氏直系子孙，较之他本人的事迹，他的出身更值得大书特书。事实上，从墓志文中所出现的祖先们来看，曾祖启民可汗、祖父处罗可汗、父郁射设，确实都是非常重要的人物。这些名字，都在本书第一部第三章中出现过。启民可汗就是娶了隋义城公主的那位可汗，处罗按照收继婚习俗再与她结婚，郁射设因为不能继承可汗位而与颉利可汗对立，投附了唐朝，墓主正是郁射设之子。但墓主人本身在现存史料中完全没有记载。

根据墓志文，墓主是在父亲降附唐朝七年之后，在唐境内出生的。此后，被唐授予郎将之职，与汉人夫人结婚，度过了平稳无事的一生。五十岁前后，或许他风闻了突厥在蒙古高原复兴之事，但他未曾参与突厥的复兴，六十二岁死于洛阳新安县官舍（大概是赐宅）。翌年，其夫人也死去，夫妇二人在开元十一年（723）被合葬于长安郊外之龙首原。志文中，可知其嗣子名为哲，和墓主的名施（字勿施）相比，可看出已经用汉文化取名。从这里我们可以看到异民族逐渐融入唐代中国人的一个具体例证。

另外，本墓志文在记述墓主祖先事迹时，引用了《大唐实录》，这点也十分值得注意。此《大唐实录》，记太宗为"太上"，应指《太宗实录》，然而从它被称为《大唐实录》来看，应是由于引用了将高祖、太宗、高宗三朝实录合编的九十卷本《唐实录》（见于《日本国见在书目录》）。引文中有与第一部第三章使用的史料在内容上相一致的文字，也有借本墓志才第一次知道的信息，在此意义上本墓志文为唐初的"唐—突厥"关系提供了宝贵的资料。

第二章"天宝三载《九姓突厥契苾李中郎墓志》"，志石长54.5公分，宽54公分，志文共十三行，每行十六字（志文面左侧三行为空白），楷书，出土地为西安东郊韩森寨（1955年）。墓主出身自突厥更北方的铁勒，"契苾"是铁勒姓，"李"是唐王室之赐姓，"中郎"为官号中郎将。这个人物在现有史料里完全没有出现。由志文可知，墓主为契苾部人，是"西北蕃突厥渠帅之子",天宝三载(744)病死于唐的"藁街",鸿胪寺为他举行了国葬,秘书省著作局制作了这方墓志。由此看来,此墓主虽说是契苾部,却并非出自我们已知的唐代被安置于甘州、凉州地区的契苾部,而是直接从蒙古高原北部内附而来的。因为若是甘州、凉州地区部落出身,通常以"武威、姑臧人"来记述本贯,"西北蕃突厥渠帅之子"这样的表达是不恰当的,并且墓主死亡的"藁街"在唐代史料中是迎宾馆。墓主可能是此前从唐获赐李姓以及中郎将,天宝三载访唐之际病死,也可能是天宝三载内附于唐,被赐予李姓和中郎将,紧接着病死了。天宝三载是复兴后的突厥被回鹘灭亡之年,大概可以认为墓主是为避乱而来到了唐朝。

本墓志的价值,在于称契苾部出身者为"九姓突厥"这一点上。之所以这么说,是因为其中潜藏着鄂尔浑碑文中所见的Toquz Oγus的问题。Toquz Oγus(九乌古斯)相当于汉文史料中的"九姓铁勒"并无问题,关于这两种表达的对应关系存在并立的两说:①Toquz相当于"九姓"(就是说,"姓"字为中国方面的补充),Oγus为固有名词,相当于"铁勒";②Toquz相当于"九",Oγus相当于"姓"之意,"铁勒"为中国方面补入的字。进而,关于极少在汉文史料中出现的"九姓突厥"的用例,有以下两种说法:③"九姓突厥"是"九姓铁勒"的误记,④曾经有一个"铁勒"和"突厥"相混淆、两词通用的时期。到目前为止,采用①说的人有采用③说的倾向,采用②说的人则有采用④说的倾向。两说的是非无法断定的原因之一是,汉文史料中虽有"九姓突厥"的表达,但它具体指哪些部族,在现有史料中是不明确的。然而在本墓志中可以明确看到,秘书省著作局作成的墓志,称呼铁勒契苾部人为"九姓突厥"。如果是这样,则上述诸说中第④种说法便不可动摇,而将Oγus视为固有名词便不如第②种说法更为妥当。

第三章"开元十二年《阿史那毗伽特勤墓志》",志石高75公分,宽74.5公分,志文共有三十一行,每行三十一字,楷书,出土地是西安枣园村(1956年)。墓主被认为是和"阿史那施"同样拥有突厥王族血统的人物。此人物与上述两位不同,在《册府元龟》及《新唐书》中各出现一次,开元六年(718)二月北伐远征之际作为唐朝的武将登场过，但没有更进一步的说明。

墓志文的内容分为六个段落：①墓主之死与其祖先事迹，②内附至唐，③在唐朝作为武将的活跃状态，④死亡与葬仪，⑤墓主的品行，⑥铭文。这其中最为重要的信息在②③段落。墓主阿史那毗伽特勤，从唐朝方面来说是生活在高宗朝末期到玄宗朝之间的人，从突厥方面来说，他生于突厥复兴时期，在第二汗国第一代可汗骨咄禄、第二代可汗默啜时期在突厥度过了少年与青年期，为逃避默啜末期蒙古高原的混乱，于开元三年（715）内附唐朝。此后直到开元十二年（724）去世的九年间，他作为唐的军人而活跃着。

从志文中追寻墓主内附后的半生可知，墓主在开元三年内附并被授予三品官待遇的身份，四年他使铁勒归顺并打倒了默啜可汗，将其首级传到长安。在此阶段，墓主完全在站唐朝一边。因为有打倒默啜的功绩，墓主被擢升为右威卫将军，翌年又被授予左贤王的称号，统领唐境内居住的突厥人降户部落。六年入朝担当宿卫，七年担任陇右朔方两节度使属下的游奕使（在国境警备的斥候长官）。这些职务当然都是墓主率领着突厥降户来承担的，可以认为他的根据地在鄂尔多斯地区。恰逢开元九年鄂尔多斯地区发生了粟特系六州胡的反乱，抓捕此反乱的首领并平定乱事的，正是墓主率领的突厥游奕军。此后他再度入朝任职禁军，开元十二年再次受命为游奕使，在返回鄂尔多斯的途中病死了。

本墓志所刻写的信息中，具有重要价值的是记载了唐的羁縻政策的具体实行情况。墓主所率领的突厥降户，应是第一部第五章中提到的"输羊规定"的对象。讨伐默啜可汗、平定六州胡等事件中可以看到这些北方出身者的活动，虽然这点在既有史料中不曾见到，可以认为唐在北方、西方的军事活动中，大多数时候在汉兵之外都动员了这些降户。这一点正是在唐朝一方看来羁縻政策的最大功绩。唐朝两次将墓主召到中央，让他担当宿卫、禁军之职，这应看作是唐朝为了使作为降户首领的墓主不要背叛，而反复确认皇帝与他之间的君臣关系的举措。墓主阿史那毗伽特勤在内附唐朝之前和之后过着完全不同的人生，也是因为唐与突厥的中间地带横亘着这样一个羁縻地带，而从

结　论

此种国际战略的实行中也可以看出唐王朝的特征。

　　为了掌握唐代外交礼仪并根据它来把握国际秩序的状况，第三部中再现了外国朝贡使节到达唐朝后怎样被接待，以及从他们入国开始特别重要的那些场面。

　　第一章"朝贡使节在边境州县的待遇"从史料上分析了使节到达唐的边境州县后，在那里负责招待他们的州县官员有哪些法律规定可作为依据。本章举出的规定有：①记录使节人数等的"边牒"、②药物类的携带及其处理的规定、③献上品的调查及其进送京师之规定、④入京者选择的规定。其中，史料比较集中的是与献上品相关的规定。对于献上品的检查非常严格，骆驼、马等家畜类，是否应该进呈中央并陈列于朝堂，州县的官吏要做出判断。所谓"陈于朝堂"，意思是带进后述第五章讨论的"皇帝受蕃使表及币"（谒见皇帝仪式）的会场。也就是说，是否具有当面献给皇帝的价值，在州县的阶段首先被决定了。另外，进送到中央的贡物之中，价值不明的物品要由鸿胪寺与少府监、市署共同判定其价值。这是因为必须要确定回礼物品价值的缘故，这点与后面第三章、第六章都有关联。

　　本章所涉及的领域在史料上极受制约，因此为了补充史料，本章参考了日本遣唐使的归朝报告并为之做了译注。主要选取的史料是，①第十四次（宝龟八年）遣唐使的报告（《续日本纪》卷三五）、②第十六次（延历）遣唐使的报告（《日本後纪》卷一二）、③空海"为大使与福州观察使书"（《性灵集》卷五）、④圆仁《入唐求法巡礼行记》"第十七次（承和）遣唐使"。其中，虽然①②的遣唐使团总人数不明，但①的入京者是85人，②的入京者是23人，④的遣唐使团总人数600余人，其中入京者35人。按照④的情况，在扬州登陆的遣唐使，作为正式使节得到唐朝方面的承认需要一周时间，入京使向长安进发则要三个月。另外，③为漂流到福州的第十六次遣唐使请求上陆许可的申请书，文中"竹符、铜契本备奸诈……文契何用""我国……所献信物，不用印书"这样的表达引人注目，在日本自本居宣长以来主张的遣唐使不持国书说即以此为依据。另一方面，最近也有人认为这些表达所指的并不是国书，而主张携带国书说。关于这个问题，如同我在后面第五章提到的，唐的谒见皇帝仪礼，本就是唐朝皇帝接受外国使节的国书和贡物的仪式，而日本的遣唐使明显是带着贡物的，因此我愿意选择携带国书说。

第二章"禁止交杂"讨论了与朝贡使节上京途中的待遇相关的规定，具体来说是关于①驿传的利用、②通关规定、③往返的程粮、④交杂的禁止。其中①至③是《新唐书·百官志》中记载的规定，虽然记述被简略化了，但却是不见于其他史料的。

关于①的驿传制，按《新志》规定利用驿传的一日行程，如果用驿马为一日六驿（180里），用传马为一日四驿（120里）。外国使节上京时利用驿馆作为住宿设施，这是没有问题的，但实际上日本的末期遣唐使是以远远慢于此规定的速度上京的。然而另一方面，初期遣唐使以几乎与《新志》规定相同的速度上京，其例证可在《日本书纪》中得到确认。由此可以做出解释，唐初外国使节上京之际《新志》记载的规定是适用的，随着驿传制的废弛，该规定也不再被遵守了。②通关规定写道，外国使节的携带品仅在第一次通过的关卡进行检查，其他关则不再进行检查。从养老《关市令》中有几乎相同的规定来看，《新志》的记载可以认为是唐《关市令》的取意之文。③的所谓"程粮"，指使节在行程途中必要的食粮，由唐朝承担，这点可由《唐会要》所载证圣元年敕、开元四年敕，以及《入唐求法巡礼行记》开成四年七月十六日的记述得到确认。根据这些记载，程粮的支给量根据本国与唐之间的距离远近设置了差等，其出境之后亦由唐朝官方供给一事，可由《新志》中略记的"给入海程粮、度碛程粮"得以了解。

④禁止交杂的规定，可见于唐《卫禁律》"越度缘边关塞"条疏议所引《主客式》逸文。分析疏议的解释可知，所谓交杂主要是指唐之官吏、百姓以交易为目的和外国使节接触的行为。但是，疏议引用《主客式》作为禁止此类行为的根据，而且在唐的规定中，将禁止交杂与禁止外国人与唐人之间私作婚姻、将唐妇女携带归国等放在一起，由此可知，"交杂"不单指交易，也包含了异性交往的意思。预先做出这样的规定，是为了防止唐的情报超过必要限度地流出到国外，因为朝贡使入京途中的行动是唐政府的规制最难以发挥效力之处。从这点也可以窥见唐王朝国际帝国属性的一个侧面。

第三章"鸿胪寺与迎宾馆"考察了唐外务官署鸿胪寺及迎宾馆的机构。朝贡使节若来到长安，旅居设施当然是必需的，唐朝为他们准备了迎宾馆。唐的迎宾馆曾有鸿胪客馆和礼宾院两个，前者是国初以来的正式的迎宾馆，馆舍建在鸿胪寺旁边。其地在长安皇城南端，南北是第六横街及第七横街，东西则为承天门街和含光门街。该地是今天西安城内的重要街区，发掘调查无法进行，但皇城南部的朱雀门和含光门遗址已得到确认，由此可以知道它在一块边长为五百数十米的长方形区域内。

鸿胪客馆构造的一部分，可由《大唐开元礼·宾礼》"皇帝遣使戒蕃主见日"仪礼窥见。从中可知，鸿胪客馆正门朝北，面向第六横街，一入馆门有东西二阶梯，顺阶梯而上可到馆舍。皇帝使者升西阶，外国使节升东阶，在阶梯上传达谒见日。这种东西位置关系，表示了迎宾馆的馆内是外国使节居于主人位置的礼仪空间。

负责接待旅居客馆的外国使节的，是鸿胪寺所属掌客十五人，掌客及翻译员在进出客馆时要接受严格检查。这是为了防止国家机密泄漏。与使节接待相关的规定，可由史料确认的有：①下一章所讨论的蕃望等级规定，②食料供给，③其他供给品，④家畜的交换，⑤贡物价格的决定，⑥应对使者疾病和死亡的措施，⑦过所（通关票据）的发放等规定。这些规定为"式"，大多数可以定为是《主客式》。

礼宾院则在皇城外的长兴坊。此地于玄宗天宝十三载（754）归入鸿胪寺管辖，大历二年（767）曾在那里给吐蕃来的使者赐宴。大概是皇城因安史之乱而荒废，此礼宾院在唐后半期代替了鸿胪客馆作迎宾馆使用。由《入唐求法巡礼行记》可知，日本第十七次遣唐使曾停止入住礼宾院，第十四次、十六次遣唐使住宿的"外宅"，也很可能为礼宾院。

第四章"蕃望"中讨论的"蕃望"，是唐对外国人所设的身份等级，唐根据其等级来接待朝贡使节。也就是说，"蕃望"的存在，与唐所持有的国际秩序理念的根本相关联，是极为重要的问题。

关于蕃望在史料上有三种记载：①《大唐六典》"鸿胪寺典客令"条，②《新唐书·百官志》"鸿胪卿"条，③《新唐书·百官志》"礼部主客郎中"条。其中，①为蕃望等级和官品等级基本对应的规定。根据其规定，蕃望第三等相当于官品第一品至第三品，蕃望第四等相当于官品第四、五品，蕃望第五等相当于官品第六品至第九品，没有官品的外国人，大酋渠首领按蕃望第四等接待，小酋渠首领按蕃望第五等接待。而史料②为外国使节与官僚一同朝见皇帝之际的席次规定，蕃望三等在武官三品的末席，四等在武官五品的末席，五等在武官六品的末席。史料①②的共通点是，两者蕃望一、二等不与官品对应，即待之以官品之上的等级。③史料为设食、设会时供给食物的等级规定，蕃望一等至三等各自对应于官品三品至五品[1]，"蕃望不高者比照散官的待遇减半"。这是因为唐的官员食料供给，是预先按照多于实际食量来估算的，故而对于短期留驻的使节减少食料，从而与食料相关的场合，蕃望等级被设定得较低。

蕃望不是以国家或民族为对象，而是以个人为对象，参照其人所领部落的大小、其人在国内地位的高低、其人所属国家或民族与唐的关系密切与否而定的。唐朝根据此蕃望等级，建立了接待外国人的秩序。

根据洛阳市文物工作队所藏《安菩夫妇墓志》（1981年，洛阳龙门出土），墓主安菩是布哈拉出身的粟特人，他在突厥灭亡时内附于唐，当时"首领同京官五品"，故而被授予"定远将军"（正五品上）。从中我们可以看到，唐代蕃望制度是被实际施行的，而且它是在突厥灭亡后唐朝将大量异民族纳入国内时开始发挥作用的。

第五章"外国使节谒见皇帝仪式复原"，复原了朝贡使节最重要的仪式"谒见皇帝仪礼"的场面。唐的谒见皇帝仪式，仅有《大唐开元礼·宾礼》中的"蕃主奉见"以及"皇帝受蕃国使表及币"两种仪礼。其中，前者为外国国家元首谒见唐皇帝的仪式，对着坐北面南的皇帝，外国元首以西面东的形式谒见。然而外国元首亲自来朝不得不说是极为稀有的事，用后一种仪式来复原通常的使节谒见应该就可以了吧。但是《开元礼》中后一种仪式的写法，是沿袭并删削前者而来的，只取后者则不能明白前后两者的关系，因此本章将上述两种仪式都复原了。

---

1. 译者按：此处日文原文误为"一品至三品"，据改。

结　论

　　通常的遣唐使谒见皇帝的场合，也就是"皇帝受蕃国使表及币"的仪式：首先外国使节从迎宾馆出发前往至承天门，待仪式会场的殿内诸官站定位置后，再进殿门。然后当皇帝伴着太和之乐登场坐上御座后，外国使节伴着舒和之乐就殿庭之座。座被设在宫悬（乐器、乐队）的西南。使节从其座献上国书，国书被传递至殿上后，由中书侍郎宣读出来。在这期间，贡品已由官吏接收，以上这些结束之后便传来皇帝的慰问之语。在这个仪式中，使节不升殿，中书省通事舍人周旋于殿上的皇帝与殿庭的使节之间。皇帝慰问和使节应对的往返对答，可从《日本書紀》记载的第四次遣唐使报告中知道，完全是符号化的语句。以上环节全部顺畅地完成之后，使节退场，然后皇帝退场，仪式结束。

　　以上为遣唐使谒见皇帝的仪式，可以看出，此仪式中的两大要点是国书和贡物的进献。对唐的贡品，必须准备"币"和"庭实"两种，这应是当时东亚外交的常识。多达十数次的日本国遣唐使一定携带着贡物。那么，若说仅仅只有日本国的遣唐使仅献上贡物，却不携带国书，前后十数次连续出席本仪式，怎么说也不太合理吧？

　　第六章"外国使节的宴会礼"复原了宴会仪式的场面。宴会是唐皇帝对外国使节赠予回礼物品的仪礼，同时提供食物、酒和音乐。本章选取的史料为《开元礼·宾礼》的"皇帝宴蕃国主"和"皇帝宴蕃国使"两仪礼。通常使节的宴会看后者的仪式就好，但与前章一样，由于《开元礼》的写法后者是从前者沿袭并删减而来，故而本章也复原了两个仪式。

　　针对使节的宴会仪式，皇帝和使节的入退场与谒见仪式相同。宴会仪式的不同点在于，此仪式中使节第一次升殿了。使节从殿庭的座出发升殿，与面南的皇帝相对，使节坐西面东，身份不高者则被分派到廊下的座席。殿上的使节由门下省典仪指挥，廊下的使节由门下省赞者指挥。使节们在各自席位上被赐予食物、酒和音乐。饮食结束后，使节们回至殿庭的座席，在那里接受唐的回礼。回礼被置于箱中，通常都是比外国使节带来的贡品价值更高一等的物品。

　　由以上可知，本宴会礼与前章的谒见礼为一套仪礼。谒见礼是外国使节一方献上国书和贡物，而宴会礼是唐朝方面对此的回礼。朝贡使节的活动中,经济的方面被称为"朝贡贸易",照此看法其贸易的场合,除了前章和本章的仪式会场外别无其他。另外,本宴会仪式所需的费用不菲,占据了国家支出预算中不可忽视的分量。尽管如此,唐朝为了保持对外国的威严,对于宴会费用从不曾削减。这一点也展现了唐以国际帝国君临诸国的姿态。

附章"唐代外国贸易、侨居外国人的相关问题",延续以上章节,整理了唐代外国贸易的构成和侨居外国人的诸形态,并指出了魏晋南北朝至隋唐时代中国北方边境地带的状况,以及它在历史上发挥的作用,展望了今后的研究问题。

根据以上讨论的结果,我想略述一下对以唐时代为中心的东亚的若干思考,作为本书的结语。

首先,前述的突厥,居于罗马、波斯、伊斯兰世界与中国东西两极之间,靠中转贸易而繁荣,是一个巨大的贸易国家。唐吞灭了突厥,同时将此前一直由游牧民族把持的中转贸易通商权纳入自己的掌握之中,结果唐逐渐将直辖统治扩展到了中亚,便是理所当然了。"大唐世界帝国"就这样建成了。于是,此唐朝成为与秦汉那样的重农抑商国家特质迥异的国家,也是理所当然的。在唐代,东西国际贸易是作为国家政策而执行的,不仅如此,其目光还投向了南海贸易之利。松田壽男氏曾经用"游牧经济+α=发展"的图式来表示游牧民族的繁荣,"α"之中,中转贸易受到特别的重视。考虑到游牧民与海洋民靠贸易来发展,松田氏的图式是很有说服力的。不过,能用这一图式来表示的游牧国家的发展,突厥大概是最后一个吧。之所以这么说,是因为突厥之后崛起于北亚的游牧国家,比如辽、金、元、清,呈现了与突厥之前完全不同的发展模式。他们不依靠中转贸易的利益,而是以作为领土国家来掌握通商权的形式发展。最初显示出这种发展模式的,正是唐朝。那么可以认为,唐以后出现的北方民族,不是按突厥以前的形式,而是效法大唐,意在取代唐成为世界帝国。他们的这种存在形态,不就是"征服王朝"吗?

又,如同用墓志史料和以内附异民族为对象的法律规定进行的讨论所示,唐代在中国的边境形成了一个带状的羁縻统治地带。这种做

结　论

法，在主要依靠册封来形成和维持与异民族关系的汉代，是见不到的。唐的羁縻地带中，内附民族形成部落而生活，其君长屡屡从唐获得身份保障，并作为武将担当了唐朝军事力量的重要一翼。这个羁縻地带，经营成功时，唐朝获得了极大的收益，一旦羁縻经营出现破绽，平衡崩溃，这里积聚的能量爆发出来，又一定会带来极大的破坏。然而尽管如此，从唐的防卫角度来看，经营羁縻地带是远比用一条线划分国境更加有效的做法。正因为如此，在唐朝，对内附异民族的处置方式经由法令确定下来。进入羁縻统治下的异民族，不仅仅和唐朝相联系。正由于唐的羁縻地带在中国的北边、西边以带状展开，本国一旦发生混乱，他们便趁机进入这里。在唐代，"从不从中国之礼"不是主要问题，唐皇帝自身就是"天可汗"。内附的民族，既是唐人，同时也是本国人。在唐边境生活的内附民族的存在形态，日野开三郎氏通过敦煌差科簿的研究，用"大家子弟"来加以概括。此种"大家子弟"的存在形态，就是前所未有的多民族统一国家下的诸民族存在形态的萌芽状态。

　　唐代并不像汉代那样以中国为中心将周边诸国全部置于臣下，周边国家反倒是在保持主体性的基础上，向唐派遣使节。由于律令制在唐代已经完备，周边诸国想要借助它使本国的国家体制更具功能性。同时，在这一时代，从印度所得佛典的汉译进展顺利，以对汉译佛典的研究为基础，中国佛教繁盛了起来。周边诸国学习此种中国佛教文化，想通过对它的吸收，重新组织自己的国家。对外国出于这种目的派遣来的使节，唐朝方面的应对待遇完全根据礼制规定而预先准备。不过，唐也是国际性国家。其国际性文化，即使对于外国人而言也容易毫无抵抗地接受。结果是，周边诸国在接受唐的律令制和佛教文化时，实际上接受的是吸收了背后的伊朗、印度文化的国际文化、"远东文明"。由此说来，东亚文化圈形成于这一时代，自是理所当然。唐王朝的外交礼仪，就这样构造了东亚文化圈，并持续发挥着指引方向的作用。

后 记

我怀抱着研究东洋史的志向进入早稻田大学攻读研究生，是1979年的事了。在此之前，我在同所大学的商学部毕业，又进入第二文学部东洋文化专业读学士，从那里进学到研究生院。为什么要用如此迂回曲折的路径来向往文学部系的学问呢？因为我那时认为，在商学部学习的是立足于实际社会工作的学问，这种"实用之学"是以人类社会和组织为对象的，如果对人类社会或文化所以然的缘由毫无所知，便真是枯燥无味的学习。

我从幼年开始就爱好历史。在小学的社会科课程里开始学习历史时，一看到教科书的图和照片就满心激动。中学的暑期自由课题，也常常选择历史。不过，历史特别是外国历史，对于少年来说也有巨大的谜团。那个产生过辉煌灿烂的古代埃及文明的国家，如今为什么不是埃及而是阿拉伯联盟？为何印度文明不在印度而在巴基斯坦，而这个巴基斯坦又为何有东西两个？创造了汉字且为日本的文化模板的中国，为何不出现于奥林匹克这样的国际舞台？诸如此类问题，实在是难以理解。

这些疑问，即使进入高中也只增不减，打开《世界地图册》的中亚页面，那里有从未听闻的城市与共和国，它们或属于中国或属于苏联，不仅如此，甚至还有"归属不明地"。所谓"国境"，究竟是怎样被决定下来的？我在不知不觉中开始对亚洲产生了兴趣。解答这一疑问，不仅要学习历史，其背后实际与"民族"的问题大有关系，这点我是在商学部入学后读到几本书才得以知道的。尽管如此，当时毫无信息传来的中国，依然是一个"谜之国"。于是，商学部毕业后，我硬是以学士身份入学夜间部，立志学习早就关心的中国与亚洲的历史和文化。

然而，当我尝试学习东洋史时，学界关心的课题与我的兴趣相距十分遥远。战后我国东洋史学界最大的课题，就是所谓"时代分期"的论争。时代分期论争，是围绕着是否应该基于马克思主义的发展史观将中国史切分为古代、中世、近代加以把握的论争，最终也没得出一致意见，这是众所周知的。结果，学界的趋势，走向了不受时代分期的束缚去分析一个个问题，研究变得细分化，另一方面在时代分期上导入其他新视点的必要性开始被提倡。我国东洋史学的70年代，从到那时为止的研究成果及其局限性，进而由此产生的问题来说，确实是错综复杂的时代，今天想来，正是那时日本的东洋史学界已逼近了一个转变期。

中国大陆方面，中苏边境冲突断断续续地发生，而越南战争刚一结束，中越关系又恶化并演变成边境冲突。在中国，毛泽东去世，"四人帮"被逮捕和审判。在那样的时期进入研究生院学习东洋史的我，更加不得不关心中国和亚洲的"民族""国际关系"。但是，当时并不像现在这样学界和世人关心的话题已转向民族问题，在定义民族时今日必须使用的"认同"（identity）一词，当时还没有听说过。

起初，我打算以汉代为研究对象。因为我想，汉王朝是中国历史上最初的真正的安定统一政权，其民族复合与国际关系的形态，正形成了今日中国的原型。然而，那时学界用以汉朝为中心的同心圆式册封体制来把握汉与周边诸民族的关系，并且认为这种关系一直持续到清代为止。册封体制论在理解汉与东亚时是有效的解释方式，但是，说它到清代一直都适用，我抱有疑问。毋宁说，如果不考察汉代的册封体制在其后发生了怎样的转变，就无法去理解中国的民族问题和国际关系。因此，比起汉代，我对汉代崩溃之后再次统一中国的唐代更有兴趣，从那以后直到现在便从事隋唐史研究了。

前面提到的时代分期论争所立基的发展史观，其基本的部分，就是在社会内部结构及其变化中寻求社会发展原动力的看法。一个国家、一个地域、一个民族的历史，由其内部的能量来决定其方向，这自然是真理。但是，仅仅内部的能量并不决定历史，这点也是谁都知道的事实。用一个不太恰当的比喻来说，例如要谈论日本国的近现代史，如果黑船、萨英战争、甲午战争、日俄战争、华盛顿会议、太平洋战争、驻日盟军总司令（GHQ）等全都不提到，那描述出来的会是多么奇怪的历史？并不因为是近现代才如此，古代、中世也完全是同样的。

幸运的是，我国的唐代史研究、突厥系民族史研究、内陆亚洲研究，各自都在世界范围内享有盛誉。而遗憾的是，它们相互之间并没有有机地结合而形成整体形像。于是我想，能不能尽力将唐代史与当时的北亚、内亚的联系起来加以描述呢？

  我的恩师、指导教授是古贺登先生。先生以中国史作为专攻方向，同时也对内陆亚洲史和伊斯兰的历史保持关心。先生很早就留心松田壽男先生倡导的"多元的亚洲""统一的世界史"，我也常常接受到这样的指导。另外，虽是小型学会但每年夏季在箱根召开的唐代史研究会，是经由古贺先生与菊池英夫先生等人的努力才得以成立的学会。该学会不仅在包含日本、朝鲜、西藏、蒙古、中亚的广大空间中来观察唐，也拟将汉代、明代纳入视野来考察唐代，是一个独一无二的学会。我在进入博士课程的那年初次跟从老师前往唐代史研究会，此后也奉命为该会的运营略效微劳。参加者都是出色的学者，我从很多先生那里领受了难以言表的珍贵意见。这些先生的大名若逐一列举将难以终篇，此处只好割爱了。不过，如果没有这个会，我对于自己的研究对象一定会茫然迷惑。没有比这更饱受恩惠的起点了。得益于此，我得以确信自己对唐代史的见解是有意义的。像这样写出来的成果，就是本书所收的诸论文。

  前年（1995年）春天，古贺先生问我研究完成得如何了，机会难得，我决定提交（学位）论文了。本书就是1996年度向早稻田大学提交的学位论文。对它进行审查的有主审古贺先生，副审藤家禮之助先生、福井重雅先生、村山吉廣先生。四位先生都是我在学部（本科）、大学院（研究生）、学习会等场合受过教诲的恩师。村山先生在审查本论文之际，指出了第二部第三章所用墓志文的引用出典的疏漏之处，据此在本书中才得以将之订正。

  学问之事，既是自己一人的修行，同时也是很多人一起协力的事。研究虽是自己一人努力精进，但若无运气和机缘也无法做到。就我而言，一个人无论如何也无法持续做下去。与所有诸位的邂逅，令我无限感激。兼当对从上述诸先生处所受学恩的回报，我决定出版本书。不过，若它能被认为是一个阶段性的研究报告，则已幸甚。

  汲古书院社长長坂本健彦氏，不仅承接了本书的刊行，还向不谙出版事务的我惠赐了很多教示。该社的诸位先生，从校对开始，给予

后　记

了非常大的帮助。本书出版之际，为我引介汲古书院的是古賀登先生。另外，书末的中文要旨，得到了从台湾来仍在留学中的戴良伍氏的协助，借此场合谨致深深的谢意。

石見清裕
一九九七年初秋

（本书的出版，受到了平成九年度文部省科学研究费补助金"研究成果公开促进费"的赞助）

译 后 记

必须坦白地说,这是一本日语不够合格的译者艰难译出的书。很多年前,我正在赫尔辛基作交换生学习"阿尔泰学",那时一心想要学习内亚草原的历史尤其是它与中国史的交集部分。收到徐冲先生组织这一译丛的邀请,我便斗胆选择了石见先生的这部大著。然而读通大意是一回事,翻译比预想要困难得多。如今想来,如果换一位更高明和更自律的译者,本书完全应该早几年译成和出版。断断续续的翻译进程,屡屡被博士论文写作、博士后出站、入职工作后的备课任务等所打断,拖延许久,我对于石见先生,对于徐冲先生,以及对出版社都抱有无比的歉意。

本书的三个部分各有侧重,大体上前两个部分侧重于书题中的"北方问题",第三部分则对应于"国际秩序",所论述的范围十分广泛,跨越政治、制度、礼仪、中外交流等诸多领域,可谓琳琅满目。在史料运用方面,本书也颇具特色,除了对传世史料带有浓郁日式风格的精细解读外,还十分注意使用诸如墓志、文书等新出土材料,更引用了不少日本古代史料,使得论证更为丰满。虽然距离本书最初出版已过去二十年,这里讨论的很多问题,诸如唐朝对突厥遗民的处置政策、唐代关于内附诸族的制度规定以及外国使节在唐境内的管理制度和他们经历的诸种礼仪等,管见所及尚未有更全面的讨论。在一系列不同层面的个案考察之后,书中最后提出的理论思考,也非常值得深思。因此尽管蹩脚的翻译可能让本书的魅力打个折扣,我仍然相信这本已问世二十年的著作值得被中文学术界重新阅读。

在本书的翻译过程中,很多朋友提供了帮助。村井恭子女史、付晨晨博士、三浦雄城博士等帮我解决了不少翻译中的疑难,峰雪幸人先生还专程去早稻田大学图书馆古籍部为本书核对了《性灵集钞》的引文。初稿完成后,武汉大学历史学院的硕士研究生黄瑶、李诗琪、陈阳、段亚彤认真核对了全书的引文并通读了译稿,纠正了不少讹误——有些还是日文原书中已经存在的讹误。在此我要对包括上述诸位在内

译 后 记

的所有给予帮助的师友表示衷心感谢！当然，其中一定还有不少翻译错误和问题，都由译者本人承担。

胡　鸿
2019年2月3日于武汉

编 者 后 记

日本学者在古代中国研究领域的深厚传统与显赫成绩大概已经是学界常识。不过与之相比，译介到中文学界的相关论著仍然是远远不够的。为此，我们编选了这套"日本学者古代中国研究丛刊"，希望能够对促进中日学界的相互了解、深化相关研究起到积极作用。

丛刊目前的规模为专著十一种。在确定书目的过程中，主要考虑以下两个重点：其一，侧重于汉唐间的历史时段。这应该是在古代中国研究的各专门领域中日本学者的优势和特点最为明显的阶段，对于中国学界来说极具参考价值。其二，主要以二战后成长起来的学者为译介对象。经历了战后左翼思潮的风行，这一代学者大致于1970年代登上学术舞台，并引领了其后二十年的发展潮流。当然，丛刊也希望能够保持开放性，未来还将继续纳入更多优秀的作品。

对于日本学者书中提及的日文论著，丛刊采取了尽量保持文本原貌的处理原则。包括日文人名、书名、期刊名、论文名中的日文汉字，均未转为中文简体，以便利中国学者检索相关文献。由此给读者带来的不便，敬希谅解。

在中国当下的学界环境中，专门学术论著的翻译出版并非易事。丛刊最后能够落实出版，要归功于海内外诸多师友的大力支持和热忱帮助。诸位原著作者对我们的工作均给予了积极回应，并在著作权与版权方面提供了很多协助。日本汲古书院、青木书店和朋友书店，台湾稻禾出版社和台大出版中心，也慷慨赠予了中文简体版版权。对于各位译者来说，数十万字的翻译工作耗时费力，又几乎无法计入所谓"科研成果"，非有对学术本身所抱持的热情不足以成其事。北京大学历史系的阎步克先生和罗新先生对丛刊的策划工作勉励有加。复旦大学历史系时任领导金光耀先生和章清先生为丛刊出版提供了至为关键的经费支持。复旦大学出版社的陈军先生和史立丽编辑欣然接受丛刊出版，史编辑在编务方面的认真负责尤其让人感佩。日本中央大学名誉教授池田雄一先生、御茶水女子大学名誉教授窪添慶文先生、京都府立大学名誉教授渡辺信一郎先生、福冈大学紙屋正和先生、中央大学阿部幸信先生、大东文化大学小尾孝夫先生、阪南大学永田拓治先生、鹿儿岛大学福永善隆先生，台湾大学甘怀真先生、成功大学刘静贞先生，复旦大学韩昇先生、李晓杰先生、姜鹏先生，武汉大学魏斌先生，首都师范大学孙正军先生等诸位师友，在丛刊的策划、版权、翻译、出版等方面给予了诸多帮助。在此一并深致谢意。

徐　冲
2016年元旦于东京阳境原

图书在版编目(CIP)数据

唐代北方问题与国际秩序/[日]石见清裕著;胡鸿译.—上海:复旦大学出版社,2019.7(2020.6重印)
(日本学者古代中国研究丛刊)
ISBN 978-7-309-14412-3

Ⅰ.①唐… Ⅱ.①石…②胡… Ⅲ.①中国历史-研究-唐代 Ⅳ.①K242.07

中国版本图书馆 CIP 数据核字(2019)第 149906 号

原书名"唐の北方問題と国際秩序",石见清裕著,日本:汲古書院,1998 年

唐代北方问题与国际秩序
[日]石见清裕 著 胡 鸿 译
出 品 人/严 峰
责任编辑/史立丽

复旦大学出版社有限公司出版发行
上海市国权路 579 号 邮编:200433
网址:fupnet@fudanpress.com http://www.fudanpress.com
门市零售:86-21-65102580 团体订购:86-21-65104505
外埠邮购:86-21-65642846 出版部电话:86-21-65642845
上海四维数字图文有限公司

开本 787×960 1/16 印张 28.25 字数 386 千
2020 年 6 月第 1 版第 2 次印刷

ISBN 978-7-309-14412-3/K·700
定价:75.00 元

如有印装质量问题,请向复旦大学出版社有限公司出版部调换。
版权所有 侵权必究